L'APPEL DES ENGOULEVENTS

DU MÊME AUTEUR
CHEZ POCKET

Claude et Bernadette MICHELET

CLAUDE MICHELET

Les gens de Saint-Libéral

***

L'APPEL
DES ENGOULEVENTS

ROBERT LAFFONT

© Éditions Robert Laffont, S.A., Paris, 1990

ISBN 2-266-10250-8

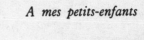

A mes petits-enfants

La Terre ne peut pas finir si un seul homme vit encore.
Ayez pitié de la Terre fatiguée, qui sans l'amour n'aurait plus de raison d'être...

Jules MICHELET

POUR MÉMOIRE

Des grives aux loups

Saint-Libéral est un village de la basse Corrèze, tout proche de la Dordogne, qui vit du produit de son terroir — élevage et polyculture — et du travail de ses mille habitants, cultivateurs et artisans. Au début du siècle, quand commence Des grives aux loups, *c'est un vrai bourg, avec un curé, un instituteur, un médecin, un notaire. La vie est rude. Les gamins courent en sabots; la famille, rassemblée autour du cantou, s'éclaire avec des lampes à huile; la morale sévère. Alors, on est un homme respecté si l'on possède plus de dix hectares et dix vaches. C'est le cas de* Jean-Edouard Vialhe, *estimé aussi pour son courage et sa rigueur; selon la tradition, il règne en maître sur son domaine et sur les siens: sa femme et leurs trois enfants:* Pierre-Edouard, Louise *et* Berthe. Comme toute communauté, Saint-Libéral *ne compte pas que de bons sujets: ainsi d'*Emile Dupeuch *et de son fils* Léon; *ces gens-là, aux moyens d'existence incertains, les* Vialhe *les tiennent à distance.*

Cette France rurale-là n'avait guère bougé à travers le XIXe *siècle, mais voici que, avec le siècle nouveau, des idées et des techniques « révolutionnaires » lentement apparaissent et s'imposent. Et le vieux monde craque.* Jean-Edouard, *qui aura été l'un des principaux artisans de cette modernisation — en introduisant au village la première*

11

machine, en se battant pour la création d'une ligne de chemin de fer (1907-1909) –, en sera, dans sa famille même, la première victime. Ses enfants se révoltent contre son autoritarisme : Louise épouse contre son gré un jeune homme qui n'est pas de la terre, Octave Flaviens ; Pierre-Edouard, après son service militaire, quitte la ferme ; Berthe, dès sa majorité, s'enfuit pour tenter l'aventure à Paris. Cependant, le village vit des années heureuses, dont profite Léon Dupeuch qui, devenu très habile marchand de bestiaux, gagne en notoriété.

Puis vient la guerre, la Grande, qui inscrira quarante-trois noms sur le monument aux morts de Saint-Libéral. Temps terrible, où le village privé de ses hommes se replie sur lui-même. Pierre-Edouard et Léon sont blessés (celui-ci perd la main gauche). Au cours d'une permission, Pierre-Edouard a rencontré Mathilde, la sœur de Léon. Lorsque, après l'armistice, démobilisé, il annonce à ses parents son mariage avec la jeune fille – une Dupeuch ! –, c'est la rupture. Le nouveau couple s'installe, à l'écart du village, dans une misérable ferme, Coste-Roche, que, à force de courage, ils feront revivre. En 1920, leur naît Jacques – et trois autres enfants suivront : Paul, Mauricette et Guy.

Ces années de l'immédiat après-guerre voient Jean-Edouard, veuf, seul dans sa ferme, s'enfermer dans la morosité. Ses deux filles connaissent des destins bien différents : Louise, la modeste, est dame de compagnie dans un château de l'Indre, la Cannepetière (elle a un fils : Félix); Berthe, l'éclatante, sous le nom de Claire Diamond, a créé à Paris une maison de couture qui prospère, rue du Faubourg-Saint-Honoré.

Les palombes ne passeront plus

Le temps a passé; il passe...
1930 : les campagnes ne se sont pas remises de la saignée de la guerre, et la grande crise menace. Saint-Libéral ne compte plus que cinq cent quatre-vingt-quatorze habitants. Désormais notable, Léon Dupeuch succède à Jean-Edouard Vialhe à la tête de la mairie et épouse Yvette, d'où naîtra Louis. Jacques, le fils aîné de Pierre-Edouard, après le baccalauréat, entre à l'école vétérinaire de Maisons-Alfort, tandis que Paul travaille avec Léon.

1939 : une nouvelle fois, c'est la guerre et, une nouvelle fois, les jeunes hommes partent. Juin 1940, c'est la défaite : Jacques est fait prisonnier, Paul rejoint Londres. Berthe, de passage à Saint-Libéral, confie à Pierre-Edouard le petit Gérard, fils de son fiancé, un Allemand assassiné par les nazis. Elle est déjà dans la Résistance ; arrêtée, elle est déportée à Ravensbrück.

Même les guerres passent. Berthe l'indomptable a survécu à l'horreur ; elle reprend la direction de sa maison de couture. Jacques revient de captivité, épouse Michèle – de leur union naîtront un garçon, Dominique, et une fille, Françoise (lui sera ingénieur agronome, elle vétérinaire : ils sont l'avenir de la famille et du village) –, tente de moderniser et d'étendre le domaine des Vialhe. De ses deux frères, l'un, Paul, officier de carrière, tombe en Algérie en 1958 ; le second, Guy, ouvre à Paris un cabinet d'avocat – de son fils aîné, Jean, on entendra parler. De même que des filles de sa sœur Mauricette, institutrice à Saint-Libéral... Jacques, en 1959, est élu maire, succédant à Léon Dupeuch – qui, dès 1946, est devenu propriétaire du château qui domine Saint-Libéral !

C'est le 21 décembre 1968, que Mathilde et Pierre-Edouard fêtent leurs noces d'or, devant toute la famille assemblée. Lorsqu'ils se retrouvent seuls :

« – Nous, dit Pierre-Edouard, je crois que nous avons fait tout ce que nous avions à faire et qu'on ne l'a pas trop mal fait. Alors, on a bien le droit de se reposer ou de flâner un peu. Viens, grimpons jusqu'au sommet du puy ; de là-haut, on voit mieux, et plus loin.

« Main dans la main comme deux amoureux qui ont l'éternité devant eux, qui se moquent de l'heure, des années et du temps, ils montèrent vers la cime du puy Blanc. »

Six ans plus tard, en 1974, Mathilde et Pierre-Edouard nous attendent à la première page de L'appel des engoulevents. *Leurs enfants, leurs petits-enfants ne sont pas loin : trois générations de Vialhe.*

Pages suivantes : les arbres généalogiques de la famille Vialhe et de la famille Dupeuch.

FAMILLE VIALHE

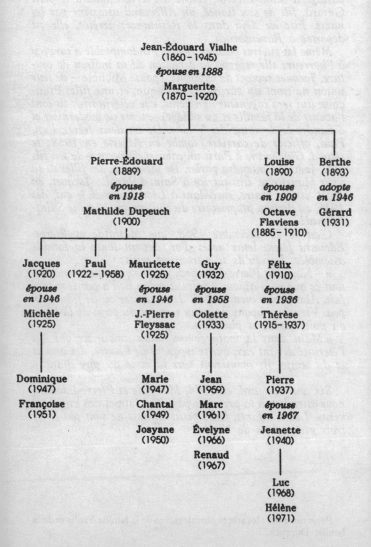

Jean-Édouard Vialhe
(1860 - 1945)

épouse en 1888

Marguerite
(1870 - 1920)

Pierre-Édouard
(1889)

*épouse
en 1918*

Mathilde Dupeuch
(1900)

Louise
(1890)

*épouse
en 1909*

Octave
Flaviens
(1885 - 1910)

Berthe
(1893)

*adopte
en 1946*

Gérard
(1931)

Jacques
(1920)

*épouse
en 1946*

Michèle
(1925)

Paul
(1922 - 1958)

Mauricette
(1925)

*épouse
en 1946*

J.-Pierre
Fleyssac
(1925)

Guy
(1932)

*épouse
en 1958*

Colette
(1933)

Félix
(1910)

*épouse
en 1936*

Thérèse
(1915 - 1937)

Dominique
(1947)

Françoise
(1951)

Marie
(1947)

Chantal
(1949)

Josyane
(1950)

Jean
(1959)

Marc
(1961)

Évelyne
(1966)

Renaud
(1967)

Pierre
(1937)

*épouse
en 1967*

Jeanette
(1940)

Luc
(1968)

Hélène
(1971)

FAMILLE DUPEUCH

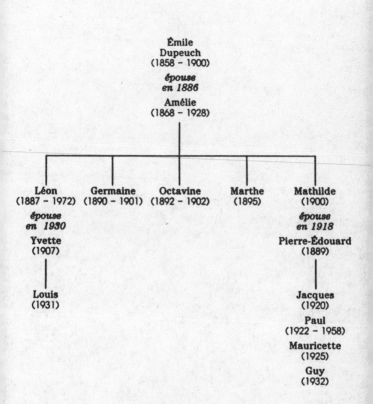

Émile
Dupeuch
(1858 – 1900)

épouse
en 1886

Amélie
(1868 – 1928)

| Léon (1887 – 1972) | Germaine (1890 – 1901) | Octavine (1892 – 1902) | Marthe (1895) | Mathilde (1900) |

Léon
(1887 – 1972)

épouse
en 1930

Yvette
(1907)

Louis
(1931)

Germaine
(1890 – 1901)

Octavine
(1892 – 1902)

Marthe
(1895)

Mathilde
(1900)

épouse
en 1918

Pierre-Édouard
(1889)

Jacques
(1920)

Paul
(1922 – 1958)

Mauricette
(1925)

Guy
(1932)

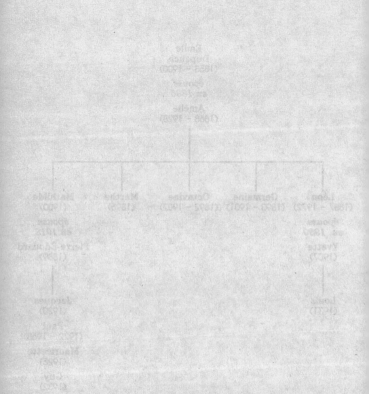

PREMIÈRE PARTIE

LE VILLAGE ENDORMI

1

Saint-Libéral riait de toutes ses fenêtres ouvertes au
soleil de septembre. Avec le changement de lune, les
pluies d'orage tant espérées depuis deux mois étaient
enfin venues. Trop légères et fugitives pour abreuver à
fond les terres rouges et fortes de la commune, elles
avaient cependant fait reverdir les pacages et les luzer-
nières. Quant aux bois, enfin lavés de la terne poussière
estivale, ils retrouvaient le vert sombre et profond de leur
feuillage d'été. Pourtant, çà et là, dans les taillis de châtaigniers et les peupleraies, quelques taches roussâtres
annonçaient déjà l'automne.

Par place, encore rares, d'autant plus précieux et
recherchés, des bolets poussaient leurs têtes brunes ou
noires sous les fougères et la bruyère.

Précédé par un chien encore assez jeune et naïf pour
galoper et bondir derrière les papillons et les sauterelles,
Pierre-Édouard sortit de la châtaigneraie qui encerclait le
plateau. Après deux heures de méticuleuses recherches
dans les coins qu'il connaissait – les mêmes depuis plus
de quatre-vingts ans –, il avait trouvé au moins trois livres
de beaux cèpes, sains et jeunes, et quelques dizaines de
girolles. Il se dirigea vers la grosse souche de chêne où il
faisait arrêt à chacune de ses promenades et s'assit en soupirant.

Il était ravi de sa cueillette mais la fatigue pesait maintenant dans ses jambes et ses reins; une vilaine douleur
lui mordait aussi les épaules, là où les rhumatismes
s'étaient installés depuis si longtemps. Quant à son cœur,
il cognait un peu trop vite, beaucoup trop vite même... Il
avait tellement transpiré que sa chemise était à tordre. Il

songea que Mathilde allait, une fois de plus, lui reprocher son imprudence. Elle le forcerait même à changer de chemise et de ceinture de flanelle et lui ferait promettre de ne plus se hasarder dans de si longues promenades.

« Sûr aussi que j'aurai droit à son couplet sur mon inconséquence, comme elle dit! pensa-t-il en souriant. Inconséquent, moi ? Oui, peut-être, mais si on ne l'est pas à mon âge! C'est comme pour le tabac, songea-t-il en sortant sa pipe et son paquet de gris de sa poche, faudrait plus y toucher! Et puis quoi encore ? Ça et une petite prune de temps en temps, c'est bien agréable! »

Il haussa les épaules au souvenir des recommandations du médecin que Mathilde avait fait venir lors de sa dernière bronchite, juste avant l'été. C'était un jeune inconnu qui effectuait un remplacement à Ayen, un gamin prétentieux qui lui avait tout de suite déplu :

– Cette fois, grand-père, il faut arrêter le tabac! avait-il péremptoirement annoncé, j'ai vu votre dossier chez le docteur Martel. D'abord vous avez une vilaine bronchite et surtout le cœur très fatigué. Alors à partir d'aujourd'hui, plus de tabac! Je l'interdis! J'espère que la Mémé y veillera! Et, bien sûr, pas d'alcool non plus, juste un demi-verre de vin par repas!

« Quel jeune merdeux! grommela Pierre-Édouard en bourrant sa pipe. Il y a seulement dix ans de ça je l'aurais fait passer par la fenêtre à coups de pied au cul! Eh oui, seulement, il y a dix ans, j'avais le cœur solide... », murmura-t-il en allumant son briquet.

Il téta le tuyau à petits coups, pressa du pouce le tabac dans le fourneau.

« N'empêche, dit-il au chien qui était venu se coucher devant lui, ce n'est pas une raison pour que ce petit boutonneux incapable vienne me faire la leçon! Je sais bien que j'ai le cœur fatigué! Et alors, qu'est-ce que ça peut lui foutre, à ce morpion? C'est mon cœur, non ? Il se pencha vers le chien, le caressa distraitement entre les oreilles. Tu t'en moques, toi, tu as raison. Et puis, finir comme ça, c'est toujours mieux que ce pauvre Léon... »

Pierre-Édouard avait très mal supporté la mort de son beau-frère, deux ans et demi plus tôt, en février 1972. Et lui qui avait pourtant si souvent vu la mort de près, pour qui le carnage des batailles de 14-18 était encore si présent dans sa mémoire, avait été terriblement atteint par le départ de son vieil ami. Un trop lent et douloureux départ, entrecoupé de cette inutile opération à laquelle Yvette, sa belle-sœur, n'avait pas voulu s'opposer, tant Léon souffrait de ce cancer de l'estomac qui avait fini par l'emporter. Mais après quatre mois supplémentaires d'enfer!

« Saloperie de saloperie », murmura-t-il en secouant la tête comme pour chasser tous ces mauvais souvenirs.

C'est peu après l'enterrement de son beau-frère qu'il avait eu sa première alerte cardiaque. Oh, pas grand-chose! D'abord cette faiblesse inhabituelle et ce pince-ment en haut des côtes. Symptômes qui avaient suffi pour que Mathilde appelle aussitôt le docteur Martel, leur médecin de famille, le vrai, celui-là, le bon, pas un quel-conque remplaçant!

« Lui au moins ne m'a pas interdit de fumer! songea-t-il en suçotant sa pipe, il sait bien que j'ai parcouru le plus gros du chemin depuis longtemps et que, quoi que je fasse, je suis dans ma quatre-vingt-sixième année! Depuis que Léon n'est plus là, c'est moi le doyen de Saint-Libéral, belle promotion! Enfin, ça me vaut l'attention de tout le monde, c'est pas désagréable! »

Pas désagréable, mais parfois agaçant. Il avait vite compris que le docteur Martel avait recommandé à tout son entourage de lui éviter les émotions fortes et surtout les occasions de colère. Depuis, c'était à qui lui mentirait le plus, lui farderait le mieux la vérité, lui tairait tout ce qui risquait de le choquer. Malgré cela, il savait tout, tout! Il avait une complice dans la place.

Pas Mathilde, certes! Elle tenait trop à lui et ne voulait pas prendre le risque de lui porter un coup au cœur en lui révélant une mauvaise nouvelle. Pas Louise, non plus; elle aussi croyait indispensable de lui éviter tous les chocs, donc de lui masquer, entre autres, les folies de quelques membres de la famille. Et Dieu sait si certains s'y entendaient pour se mettre dans d'impossibles situa-tions! Mais, malgré ces deux muettes, il n'ignorait rien, connaissait tous les détails, toutes les histoires qui agi-taient la famille. Il en riait tout seul.

Oui, heureusement que Berthe était là pour le tenir au courant; pour lui dire, jour après jour, tout ce qu'il était logique qu'il sache : n'était-il pas le doyen?

Depuis le retour de Berthe à Saint-Libéral, quelque quinze ans plus tôt, une véritable complicité s'était ins-taurée entre elle et lui. Une complicité qui n'avait pu se développer plus tôt car Berthe avait passé une partie de sa vie loin du village. Elle avait mené une existence qui n'avait rien de commun avec celle de Pierre-Édouard ; une existence qu'il avait même jugée avec sévérité pendant longtemps : elle lui semblait peu recommandable et indigne d'une fille Vialhe.

Mais la guerre était venue, puis la déportation et Berthe les avait tous stupéfiés. D'abord plein d'admiration pour sa sœur, il lui vouait maintenant une grande tendresse et lui savait surtout gré de ne pas le traiter comme un vieillard. C'était elle qui parfois lui glissait un paquet de tabac dans la poche en lui recommandant de ne pas en abuser. Conseil qui l'ahurissait, sa sœur fumait comme un troupier ! Elle surtout, qui chaque jour, lors de leur promenade commune sur le chemin des puys ou leurs papotages au coin de l'âtre, le tenait au courant de la vie de la famille, des voisins, du village. Grâce à elle, il n'ignorait rien. Et si certaines informations l'avaient beaucoup attristé, voire inquiété, aucune ne l'avait frappé dangereusement comme le redoutaient Mathilde et le docteur Martel. Avec l'âge, il avait acquis un grand détachement. La mort seule le touchait au cœur, surtout celle d'un proche, surtout celle de Léon.

Mais le reste ! Bah, c'était la vie ! Il fallait faire avec et se répéter surtout que plus rien n'était comme avant, qu'il n'était plus qu'un observateur et un des derniers représentants d'un temps révolu, d'une époque défunte. Tout était périmé, et la majorité des valeurs qu'il avait défendues n'avait plus cours. Cela admis, tout devenait normal, logique, et Berthe avait raison de ne rien lui cacher.

A quoi bon lui taire, par exemple, que sa petite-fille Marie, l'aînée de Mauricette et Jean-Pierre, qui était professeur de mathématiques à Lyon, se préparait à divorcer, après cinq ans de mariage ? Encore une chance : elle n'avait pas d'enfant ; mais, quand même, quel gâchis !

Et sa sœur Chantal, vingt-cinq ans, c'était quelqu'un, celle-là aussi ! La préférée de Berthe qui l'avait fait entrer dans sa maison de couture, reprise et tenue par Gérard, son fils adoptif. Chantal qui faisait, paraît-il, un malheur comme ambassadrice de la griffe Claire Diamond. Mais un malheur aussi avec tous les hommes qui lui plaisaient. Et, d'après Berthe, qui en riait, beaucoup lui plaisaient...

Quant à Josyane, la troisième et dernière, elle avait un jour subitement arrêté ses études de droit et était partie faire le tour du monde au bras d'un jeune sot, soi-disant photographe. C'était à ne pas croire, un pareil je-m'en-foutisme! Mais, au dire de Berthe, rien de tout cela ne sortait de la normale.

Bien sûr, ce n'était pas l'avis des parents, la malheureuse Mauricette et ce pauvre Jean-Pierre qui avaient déjà bien assez de soucis comme ça. Jean-Pierre était toujours instituteur à Saint-Libéral, mais devait se battre chaque année pour qu'on ne ferme pas son école. Grâce à quelques Portugais, il avait encore douze élèves mais ne voyait pas monter la relève pour les années à venir. Or il n'avait pas l'âge de la retraite et ne s'imaginait pas, à quarante-neuf ans, partant dans une école de Brive, ou plus loin encore. Vrai, ce pauvre bougre n'avait pas besoin que ses filles s'en mêlent pour lui compliquer l'existence!

Enfin, lui, Pierre-Édouard, n'était pas censé être au courant de tout ça, il n'en parlait donc jamais, sauf à Berthe...

De même, ne devait-il pas savoir que, lors de son dernier passage à Saint-Libéral, deux ans plus tôt, son petit-fils Dominique avait eu quelques mots avec son père. Le comble était qu'il ait eu le culot de lui reprocher de se crever pour rien sur les terres des Vialhe! Et qu'il continuait à le dire dans ses lettres! Bon sang, qui diable lui avait payé ses études à ce galopin? Et qui payait aussi celles de sa sœur Françoise? Jacques, toujours! Et il n'avait pas fini de s'échiner sur ses quelque cinquante hectares avant que la petite ait son diplôme de vétérinaire! Mais cette jeune génération était sans pitié. Car non content d'être employé chez les Arabes – comme s'il n'y avait rien de mieux à faire en France –, ce garnement de Dominique avait estimé que son père travaillait trop et mal, que sa mère s'usait pour gagner quelques sous, mais que tout serait peut-être plus simple avec de bonnes orientations, une meilleure gestion et un plan d'exploitation plus rigoureux.

« Il ne manque pas d'audace, ce voyou », pensa Pierre-Édouard en souriant, car il avait toutes les faiblesses pour l'aîné de ses petits-fils, un Vialhe.

Oui, culotté comme un Vialhe, ce gamin, mais perdu pour la terre des Vialhe. Ingénieur agronome et en bonne voie de bien réussir, s'il se décidait à quitter l'Algérie et à rejoindre ce poste dans cette société dont Pierre-Édouard avait oublié le nom. Mais Jacques assurait que c'était une bonne maison et que Dominique s'y ferait une très belle situation.

« C'est pour le coup qu'il pourra aider ses parents et ce ne sera que justice », songea-t-il en s'assombrissant un peu. Il savait que Jacques avait, une fois de plus, des problèmes de santé. A trop travailler avec son vieux tracteur, un engin qui avait maintenant dix ans, il s'était tassé les vertèbres, abîmé le dos. Le docteur Martel disait même qu'il faudrait l'opérer un jour s'il continuait à ce rythme. Mais que pouvait-il faire d'autre ? Il était seul avec Michèle pour gérer l'exploitation, s'occuper des trente-cinq limousines, des dix truies et des lots de porcs à engraisser. A cela s'ajoutaient les cultures habituelles, celles de l'herbe et du maïs fourrage surtout. Mais aussi un demi-hectare de tabac et le double de betteraves. Alors, comment s'arrêter devant une telle somme de travail ! D'autant qu'il ne fallait pas oublier le temps qu'il consacrait à son poste de maire. Saint-Libéral avait beau péricliter, il restait quand même trois cent quatre habitants à ne pas décevoir et toujours beaucoup de paperasses à remplir.

« Dans le fond, il a eu raison de ne pas se représenter aux dernières cantonales. D'abord, il aurait été battu, c'est sûr. Les gens ne veulent plus de représentants de la terre. Ils veulent des citadins qui n'ont pas les mains calleuses, des médecins, des avocats ou des industriels, mais pas des agriculteurs. Jacques l'a bien compris. Vaut mieux sortir avant qu'on vous foute dehors, c'est moins vexant. Et puis, de toute façon, si par hasard il était repassé, il n'aurait pas pu continuer à tenir la ferme, et ça... »

Ça, pour Pierre-Édouard, c'était l'essentiel. Jacques était le dernier représentant d'une très longue lignée de Vialhe. De tous ces Édouard-Mathieu, Édouard-Benjamin ou autre Jean-Édouard qui se penchaient sur les terres des Vialhe depuis plus de deux siècles. Comme eux tous, il était l'aîné, le successeur. Mais contrairement à eux tous, son fils ne se préparait pas à prendre la relève. Et ça, oui, ça faisait mal au cœur.

Le couchant était somptueux. Appuyé au tronc rugueux d'un vieux tamaris, Dominique Vialhe guettait la plus belle seconde, la plus splendide. Ce fulgurant éclat du dernier rayon que le soleil jetterait avant d'être aspiré par l'horizon violine du reg. Ensuite, très vite, tomberait la nuit, magnifique, lumineuse et bleutée, mouvante aussi de tous ses feux d'étoiles.

Mais, pour l'instant, l'or et le sang étaient encore partout. Ils palpitaient sur les pierres noires de la hamada qui s'ouvrait vers le nord et sur les gigantesques dunes du grand erg occidental qui ondulaient à l'est, courbées et moelleuses comme des hanches blondes de dormeuses. Ils scintillaient dans les rares et croupissantes flaques d'eau disséminées dans le lit caillouteux de l'oued Guir. Et le spectacle était si radieux que Dominique pensa qu'il assistait à un des plus beaux couchers de soleil du monde. Un des plus parfaits, des plus réjouissants; et cela malgré la chaleur suffocante, les myriades de mouches agressives et gluantes et cette poussière de sable qui irritait la gorge et les yeux. Une chute de jour comme il n'en avait vu nulle part ailleurs. Pas même lorsque, deux ans plus tôt, son temps de service à la coopération terminé, il s'était offert trois mois de tour du monde avant de se mettre au travail. Un couchant qui occultait ceux de Grèce et d'Égypte, d'Indonésie ou d'Australie, qui éclipsait ceux du Pérou, du Mexique, de la Californie ou du Québec. Un couchant si grandiose qu'il en faisait même oublier ceux de Corrèze et de Saint-Libéral! Et Dieu sait s'ils étaient féeriques, ceux-là! Royaux même, mais pas à ce point. Pas au point de vous emplir d'une telle sérénité, d'un tel bonheur. Pas au point non plus de pousser au bord des cils des larmes qui, peut-être, n'étaient pas toutes dues à l'éblouissement.

— Sûr qu'on a le vent de sable demain, pronostiqua le voisin de Dominique en retournant les merguez qui grésillaient sur un lit de braises. Et parce que son camarade, toujours fasciné ne répondait pas, il insista : Tu paries combien? Vent de sable pour trois jours au moins. Tu paries, dis?

Dominique observa le dernier rayon, fut un peu déçu de ne pas y voir ce feu turquoise qui, parfois, très rarement, s'embrasait pendant une fraction de seconde et se détourna. Maintenant, la nuit allait très vite venir.

— Je parie rien du tout, dit-il en s'approchant du feu. Qu'est-ce que tu crois? Je te rappelle que ça va faire quatre ans que je vis dans ton fichu pays, deux ans que je me ruine la santé aux quatre coins de ton Sahara! Faudrait être idiot pour ne pas voir venir cette saloperie de vent de sable qui va massacrer tout notre travail! Comme si tes copains et les chèvres ne suffisaient pas! Comme si les criquets n'étaient pas assez nombreux! Tu veux que je te dise, j'en ai plein les bottes, de ton bled pourri!

— T'es qu'un sale travailleur immigré qui fait rien que manger la semoule et les merguez du pauvre peuple! lança le jeune Kabyle en riant. Ouais, un sale immigré, un méchant réactionnaire capitaliste et colonialiste! assura-t-il avec un bon sourire. Il saupoudra les merguez d'un nuage de poivre gris, remua les braises et poursuivit : Tu n'as pas le moindre respect pour le pays et le peuple qui te nourrissent avec tant de largesse, on devrait t'expulser, vite fait!

— Sacré farceur, va! dit Dominique en s'asseyant à côté du foyer. Alors, c'est cuit? J'ai faim!

Quand il avait fait la connaissance d'Ali, quatre ans plus tôt, il avait tout de suite apprécié ses compétences professionnelles. Le jeune Kabyle, ingénieur agronome lui aussi, avait à cœur de faire profiter les siens de ses connaissances et d'aider son pays à mieux vivre. Après quelques mois de contact avec une administration qui prenait manifestement plaisir à jongler avec les plans, contre-plans, projets et autres ébauches de réalisations avortées, il s'était abrité derrière un humour impertinent dont il usait sans vergogne.

— Blague à part, dit-il en goûtant une saucisse, que décides-tu? Faudrait quand même que je sache si je dois réclamer un autre coéquipier? Fais attention, sont brûlantes! dit-il en grimaçant.

— Ce que je vais faire? Je n'en sais trop rien. Mais d'abord prendre mes congés; il sera bien temps de voir ensuite.

C'était faux et surtout une façon de reculer la décision. Un moyen de ne pas choisir entre le métier qu'il pratiquait depuis quatre ans en Algérie et ce poste alléchant que lui offrait la gigantesque et toute-puissante multinationale Mondiagri. D'une part, une existence pleine de liberté et d'imprévu dans un pays qu'il aimait; de l'autre, les contraintes d'un chercheur. D'un côté, un vrai travail d'agronome, spécialiste de l'élevage, qui passait son temps sur des expérimentations concrètes; de l'autre, une tâche beaucoup mieux rémunérée qui le conduirait sans doute aux quatre coins du monde, mais l'obligerait aussi à passer plus de temps devant une machine à écrire ou à calculer qu'au milieu d'un troupeau ou d'une luzernière.

Or il avait besoin de grand air, d'espace, d'odeur d'herbe et d'étable, de tout ce qu'il avait trouvé là, dans cette Algérie où l'avait conduit son affectation de coopérant, quatre ans plus tôt. Jeune ingénieur agronome, il s'était vu attribuer un poste d'assistant technique auprès des services agricoles algériens où œuvrait déjà Ali.

Pendant deux ans, ils avaient sillonné ensemble les fertiles régions de l'Oranais et de l'Algérois pour tenter d'implanter tout à la fois des troupeaux dignes de ce nom et des cultures fourragères de haut rendement.

Son temps de coopération terminé et après quelques mois de congés à Saint-Libéral et surtout de voyages, il avait accepté les propositions du gouvernement algérien et retrouvé pour deux autres années son emploi avec Ali.

Mais l'un et l'autre avaient dû dire adieu aux riches terres du Nord pour se consacrer uniquement au développement agricole des oasis et des zones semi-désertiques du Sud. Labeur ingrat et souvent démoralisant, fait de tentatives d'irrigation et de cultures, d'installation de cheptel. Travail épuisant, aussi, car pratiqué dans une canicule épouvantable, sous un soleil mortel, des vents de sable ravageurs et parfois des nuages de criquets qui dévastaient toutes les récoltes en quelques heures. Travail difficile, enfin, car conduit avec l'aide d'une main-d'œuvre plus disposée à la sieste qu'aux sarclages.

Malgré cela, Dominique n'était ni rebuté ni découragé, et c'était toujours avec intérêt qu'il passait d'une oasis à l'autre, d'une ferme expérimentale à un essai de barrage collinaire.

En poste à Bouhamama depuis une semaine, il avait encore devant lui quelques jours d'ouvrage, d'analyse de sol et de lait, d'évaluation des récoltes, de pesage de bestiaux, de plan de fertilisation et de traitement à établir.

Il occuperait ensuite son dernier mois dans une brève et ultime tournée d'inspection. D'abord les palmeraies de Beni-Abbès et de Tarhit, puis les quelques maigres champs d'essais d'Abadla où le prix de revient du quintal de blé figurait parmi les plus onéreux du monde. Béchar, ensuite, histoire de se replonger un peu dans une ambiance citadine. Puis, par sauts d'avion, les points tests des régions d'El Goléa, de Ghardaïa, Touggourt, Laghouat, tous ces îlots qu'il fallait défendre et sauver malgré le vent, le sable, le soleil et parfois même l'incompétence, l'imprudence, ou la bêtise des hommes. Alger pour finir, la passation de pouvoir et de consignes à un successeur, et puis la France. Et surtout la décision à prendre dont dépendait tout son avenir. Mondiagri, ses salaires et ses promotions en vue, ou de nouveau la tournée sans grands débouchés mais pourtant pleine d'attraits des oasis sahariennes.

— Tu veux que je te dise, tu ne devrais pas tant parler en mangeant, c'est mauvais pour la digestion! ironisa Ali intrigué par le mutisme de son compagnon.

— Qui parle sème, qui écoute récolte, c'est toi qui m'as enseigné ce dicton!

— Et la récolte est bonne?

— Non, même pas. Mais il faut bien ajouter que tu ne racontes que des bêtises, ce soir! s'amusa Dominique. Allez, ne te vexe pas, je rigole, ajouta-t-il en picorant une merguez. Je comprends que tu veuilles savoir avec qui tu vas travailler!

— Un peu, que je le veux! On fait du bon boulot ensemble, on a de bons résultats, on est tranquilles. Mais suppose qu'après toi on m'expédie un bureaucrate, un bon à rien! Ça va être dur. Alors j'aimerais bien savoir ce que tu comptes faire, histoire de me préparer.

— Je te l'ai dit, d'abord mon congé, ensuite on verra... Enfin, j'espère que je saurai voir et choisir...

Ali hocha la tête, rechargea le foyer de charbon de bois et remit à cuire quelques merguez.

— Où est ton problème? dit-il enfin.

— Tu sais bien! On en a parlé cent fois! J'ai vingt-sept ans: c'est le moment ou jamais de choisir. Si je rempile ici, va savoir pour combien d'années ce sera! Je l'aime bien, ton pays, oui. Mais je le connais, c'est une vraie chèvre! Il finit par bouffer ceux qui y restent trop. Moi, tu comprends, je ne me vois pas proposant à une femme de m'attendre à Oran ou Alger pendant que je ferais la tournée des oasis. A dire vrai, je ne me vois même pas lui proposer de s'installer en Algérie pour plusieurs années. Ou alors il faudrait qu'elle ait une rude habitude de l'Afrique.

— Sale raciste! plaisanta Ali.

28

— D'accord, mais tu sais bien que j'ai raison.

— Oui.

— Et, en plus, faut bien avouer que l'avenir professionnel ici est plutôt bloqué, enfin pour un Français. C'est vrai. Tu sais bien que ton gouvernement ne roule pas sur l'or et que les salaires...

— Je sais. Et pourtant, ça fait quatre ans que tu es là, ça t'a plu. Ça te plaît toujours!

— Certes. Mais j'ai vingt-sept ans, redit Dominique, le temps passe; si j'attends trop, je n'aurai plus rien en France. Et si je laisse échapper la proposition de Mondiagri...

— Dans le fond, on cause pour rien, dit Ali. Tu as déjà choisi. Ce sera Mondiagri. Et franchement, même si ça m'ennuie de te voir partir, je ne peux pas dire que tu aies tort.

2

Jacques se retourna pour surveiller le travail du rotavator et grimaça. Il avait eu beau serrer au maximum la grosse ceinture qui lui tenait les reins, la douleur était là, au bas du dos, chaude et palpitante, pleine d'irradiations qui fusaient dans tout le fessier et dans les jambes. Mais, si tout évoluait bien, elle allait s'estomper peu à peu, lorsque les muscles et les nerfs se seraient échauffés sous les trépidations du tracteur. Et surtout lorsque la pommade aurait bien pénétré dans la zone douloureuse.

L'ennui de ce révulsif verdâtre et gluant que lui fournissait son ami vétérinaire était qu'il puait beaucoup et qu'il était corrosif au point de transformer une égratignure en cratère. Mais, délicatement étalé sur une région saine, il était d'une efficacité inégalée. A preuve, il venait à bout de l'arthrite traumatique chez les vaches! Il était donc bien normal qu'il soulage un chrétien devenu insensible aux banales pommades que lui proposait le docteur Martel.

Il y avait maintenant plusieurs années que Jacques ne croyait plus beaucoup aux vertus de la médecine. Il avait vu tant de spécialistes, de kinésithérapeutes, de chiropracteurs, d'acuponcteurs, sans oublier les guérisseurs, rebouteux, magnétiseurs et autres charlatans, qu'il ne faisait plus confiance à aucun. Alors, quand venait la douleur, il la soignait à sa façon. Mais il savait bien que ça n'aurait qu'un temps et qu'un matin viendrait où il lui serait impossible de se lever. En attendant, il travaillait!

Grâce aux récentes averses d'orage, la terre du plateau était devenue plus douce, moins rétive aux dents qui l'attaquaient. Aussi, à condition de ne pas chercher à le faire descendre trop profond, le rotavator faisait un excellent travail dans cette vieille prairie artificielle qu'il avait décidé de retourner. A sa place, après un bon hiver, il allait mettre une orge de printemps qui devait être une réussite. Dans cette terre riche en humus et en azote et qui n'avait pas vu le soleil depuis six ans, c'était bien le diable si l'orge ne faisait pas merveille.

– Et il faudra même faire attention à ne pas trop l'abreuver d'engrais, gare à la verse! lui avait dit son père la veille au soir.

Attiré par le ronflement du tracteur, le vieil homme était venu jeter un coup d'œil sur l'ouvrage de son fils, sur l'état des terres Vialhe, et plus spécialement sur cette parcelle dite la Pièce Longue. Elle avait toute une histoire, tout un passé.

Riche, profonde, c'était elle qui, en 1901, avait accueilli trente et un noyers que Pierre-Édouard se flattait d'avoir plantés avec son père. Il ne restait plus que huit de ces ancêtres. Des arbres plantureux, aux troncs superbes qui donneraient un bois d'ouvrage exceptionnel. Huit arbres sur trente et un, c'était peu : la rançon du temps, du gel, des orages, de la maladie. Entre eux, croissaient maintenant dix-huit des vingt sujets que Pierre-Édouard avait replantés après les grands gels de 56. Mais ces dix-huit jeunes n'étaient pas à la veille d'égaler les anciens, leur production était encore minime; prometteuse certes, mais dans dix ou quinze ans. A dire vrai, s'il n'en avait tenu qu'à lui, Jacques n'aurait jamais installé ces sujets haute tige, à qui vingt ans étaient nécessaires pour devenir rentables. Il aurait mis des basses tiges à croissance rapide et, aujourd'hui, il aurait déjà une belle récolte. Mais son père n'avait pas cédé, il voulait laisser de vrais arbres à ses petits-enfants.

«Ah oui! Ils s'en foutent bien des arbres, les petits-enfants! pensa Jacques. Si j'écoutais Dominique et ses idées d'agronome, il faudrait raser tout ce qui dépasse sur le plateau, pruniers, pommiers, noyers, tout! Et ensuite, culture intensive! Ça lui va bien de parler culture à ce bougre, les conseilleurs ne sont pas les payeurs! Quant à sa sœur, la seule chose qui l'intéresse, c'est la recherche zootechnique; sortie de là, c'est zéro! »

Il arriva au bout du champ, releva le rotavator, tourna dans la fourrière et réengagea le vieux Massey-Ferguson dans la prairie. Il nota que ses reins étaient moins douloureux, moins sensibles aux cahots et augmenta les gaz.

Il avait été peiné en voyant le chemin pris par ses trois nièces. Peiné pour elles, car il les aimait bien et craignait de les voir malheureuses, peiné pour Mauricette. Ni sa sœur ni Jean-Pierre ne méritaient ça. Ils avaient fait de leur mieux pour élever leurs filles, pour leur inculquer ce qu'ils pensaient être le meilleur, leur préparer un avenir, leur donner une bonne situation. Et puis, voilà, les jeunes expédiaient tout par-dessus l'épaule, quand ce n'était pas par-dessus les moulins! Adieu, les parents et leurs principes éculés! A nous le monde!

« Nous, nous avons de la chance, on ne peut pas se plaindre. Dominique a une tête de cochon et c'est un impertinent, mais il a bon fond et il est travailleur. Quant à Françoise, elle est presque trop sérieuse, surtout si on la compare à ses cousines... Mais je la préfère comme ça! »

Il pensa que son frère Guy et sa belle-sœur Colette avaient eux aussi de la chance avec leurs enfants. Jean, l'aîné, n'avait que quinze ans, Marc treize, Évelyne huit et le petit Renaud un an de moins. Ils étaient gentils et ne posaient aucun problème lorsqu'ils venaient parfois en été avec leurs parents. Pas longtemps, juste quelques jours avant de filer vers les plages avec leur mère pendant que Guy remontait à Paris et à sa tâche d'avocat.

Il avait rudement bien mené sa barque, celui-là! Il n'était qu'à voir ses voitures, toujours des Mercedes, et surtout son appartement, neuf pièces avenue Bosquet, au dernier étage, avec terrasse et semblant de jardinet! Ce n'était pas un logement de miséreux!

Mais ce qui était sympathique avec lui, c'est qu'il n'avait pas honte de dire qu'il gagnait très bien sa vie, qu'il faisait un métier passionnant et qu'il était heureux à Paris, entre une femme qu'il adorait et des enfants charmants. De plus, il était généreux et veillait à ce que ses parents ne manquent de rien.

Jacques savait qu'il expédiait tous les mois un chèque à sa mère et lui en était reconnaissant. Il aurait aimé pouvoir en faire autant, mais c'était impossible, la vie en avait décidé autrement.

Il se prenait parfois à songer avec amertume à ce qu'aurait pu être son existence si la guerre n'était venue tout brouiller, tout casser. C'était elle qui l'avait empêché de devenir ce vétérinaire qu'il rêvait d'être. Elle qui l'avait presque contraint à reprendre la terre des Vialhe. Il ne le regrettait pas, pas trop... Et puis, aujourd'hui, il était quand même un peu vengé, avec un fils agronome et une fille bientôt vétérinaire; il avait le droit d'être fier.

Mathilde aurait pu se dispenser d'accourir sur la place de l'église lorsque, le mercredi après-midi, l'épicier itinérant arrêtait sa camionnette à côté du lavoir désaffecté. Depuis trois ans, Saint-Libéral n'avait plus d'épicier, plus de boulanger, non plus. Quant au boucher, il avait fermé son étal depuis bientôt vingt ans.

Aussi, tous les mardis matin, Mathilde accompagnait sa belle-fille qui allait d'un coup de voiture faire ses courses à Objat ou à Brive; Louise et Berthe étaient souvent du voyage. Rien ne la contraignait donc à être cliente d'un commerçant qui, pour sympathique qu'il fût, n'en majorait pas moins tous ses produits dans de très fortes proportions; il fallait bien rembourser l'essence, amortir le fourgon et payer le service! Mathilde estimait qu'elle lui devait bien ce surcoût. Pour elle, qui avait connu l'époque où Saint-Libéral faisait vivre un boulanger, deux épiciers et un boucher et accueillait même une foire et un marché, ce brave homme représentait le dernier point de rencontre. Celui autour duquel, une fois par semaine, s'attroupaient presque toutes les femmes du village. Car il fallait bien se rendre à l'évidence : il n'y avait plus rien au bourg pour créer un semblant d'animation. Il y avait beau temps que la forge ne chantait plus, que le charron était mort. Quant aux maçons, charpentiers et couvreurs, il y avait des lustres qu'ils avaient disparu.

Même le curé se faisait rare. Il avait un nombre invraisemblable de paroisses à desservir et ne pouvait venir dire une messe que tous les quinze jours. Et plus souvent le samedi soir que le dimanche, ce qui, pour Mathilde, n'était pas tout à fait la vraie messe.

Alors, où désormais rencontrer les voisines, avoir des nouvelles des uns et des autres, savoir un peu ce qui se passait dans la commune, si ce n'était autour du Cube de l'épicier? De plus, grâce à lui, on connaissait les potins de Perpezac-le-Blanc, d'Yssandon, d'Ayen ou de Saint-Robert. Et parce qu'il visitait les fermes les plus reculées, on pouvait savoir comment allaient les lointains cousins ou connaissances de Laval, de Louignac ou de Berquedioude.

Aussi Mathilde aurait eu mauvaise conscience à bouder

l'épicier. Pour deux paquets de biscuits, une demi-livre de café et un litre d'huile elle pouvait, si bon lui semblait, avoir une heure de conversation avec ses vieilles amies du village. De plus, sa présence était une sorte de remerciement à un commerçant qui avait la gentillesse de passer à des heures pratiques, celles qui permettaient de papoter, surtout par beau temps. Ce n'était pas comme le boucher. Il débarquait à Saint-Libéral en fin de tournée, c'est-à-dire fort tard le soir. De plus, sa viande n'était pas du meilleur choix. Et il était plutôt bourru et peu bavard.

Comme chaque mercredi après-midi, Mathilde déposa son ouvrage lorsque le klaxon du commerçant retentit sur la place de l'église.

– L'épicier est là, vous n'avez besoin de rien? demanda-t-elle assez fort car Louise devenait un peu sourde. Quant à Berthe, elle était tellement absorbée par ses croquis qu'elle ne semblait pas avoir entendu.

Son âge, quatre-vingt-un ans, et sa retraite ne l'empêchaient pas d'avoir toujours autant d'idées sur la mode. Elle ébauchait donc des projets de chemisiers, de jupes et de robes qu'elle expédiait à Gérard. Elle avait toujours le goût aussi sûr et nombre d'articles de la Maison Claire Diamond avaient ainsi vu le jour sur un coin de table de la famille Vialhe. Elle s'offrait des séjours à Paris lors des présentations et était donc au courant de tout.

– Non, je n'ai besoin de rien, dit-elle en refermant son cahier de dessins, mais je t'accompagne quand même, il fait beau. Regarde cette pauvre Louise, elle devient de plus en plus dure d'oreille!

En effet, tout occupée par son tricot, la vieille dame paraissait n'avoir rien entendu. Après avoir vécu quelques années dans la maison qu'elle avait fait construire aux Combes-Nègres, Louise avait réintégré son toit natal depuis plus de six ans. Car pour confortable, agréable et bien exposée que fût la maison neuve, elle s'y sentait trop seule, trop isolée. Et certains soirs d'hiver, quand la nuit tombe si vite et si tôt, elle y avait peur.

Mais elle se réjouissait quand même de l'avoir fait bâtir, quand l'été arrivait. Car, alors, son petit-fils Pierre et sa femme Jeannette venaient y passer leurs vacances, et avec eux – oh, bonheur! – ses deux arrière-petits-enfants : Luc six ans et Hélène trois ans.

Et de voir les gamins courir et jouer autour du vieux châtaignier, qui trônait à trente pas de la maison, l'emplissait d'un étrange bonheur. Une joie toute nimbée d'une nostalgie qui était devenue très douce avec les ans; poignante, certes, mais surtout tendre. Car c'était là, sous ce châtaignier qui portait beau ses trois ou quatre siècles, à la couronne si dense, si fournie, si rassurante, au tronc énorme, tout boursouflé de cals et de loupes, strié de rides et de crevasses et qui semblait invulnérable, qu'Octave et elle, quelque soixante-cinq ans plus tôt, avaient tracé leurs projets d'avenir. Un avenir qui semblait alors leur appartenir, qui paraissait tellement beau et sûr... Il n'avait pas rempli ses promesses. Pourtant, envers et contre tout, les arrière-petits-enfants d'Octave Flaviens faisaient chaque été la ronde, riaient et chantaient à l'endroit même où leur aïeul s'asseyait pour guetter le chemin par où arriverait Louise.

Les vacances terminées, toute ragaillardie par quelques semaines de rires d'enfants, Louise refermait sa maison en comptant déjà les mois qui la séparaient du prochain été. Car elle ne l'ouvrait même plus pour son fils. Lorsque Félix venait, en moyenne une douzaine de jours par trimestre – il était maintenant à la retraite et prenait son temps –, il préférait lui aussi loger chez les Vialhe. Il savait que Pierre-Édouard appréciait beaucoup sa présence, ses propos, les promenades qu'ils faisaient ensemble. Le vieil homme s'ennuyait un peu au milieu des trois femmes, surtout depuis le départ de Léon avec qui il s'entendait si bien. Il n'avait plus d'ami, de complice, pour commenter l'actualité, gloser sur la politique et les politiciens, donner la réplique aux journalistes du journal télévisé ou simplement évoquer les souvenirs et compter les absents...

– L'épicier est là, tu n'as besoin de rien? redemanda Mathilde en se penchant vers sa belle-sœur.

Louise arrêta son tricot, réfléchit, secoua négativement la tête, mais se leva quand même.

– Je viens avec toi, je trouverai bien une bricole à acheter. Et puis ça me fera prendre l'air, dit-elle pour s'excuser.

Peu après, à petits pas, les trois vieilles dames partirent en direction de la place de l'église où s'attroupaient déjà les ménagères de Saint-Libéral.

Berthe et Mathilde donnaient le bras à Louise et veillaient à lui éviter les mauvais cailloux du trottoir, elle était leur aînée. Elles allaient, sans hâte, certaines que l'épicier les attendrait. Il était habitué; elles arrivaient toujours les dernières. Il y avait alors beaucoup plus de monde et un peu plus de temps pour bavarder en attendant d'être servi...

– Au lieu de râler comme un chacal, parle-moi plutôt de ton douar! insista Ali en transvasant, selon le cérémonial habituel, le thé à la menthe, relevé d'une pointe d'armoise, qu'il était en train de confectionner.

Comme prédit, le vent de sable se déchaînait depuis deux jours. Un vent d'une telle violence qu'il rendait impossible le travail de Dominique et d'Ali. A savoir, faire ramasser selon les normes, puis peser une récolte de moa dans laquelle Dominique avait mis beaucoup d'espoir. Un espoir qui fondait d'heure en heure. Car, malgré la protection des haies de lauriers-roses, de figuiers de Barbarie, de palmiers et même de canisses, il y avait fort à craindre que la récolte soit déjà brûlée par le vent de sable, perdue.

Faute de pouvoir remplir leur emploi du temps comme prévu, Dominique et Ali avaient juste profité, au matin, d'un semblant d'accalmie pour faire une quinzaine de prélèvements de sol, en vue d'analyses. Depuis, la tempête avait repris de plus belle.

Son déchaînement était tel qu'une suffocante et rougeâtre poussière de sable s'infiltrait à l'intérieur même de la pièce où s'abritaient les deux hommes. Car ils avaient eu beau colmater les interstices des portes et des fenêtres, le sable entrait quand même. Il flottait partout, s'insinuait, se collait autour des yeux en une croûte urticante, crissait sous les dents, asséchait la gorge. Quant à son bruit, ce n'était qu'un long et assourdissant sifflement qui écorchait les nerfs comme une scie à pierre.

Quoique habitué à ce genre de phénomène, Dominique avait du mal à conserver sa bonne humeur et son calme après quelques heures de vent. Et là, il durait depuis deux jours. Ali, qui connaissait bien son compagnon, voyait donc poindre le moment où il allait réagir, à sa façon.

Contre toute logique, au lieu d'essayer d'oublier la tempête en se réfugiant dans une apaisante sieste, il allait enrouler et attacher son chèche autour de son nez et de sa bouche, serrer au maximum ses lunettes de sable, se dépouiller de ses vêtements, sauf de son slip, et sortir pour affronter les éléments. Il tournerait autour du bâtiment pendant moins de cinq minutes, mais c'était déjà beaucoup! Il marcherait jusqu'à ne plus sentir son corps tant il aurait été agressé et piqué par des millions de grains de sable lancés à plus de cent à l'heure, en une sèche mais suffocante douche. Ensuite, rouge comme un piment, la peau presque en sang, il rentrerait, se verserait un seau d'eau sur la tête et, tout son calme retrouvé, lui suggérerait de tenter l'expérience. Mais Ali n'était pas du tout partant pour ce genre d'aventure. Le vent le gênait peu. Le tout était de se répéter qu'il s'arrêterait bien un jour et d'attendre. Sans s'énerver.

Il se versa un peu de thé, le goûta et emplit les verres.

– Allez, parle-moi un peu de ton douar! répéta-t-il.

– Va te faire foutre! gronda Dominique. Mon douar, je te jure qu'il y fait plus beau qu'ici! C'est pas là-bas qu'on est emmerdé par le vent de sable! Parfaitement! Oh, et puis merde! Faut que je sorte! jeta-t-il en se levant.

– Eh bien, va! Je te garderai le thé au chaud! Mais fais quand même attention, prévint Ali avec sérieux, ne quitte pas la baraque des yeux : on n'y voit plus passé dix mètres. Si tu te perds, c'est sûr que tu seras guéri pour de bon! Et tout aussi certainement ensablé!

– Mon village, il faudra que tu y viennes un jour ou l'autre, dit tard Dominique. Il avait la peau en feu, mais avait retrouvé son calme.

Pourtant, non seulement le vent n'avait pas diminué, mais il s'amplifiait avec l'arrivée de la nuit. Cette fois, c'était certain, mis à part les racines, les tubercules et les melons, il ne resterait rien dans les parcelles expérimentales.

– Oui, il faudra que tu viennes. D'ailleurs je te l'ai déjà dit.

– Je sais, j'essaierai. Un jour, peut-être.

Ali ne connaissait pas la France, sauf de réputation et celle-ci était mitigée. Il gardait en mémoire les souvenirs précis de son enfance à côté de Tizi-Ouzou. En ces temps-là, la France et surtout les militaires étaient partout. Il fallait souvent que ses parents – maraîchers et arboriculteurs – montrent leurs papiers lorsqu'ils allaient en ville vendre leurs productions ou voir quelques amis.

Et puis, un jour d'été, les trois couleurs qui flottaient sur tous les bâtiments officiels avaient été remplacées par le drapeau algérien, le vrai, lui avait dit son père.

Ensuite, selon ceux qui l'évoquaient, la France était toute mauvaise, colonialiste et assassine. D'autres, plus discrets, assuraient qu'elle n'était pas si méchante, plutôt bonne même. Elle ne laissait personne indifférent. De toute façon, tout le monde s'accordait à dire qu'elle était riche, très riche et qu'on y vivait bien.

En prenant de l'âge, Ali pensait que tout était beaucoup moins simple. La fréquentation de Dominique et de quelques coopérants lui avait donné un aperçu de ce qu'étaient peut-être les Français. Mais, là encore, il se défiait de la généralisation et se promettait d'aller un jour se faire une opinion sur place. En attendant, il engrangeait ce que Dominique lui racontait sur son pays. Et, à l'entendre, force était de penser que c'était vraiment un beau pays.

– Tu verras, je te ferai visiter les plus beaux coins du Limousin et de la Corrèze, insista Dominique.

– Saint-Libéral, par exemple ? s'amusa Ali qui avait l'impression de connaître chaque promenade, chaque maison, tant son compagnon lui avait rebattu les oreilles avec son village natal.

Lorsqu'il était d'humeur morose, il suffisait qu'Ali l'excite un brin sur son douar, comme il disait, pour qu'il se lance aussitôt dans une dithyrambique description. Ce qu'Ali comprenait mal, en revanche, c'était que son camarade puisse rester aussi longtemps loin d'une contrée dont il parlait avec tant de passion.

Son attitude devenait même franchement contradictoire lorsqu'il envisageait, sans problème apparent, de s'en éloigner encore quand il travaillerait pour Mondiagri. Et il en allait un peu de même avec ses parents. A l'en croire, il s'entendait au mieux avec eux, parlait de son grand-père avec beaucoup d'émotion et de sa grandmère avec une touchante tendresse. Ali était également certain qu'il avait beaucoup de respect et d'estime pour son père mais il devenait quand même moins loquace lorsque la conversation déviait sur lui.

En cette fin d'après-midi, ce fut peut-être par taquinerie ou parce qu'il le sentait détendu par sa douche de sable qu'Ali osa aller plus loin.

– T'as beau dire que ton village est le plus beau, que tes parents sont les meilleurs, ça fait deux ans que tu t'en passes. Et ça n'a pas l'air de te gêner beaucoup!

– Tu n'as pas entièrement tort, avoua Dominique après avoir médité quelques instants, j'ai mis un peu de temps pour l'apprendre, mais je sais maintenant qu'il ne sert à rien de vouloir changer une situation quand on n'en a pas les moyens.

– Comprends pas.

– Oh, c'est simple! Je ne décolère pas chaque fois que je vais là-bas. Et il m'arrive même de me mettre en colère dans mes lettres. Mon père est en train de se crever, de s'user pour rien. Le pauvre vieux n'aura vraiment pas eu de chance dans la vie. Il s'est trouvé à la tête de la ferme par accident et, depuis trente ans, il s'y use le moral et la santé. Ce fut d'abord pour agrandir la propriété, ensuite pour payer nos études, à ma sœur et à moi, et aussi pour rembourser les emprunts. Et maintenant, cahin-caha, il espère atteindre sa retraite dans dix ans. Mais on peut se demander dans quel état il y arrivera. Et ce qui m'irrite, c'est que je ne peux rien changer à ça.

– Tu veux dire que ton père gagne mal sa vie? Je croyais pourtant que vous aviez une belle ferme!

– Tu sais bien que tout est relatif. De toute façon, à quoi sert d'avoir une belle ferme si elle est mal gérée? Et elle l'est. Enfin, mon père la soigne du mieux qu'il peut, du mieux qu'il sait, mais il raisonne comme il y a vingt-cinq ans. Tout le problème est là. Et tu vois, lorsque j'y vais, je note que tout se dégrade, que le matériel s'use, que les productions stagnent. Et je n'ai pas besoin qu'on me dise que les entrées d'argent diminuent, ça se voit. Comme se voit tout de suite que mon père s'épuise. Et ça me rend furieux.

– Pourquoi tu ne le lui dis pas?

– Mais je le lui ai dit! Et tu sais ce qu'il m'a répondu? T'as qu'à prendre ma place, elle est libre, on verra si tu fais mieux!

– Je vois, et c'est pas ton truc?

– Tu rigoles, non? Je crois que j'ai mieux à faire ailleurs! Et puis quoi, soyons sérieux, je ne suis pas agriculteur. Non, ce qu'il faudrait c'est que mon père change son fusil d'épaule, cherche d'autres orientations. Mais c'est peu probable; ce n'est pas à cinquante-cinq ans qu'on perd ses habitudes... Ça, je l'ai compris et ça me met en rogne. Tu saisis maintenant pourquoi je ne vais pas souvent à Saint-Libéral ? C'est pour ne pas trop m'engueuler avec mon père. Je sais que ma mère ne supporte pas nos discussions, alors autant éviter la casse, pas vrai ? Et si tu ajoutes à ça que mon grand-père y va de son grain de sel...

— Je croyais que tu l'adorais ! Tu m'as toujours dit qu'il était formidable.

— Mais il l'est ! Seulement, lui, il n'en a rien à secouer de mon diplôme d'agronome, rien ! Tout ce qui le tracasse c'est savoir qui prendra la succession de mon père pour gérer la terre des Vialhe. Et comme il sait que ce ne sera pas moi ! Oh, ce n'est pas qu'il me fasse la tête, non mais enfin... Tiens, même si je devenais un jour ministre de l'Agriculture, je parie que la première chose qu'il me demanderait c'est : « Quand est-ce que tu démissionnes de ce poste inutile pour t'occuper enfin des choses sérieuses, de la terre des Vialhe ? » Il est comme ça, le grand-père, c'est un rude caractère. Qu'est-ce qui te fait rigoler ?

— Rien, rien ! Mais quand tu parles de vos terres, je ne sais pas si elles resteront dans ta famille ; pour ce qui est du caractère, en revanche, avec toi la relève me paraît assurée !

Malgré l'admiration et l'affection que Jean Vialhe vouait à son père, ses rapports avec lui avaient changé depuis quelques mois. Ils se tendaient vite lorsque la conversation s'approchait d'un sujet sur lequel ni le père ni le fils ne voulaient céder. Car autant l'un et l'autre s'entendaient lorsqu'il s'agissait de sport, de voiture, de cinéma, de littérature ou même de politique, autant le dialogue devenait aigre-doux quand il abordait l'avenir.

Depuis presque un an, Jean avait déclaré tout de go à son père qu'il ne voulait être ni avocat ni haut fonctionnaire et qu'il n'en avait « rien à cirer » de toute autre prétendue belle situation. Lui, il serait éleveur, il n'y avait pas à sortir de là!

Il avait compris que le choc avait été rude pour son père. D'autant plus que ce dernier avait toute raison d'espérer que son aîné suivrait sinon ses traces dans le barreau, du moins accéderait à une position sociale aussi confortable que la sienne.

Car Jean était de ces élèves qui, de la maternelle à l'agrégation, semblent absorber le savoir comme une succulente confiserie, avec délectation et gourmandise. Toujours à la tête de sa classe, il venait, à quinze ans, d'entrer en seconde et pouvait donc, en bonne logique, viser les plus hauts diplômes.

Aussi Guy avait d'abord pensé qu'il jouait les provocateurs, c'était de son âge. Il avait d'ailleurs toujours eu tendance à expédier des ruades dans les brancards. Moins que Marc toutefois, son cadet de deux ans, qui proclamait la nécessité de refaire le monde de A à Z, armes à la main, si besoin était! Et surtout sans faire de sentiment!

Mais, vu son âge, on pouvait encore lui pardonner d'afficher la photo du Che dans sa chambre. Guy ne manquait pas de mémoire, savait que tout évolue vite et qu'il fallait tenir compte de la mode. Depuis 68, elle était à la contestation.

Alors, dans un premier temps, n'avait-il pas pris très au sérieux les déclarations de son fils aîné. Mais il avait commencé à s'inquiéter lorsqu'il avait appris, six mois plus tôt, lors de la semaine de l'agriculture, que Jean profitait de la moindre heure de temps libre pour aller admirer les bêtes à la porte de Versailles. Agacé, car désarmé, il en avait parlé à Berthe lors d'un de ses passages à Paris. La vieille dame en avait ri aux larmes.

— Les chromosomes, mon petit Guy, les chromosomes! Ils sont là, et un peu là, même! Pense à tes parents! Un Vialhe plus une Dupeuch, ça ne va quand même pas donner un énarque. Encore heureux!

— Et pourquoi pas? Aucun de nous n'avait la fibre paysanne! C'est par accident que Jacques est resté à la ferme. Au temps où il travaillait avec Léon, Paul rongeait son frein au cul des vaches. Mauricette n'a eu de cesse d'être institutrice. Quant à moi, j'ai quitté Saint-Libéral dès que j'ai pu, tu en sais quelque chose, c'est toi qui m'as accueilli à Paris!

— Eh bien, ça a sauté une génération, voilà tout! Ah, si ton père apprend ça, il en sera fou de joie!

— Je t'interdis bien de le lui dire, il ferait tout pour encourager le gamin dans sa lubie! Éleveur, je te demande un peu! Alors qu'il a tout pour réussir! Allez, blague à part, dis-moi ce que je pourrais faire pour lui enlever cette stupidité de la tête?

— Il n'a pas parlé d'arrêter ses études? Alors, où est le problème? Ne détruis pas son rêve, laisse faire le temps.

Ce conseil ne l'avait pas convaincu et il avait cru bon de relancer le débat avec son fils :

— Si je te comprends bien, tout ce que tu veux faire, c'est imiter ces jeunes imbéciles qui partent s'installer dans le Larzac pour y élever trois chèvres et deux moutons et qui crèveraient de faim sans les chèques de papa?

— Pas du tout! Je t'ai dit que je serai éleveur! Ceux dont tu parles ne sont que des rigolos. D'abord, ils n'y connaissent rien. S'ils voulaient vraiment faire de l'élevage, ils n'iraient pas là-bas, rien n'y pousse, sauf les cailloux! Je le sais, je me suis renseigné. C'est une des régions les plus frappées par l'exode rural. Tu penses bien que si la terre était si bonne que ça les agriculteurs y resteraient! Non, ce n'est pas là qu'il faut aller.

Le sérieux de son fils l'avait un peu ébranlé. Et lui qui savait pourtant être si posé et calme lors de ses plaidoiries avait jeté :

– Ah! Je te vois venir! Tu iras t'installer à Saint-Libéral peut-être ?

– Si je pouvais, oui, mais il n'y a pas assez de place libre, enfin de terrain. Mais si Louis vend un jour les terres d'oncle Léon autrement que pour bâtir, alors oui, ça vaudra la peine.

« Ce cochon de gosse pense à tout! » avait songé Guy en serrant les dents.

– Bon, assez rêvé, avait-il tranché, je ne sais pas qui t'a fichu ces idées en tête, mais on en rediscutera plus tard. Pour l'instant, je ne veux plus entendre parler de ces foutaises à la Giono ou à la Lanza del Vasto! Toutes ces utopies ont fait assez de dégâts comme ça! Et si encore tu voulais faire comme ton cousin Dominique!

– Mais je compte bien faire comme lui! Seulement, moi, je m'installerai à mon compte, pour faire de l'élevage.

– Alors ça..., avait soupiré Guy en comprenant que la discussion venait de tourner à son désavantage.

Au lieu de désarçonner son fils, comme espéré, elle lui avait permis de formuler tout haut ce qui n'était peut-être jusque-là qu'un projet encore un peu vague, mal étudié, peu raisonné. Grâce à la perche involontairement tendue, Jean avait pu exposer ses idées, avec clarté, sérieux et avait ainsi fait un grand pas dans son engagement. Depuis, Guy évitait de relancer un débat qu'il n'était plus certain de bien maîtriser.

Mise au courant, Colette, son épouse, lui avait donné raison. Elle aussi espérait que le temps arrangerait les choses et que leur fils comprendrait un jour de lui-même à quel point son idée était peu sérieuse. Elle avait elle-même beaucoup trop souffert de l'ostracisme de ses propres parents envers Guy lorsqu'ils avaient appris qu'il était fils de petits paysans corréziens. Une brouille s'était alors instaurée qui avait duré jusqu'à la naissance de Jean. Et voilà maintenant que cet enfant brillant, élève d'une des meilleures écoles de Paris, qui pouvait sans mentir se dire parisien, fils d'avocat et petit-fils d'antiquaire – rien ne l'obligeait à évoquer ses autres grands-parents –, se piquait de revendiquer des origines terriennes et de vouloir faire un retour aux sources? C'était grotesque!

Lorsque Guy, trois ans plus tôt, avait cherché à louer une chasse avec quelques amis, il avait pensé que son cousin Félix était très bien placé pour l'orienter. Il habitait toujours à quelques kilomètres de Mézières-en-Brenne dans la petite maison forestière, jadis achetée pour une bouchée de pain, où il avait passé la majeure partie de son existence. Il connaissait donc la région comme sa poche et n'avait eu aucun mal à orienter Guy sur un très beau terrain.

Il provenait du partage des mille deux cents hectares jadis rattachés au château de la Cannepetière, où Louise avait pendant si longtemps travaillé. La chasse couvrait maintenant six cents hectares de bois, landes et taillis, tout mouchetés d'étangs et de marais. Un paradis pour le gibier, un régal pour les chasseurs qui selon leur envie pouvaient tirer chevreuils et sangliers, faisans, lièvres et perdreaux. Mais aussi, et surtout, un échantillonnage de colverts, sarcelles, souchets et morillons; sans oublier les râles, bécasses et bécassines.

A la saison, Guy descendait tous les quinze jours pour le week-end. Il ne manquait jamais de venir saluer son cousin – il est vrai que sa chasse commençait à moins d'un kilomètre de chez lui. Parfois même, il acceptait la chambre que lui proposait Félix. Fourbu par une journée de chasse et de grand air, il dormait là d'un sommeil de plomb, bercé par le chant du vent dans les grands chênes.

Depuis deux ans, Jean l'accompagnait presque toujours. Non pour chasser – il n'avait pas encore l'âge et peu d'attirance pour cette activité –, mais pour pêcher avec Félix et surtout l'accompagner dans ses longues explorations ornithologiques.

Félix avait toujours eu une grande attirance pour les oiseaux; depuis sa retraite, ils étaient devenus sa passion. Il sidérait Jean par ses connaissances et cette rapidité de coup d'œil qui lui permettait de différencier en un instant un phragmite des joncs d'une locustelle tachetée. Aussi, pendant que résonnaient au loin les coups de fusil et les aboiements, Félix et Jean, jumelles au cou, pratiquaient une chasse plus pacifique. Depuis six mois, Jean s'était mis à la photo et découvrait à quel point la patience, le calme et l'obstination étaient indispensables pour fixer une simple foulque noire dans l'objectif.

Ce qui intéressait aussi beaucoup Jean et l'étonnait, c'était lorsque Félix lui parlait de la famille Vialhe. Il en savait beaucoup sur ce sujet et se confiait volontiers. Il paraissait tout connaître des situations de famille, des faits marquants, du caractère de chaque membre, des drames, des brouilles, des réconciliations.

Et à Jean qui cherchait un jour à savoir comment il avait appris tout cela, il expliqua :

– C'est vrai, la première fois que j'ai découvert le village, j'avais déjà vingt-six ans! Mais grâce à ta grand-tante, oui ta tante Louise, je le connaissais presque aussi bien que le moindre sentier des bois qui nous entourent. Ta tante m'a tout appris de la famille, mais aussi des voisins, des champs et des prés, des bois, du paysage de Saint-Libéral. Elle s'ennuyait tellement ici, la pauvre femme. Elle me l'a dit : elle s'est languie de son village pendant quarante ans! Alors elle relisait les lettres qui venaient de là-bas. D'abord, celles de ton grand-père. Elle en avait tout un paquet qu'elle connaissait par cœur. Ensuite, après la guerre – la Grande, hein –, c'est ta grand-mère qui lui écrivait. Et ça a duré jusqu'à ce que ta tante revienne vivre à Saint-Libéral en 1956, non, 55, octobre 55. Depuis, c'est elle qui m'écrit et me raconte tout. Voilà comment je connais l'histoire de la famille Vialhe et du village, je devrais même dire les histoires...

– Alors tu sais tout pour ma cousine?

– Laquelle?

– Allons, tu sais bien : Jo, quoi? Papa ne veut pas qu'on en parle à la maison!

– Alors, je ne t'en parlerai pas non plus.

– C'est vrai qu'elle est partie faire le tour du monde avec un copain? Allez, tu peux bien le dire, quoi! Tu vois bien que je le sais!

– Alors tu en sais autant que moi, n'en demande pas plus. Et puis, le principal, c'est qu'elle revienne un jour. Ça aussi, c'est bien des Vialhe. Quand ça les attrape, ils cassent tout, partent pour des années aux cent mille diables! Et puis, un jour, ils regagnent Saint-Libéral. C'est de famille. Ton grand-père et tes deux tantes ont

fait ça. Et si ton oncle Paul n'a pas eu le temps de faire de
même, c'est parce que le ciel en avait décidé autrement.

– Tu es sûr que Jo fera pareil ? Je voudrais bien. Elle
est gentille, Jo. Elle a vécu chez nous avant de filer... Je
me rappelle qu'elle n'était pas bêcheuse, sympa, quoi!
C'est elle qui nous gardait lorsque les parents sortaient le
soir. Tu crois qu'on la reverra ?

– Naturellement. Tiens, tu te souviens des engoulevents que nous avons vus, l'été dernier ? Ce sont des
migrateurs, ils partent à la fin de l'été, mais reviennent
toujours au printemps suivant. C'est plus fort qu'eux, ils
reviennent toujours où ils sont nés, comme les Vialhe.
D'ailleurs ils leur ressemblent!

– Ah, bon ?

– Oui, ils en imposent! La preuve, on les prend
souvent pour des petits faucons ou des éperviers; ils
jouent les rapaces, quoi! Mais, penses-tu, ce sont des
braves, ils ne se nourrissent que d'insectes. Mais ils ont
aussi une grande gueule! Peuvent pas s'empêcher de
souffler, de chuinter, de se fâcher, quoi! Tu ne te souviens pas ?

– Bien sûr que si!

Jean avait toute la scène en mémoire. C'était à la fin
juillet. Son père était venu tirer les canards; quant à lui, il
était resté avec Félix, comme d'habitude.

Au crépuscule, alors que des milliers d'étourneaux en
quête de dortoir tournoyaient au-dessus des étangs et des
roselières en de bruissants nuages aux torsades imprévi-
sibles, Félix et lui étaient partis marcher dans la lande. Ils
espéraient y apercevoir, l'espace d'un coup d'aile, l'un des
deux hiboux brachyotes qui nichaient là. Partout, dans les
mares et les fossés, dans les moindres points d'eau, coas-
saient les crapauds. Et maintenant, timides, presque
gênées car le temps des amours était passé, trillaient quelques fauvettes perchées dans les typhas.

C'est alors que, semblant jaillir du sol devant eux,
l'ombre d'un oiseau avait virevolté vers le ciel, pirouetté
et aussitôt disparu en un froufrou de velours.

– T'as vu ? On dirait un coucou ou une crécerelle, en
plus petit, avait murmuré Jean en s'arrêtant.

– Tu n'y es pas, attends la suite. La famille vit là.
Tiens, écoute! Écoute les engoulevents qui s'appellent!

Et soudain, sortant de la nuit et y replongeant aussitôt,
trois autres oiseaux avaient encerclé les observateurs pen-

dant quelques secondes. Puis, au chant répété et crissant d'un des parents, tous avaient disparu, avalés par l'obscurité.

– Que cherchaient-ils? avait chuchoté Jean, encore surpris.

– Les sauterelles et les papillons de nuit que nous avons fait partir en marchant dans les hautes herbes. D'habitude, ils suivent les bestiaux qui, eux aussi, dérangent les insectes. Tiens, ça leur vaut même le surnom de « gobe-chèvre ». Je connaissais encore, il n'y a pas si longtemps, de braves gens qui croyaient dur comme fer que les engoulevents venaient téter leurs chèvres pendant la nuit! Si, si! Tu me diras ce sont les mêmes qui étaient persuadés que les vipères et les couleuvres faisaient elles aussi la traite!

– Mais d'où viennent-ils?

– D'Afrique, ils y passent toute la mauvaise saison. Ils arrivent ici à la fin avril quand ils trouvent de quoi se nourrir. Ils nichent et repartent. Ceux-là, enfin cette famille, je les connais depuis que je suis en âge d'observer les oiseaux, ça nous ramène dans les années 20! Ils pondent tous les ans dans cette brande, là-bas, à droite, à côté de ce bosquet de trembles. Tu vois, depuis que je les observe, ça fait quelques générations d'engoulevents! Une année, il y a plus de quinze ans, j'ai bagué les deux jeunes; oui, ça n'en fait que deux par nichée. Ils étaient magnifiques. Je ne sais pas si ça les a vexés de se savoir découverts, mais ils sont restés trois ans sans revenir! J'en voyais ailleurs, mais pas ici. Et puis, un soir, début mai, ils ont jailli comme tout à l'heure, ils étaient de retour. Depuis ils sont là tous les ans.

– Et tu dis que la famille Vialhe c'est pareil? s'amusa Jean.

– Oui, un peu, à cause de ce fichu caractère! Mais tu n'es pas obligé d'aller dire à ton père ou à ton grand-père de Saint-Libéral que je leur donne des noms d'oiseaux! Tu gardes ça pour toi, d'accord?

Campé à l'extrémité de la Pièce Longue, Pierre-Édouard apprécia en connaisseur le travail effectué les jours précédents par Jacques. Son rotavator avait fait des merveilles. Mis à part quelques langues vertes qui frémissaient au pied des noyers, il ne restait plus trace de la vieille prairie. Proprement scalpée et enfouie, elle avait cédé sa place à de longues et régulières planches de riche terre rouge. Une glèbe encore trop sèche et cassante pour le labour, mais qu'une petite journée de pluie rendrait magnifique, prête à s'ouvrir sous le soc. Et, en la voyant déjà si belle, Pierre-Édouard savait que les sillons seraient onctueux, réguliers. Il était toujours émerveillé par le travail que les machines modernes étaient capables de faire.

De son temps, jamais il n'aurait pu obtenir un tel résultat, rendre la terre aussi propre, domestiquée. Car si ses bœufs étaient de force à tirer le cultivateur canadien aux lames " pattes d'oie ", l'engin se serait brisé les dents en se bloquant dans l'entrelacs des racines de luzerne, plus grosses que le pouce. D'ailleurs, même en sol souple et humide, rien jadis n'aurait aussi bien pulvérisé la terre, mélangé aussi intimement l'humus, le gazon et cette généreuse couche argilo-calcaire qui faisait la richesse de la Pièce Longue.

Et pourtant, malgré tous ces fantastiques progrès et tous les soins et les fumures qu'elle recevait, la terre n'en pouvait plus. Elle qui avait fait vivre des générations de Vialhe et, avant eux, pendant des dizaines de siècles, d'autres générations d'inconnus, devenait d'année en année incapable de nourrir ceux qui l'entretenaient pourtant de mieux en mieux. D'une récolte à l'autre, elle se lassait d'être contrainte à produire toujours plus, toujours davantage. Et ce qui avait été le rendement du siècle, dix ans plus tôt – et qui était inconcevable cinquante ans auparavant – faisait maintenant figure de médiocre résultat, déjà à peine suffisant pour couvrir les frais de production. C'était fou, stupide. C'était le résultat de cette fuite en avant insensée que Jacques était obligé de pratiquer s'il voulait survivre.

Au fil des ans, comme des centaines de milliers de confrères, il avait dû se plier aux exigences de l'époque. Produire plus, toujours plus, pour tenter de compenser par un volume accru ce que des cours de vente en totale stagnation, voire en baisse, faisaient perdre. Mais comment rattraper sans s'essouffler et se décourager un but qui s'éloignait toujours plus vite!

Même aux pires époques de crise, celles d'avant-guerre, jamais Pierre-Édouard n'avait vu un tel gâchis, un avenir si sombre pour ceux qui s'accrochaient à leur terre. S'y accrochaient, car elle était leur unique moyen de survivre, leur dernier combat. Ils ne savaient rien faire d'autre que se pencher vers elle pour la solliciter. Mais comment s'étonner ensuite que Saint-Libéral qui comptait 1 100 habitants au début du siècle n'abritait plus désormais que 304 citoyens dont la moyenne d'âge dépassait cinquante ans! Et aux dizaines de petites fermes qui faisaient sa richesse, lui donnaient sa tenue et son allure, ne répondaient plus que onze exploitations.

Elles étaient certes beaucoup plus grandes, plus productives, plus modernes. Mais à quoi cela servait-il puisqu'elles se révélaient malgré tout de moins en moins capables de subvenir aux besoins de leurs propriétaires? De plus, la plupart n'avaient pas de successeurs. Et tout laissait à penser qu'elles n'auraient même pas d'acquéreurs lorsque leur dernier exploitant passerait la main. Comment trouver quelqu'un d'assez fou pour investir dans une voie aussi peu rentable?

« Et pourtant, miladiou, c'est une sacrée belle et bonne terre qu'on a là! » grommela Pierre-Édouard en embrassant du regard tous les champs des Vialhe que comptait le plateau.

Il se baissa avec quelque peine, ramassa une poignée de terre, l'émietta, la tritura. Puis, d'un geste ample, il l'éparpilla devant lui, comme un semeur.

« Pauvre vieux Jacques, entre ici et les quinze hectares de la Brande, ça lui fait un rude travail. Et il s'y crève. Bon Dieu! il lui faudrait de l'aide, un gars comme ce pauvre Nicolas... Et même sans espérer autant, comme cet abruti que mon père avait embauché dans les années...? Pfou! Je ne sais plus... Et comment s'appelait-il, ce geai? Peu importe, je demanderai à Mathilde, elle a bonne mémoire, elle... »

Il réfléchit pendant quelques instants, fouilla dans ses souvenirs pour tenter d'y repêcher le prénom de l'homme dont il voyait encore avec précision le sourire niais et édenté, mais dont le prénom s'était fondu dans le temps.

« Au diable, cet âne! N'empêche, même lui rendrait bien service à Jacques! Mais c'est fini. Il y a beau temps qu'on ne voit plus passer les chemineaux, balluchon à l'épaule! Plus personne ne veut se baisser! D'ailleurs, même si par extraordinaire Jacques dénichait la perle rare, il n'aurait pas de quoi la payer! Enfin, c'est comme ça, paraît que c'est normal... »

Il tira sur sa pipe éteinte depuis longtemps, la cogna

contre sa paume et reprit sa promenade solitaire. Au-
dessus de la Pièce Longue, non loin, seul lui aussi, un
faucon crécerelle à l'affût des mulots mimait le Saint-
Esprit.

Pierre-Édouard était à l'extrémité du plateau, au pied
du puy Blanc, lorsqu'il entendit sonner onze heures au
clocher de Saint-Libéral. Il hâta un peu le pas, car il
savait que Mathilde allait s'inquiéter s'il n'était pas à la
maison avant midi moins le quart. C'était devenu une
convention entre eux. Mathilde avait depuis longtemps
abandonné l'idée de le tenir aux alentours de la maison,
de le cantonner dans le jardin, la grand-rue ou même la
place de l'église, là où tout le monde aurait pu le voir et
surtout lui venir en aide en cas de besoin.
Il avait balayé d'un geste les arguments qu'elle avait
avancés pour le convaincre. De même, avait-il franchement ri lorsqu'elle lui avait suggéré, voyant qu'il
s'ennuyait à la maison, de passer un peu plus de temps au
bistrot – le seul et dernier commerce de Saint-Libéral –
que tenait toujours Nicole, fille de Noémie et petite-fille
de la mère Eugène, dont la réputation de fieffée déver-
gondée n'était plus à faire. Naturellement, avait-elle
plaidé, ce n'était pas pour y boire, mais pour discuter avec
les derniers vieux camarades qu'il connaissait, Edmond
Duverger et Louis Brousse qui aimaient se retrouver là
pour taper la manille coinchée.
– Alors, maintenant, tu veux m'envoyer chez la
Nicole ? Eh bien dis donc, les temps changent ! Il y a seulement quinze ans, tu m'aurais crevé les yeux si j'étais
entré chez elle ! J'avais juste le droit d'y acheter mon
tabac ! Et encore, tu me le reprochais presque !
– Mais non ! Tu exagères toujours ! Je ne t'ai jamais
empêché de faire une bonne partie de cartes quand tu en
avais envie ! Alors maintenant que tu dois te reposer...
– C'est ça ! Allez, dis plutôt que je peux enfin voir la
Nicole parce qu'elle a quinze ans de plus ! Qu'elle est
devenue vilaine comme c'est pas possible et que moi je ne
suis plus qu'un vieux croûton ! Mais j'ai plus envie de
taper la belote. J'ai pas trop envie de rencontrer ce pauvre
vieux Brousse qui devient de plus en plus gâteux. Ni
Edmond qui pleure maintenant comme un gosse pour un
oui ou pour un non. J'ai pas envie d'être avec ces vieux

50

qui sont plus jeunes que moi. Je les aime bien tous, enfin presque tous, mais ils me fatiguent.

Ce qu'il désirait, c'était marcher dans les bois et les champs, quel que soit le temps, s'occuper un peu des cinq dernières ruches qui lui restaient, prendre parfois son fusil pour essayer, sans trop y croire, de traquer puis de tirer une bécasse. Ce qu'il aimait, c'était voir les terres des Vialhe au fil des saisons, admirer aussi le troupeau de limousines de Jacques et ses énormes truies. Ce qu'il voulait, c'était être libre de monter un jour jusqu'au puy Blanc, le lendemain au puy Caput et une autre fois jusqu'à Coste-Roche pour y embrasser sa belle-fille et se faire offrir une tasse de vrai café; Mathilde avait tendance à le faire de plus en plus clair.

Mais parce qu'il détestait voir les méchantes rides que l'inquiétude creusait sur le front de sa femme, qu'il savait à quel point elle avait peur pour lui, guettait son plus petit signe de fatigue et se tenait toujours prête à appeler le médecin, il avait instauré une sorte de code, un accord tacite. Avant de partir, il donnait toujours son itinéraire et le but de sa promenade. Quant à ses horaires, ils étaient immuables. Grâce à cela, ni l'un ni l'autre n'avaient eu besoin de formuler leurs pensées. Ils savaient tous les deux que ces précisions guideraient les recherches s'il avait un jour un peu trop de retard...

De même, avait-il souri en découvrant au fond d'une poche de sa veste de chasse, celle qu'il enfilait pour ses promenades, un gros sifflet à roulette que Mathilde avait déposé sans rien dire, en sachant qu'il comprendrait. Il s'était alors bien gardé de lui dire qu'il y avait peu de chances qu'il pût souffler dans la petite embouchure si son cœur lui faisait des misères. Il savait à quel point le souffle vous manque, dans ce cas-là...

Ainsi, depuis deux ans, réglait-il ses promenades. Et telle qu'il la connaissait depuis cinquante-sept ans, il était persuadé que Mathilde savait où il se trouvait à telle ou telle heure. C'était assez rassurant, pour lui aussi...

Ce jour-là, il vérifia à sa montre que l'église était à la bonne heure – depuis que la sonnerie était électrique, faute de sacristain, la pendule avait tendance à la fantaisie – et s'engagea dans le sentier qui plongeait vers le village. Il le fit avec précaution, car la pente était raide. Il connaissait le chemin depuis plus de quatre-vingts ans, n'en ignorait aucun méandre, aucune bosse, aucun gros caillou. Simplement, au lieu de le parcourir en dix petites minutes d'une course folle et joyeuse, il allait mettre presque trois quarts d'heure. Le tout était de le savoir et de s'en accommoder, sans acrimonie.

4

Depuis sa première élection de conseiller municipal, Jacques n'avait eu aucune difficulté à se faire réélire à chaque consultation. Il passait toujours haut la main dès le premier tour. Mais cela ne simplifiait pas pour autant son travail de maire.

D'abord, parce que Saint-Libéral vieillissait dans des proportions catastrophiques, que toute la commune périclitait et manquait donc de moyens financiers. Ensuite, parce que la représentation au sein du conseil municipal avait changé depuis les dernières élections de mars 71.

Ce n'était même pas la politique qui était venue semer la zizanie. Les rapports entre la gauche et la droite étaient à peu près toujours les mêmes, et comme Jacques s'efforçait de se tenir au-dessus, ce n'étaient pas les diverses colorations et leurs antagonismes qui lui donnaient des soucis.

D'ailleurs, on était loin des batailles de jadis. Et il était même très amusant de voir assis côte à côte, et prônant les mêmes valeurs, un Jean Delpeyroux, un Henri Brousse ou un Jacques Duverger. Trente ans plus tôt, le père du premier ne jurait que par le Maréchal, celui du second n'avait que Staline comme modèle, quant au père du troisième, il ne cachait pas ses sympathies pour Léon Blum et ses amis.

Aujourd'hui, les fils regrettaient – et ils n'étaient pas les seuls – de ne pouvoir voter Chirac, sa circonscription était trop loin de Saint-Libéral! Aussi, même si un Peyrafaure ou un Delmas avaient quelques faiblesses pour la rondeur papelarde d'un Duclos, les joutes politiques ne posaient pas de problèmes à Jacques. En revanche, une sorte d'incompréhension s'était installée au sein du conseil depuis que de nouveaux venus dans la commune s'étaient fait élire. Ce n'était pas qu'ils fussent antipathiques, tant s'en fallait, mais ils ignoraient tout de la vie d'une commune rurale et de sa gestion.

Installés depuis quelques années à la sortie du village, sur des lopins vendus par Louis, le fils de Léon, ils travaillaient en dehors du village. Deux d'entre eux étaient employés à la paumellerie de La Rivière-de-Mansac, Claude Delmas et Alain Martin; un autre, Michel Lacombe, avait un petit commerce à Terrasson; le quatrième, Mathieu Castellac, était à l'EDF à Brive et le dernier, Roger Peyrafaure, vivait de sa retraite de la SNCF.

Certes leur nombre ne leur permettait pas d'être majoritaires au sein du conseil, mais les idées qu'ils défendaient, et qui trouvaient parfois un écho favorable chez d'autres conseillers, laissaient souvent Jacques pantois, tant elles étaient irréalistes. En fait, bien qu'habitant un bourg rural, les cinq nouveaux venus entendaient bénéficier des services qu'ils avaient connus en ville. Et ils n'étaient pas les seuls à avoir des exigences. Aussi, Jacques devait-il se battre pied à pied pour ne pas gaspiller en futilités un budget déjà squelettique.

Car, pour lui, tout ce qui n'était pas absolument indispensable était inutile. Inutile, par exemple, et combien onéreuse, cette installation de trottoirs sur le début du chemin qui grimpait vers Coste-Roche. Bien sûr, il y avait là quatre maisons récemment implantées, mais leurs propriétaires devaient déjà s'estimer heureux de disposer d'une chaussée goudronnée et entretenue. Alors, pourquoi diable réclamaient-ils des trottoirs ? Pour faire plus riches et rendre jaloux ceux du village qui n'en avaient pas ?

Parce que Jacques savait bien que s'il cédait sur ce point, la mode des trottoirs gangrènerait tout Saint-Libéral : tout le monde voudrait le sien, l'exigerait même! Eh bien, non! Depuis le début du siècle, seule la grand-rue avait son trottoir, c'était amplement suffisant. Il n'était donc pas question de se lancer dans de nouveaux travaux.

Inutile également, et même grotesque, l'extension de l'éclairage public sur le chemin qui montait au plateau et où s'élevaient plusieurs maisons nouvelles.

— Mais, bon Dieu! sacrait Jacques, ils le savaient qu'il

n'y avait pas de lampadaires lorsqu'ils ont acheté! Et pas de tout-à-l'égout, non plus! C'est bien pour ça qu'ils ne l'ont pas payé trop cher, leur terrain! Des réverbères, en pleine campagne! Je vous demande un peu! Et puis, pour quoi faire? Faire pisser leurs chiens, peut-être? Ce ne sont pourtant pas les arbres qui manquent alentour!

Inutile enfin, et hors de prix, la remise en état et le réaménagement intérieur du foyer rural. Il suffisait tel qu'il était, vieux, sans doute. Mais à quoi bon investir dans un logement boudé par les quelques jeunes de Saint-Libéral?

Et pourtant, s'il était un bâtiment communal que Jacques aurait aimé voir revivre, c'était bien celui-là! Il était toute son adolescence. Il lui suffisait d'y penser pour réentendre les rires de Paul, de tous les amis, de l'abbé Verlhac; pour se souvenir d'un village alors si vivant et joyeux. D'un village où les jeunes étaient alors si nombreux qu'il avait été un jour nécessaire de leur consacrer une salle de jeux, une bibliothèque.

Aujourd'hui, les gamins qui restaient étaient si clairsemés qu'ils ne pouvaient même pas constituer une équipe de foot!

Après le traitement des affaires courantes, ce fut pourtant sur les jeunes que redémarra la discussion du conseil municipal de cette soirée d'octobre.

Jacques, déjà moulu par une journée de labour, comprit qu'il n'était pas près de rejoindre son lit lorsque Roger Peyrafaure prit la parole. Non seulement il était bavard comme un avocat, mais il adorait s'écouter parler. Il savait aussi que sa situation de retraité de l'administration lui donnait une certaine autorité aux yeux de quelques-uns et ne se privait jamais d'une péroraison.

— Messieurs, commença-t-il, je suis au regret de vous dire que nous nous comportons fort mal vis-à-vis de nos jeunes. Fort mal, et je pèse mes mots...

« Manque pas d'air, ce vieux crabe, pensa Jacques en se massant les reins. Nos jeunes, qu'il dit! L'en a jamais voulu, si j'en crois ce que sa femme a raconté à Michèle! »

— Oui, poursuivit l'orateur, un jour, ils nous jugeront sévèrement, nous demanderons des comptes. Et ils auront raison! Car je pose la question, messieurs, que faisons-nous pour les empêcher, tous les samedis soir et parfois même en semaine, de sauter sur leurs cyclomoteurs pour aller jusqu'à Ayen, ou plus loin encore, hanter les cafés pour y jouer à je ne sais quel billard électrique ou autre baby-foot? Je vous...

— Bon, et alors? coupa soudain Delpeyroux, qu'est-ce que vous voulez qu'on y foute? On va pas les attacher, non?

Il était premier adjoint et ami de Jacques. Il était également un des derniers agriculteurs de la commune, avait passé toute sa journée à ramasser les noix et avait hâte, lui aussi, d'aller dormir.

— Mais comment ça, monsieur Delpeyroux! s'insurgea Peyrafaure. Justement! C'est que nous avons à y foutre, comme vous dites! Oui, monsieur!

Ça aussi, c'était nouveau. Naguère, amis ou ennemis, adversaires politiques ou pas, tous les hommes de Saint-Libéral s'appelaient par leur prénom, ou leur nom, et se tutoyaient. Seuls les anciens avaient droit au voussoiement et au titre, toujours respectueux, de père Untel. Aujourd'hui, avec les nouveaux venus, il fallait presque toujours s'envoyer du monsieur long comme le bras et jongler avec les vous. Mais comme l'avait dit un jour Delmond avec nostalgie :

— On dira ce qu'on voudra, ça passait beaucoup mieux quand on pouvait dire : « Mon pauvre vieux Jacques, t'es vraiment trop couillon! » Ça tirait pas à conséquence, on savait bien que c'était pas méchant! Mais aujourd'hui, si je dis ça à un de ces gars en employant le vous, il va mal le prendre! Et encore heureux s'il va pas le cafarder aux gendarmes!

Jacques sourit en songeant à l'anecdote et décida à son tour de faire avancer le dialogue.

— Bien, coupa-t-il, je pense que nous avons tous compris qu'il n'y a effectivement rien pour les jeunes. Mais je crois vous avoir expliqué ma position. On ne peut investir des sommes folles uniquement pour retenir quelques adolescents. C'est peut-être regrettable, mais c'est ainsi. Nous ne sommes pas riches, vous le savez, alors que proposez-vous, monsieur Peyrafaure?

— Oh! C'est très simple, dit ce dernier en puisant une Gauloise dans son porte-cigarettes. Il l'alluma lentement, pour bien ménager son effet, tira une longue bouffée, s'appuya contre le dossier de sa chaise : C'est bien simple, redit-il, je propose que nous leur installions un tennis...

– Un quoi? souffla Brousse avec effarement.

– Un tennis, dit Jacques qui avait très bien compris.

– C'est pas idiot, ça permettra aussi aux adultes de se tenir en forme, approuva Martin, manifestement encouragé et soutenu par Castellac, Delmas et Lacombe.

Jacques regarda ses vieux camarades, les natifs de la commune, les imagina, raquette en main, en train de galoper derrière une balle.

– Écoutez, dit-il enfin, je n'ai rien contre le tennis, c'est un sport tout à fait sain, enfin je présume; mais croyez-vous vraiment que nous puissions nous offrir ce... ce luxe? Oui, ce luxe!

– Ce n'est pas du luxe! D'autres villages en ont installé et tout le monde en est content, assura Martin.

– Eh bien, ce sont des communes plus riches que la nôtre! coupa Jacques avec une soudaine mauvaise humeur. Ce sont des communes où il y a des enfants! Où la moyenne d'âge n'est pas de plus de cinquante ans, comme chez nous! Ce ne sont pas des communes de retraités!

– Mais ce n'est pas une tare d'être retraité! lança Peyrafaure vexé, car il se sentait personnellement visé.

– Je ne pensais pas à vous, assura Jacques. Mais, bon sang! s'emporta-t-il, il faut vous le dire en quelle langue que notre budget est misérable? Il faudrait refaire le toit de la mairie et celui de l'église, pas assez de sous, malgré les subventions! Acheter une grosse débroussailleuse, une vraie, pour nettoyer le bord des routes, pas de sous! Refaire une partie de l'adduction d'eau, pas de sous! Pas de sous, nom de Dieu! Et vous venez m'emmerder avec un tennis? Pourquoi pas un golf ou une piscine tant que vous y êtes? Ou même un hippodrome? Hein?

– Pour ce qui est des sous, vous n'avez qu'à en demander à votre ami Chirac, paraît qu'il en distribue à tous ses copains! grinça Peyrafaure de plus en plus vexé.

Jacques haussa les épaules. Il savait que Peyrafaure n'était pas du même bord que lui. Alors, parfois, quand la discussion devenait un peu vive, fusaient ainsi quelques pointes. C'était sans gravité. Mais il se promit quand même de renvoyer un jour la balle dans les gencives de Peyrafaure, comme au tennis, quoi!

– Non, soyons sérieux, messieurs. Je ne nie pas qu'il faille occuper les jeunes et les moins jeunes. Mais, par pitié, ne me parlez plus de tennis, c'est au-dessus de nos moyens! Un point, c'est tout, dit-il en se levant et en signifiant ainsi que la séance était close.

— N'empêche, il faudra bien trouver une idée pour sortir cette commune de son marasme! lança Martin.

— Alors, là, je suis tout à fait d'accord avec vous, assura Jacques. Et croyez-moi, cette idée, je la cherche depuis que je suis entré dans cette mairie comme second adjoint. Je m'en souviens bien, ça fait vingt-sept ans, ce mois-ci! Vous étiez à peine né, monsieur Martin, car si je ne m'abuse, vous n'êtes guère plus âgé que mon fils aîné! Oui, c'est depuis l'année de sa naissance que je cherche. Et il faut bien croire que les électeurs le savent et me font confiance puisque ça fait vingt-sept ans qu'ils votent pour moi!

Même en se répétant que son choix était bon, qu'il n'était pas raisonnable de fonder son avenir sur l'Algérie, Dominique avait un peu l'impression de déserter. Il n'aimait pas ça. Aussi, maintenant que tout était réglé, avait-il hâte d'en finir, de grimper dans l'avion et de tirer un trait. Mais, par malchance, la super-Caravelle qui devait l'emporter avait déjà deux heures de retard et nul dans l'aéroport n'avait été capable de lui dire à quelle heure on pouvait espérer décoller. Personne même ne semblait savoir pourquoi l'avion n'était pas là.

« Heureusement qu'on ne m'attend pas à l'arrivée », pensa-t-il en observant une fois de plus le panneau sur lequel le vol 108, le sien, n'était toujours pas annoncé.

— Tu diras ce que tu voudras, mais ce n'est quand même pas au point chez toi! lança-t-il à l'adresse d'Ali.

Le Kabyle sourit, haussa les épaules avec fatalisme.

— S'il t'a fallu quatre ans pour t'en apercevoir!

Il avait absolument tenu à accompagner Dominique et à guetter avec lui l'hypothétique arrivée de la Caravelle. Mais maintenant que ni l'un ni l'autre n'avaient plus rien à se raconter, l'attente devenait pénible.

— Je t'assure que tu devrais partir, proposa Dominique une nouvelle fois, ça risque d'être encore long.

— J'ai tout mon temps. Et puis ça apprendra la patience à l'autre gamin!

— Il en aura bougrement besoin avec toi! plaisanta Dominique.

Dès qu'il avait fait la connaissance de son successeur, il

avait compris que tout n'irait pas au mieux entre Ali et lui. Le jeune Sliman était encore un peu trop imprégné de ses cours d'agronomie et de toute la théorie qu'on lui avait inculquée pendant ses études. Trop sûr de lui et maladroit, il avait écourté toutes les explications que Dominique était prêt à lui donner. A l'entendre, il avait déjà tout compris à l'agriculture saharienne et n'avait que faire de l'expérience d'un Français. Son attitude avait déplu à Ali qui s'était juré de le mettre rapidement au pas. Dominique ne doutait pas un instant que l'affaire serait vite réglée. Il faudrait que l'un ou l'autre cède et ce ne serait pas Ali. Mais de savoir que ce jeune allait peut-être essayer de gâcher son travail l'agaçait. Comme l'aga-çait cette sorte de remords, presque de mauvaise conscience, qui l'habitait depuis que sa décision était prise.

— Tiens, c'est peut-être bon, cette fois! dit-il soudain en entendant cliqueter le panneau d'affichage. Il l'observa et se tourna vers Ali. Ce sacré zinc est enfin prêt; j'espère qu'ils ont bien resserré tous les boulons! Bon, on se quitte là, vieux frère. Mais n'oublie pas, tu m'as promis une visite.

— T'inquiète pas, j'y penserai. Et toi, si ton Mondiagri t'envoie dans les parages... Enfin, je veux dire, peut-être au Maroc; ils ont une filiale là-bas, alors...

— Promis, je ferai le saut jusqu'ici. Allez, porte-toi bien, vieille branche, et surveille bien nos champs d'essais. Laisse pas l'autre petit jeune saloper notre travail. Parce que, tous les deux, on a quand même fait un sacré boulot! Tu vois, si ça m'ennuie de partir, c'est parce que je ne suis pas certain de retrouver un job aussi intéressant et utile...

Ils se serrèrent la main, puis Dominique tourna les talons et marcha vers le couloir d'embarquement.

Dominique régla son siège, s'allongea un peu plus confortablement et jeta un discret coup d'œil en direction de sa voisine. Il remarqua d'abord qu'elle était jeune et bien faite, puis qu'elle se débattait avec sa ceinture de sécurité beaucoup trop longue et pleine de torsades.

— Vous voulez un coup de main? proposa-t-il.

— Ça ira, merci, assura-t-elle en se relevant.

Elle déroula la sangle, la raccourcit, s'installa et ver-rouilla la boucle. Déjà l'avion roulait vers la piste d'envol.

C'est en posant les yeux sur les mains de sa voisine que Dominique s'aperçut qu'elle tremblait. Elle tremblait tellement que malgré ses doigts accrochés aux accoudoirs, tous ses avant-bras tressaillaient. Il l'observa mieux, vit ses yeux fermés, sa bouche crispée, son menton qui frémissait. Et malgré son hâle très brun, deux vilaines marbrures pâles tachaient ses joues.

Il estima qu'elle était plus jeune que lui et lança, sur le ton de la plaisanterie :

— C'est le palu, la trouille, ou les deux ?

Elle haussa les épaules, se cramponna encore plus à son fauteuil. Déjà la Caravelle amorçait le dernier cercle qui allait la placer en début de piste.

— Si c'est la trouille, j'ai un truc, assura-t-il, et si c'est le palu, j'ai aussi le nécessaire.

— Oui, c'est la trouille ! jeta-t-elle. Et puis, foutez-moi la paix ! C'est quoi votre truc ? demanda-t-elle en se mordant les lèvres.

— Très simple. Tenez, dès que le zinc aura mis plein pot et qu'il commencera à rouler, vous vous mettrez à compter lentement. Ou mieux, vous regarderez la trotteuse de votre montre.

— Et alors ? insista-t-elle en flairant la mauvaise farce.

— Alors si à quarante secondes nous n'avons pas décollé, nous serons à moins de cinq secondes du paradis !

— Et vous vous croyez fin ! jeta-t-elle en fermant les yeux.

Il vit qu'elle avait réellement très peur. Déjà le bruit des réacteurs devenait assourdissant. Il se pencha alors vers elle et proposa :

— Ce n'est pas une blague ! Ça marche parce que ça occupe. Mais si vous préférez, accrochez-vous à mon bras et serrez tant que vous voulez, paraît que ça calme.

Il fut surpris par la puissance des doigts qui se plantèrent dans son avant-bras et y restèrent. Calé à son dossier par la rapidité de l'accélération et l'angle d'ascension toujours étonnant dans les Caravelle, il ne bougea pas tant qu'il sentit les doigts fichés dans ses muscles. Puis l'appareil se stabilisa peu à peu à l'horizontale et la poigne qui l'agrippait se desserra.

— Veuillez m'excuser, dit la jeune femme, ça va mieux maintenant.

— Ben, dites donc, c'est une vraie pince que vous avez ! dit-il après avoir relevé sa manche et regardé les traces rouges laissées par les ongles.

– Excusez-moi, redit-elle en souriant, j'ai beau prendre l'avion assez souvent, j'ai toujours aussi peur au décollage, c'est idiot, hein?

– Pas plus qu'autre chose, c'est comme ça. Et ça vous prend aussi à l'atterrissage?

– Non, non. Rassurez-vous, je ne vous griffeerai plus.

– Oh, moi, je ne suis pas inquiet. Pourtant tout le monde sait que les atterrissages sont plus dangereux que les décollages, ajouta-t-il un peu perfidement.

– C'est gentil de me rassurer ainsi! lança-t-elle en se penchant vers lui pour regarder par le hublot qu'il occultait un peu.

Il nota qu'elle avait un très beau regard bleu, un profil fin et délicat, mais que ses cheveux, très courts et brun foncé, accusaient une catastrophique coupe d'amateur.

« Elle s'est fait ça toute seule et elle s'est complètement loupée! pensa-t-il. Ou alors, c'est une de ses copines, pas plus douée! »

– Vous voulez ma place? proposa-t-il.

– Non, non, dit-elle en se rencognant dans son fauteuil, c'est fini, on ne voit plus rien, il y a trop de nuages.

– Si, dit-il, regardez là-bas derrière, on distingue encore un peu de côte.

Elle se pencha de nouveau, observa, sourit et reprit sa place.

– Eh bien, voilà, adieu l'Afrique! dit-elle.

– A votre âge, c'est un peu gonflé de dire adieu! Vous avez tout le temps d'y retourner, en Afrique!

– Oui, sans doute. C'était façon de parler.

– Vous êtes enseignante? demanda-t-il soudain.

– Non, pourquoi? J'en ai la tête?

– Pas spécialement. Non, je vous demande ça parce que j'ai rencontré quelques Françaises comme vous pendant toutes mes années d'Algérie. Elles étaient presque toutes professeurs de je ne sais quoi. La dernière était même psy et passait son temps à essayer de comprendre le comportement des pays récemment dégagés du joug colonialiste, texto! Vaste programme, n'est-ce pas?

– Et vous, vous êtes enseignant?

– Non, pourquoi? J'en ai la tête?

– Pas la tête, le baratin!

– Si ce n'est que ça, c'est pas une tare. Mais, allez, tant qu'à faire de baratiner, j'annonce la couleur : Dominique Vialhe, agro, deux ans d'Algérie, deux ans de Sahara.

– Béatrice Laurignac, puéricultrice, trois ans en Haute-Volta.

– Mariée?

– Célibataire.

– Félicitations.

– Parce que je suis toujours célibataire?

– Mais non, ça, c'est facile! Pour la Haute-Volta, ça ne doit pas être de la tarte, là-bas!

– Faut aimer...

– Sûrement. Mais dites, vous avez un nom de chez nous!

– C'est quoi chez vous?

– La Corrèze.

– C'est dans le Nord, ça! fit-elle en haussant les épaules. Non, moi, je suis d'Agen.

– C'est pas mal aussi, concéda-t-il. Mais dites, vous n'avez pas trouvé de ligne directe Ouagadougou-Paris? Qu'est-ce que vous faites dans cette poubelle? Parce que je tiens à vous signaler que vous avez quelques raisons d'avoir peur. Vous avez vu, plus de deux heures de retard que nous avons prises! Paraît qu'ils avaient perdu un réacteur... Et regardez-moi cette cabine, c'est pourri de partout! Si jamais il pleut, on sera trempés!

– Merci de me prévenir avec autant de tact. Je sais bien qu'il y a une ligne plus directe, mais j'avais des amis à voir à Alger. Voilà. D'autres questions?

– Non, ça ira. Mais ne prenez pas la mouche. Si je suis un peu bavard, c'est parce que ça fait plaisir de pouvoir discuter d'autre chose que de métier, surtout avec une compatriote.

Il la regarda, vit qu'elle avait fermé les yeux, pensa qu'elle avait peut-être envie de dormir et se tut. Ce fut elle qui relança le dialogue après quelques instants de silence.

– Vous aussi vous quittez l'Afrique? Parce que, moi, c'est fini. Et vous?

– Moi aussi. Mais vous avez dit « C'est fini », pourquoi?

– Peut-être pour les mêmes raisons que vous!

– Je parie que vous allez vous marier, dit-il sans trop savoir pourquoi. C'est ça?

– Quelle idée! dit-elle en riant. Mais alors, vous, c'est pour ça que vous rentrez?

– Ferait beau voir! s'exclama-t-il.

62

– Alors, pourquoi?

– Oh! c'est toute une histoire!

– Eh bien, dites toujours, on verra si nous avons vécu la même.

– Non, non, après vous, honneur aux dames.

Dominique et Béatrice n'avaient pas suivi le même itinéraire. Autant l'un avait travaillé dans sa jeunesse pour atteindre le but qu'il s'était fixé – et ce n'était pas simple avec des parents petits agriculteurs –, autant l'autre avait gentiment papillonné.

Fille de pharmacien, Béatrice avait suivi cahin-caha des études classiques jusqu'au bac. Puis, sous le fallacieux prétexte que les universités de Toulouse ou Bordeaux étaient moins cotées que celles de Paris, elle avait convaincu ses parents que sa subite passion pour l'Histoire méritait les meilleurs maîtres. C'était en octobre 1967, et la seule histoire qui l'intéressait vraiment était la sienne!

Elle avait alors dix-neuf ans et une furieuse envie d'échapper à l'odeur, aux tubes, pommades, potions et autres spécialités de la pharmacie familiale. D'ailleurs son frère aîné se préparait déjà à assurer la succession et elle n'avait nulle envie de la lui disputer.

Installée avec une camarade dans une mansarde de la rue Saint-André-des-Arts, elle avait découvert avec bonheur tout le plaisir de l'indépendance. Et parce qu'il lui semblait tout à fait logique que ses parents lui versent ponctuellement une mensualité d'entretien, elle n'avait pas de soucis d'argent.

Grappillant avec une grande modération les cours magistraux de son programme, elle s'était parallèlement constitué une très bonne culture théâtrale et cinématographique. Et comme il lui restait souvent un peu de temps entre deux séances, elle avait entrepris la découverte des musées.

Ce n'était donc pas du tout pour meubler ses loisirs, mais par simple curiosité, qu'elle avait emboîté le pas aux étudiants contestataires. Elle n'avait pas regretté cette expérience, du moins dans ses débuts.

Elle avait trouvé dans tous ces débats, rassemblements, coups de gueule, remises en question et joyeux chahuts, un amusant moyen de s'affirmer tout en se faisant la voix.

Et comme elle adorait prendre la parole, elle s'était découvert la délicieuse possibilité de défendre avec autant d'acharnement, de fougue et de conviction exactement le contraire de ce qu'elle avait prôné le matin même, devant un autre auditoire! C'était très excitant. Beaucoup plus que d'aller bêtement chercher des coups ou de douloureuses inhalations de gaz lacrymogènes pour le seul et puéril plaisir de tirer la langue aux CRS et de les traiter de SS.

Mais, parce que certains auditeurs manquaient du plus élémentaire sens de l'humour et que des cafards leur avaient signalé que la petite brune aux yeux bleus avait proclamé, deux heures plus tôt, l'inverse de ce qu'ils venaient d'applaudir, elle avait dû mettre un terme à sa carrière d'orateur. Coincée au fond d'un couloir crasseux, elle avait réalisé que la fantaisie et la plaisanterie n'étaient pas du goût des inflexibles apôtres et gardiens de la nouvelle révolution; elles étaient même interdites.

– Dis donc, petite salope, tu es en train de saboter le mouvement! C'est ce pourri de Fouchet qui te paye?

Comme elle ignorait le nom du ministre de l'Intérieur, elle avait cru à une blague et lancé:

– Non, c'est Talleyrand!

La beigne qu'elle avait reçue lui avait poussé les larmes aux yeux. Mais elle avait fait front, s'était débattue, avait zébré le visage de son agresseur de trois ongles acérés, envoyé la pointe de son soulier dans le tibia d'un autre et pris la fuite sous une bordée d'insultes et de menaces:

– Connasse! Si tu reviens, on te défonce à la barre à mine!

Prudente et surtout pas du tout persuadée qu'il fallait coûte que coûte faire table rase d'une société et d'un mode de vie dont elle s'accommodait très bien, elle s'était abstenue de remettre les pieds dans les assemblées et autres interminables palabres qui fleurissaient partout. Puisqu'il fallait aborder tout cela en étant plus sérieux qu'un pape, ce n'était pas drôle. De même avait-elle fui toutes les manifestations et défilés qui s'étaient succédé pendant tout le mois de mai.

– Voilà, c'est un peu après tout ce cirque que j'ai changé mon fusil d'épaule, conclut-elle.

– Marrant, on aurait déjà pu se rencontrer à cette époque, dit-il.

– Pourquoi? Tu étais à Paris, toi aussi? demanda-t-elle en adoptant sans y prendre garde le tutoiement étudiant.

— Non, à Grignon. Mais je suis venu jeter un coup d'œil.

— Tu as suivi les événements ? Tu as participé ?

— Au chahut ? Non, je n'avais pas le temps. Et puis surtout, je n'avais pas les moyens de m'offrir cette fantaisie ! Mais, toi, ensuite, pourquoi puéricultrice ? Pourquoi l'Afrique ?

— Parce que j'aime ça, beaucoup ! Quant à l'Afrique... Elle se tut, haussa les épaules : Pourquoi pas l'Afrique ?

— Ah, vu comme ça..., dit-il. Il l'observa, vit qu'elle semblait perdue dans ses souvenirs et insista, histoire de plaisanter : L'Afrique, c'était quand même pas un chagrin d'amour ? Parce que là aussi, en Algérie, j'en ai vu des filles dans ce cas-là. Elles étaient purges !

— Un chagrin d'amour ? s'amusa-t-elle. Non, non, pas spécialement. C'est plus simple, c'est le premier poste que j'ai trouvé à un moment où je voulais changer d'air, couper avec les parents; prendre du champ, quoi ! Mais toi, ton itinéraire ?

Il regarda sa montre, sourit.

— Trop long à raconter, on se pose dans dix minutes. Faudra qu'on se revoie, si ça t'intéresse de savoir. On se reverra ?

— Qui sait ?... Moi, je crois au hasard.

— Pourquoi pas ! Mais enfin, on peut toujours essayer de l'aider un peu, non ? On se donne nos adresses ? Ça n'engage à rien.

— Vu comme ça, d'accord, ça n'engage à rien. Je veux dire que ça n'oblige pas à répondre à un coup de fil ou à une lettre, OK ?

— Tout à fait d'accord, ça redonne pas mal de chances au hasard !

5

Parce que Saint-Libéral n'avait plus de curé ni de sacristain, Mathilde et Louise avaient à cœur de s'occuper de l'église. Elles se chargeaient de l'ouvrir chaque matin, de la fermer après l'angélus du soir, de la balayer et de la remettre en ordre après les quelques rares offices. Elles veillaient aussi à ce qu'il y ait toujours une bonne provision de cierges et de l'eau dans le bénitier.

Grâce à quoi, les quelques vieilles femmes qui se glissaient dans l'église pendant la journée n'avaient pas le sentiment de pénétrer dans un sanctuaire abandonné. Il était déjà suffisamment affligeant de ne plus voir briller la lampe rouge au-dessus du tabernacle. Il était vide du saint sacrement depuis que l'abbé Soliers, après plus de quinze jours d'absence, avait retrouvé les hosties toutes bleues de moisissure. Alors, faute de pouvoir se recueillir devant lui, les paroissiennes s'agenouillaient au pied de la statue de saint Eutrope, patron de la paroisse, devant lequel Mathilde allumait chaque matin un petit lumignon.

Il y avait bien longtemps qu'une grande complicité s'était instaurée entre elle et lui. C'était toujours à ses pieds qu'elle venait reprendre courage lorsque besoin était. Cela remontait à octobre 1917, date à laquelle après avoir accompagné Pierre-Édouard jusqu'au train qui le ramenait au front, elle avait eu besoin de ne pas se sentir seule pour lutter contre l'abattement qui l'assaillait.

Et puis, au fil des années, d'autres événements l'avaient ramenée là, confiante, devant la statue polychrome. C'était une très belle pièce dont les érudits assuraient qu'elle était du XIIIe. Encore bien conservée, toute patinée par les siècles, elle offrait aux fidèles le sourire un peu pincé mais doux d'un homme à la barbe finement torsadée et au regard rassurant. La main qui bénissait avait depuis longtemps perdu la phalangine du médius; quant à l'autre, elle tenait à hauteur du cœur un gros missel frappé d'une croix d'or. Mathilde époussetait délicatement la statue chaque semaine et en profitait pour nettoyer la niche où les araignées se plaisaient à tisser de délicates auréoles autour du saint.

En ce dernier mercredi d'octobre, avant-veille de la Toussaint, ce fut en devisant gaiement que Mathilde et Louise se dirigèrent vers l'église. Il faisait frais mais beau et la journée s'annonçait agréable. Mais surtout, et c'était une nouvelle qui enchantait toute la famille, Dominique avait annoncé son arrivée pour le lendemain. Il avait téléphoné de Paris où il séjournait depuis une petite semaine pour régler ses affaires avec ses nouveaux employeurs. D'après Jacques, qui en était très fier, il avait déniché un poste tout à fait intéressant et très bien payé.

Malheureusement, il ne travaillerait pas en France, du moins pour l'instant. Sa première affectation était la Guyane, ce qui n'était pas tout à fait la banlieue de Saint-Libéral!

— Eh ben, c'est ça! avait marmonné Pierre-Édouard en apprenant la nouvelle, ça le récompensera d'avoir voulu tant de diplômes! Voilà qu'ils l'expédient au bagne! Vrai, si on avait dit à mon pauvre père qu'un Vialhe irait un jour à Cayenne!

Mais il était lui aussi très fier de savoir que son petit-fils avait une importante situation. De plus, la Guyane, c'était tout de même mieux que l'Algérie. Pour Pierre-Édouard, c'était une terre perdue où était mort son fils. Il ne l'aimait pas et n'aimait pas que son petit-fils y vive et y travaille.

« Enfin, le principal c'est qu'il soit là demain », pensa Mathilde en grimpant les marches de l'église. Et parce qu'elle était de très bonne humeur, elle décida de remercier saint Eutrope par un gros cierge; un beau, un de ceux qui portaient une si ressemblante décalcomanie de Notre-Dame de Lourdes.

La niche vide était horrible comme une orbite énucléée, obscène. Pétrifiée en découvrant la cavité où ne restait qu'un petit tas de gravats et l'ombre claire de la statue imprimée dans la pierre grise par des siècles de présence, Mathilde resta sans voix, hébétée. Elle sursauta en entendant derrière elle le cri que poussa Louise en arrivant dans l'une des deux absidioles. C'était celle où reposait, au milieu d'un autel, la petite châsse qui abritait les reliques de saint Eutrope, un fragment de mâchoire. La cassette avait disparu.

Alors, toutes tremblantes, transies l'une et l'autre par la même pensée, les deux femmes trottèrent de l'autre côté de l'abside, dans la chapelle de la Sainte Vierge. Et le même sanglot horrifié les secoua lorsqu'elles virent que la magnifique porte en émail de Limoges qui fermait le tabernacle avait été arrachée.

— Ils ont tout pillé, tout! Ils ont osé! balbutia Mathilde en se mordant les lèvres pour ne pas pleurer devant un sacrilège aussi patent. C'est alors qu'elle vit, derrière le grand autel, un énorme trou ouvert dans le vitrail qui donnait derrière l'église, dans le jardin de la maison Vergnes.

— Ils ont tout pris, tout! redit-elle en errant çà et là.

Ici, c'étaient les deux gros chandeliers qui manquaient. Là, le beau lutrin en noyer massif, cet aigle aux ailes ouvertes sur lesquelles on posait le missel. Et dans la sacristie, c'était l'horreur. Tout avait été sorti du placard à la porte fracturée. Jetés au milieu de la pièce, gisaient les camails et les étoles, les vieilles chasubles, les aubes. Tous ces vêtements saints qui témoignaient d'une époque où Saint-Libéral avait son curé à demeure, où l'église était pleine chaque dimanche et jour de fête, où les grand-messes se déroulaient dans les pompes quand Monseigneur l'évêque l'honorait de sa visite au moins une fois l'an.

— Regarde, chuchota Louise, ils ont tout volé...

Volé, le beau calice offert en 1910 par Mme Duroux, la châtelaine, en l'honneur du mariage de sa fille aînée. Disparus, le ciboire et la patène, les gracieuses burettes de cristal, celles dont on n'osait se servir car trop fragiles, l'ostensoir. Et même le vieil encensoir, qui n'avait pas fumé depuis des années, n'était plus suspendu à son clou.

— Ils sont ressortis par là..., dit Mathilde en désignant la petite porte, condamnée depuis plus de vingt ans, qui donnait sur le jardin des Vergnes.

– Oui. Il faut appeler les gendarmes, décida Louise.

– Bien sûr, mais avant, laisse-moi prévenir doucement Pierre, ça va lui faire un choc, tu comprends.

Propagée par le facteur de Perpezac – il n'y avait plus de bureau de poste à Saint-Libéral depuis cinq ans –, la nouvelle fit le tour de la commune avant midi sonné. Tous, pratiquants ou non, ressentirent ce pillage presque comme un viol. Car, en pénétrant par effraction dans les lieux saints, c'était un peu dans l'intimité de chaque foyer que les voleurs s'étaient introduits. Et tout le monde se sentait sali par cet acte inconcevable.

Les plus âgés étaient les plus choqués, les plus scandalisés. Car même si certains, surtout les hommes, n'avaient pas fréquenté l'église depuis des lustres, elle n'en restait pas moins la leur. C'était en ses murs que tous les natifs de la commune avaient reçu le baptême, fait leur première communion. C'était là que beaucoup s'étaient mariés. Là surtout qu'avaient reposé, l'espace d'un office, les cercueils des parents, des amis, des conjoints, des enfants parfois. Là enfin qu'un jour, sous peu, ils seraient eux aussi accueillis pour l'ultime voyage. Et eux qui avaient connu l'époque où l'église pouvait rester ouverte nuit et jour sans qu'il vînt à quiconque l'idée de la profaner avaient peine à imaginer que puissent exister des individus assez immoraux pour calculer, puis perpétrer une aussi vile action.

Il y avait donc, sur la place de l'église, un attroupement d'où fusaient des propos scandalisés et vengeurs, lorsque arriva enfin l'Estafette de la gendarmerie.

– Ils auront mis le temps! commenta Jacques.

– Oui, ça va faire plus de trois heures qu'ils sont alertés, approuva son beau-frère Jean-Pierre.

En tant qu'instituteur, il occupait tout naturellement le poste de secrétaire de mairie et était capable de faire l'inventaire de toutes les œuvres d'art que recelait l'église.

– Sont plus rapides quand il s'agit de saisir quelques bonbonnes de prune distillée en douce! ironisa Pierre-Édouard.

Il ne décolérait pas depuis que Mathilde l'avait prévenu et maudissait une époque capable d'engendrer des individus assez immondes pour oser souiller les lieux saints.

Précédés par Jacques et Jean-Pierre, les deux gendarmes entrèrent dans l'église où les attendaient Mathilde et Louise. Pierre-Édouard leur emboîta le pas.

– Ils sont sûrement entrés par là! dit l'un des gendarmes après avoir observé le vitrail cassé.

– Eh ben! Pas besoin de porter un képi pour deviner ça! grommela Pierre-Édouard.

Il était de plus en plus furieux, car il mesurait maintenant à quel point Mathilde était bouleversée.

– Oui, ils sont entrés par là ces goujats! reprit-il. Et je peux même vous dire comment! En escaladant l'appentis de la maison des Vergnes et en sautant dans le jardin. Ça ne serait jamais arrivé quand la maison était habitée! Mais cette baraque avec son panneau « A vendre » qui prévient tous les passants, et qui est là depuis plus d'un an, c'est quasi une invitation à se servir! C'est comme le presbytère vide, c'est un appel au pillage, tout ça!

– Sans doute, approuva le gendarme en se tournant vers Jacques. Et qu'ont-ils pris?

– Tout ce qu'ils ont pu, mais mon beau-frère va vous donner les détails sur les pièces principales.

– Voilà, dit Jean-Pierre en tendant une feuille dactylographiée.

Le sous-officier la lut, hocha la tête:

– Très bonne description, mais comment savez-vous tout ça?

– J'ai assisté à l'inventaire qui a été fait il y a cinq ans par les gens du ministère des Affaires culturelles.

– Très bien, on va pouvoir diffuser ça, dit le gendarme en classant le document. Mais ce que j'aimerais savoir, c'est comment ils ont pu agir sans que personne n'entende rien. Et puis surtout comment ils sont discrètement repartis.

– Par la porte de la sacristie, celle qui donne sur le jardin, expliqua Jacques.

– Dites, si vous faisiez un peu mieux votre boulot, vous le sauriez déjà! coupa Pierre-Édouard. Il nota la mine offusquée des deux gendarmes, mais n'en tint aucun compte: Parfaitement! si vous veniez plus souvent vous sauriez ce qui se passe ici! Ah, je vous jure, dans le temps, vos collègues étaient pas bien malins non plus, mais ils n'auraient pas eu besoin de poser la question, eux! Ils auraient tout de suite su!

– Écoute, intervint Jacques, laisse faire ces messieurs! Nous ne sommes plus au temps de la maréchaussée à cheval!

– Et c'est bien dommage! s'emporta Pierre-Édouard. Je vais vous dire, moi, lança-t-il aux gendarmes de plus en plus décontenancés par l'attaque, si au lieu d'avoir une belle camionnette bleue et de traverser Saint-Libéral tous les quinze jours, et à condition qu'il fasse beau et sans même vous arrêter, vous alliez un peu plus à pied, vous sauriez que le jardin des Vergnes donne sur le chemin qui descend aux Combettes. Oui, il y a un chemin, et c'est là que devait attendre la voiture des voleurs. Ils n'ont pas eu à faire plus de quatre-vingts mètres à pied, et tranquilles comme Baptiste! Il n'y a plus personne dans le coin, ou alors quelques vieux. Et les vieux, ça n'a plus l'âge de sortir au milieu de la nuit quand les chiens aboient. Les vieux, ils savent qu'il vous faut trois heures pour venir! Alors sont pas trop pressés d'aller prendre des coups en vous attendant dehors! Voilà ce que vous devriez savoir!

– Écoutez, monsieur, nous ne sommes pas là pour nous faire faire la leçon! Nous sommes ici pour enquêter! lança le sous-officier.

– La leçon, je la ferai si j'en ai envie! Parfaitement! Si vous veniez plus souvent on ne se ferait pas détrousser par le premier malandrin venu!

– Calme-toi, intervint Mathilde, ces messieurs font ce qu'ils peuvent.

– Eh ben! Peuvent pas grand-chose, ces geais! La preuve, sont même pas foutus d'empêcher un cambriolage en plein village! Tu veux que je te dise, t'es pas près de le revoir, ton saint Eutrope. Il est loin à cette heure, le pauvre! Et personne lui court au cul! Tiens, je préfère aller prendre l'air. Je vois bien que j'empêche le bon déroulement de l'enquête! jeta-t-il en marchant vers le fond de l'église.

Il sortit et le bruit de la lourde porte qu'il claqua sur ses talons résonna dans toute la grand-rue.

– Eh bien, dites donc, monsieur le maire, votre père a encore une sacrée forme! dit le sous-officier dès que Pierre-Édouard fut sorti.

– Ah? Vous trouvez? s'amusa Jacques. Puis il vit sa mère toute dépitée et triste et retrouva sa mauvaise humeur. Oui, il n'empêche qu'il a raison, je veux dire au sujet de l'itinéraire suivi par les visiteurs.

– Nous irons voir ça tout à l'heure.

– Et à part ça, concrètement, que faites-vous?

– On va déjà prendre les dépositions des témoins, je veux dire de ces deux dames. On essaiera ensuite de savoir à quelle heure a eu lieu le cambriolage, on cherchera des traces derrière l'église... tout quoi, la routine habituelle.

– Ce qui veut dire qu'il n'y a aucune chance de retrouver quoi que ce soit?

– Hélas, soupira le gendarme, votre père a raison sur un autre point. Vos objets volés ont plusieurs heures d'avance sur nous. Si ça se trouve, ils sont déjà à Paris, Lyon ou Bordeaux. Ou n'importe où aussi loin! Ou même déjà vendus...

– Mais qui peut oser acheter de tels objets? intervint Louise.

– Comment ça? s'étonna le gendarme. Mais n'importe qui, ma pauvre dame! Vous savez, je ne devrais peut-être pas le dire, mais depuis que certains curés se sont mis à vendre les statues et les tableaux dont ils ne voulaient plus dans leur église, tout le monde s'est habitué à en trouver chez les brocanteurs ou les antiquaires. Alors...

– Mais... même le calice? Même le ciboire? s'indigna Mathilde.

– Bien sûr, ma pauvre dame! Vous avez des gens qui prennent même plaisir à s'en servir comme simple vaisselle ou comme vase!

– Mon Dieu..., murmura-t-elle.

Elle était d'une époque où, sauf autorisation spéciale, les fidèles n'avaient pas le droit de toucher aux vases sacrés sous peine de péché grave. Et elle était triste à pleurer en imaginant le calice de Saint-Libéral entre des mains impies.

– Eh oui, c'est comme ça, dit le gendarme, on vit une drôle d'époque.

C'est alors, et alors seulement, que Mathilde réalisa à quel point les temps avaient changé, à quel point ils étaient bouleversés, irrémédiablement sans doute. A preuve, personne n'avait encore pensé à prévenir le prêtre qui desservait la paroisse. C'était suffocant, car cela démontrait que nul, à Saint-Libéral, ne reconnaissait ce brave abbé Soliers comme curé du village. Il n'était et ne serait jamais qu'un intérimaire. Pas un inconnu, certes, mais quand même et toujours un étranger, le curé d'autres paroisses, celui qui ne pouvait venir que tous les quinze jours et même pas le dimanche.

– Il faudrait peut-être avertir l'abbé Soliers, dit-elle enfin.

– Ah oui, c'est vrai, fit Louise, mais où est-il?

– Eh bien..., murmura Mathilde en réfléchissant.

– On est mercredi matin? Il doit faire le catéchisme à Yssandon ou à Perpezac, enfin je crois..., calcula Jacques. Mais tu as raison, dit-il à sa mère, je vais tout de suite aller téléphoner.

Il revint quelques minutes plus tard pour annoncer que le prêtre n'était ni à Yssandon, ni à Perpezac; il était en réunion à Tulle, à l'évêché.

– Alors tu l'as fait prévenir? demanda Mathilde.

– Non, je n'ai pas osé, dit-il, songeur. Il haussa les épaules avant de reprendre : On m'a expliqué que ses confrères et lui discutaient de l'animation chrétienne en milieu rural. J'ai pensé que ce n'était pas de très bon goût de leur dire comment on s'y prend, nous, à Saint-Libéral, pour donner de l'animation...

Il était presque midi lorsque les gendarmes quittèrent le bourg. Mathilde regarda disparaître l'Estafette et se tourna vers Jacques.

– Ils ne retrouveront rien, n'est-ce pas?

– Je le crains...

– Et toi, qu'en penses-tu? demanda-t-elle à son gendre.

– La même chose, hélas!

– Alors, ils nous ont fait perdre notre temps avec leurs questions idiotes. C'est Pierre qui avait raison, dit-elle.

– Je n'en serais pas étonné, dit Jacques.

– Eh bien, c'est gai! soupira-t-elle. Bon, il est temps que je rentre, ton père doit attendre sa soupe et s'impatienter. Déjà qu'il est de sale humeur... A propos, puisqu'il n'est pas là, tu as des nouvelles des petites?

Il était entendu depuis longtemps avec sa fille et son gendre qu'elle continuerait à prendre des nouvelles de ses petites-filles, quelles que puissent être leurs attitudes, leurs erreurs. Elle estimait avoir le droit de savoir. Aussi se renseignait-elle chaque fois qu'elle en avait l'occasion, c'est-à-dire en l'absence de Pierre-Édouard. Car si Mauricette passait saluer ses parents tous les jours, c'était bien entendu lorsque son père était là; et puisque on devait tout lui taire...

– Marie a téléphoné hier soir, ça va, assura Jean-Pierre.

– Elle ne parle plus de problème avec... Enfin...

Le fait qu'une de ses petites-filles fût prête à rompre son mariage lui brisait tellement le cœur qu'elle ne voulait même pas prononcer le mot divorce, il la scandalisait.

– Si, bien sûr, c'est comme si c'était fait, dit Jean-Pierre avec fatalisme.

– Aah..., fit-elle. Je ne te demande pas des nouvelles de Chantal. Tante Berthe l'a au téléphone tous les quatre matins. Je sais qu'elle va très bien. Enfin si l'on veut..., soupira-t-elle.

Là encore, la vie que menait sa petite-fille était loin d'avoir son agrément. Tout au plus se consolait-elle en se disant que Chantal, au moins, si elle continuait sur sa lancée, n'aurait jamais besoin de divorcer...

– Et la petite ? insista-t-elle.

Elle avait toujours eu un faible pour Josyane. Des trois filles de Mauricette, c'était celle qui lui ressemblait le plus. Vive, gracieuse comme elle-même l'avait été dans sa jeunesse. Mais aussi têtue, teigneuse lorsqu'il fallait. Et d'une volonté d'acier quand il s'agissait de faire aboutir une idée qu'elle jugeait bonne. A tout cela, elle ajoutait une tendance à l'indépendance que Mathilde avait comprise. Du moins jusqu'au jour où Josyane avait été trop loin. Car partir ainsi au bout du monde, sur un coup de tête, c'était quand même impardonnable ! Enfin presque... Elle vit que son gendre hésitait à répondre, redemanda :

– Alors, Jo ?

– On a reçu une carte postale ce matin, expliqua-t-il.

Il paraissait si malheureux qu'elle faillit ne rien demander de plus. Mais elle avait besoin de savoir.

– Elle va bien au moins ?

– Oh ! Ça oui, ça a l'air ! Enfin, vous la connaissez, elle ne se plaint jamais, et surtout pas quand ça va mal...

– Et elle vient d'où sa carte ?

Maintenant, elle était habituée. A cause de sa petite-fille, elle avait dû descendre du grenier une de ses vieilles géographies. Un livre qui datait de l'époque où elle était élève chez les sœurs d'Allassac, avant la guerre de 14. Un ouvrage complètement démodé qui indiquait toutes les colonies, françaises ou autres, mais qui lui permettait quand même de mieux suivre les déplacements de sa petite-fille, quand celle-ci pensait à écrire.

Après avoir séjourné presque un an aux États-Unis, elle avait piqué droit sur le Mexique. Une carte postale était ensuite venue de Colombie; puis une autre du Pérou. Trois mois plus tard, Josyane était à Rio. Alors pour deviner d'où provenait le dernier message!

– Eh bien, vas-y, dis-le! Où est-elle maintenant? redemanda-t-elle.

– A Tahiti!

Il lui fallut quelques secondes pour bien réaliser que c'était loin, très très loin...

– Mais que fait-elle là-bas?

– Allez savoir! dit Jean-Pierre en haussant les épaules. Moi je ne cherche plus à comprendre!

– Mais elle n'explique rien?

– Non, soupira-t-il. De toute façon, depuis qu'elle est partie elle n'a jamais rien expliqué, pourquoi commencerait-elle?

Le cambriolage de l'église valut à Saint-Libéral les honneurs de la presse locale. L'après-midi était à peine entamé qu'un journaliste de l'agence de Brive arrêta sa voiture sur la place de l'église. Précédé par un teckel qui faillit se faire dévorer par le premier chien rencontré – une brute presque aussi grosse qu'un veau, toujours affamée et qui appartenait aux Delmond –, l'homme alla sans hésiter pousser la porte du bistrot. C'était un très bon professionnel qui connaissait son secteur et son métier comme sa poche. Il comptait bien glaner chez Nicole une masse de renseignements, de détails, d'odeurs dont il raffolait.

Sa déception fut grande en constatant qu'il n'y avait là que deux vieillards en train de siroter un café. Comme Edmond Duverger était plus sourd qu'un pot et que Louis Brousse se méfiait et n'avait aucune envie de parler, la conversation ne s'engagea même pas. Restait Nicole. Mais elle n'avait rien vu et si elle était, comme tout le monde, au courant du forfait, ses renseignements étaient de deuxième main, flous.

– Vous savez si M. Vialhe est là? demanda le journaliste.

– Lequel?

– Eh bien, je n'en connais qu'un, l'ancien conseiller général, le maire, quoi! Il est bien toujours maire, oui?

– Oui. Peut-être qu'il est à la mairie.

– Bien, je vais y aller, dit l'homme en humant prudemment le breuvage baptisé café qu'il regrettait maintenant d'avoir commandé. Mais dites donc, reprit-il, c'est étonnamment calme chez vous, que se passe-t-il ? Il y a davantage de monde, d'habitude, non ?

– Dans le temps, ouais, il y avait du monde. Mais plus maintenant. Ça doit faire longtemps que vous étiez plus venu, hein ?

– Tout compte fait, oui, dit-il en tripotant son Rolleiflex, quatre ou cinq ans peut-être. Je faisais un reportage sur un projet de remembrement.

– Ah ouais, sur cette couillonnade ! Mais heureusement, le remembrement, il a jamais été fait ! Encore heureux, c'était juste bon pour faire battre les voisins entre eux, expliqua Nicole. Oui, insista-t-elle, le remembrement, ça coûte, et même que ça rapporte rien !

Elle l'observa attentivement, chercha dans sa mémoire puis s'exclama, heureuse :

– Mais je me souviens de vous ! Même qu'un jour vous étiez à photographier chez les Delpy et que tout son troupeau s'est foutu après vous ! Qu'est-ce qu'on a pu rigoler, dites !

– C'est ça, c'est ça, éluda-t-il.

– Mais dites, vous aviez pas la barbe alors ? Ah ! Je me doutais bien ! Ça vous faisait plus jeune pourtant, si si ! Quoique la barbe, c'est pas mal aussi. Oui, j'aime bien, c'est doux, ça fait comme une caresse...

– Alors vous dites que le village est toujours aussi vide, insista-t-il en désignant la place de l'église complètement déserte.

– Bah, y a juste un peu de monde les jours d'enterrement, mais autrement... Ah si, il en vient aussi un peu pour l'épicier, mais vous venez trop tôt...

Il eut un petit rire car il était sincèrement persuadé qu'elle se moquait de lui et en revint au motif de sa visite.

– Donc vous ne savez rien au sujet du vol ?

– Ben, non, pas grand-chose. Sauf qu'il paraît que ça vaut des cent et des mille, ce qu'ils ont pris ! Tous les instruments de curé, quoi ! Mais aussi a-t-on idée de laisser tout ça où ça sert à rien ! Oui, faut vous dire, moi, l'église, j'ai rien contre. Mais j'ai pas trop rien à y faire non plus. Sauf pour les enterrements...

Elle l'observa avec gourmandise, hocha la tête :

— Tout compte fait, elle vous va bien cette barbe. Si si, ça fait bien joli! Et puis surtout, ça cache les rides, hein?

« Elle est complètement abrutie! Pas possible, elle doit marcher au Pernod sec! » songea-t-il en regardant le visage couperosé et bouffi de son interlocutrice. Il but une gorgée de café, reposa la tasse.

— Eh bien, je vais aller me renseigner auprès du maire, dit-il en marchant vers la porte.

— Vous prenez pas de photos?

— Comment ça des photos? De qui?

— Ben, de moi! D'habitude dans le journal, y a toujours la photo des gens qui causent et avec leur nom encore!

— Bien sûr, vous avez raison, dit-il en souriant.

Et parce qu'il était brave homme, que la déception de Nicole était pitoyable, il prit deux clichés d'elle, posant crânement derrière son zinc.

— Je vous les enverrai, promit-il en sortant.

Toujours tiré par son teckel qui s'égosillait à bout de laisse chaque fois qu'il apercevait une poule ou un canard, il alla jusqu'à la mairie.

Par chance, il y trouva Jacques et Jean-Pierre qui lui fournirent tous les renseignements voulus. Il en tira un très bon et émouvant article, illustré d'une photo du vitrail brisé et de la niche vide, qui parut trois jours plus tard. Mais il avait été tellement marqué par le silence et le vide de Saint-Libéral qu'il commença ainsi son papier :

« C'est dans un village qui semble abandonné, tant il est endormi et désert, que des malfaiteurs ont pu, en toute impunité, vider l'église de ses plus beaux trésors... »

— Alors, voilà maintenant que je suis le maire d'un village abandonné..., murmura Jacques en reposant le quotidien. Il était un peu vexé et faillit téléphoner au journaliste pour lui faire part de son mécontentement. Mais il renonça : l'homme était simplement observateur.

Que cela plaise ou non, si Saint-Libéral n'était pas abandonné, il était bel et bien désert et silencieux, immobile comme un village à l'agonie...

DEUXIÈME PARTIE

LES MIGRATEURS

6

Depuis qu'il était en âge de raisonner, Dominique s'était toujours efforcé de prendre la vie du bon côté. Cela n'excluait pas chez lui des périodes de mauvaise humeur ou de découragement; du moins faisait-il tout pour ne pas s'y complaire.

Aussi, après une semaine à Coste-Roche se reprochait-il de ne pas être aussi heureux qu'il l'eût dû. Heureux comme quelqu'un qui retrouve ses parents après deux ans d'absence, qui se replonge dans l'univers et les horizons de son enfance. Heureux comme un homme prenant de légitimes vacances. Or, malgré le plaisir qu'il ressentait à revivre en famille et en des lieux qu'il aimait, sa joie n'était pas totale.

Il s'était pourtant préparé à retrouver ses parents vieillis, mais la réalité dépassait la prévision. Son père surtout était usé. De plus, il donnait l'image d'un homme que la fatigue ne quitte plus et dont les soucis sont devenus d'inséparables compagnons. Et Dominique avait beau se répéter que le cambriolage de l'église l'avait beaucoup marqué, ce n'était pas suffisant pour tout expliquer. Pour justifier sa démarche maintenant trop claudicante et manifestement douloureuse, son dos voûté et les rides profondes qui lui creusaient le visage. Pas suffisant non plus pour excuser l'état des terres...

Ce n'était pas qu'il fût mauvais, mais Dominique avait trop le sens de l'observation pour ne pas avoir très vite remarqué que beaucoup de prairies donnaient des signes d'essoufflement et que la majorité aurait dû être refaite. Il avait aussi l'œil trop professionnel pour ne pas noter que le troupeau de limousines était vieillissant et que beaucoup auraient dû être réformées et remplacées. Et il n'était pas non plus assez aveugle pour ne pas voir que les pruniers de la pièce du Perrier n'étaient plus entretenus. Et enfin que se développaient un peu partout de mauvaises bordures de ronces, de chardons, de tous ces parasites qui profitent insidieusement du moindre relâchement dans l'entretien des terres.

Mais comme il avait décidé avant de venir de ne rien dire qui puisse heurter son père, il était contraint de garder pour lui toutes ses réflexions. De même, ne pouvait-il décemment reprocher à sa mère de s'être laissée aller dans la vieillesse et de ne rien faire pour en atténuer les marques. Elle n'avait que quarante-neuf ans mais semblait parfois en avoir près de soixante. Enfin, le choquait aussi et l'attristait l'état de Coste-Roche.

Car la maison sentait sinon la misère, du moins les privations. Ici, c'étaient les volets qu'il eût fallu repeindre; là, une fenêtre à la crémone cassée et que l'on n'ouvrait plus; ici encore, un dauphin éclaté qui dégorgeait toute son eau dans un coin de cour, à la moindre averse.

Et partout, à l'intérieur, des papiers peints jaunis, des meubles avachis, de la vaisselle qui se dépareillait peu à peu, s'ébréchait. Là, comme ailleurs, comme dans les terres et les bâtiments de ferme, s'insinuait l'usure lépreuse qu'engendrent l'absence d'entretien, la pénurie financière. Et le fait de se répéter qu'il allait enfin pouvoir aider un peu ses parents – son salaire s'annonçait trois fois supérieur à celui d'Algérie – ne suffisait pas à lui rendre sa bonne humeur. Il n'était pas certain que le manque de moyens fût uniquement ce qui minait son père.

– Tu es dans le vrai, mon petit, ce qui ronge ton père est plus grave que toutes les difficultés pécuniaires qu'il rencontre. Et Dieu sait pourtant s'il en rencontre! assura Berthe.

Elle avait profité d'un trajet que Dominique faisait jusqu'à Brive avec son Ami 6 pour l'accompagner et effectuer quelques courses.

– C'est confortable, ces petites voitures, constata-t-elle en se prélassant dans la banquette. Tu vois, si je conduisais encore, c'est ce que j'aurais.

– Tu aurais dû continuer, lui reprocha-t-il, tu n'as jamais eu de problème!

82

– Justement! C'est pour éviter d'en avoir que j'ai arrêté. J'avais toujours décidé de cesser de conduire le jour de mes soixante-quinze ans. C'est ce que j'ai fait, je ne le regrette pas. C'est une occasion, celle-là? Elle n'en a pas l'air, estima-t-elle.

– Oui, une bonne occase, elle est de 70 mais n'a que trente-cinq mille bornes. Je n'ai pas hésité.

– Tu as eu raison. A ton âge, il faut son autonomie et son indépendance.

– Mais j'ai décidé de la donner à papa quand je repartirai, poursuivit-il, ça lui permettra de bazarder sa vieille Aronde; elle est complètement pourrie, dangereuse même. Celle-là lui fera un peu de temps.

– Ça c'est gentil, dit-elle en lui tapotant doucement l'épaule. Oui, très gentil. Il le sait?

– Non, ce sera la surprise au moment du départ.

– Et puis ça le consolera un peu de te voir partir, c'est ça?

– Si l'on veut.

– Ça c'est gentil, redit-elle. Ralentis un peu, il y a toujours des dingues qui débouchent à ce carrefour!

Il sourit car il aimait beaucoup le vocabulaire un peu argotique qu'employait volontiers sa grand-tante et leva le pied.

– Alors, qu'est-ce qui ronge papa, à ton avis? demanda-t-il en reprenant le fil de la conversation.

– Beaucoup de choses.

– Quoi en particulier?

– D'abord, quoi qu'il en ait dit et même si je pense qu'il a eu raison, il se remet mal de ne plus être conseiller général. Tu comprends, là au moins, il avait l'impression de faire quelque chose.

– Tu es certaine qu'il aurait été battu?

– Oui. Tu sais, tout est lié. Il aurait été battu parce que les gens, maintenant, veulent autre chose qu'un petit agriculteur pour les défendre, alors ça aussi, ça l'a beaucoup marqué. Il s'est senti rejeté. Mais ce n'est pas tout. J'espère que tu te tiens au courant de ce qui s'est passé en France depuis que tu es parti. Eh bien, il faut voir les choses lucidement: l'agriculture on s'en désintéresse de plus en plus.

– Faut bien dire que celle qu'on pratique chez nous...

– Peu importe, c'est le métier de ton père. Déjà qu'il est mal payé, si en plus on lui dit qu'il ne sert à rien! Non mais regarde-moi cette andouille à quelle vitesse il nous double! Quel plouc!

— Et ensuite, qu'y a-t-il encore qui ne va pas?

— Bon, je pourrais dire sa santé. Ça crève les yeux qu'il a le dos en compote, mais ça, c'est presque secondaire. Non, ce qui le ronge aussi, c'est de ne pouvoir sortir Saint-Libéral de son coma, de ne rien trouver pour ressusciter le bourg. C'est pas faute de chercher, ni d'essayer, mais on se lasse de tout...

— Je m'en doute. Mais c'est vrai, le village est devenu sinistre. C'est mortel et on ne voit pas de remède.

— Voilà, tu as tout compris. C'est tout ça qui l'empêche d'être heureux. Il a toujours tout pris à cœur et a maintenant peur de finir sans avoir rien réussi. Enfin, heureusement, il a ta sœur et toi. C'est déjà beaucoup. Mais vous n'avez plus besoin de lui, enfin Françoise encore un peu, mais pas pour longtemps. Oui, ton père a besoin de se sentir utile et de réussir. Il n'a plus que la mairie pour se donner à fond, mais comme il a de moins en moins la foi...

— Et qu'est-ce que je pourrais faire pour l'aider? demanda Dominique en ralentissant car il arrivait dans la zone industrielle de Brive. Dis donc, qu'est-ce que ça se développe ici! Bon sang, il n'y a pas si longtemps c'était la pleine campagne!

— Eh oui! Ça se développe ici et ça meurt à trente kilomètres, chez nous... La ville gagne et nous on dépérit. Et tout le monde trouve ça très bien. Alors te dire ce que tu peux faire pour ton père? Je ne sais pas. Ou alors simplement lui assurer qu'il a bien raison de se battre, même si ça semble être pour rien.

— Mieux vaudrait peut-être lui trouver quelque chose qui vaille la peine de se battre, non?

— Bien sûr, mais tu as une idée?

— Non.

— Alors, tu vois...

Jamais Josyane n'aurait pensé qu'elle éprouverait un tel soulagement en voyant disparaître le Boeing qui emportait Gilles.

Et pourtant, Dieu savait à quel point sa situation était maintenant problématique! Seule à plus de vingt heures d'avion de la France métropolitaine, avec à peine de quoi vivre un mois dans une île où tout était calculé pour plumer le touriste, n'était pas une position confortable. Or elle était malgré tout heureuse, libérée.

Contrairement à ce qu'avait peut-être espéré son compagnon, ce n'était pas du tout pour tenter de le retenir qu'elle l'avait accompagné à l'aéroport de Faaa, c'était pour s'assurer qu'il partait vraiment! Il lui avait fait si souvent le coup du « Tu es trop conne, je rentre en France! » qu'elle avait fini par douter et par craindre qu'il ne mette jamais son projet à exécution.

Il y avait maintenant longtemps qu'elle était lasse des crises d'enfant gâté qu'il s'offrait à la moindre contrariété. Elle avait vite compris que le coup de tête qui l'avait poussée à l'accompagner lorsqu'il lui avait proposé de le suivre autour du monde était une monumentale erreur; une imbécillité qu'elle n'avait pas fini de payer et de regretter.

Car si Gilles savait être agréable et spirituel, s'il était cultivé et curieux de tout, il était plus souvent désagréable, mufle, méchant, rancunier. Et toujours dramatiquement infantile. En fait, s'il lui avait un jour demandé de partir avec lui, ce n'était pas tellement parce qu'elle était jolie fille, spirituelle, gaie. C'était pour avoir en permanence quelqu'un de solide sur qui s'appuyer. Elle avait compris cela dès leur arrivée aux États-Unis alors que, loin des siens et déjà perdu, il envisageait de sauter dans le premier avion pour retrouver la quiétude de sa vie parisienne!

Elle avait aussi découvert qu'il n'était pas beaucoup plus photographe qu'elle, que ses projets de reportages étaient utopiques et ne reposaient que sur de vagues contacts avec une agence tout aussi nébuleuse. Et si elle s'était vite rendu compte qu'il était assez doué et vaillant quand venait l'heure des câlineries et des galipettes, elle avait tout aussi vite constaté qu'il était très cossard quand il fallait gagner sa vie. Toujours prêt à la fuite en avant aussi. Car c'était bien lui qui, après quelques mois ou quelques semaines de petits travaux trouvés au hasard de leurs pérégrinations, téléphonait en PCV à son père pour se faire expédier de quoi acheter les billets d'avion qui les changeraient de pays!

Il proclamait que son père avait largement de quoi lui offrir quelques fantaisies. C'était un parlementaire, à l'étiquette fluctuante, qui avait blanchi sans rougir sous deux Républiques et quelques maroquins, sans abandonner pour autant ses profits d'industriel. Balayé en juin 68 de sa circonscription par un jeune fauve qui avait su brailler : « Vive de Gaulle ! » un quart d'heure avant lui, il somnolait maintenant au Sénat et s'y trouvait au mieux.

– Je te jure que ça ne le gêne pas de m'envoyer des sous, il en a ! C'est pas une blague, assurait Gilles quand elle lui reprochait sa façon tout à fait indécente d'appeler à l'aide dès qu'il s'ennuyait ou se sentait un peu perdu. Elle n'avait jamais admis cette sorte de tricherie qui consistait à se proclamer libre et indépendant, tout en puisant sans vergogne dans la cassette paternelle ! Elle ne mangeait pas de ce pain-là. Aussi, pour bien se démarquer, avait-elle toujours réussi à apporter, par son travail, sa quote-part dans leur budget. Mais leurs divergences totales sur ce sujet avaient très tôt grippé leurs relations.

Malgré cela, et tous ses autres travers, Josyane n'avait pas tout de suite envisagé de rompre les amarres et de le laisser se dépêtrer tout seul de ses coups de cafard, de mauvaise humeur ou de colère. Prudente, elle ne se sentait pas encore assez sûre d'elle pour se lancer en solitaire à la découverte de tous les pays qu'elle désirait connaître. Et comme il était de son côté incapable d'avancer sans appui et qu'il s'accrochait à elle comme un gosse à la main maternelle, ils avaient pendant presque deux ans formé, vaille que vaille, un couple bizarre, un peu bancal.

Mais elle avait très tôt pressenti que tout casserait un jour, qu'il finirait par la détester d'être moralement plus solide que lui, et qu'elle-même se lasserait de ses foucades, de ses insultes et de son orgueil de petit coquelet qui se croyait irrésistible dès qu'il lui glissait la main dans le corsage. Elle ne doutait pas qu'il existât au moins un autre homme tout à fait capable de la satisfaire aussi bien que lui, sans pour autant être aussi caractériel. Le tout était de le trouver, ou de l'attendre.

La cassure qui existait entre elle et lui s'était accentuée dès leur première semaine à Tahiti. L'idée de visiter la Polynésie était de lui. Il voulait faire un reportage photo que l'agence avec qui il collaborait très épisodiquement allait, cette fois, lui payer une fortune ! C'était du moins ce qu'il prétendait... Mais il tenait le même discours à chaque nouvelle expédition, et elle savait bien qu'il s'en tirerait à bon compte s'il arrivait au moins à se faire rembourser les pellicules ! Elle n'avait plus aucune illusion quant à ses capacités à gagner sa vie comme photo-graphe!

Elle l'avait pourtant suivi à Tahiti sans déplaisir car la tâche de baby-sitter qu'elle assurait dans une riche famille de Rio commençait à lui peser. Les trois gamins à sa charge étaient vraiment trop mal élevés et manquaient de quelques calottes. Celles justement qu'elle ne pouvait leur distribuer! Et puis Tahiti, c'était le fin du fin, le paradis sur terre! Elle avait vite compris que c'était peut-être le cas pour qui arrivait là avec de solides moyens financiers; faute de cette clé, le purgatoire n'était pas loin.

Car malgré le soleil, l'odeur de tiaré, l'eau bleue et tiède et les myriades de poissons multicolores qui vous filaient entre les jambes, la vie n'était pas simple pour qui devait gagner son pain. Surtout en débarquant les mains dans les poches, sans point de chute ni connaissances chez qui frapper.

Mais Gilles et elle avaient de quoi subsister quelque temps sans trop de soucis et avaient donc commencé à photographier à tout va. Car elle aussi s'était mise de la partie et s'en tirait souvent mieux que lui. Elle avait davantage le sens du cadrage, de l'angle à couvrir, du sujet à saisir au vol, de la lumière.

Leur première sérieuse algarade était survenue quatre jours après leur arrivée. Avec toute la mauvaise foi dont il était capable, Gilles avait décidé que Tahiti était un vrai piège à gogos, que c'était minuscule, qu'on en faisait le tour dans l'après-midi, que deux rouleaux de trente-six poses suffisaient pour tout photographier et qu'il était donc urgent de quitter une contrée aussi morne.

— Tu ne crois pas que tu exagères un peu? On vient d'arriver et en plus on n'a rien vu du centre! avait-elle dit.

— Le centre? T'as pas cru que j'allais crapahuter dans cette foutue jungle! Y a même pas de route! Et puis merci, se taper une escalade de mille cinq cents ou deux mille mètres pour redescendre de l'autre côté, des clous! Non, il n'y a vraiment rien dans ce bled! Ah si, les filles! Elles ont des bouilles à faire peur mais des valseurs somp-tueux! Et des nénés! T'as vu?

— Moi tu sais, les filles...

— Bon, c'est pas le tout, je ne reste pas ici!

— Où veux-tu aller?

— A Bora Bora, paraît que ça vaut le détour. Et je veux aussi faire un saut à Raiatea.

– Mais tu es fou! Tu sais bien que notre budget nous l'interdit!

– Le tien, peut-être, pas le mien. Tu n'as quand même pas cru que je suis venu ici pour ne rien faire!

Elle avait vu à quel point il était décidé et savait déjà qu'il ne tiendrait aucun compte de ses réticences. Et comme elle était lasse de toujours devoir le raisonner, elle avait baissé les bras.

– Bon, fais ce que tu veux, moi je reste ici.

– Tu veux me laisser?

– N'inverse pas les rôles, c'est toi qui pars, pas moi!

– D'accord. Eh bien, tu te démerderas toute seule ma vieille. Ciao!

Et pour bien marquer sa mauvaise humeur, il avait ramassé son sac et ses appareils-photos et avait quitté le modeste faré qu'ils avaient loué à leur arrivée à la périphérie de Papeete.

Elle avait ainsi passé sa première nuit seule depuis qu'elle le connaissait. Et à sa grande satisfaction, non seulement elle n'avait pas eu peur, mais avait plutôt mieux dormi! Comme il n'avait pas reparu le lendemain matin, elle avait aussitôt commencé à chercher du travail à Papeete. Explorant un à un les commerces, magasins ou entreprises tenus par des Européens, elle avait proposé ses services, soit comme vendeuse, soit comme interprète – elle maîtrisait maintenant très bien l'anglais, se débrouillait honorablement en espagnol et en portugais –, soit encore comme secrétaire. Et en désespoir de cause, comme baby-sitter.

Démoralisée après huit jours d'inutiles prospections, elle était sur le point de perdre espoir lorsque la responsable d'une agence de voyages lui avait presque sauté au cou et avait adopté d'emblée le tutoiement si courant à Tahiti.

– Tu parles américain? C'est bien vrai?

– Oui.

– Eh bien, tu tombes à pic, ma petite! Si, si! Notre guide nous fait le chantage à l'augmentation et moi je refuse de céder! Faut dire que chez nous, ça ne prend pas, parce que si on commence! Non, ça ne prend pas, même avec une Chinoise. Oui, elle est chinoise, et belle fille, la garce! Et en plus elle parle quatre langues! Mais c'est pas une raison! C'est bien vrai, tu parles américain avec leur vrai accent d'enrhumés?

– Oui.

– Formidable! Tu es d'où au fait? Moi je suis d'Avignon. Ben oui, on est venus un jour avec mon mari et on est restés. Moi j'aime bien ce pays, à cause du soleil. Tu m'as dit que tu venais d'où?

– De la Corrèze, enfin ça fait des années que j'en suis partie. J'ai travaillé à Paris et aussi aux États-Unis, un peu au Mexique, en Colombie et au Pérou et plusieurs mois au Brésil. Alors si vous avez besoin d'une interprète, parce que pour ce qui est d'être guide je...

– Bien sûr que j'ai besoin de toi! Nous attendons vingt-trois Texans après-demain! Tu connais tous les atolls du coin, je présume? Oui, ça se voit, bronzée comme tu es! Parfait, je te prends à l'essai. Viens dès demain, je t'expliquerai tout.

Abasourdie, elle s'était précipitée à la plus proche librairie et s'était procuré quelques ouvrages sur la Polynésie. Au petit matin, elle connaissait Bora, Raiatea, Huahine et Moorea comme sa poche, et même Rangiroa ne lui était pas inconnu!

C'est tout heureuse qu'elle s'était présentée chez ses employeurs. Seule une formidable volonté lui avait permis de ne pas éclater en sanglots en apprenant qu'elle ne ferait pas l'affaire.

– Eh oui, ma pauvre petite, lui avait expliqué la dame d'Avignon, la Chinoise a gagné, elle est revenue...

– Mais je croyais que...

– Eh oui. Mais je te l'ai dit hier, elle est belle, cette garce; mon mari a cédé, voilà...

– Alors je n'ai pas de travail?

– Ben non, pas pour l'instant. Mais reviens dans quelques jours. Moi, je n'ai pas dit mon dernier mot. Parce que les vahinés, ça ne me gêne pas trop que mon mari s'en occupe un peu. C'est bien normal, hein? Elles sont toujours à tortiller du croupion et à se frotter à tout ce qui porte culotte! Bon. Mais s'il se met avec les Chinoises, alors là je suis plus d'accord, surtout celle-là, elle est du genre à me bouffer mon agence en quelques coups de reins! Alors si d'ici quelques jours tu n'as rien trouvé, reviens me voir, je vais m'en occuper, moi, de la Chinoise...

Et maintenant, alors que le Boeing qui filait vers San Francisco n'était plus au loin qu'un point scintillant et silencieux, c'est avec un peu d'angoisse qu'elle se demandait comment elle allait vivre. Mais elle était quand même très soulagée d'être enfin seule et définitivement libérée de Gilles.

Il avait reparu un soir, après quinze jours d'absence. Il n'était pas seul. A ses côtés, tout alanguie, une grosse fleur d'hibiscus à l'oreille, ondulait une Tahitienne dont le paréo accentuait les formes. Elle était superbe, mais Josyane n'avait pas ressenti une once de jalousie. Au contraire même, elle se sentait libérée : cette fille prouvait que la rupture était consommée, que toute discussion était inutile. Il suffisait maintenant de se dire adieu, sans cris ni disputes ni larmes. C'était beaucoup mieux ainsi.

– Je rentre après-demain en France, tu veux venir ? avait-il proposé.

– Non. Je reviendrai un jour, mais pas avec toi.

– Tu vas le regretter. Je t'assure que tu devrais me suivre.

Elle avait alors compris qu'il espérait bel et bien reprendre la vie commune avec elle. Cette seule idée la révulsait.

– Je reste ici. Mais, elle, tu l'embarques à Paris ?

– Tu rigoles ! Non, cesse de plaisanter, viens avec moi. Allez, on oublie toutes nos conneries et on s'en va.

– N'y compte pas, et surtout n'insiste pas, ça va devenir grotesque, surtout devant cette demoiselle. Allez, on se quitte copains, si tu veux, mais c'est terminé. Et dispense-toi surtout de jamais me relancer, je le prendrais très mal !

Il semblait sincèrement malheureux, mais elle l'avait souvent vu dans cet état et n'en avait cure.

– Bon, tu m'accompagneras au moins à l'aéroport ? avait-il soupiré. Je serai seul. Je veux dire sans elle. Elle habite Moorea et repart demain.

– D'accord, je viendrai.

Et elle avait tenu parole. Mais ils n'avaient plus rien à se dire et l'attente avait été longue avant l'embarquement.

– Alors, c'est sûr, tu ne veux pas me suivre ? C'est pas trop tard. Je me suis renseigné, il reste encore des places. J'ai de quoi payer.

– Ne sois pas ridicule.

– Il te reste de l'argent ? Tu en veux ?

– Non, ça ira.

– Tiens, avait-il dit soudain en se débarrassant du sac où étaient enfermés son Leica et ses objectifs, prends au moins ça ; tu pourras toujours le vendre si tu es dans la mouise. Et puis tout compte fait, je te dois bien ça. Et en plus, la photo, j'en ai marre, je ne veux plus en entendre parler !

Il lui avait passé la bretelle de la sacoche autour du cou, l'avait embrassée sur les joues et avait filé vers la porte d'embarquement.

C'est en passant devant la boutique qui vendait des souvenirs et des cartes postales, qu'elle choisit un coucher de soleil sur Moorea. Et c'est après avoir écrit l'adresse de ses parents qu'elle jeta sur le papier les premiers mots qui lui vinrent à l'esprit : « Grosses bises de Tahiti. Tout est superbe. Tout va très bien ! »

C'était presque vrai.

Malgré les recommandations du médecin, Pierre-Édouard ne pouvait se résoudre à ne rien faire à longueur de journée, ses promenades ne lui suffisaient pas. Il avait besoin de se rendre utile, ou du moins de s'en donner l'illusion. Il était encore assez lucide pour savoir que les menus travaux qu'il s'appliquait à faire n'étaient pas essentiels, sauf pour lui.

Ainsi, par exemple, lorsque le jardin potager ne demandait plus de désherbage méticuleux – comme celui des carottes qu'il nettoyait brin à brin avec une délicatesse d'horloger – s'occupait-il en ratissant la cour, en égalisant au sécateur la vieille haie de buis ou, à la saison, en égrenant quelques épis de maïs pour les oies et les canards de Mathilde. Parfois aussi, lorsque le soleil d'arrière-saison le permettait, il s'asseyait sur le pas de la porte pour écaler les noix ou éplucher les châtaignes que Mathilde ferait blanchir plus tard.

Mais ce qu'il aimait aussi beaucoup, c'était s'installer dans le bûcher. Là, bien assis sur une vieille souche de chêne qui avait déjà servi de siège à trois générations de Vialhe et dont les racines crochues et taillées court faisaient des pieds inébranlables, hachereau à la main, il fendait le petit bois pour la cuisinière. Certes, il trichait un peu dans le choix des rondins, écartait tous ceux qui n'étaient pas de châtaignier, ou les noueux, ou les trop gros ; il se savait incapable de les partager. Mais les autres, quel bonheur !

D'abord, ils sentaient bon le bois bien sec, coupé en

bonne saison de gel, empilé ensuite comme il se doit et sur lequel sont passés quelques étés bien chauds. Un bois qui n'avait plus de sève et qui flamberait sans baver, mais dont les fibres du cœur exhalaient en s'ouvrant une odeur de vieux chais, un peu âcre et acide mais agréable, vivante encore.

Ensuite, il était aimable au toucher, juste assez râpeux pour bien tenir en main sans s'échapper, mais sans jamais devenir agressif ni mordant. Et, enfin, il se fendait sans peine, avec un craquement joyeux, en de longues et régulières tranches tombant de part et d'autre du fer. Des bûchettes qu'il était un plaisir de dédoubler à leur tour, puis de refendre encore avant de les entasser à côté de soi.

Ce matin-là, ce fut le bruit sec de la hachette se fichant au milieu d'un rondin qui attira Dominique jusqu'au bûcher. Il sourit en découvrant son grand-père. Le vieillard, emmitouflé jusqu'aux oreilles car le froid pinçait, était si heureux et absorbé par son travail qu'il en devenait aussi attendrissant qu'un enfant passionné par son jouet préféré.

— Tu vas prendre froid, grand-père, lui reprocha-t-il néanmoins.

— Tiens! Tu es là, toi! Non, non, je me réchauffe, au contraire!

— Tu veux un coup de main?

— Surtout pas malheureux! Tu vois bien que je me fais plaisir!

— Dans ces conditions..., dit Dominique en s'asseyant sur une grosse bûche.

— Alors, comme ça, tu vas repartir au diable vauvert? Y a donc pas de boulot en France? demanda Pierre-Édouard en retournant un rondin pour trouver le sens du bois et savoir ainsi sur quelle face il allait frapper.

— Oui je vais repartir, mais pas avant quinze jours.

— Je sais. Mais c'est quand même dommage que tu sois obligé d'aller si loin.

— Bah, pas si loin que ça, juste quelques heures d'avion.

— Bien sûr, c'est moins loin que Tahiti..., sourit Pierre-Édouard en baissant la voix, comme si Mathilde dont on apercevait parfois la silhouette derrière la fenêtre de la cuisine, à trente pas de là, pouvait entendre. Ah! Ça t'étonne ce que je te raconte là, s'amusa-t-il, je ne devrais pas être au courant! Je sais qu'on me prend pour un vieux trognon malade à qui il ne faut rien dire! Mais tu vois, je sais quand même! Mais ne va surtout pas le dire à ta grand-mère, elle en ferait une maladie! Promis?

— D'accord, dit Dominique en riant.

— Mais à ton avis, qu'est-ce qu'elle peut faire là-bas, la petite Jo?

— Comment savoir... Mais il ne faut surtout pas t'inquiéter, elle est débrouillarde!

— Oh pour ça! Mais elle a surtout une tête de mule; c'est bien une Vialhe, elle aussi, pas vrai? A propos de Vialhe, t'es au courant pour ton cousin?

— Lequel?

— Jean.

— Il est malade? demanda Dominique. Puis il observa son grand-père et insista : Qu'est-ce qui t'amuse?

— Vous tous! A force de vous taire pour que rien de désagréable ne m'arrive aux oreilles, vous ne savez plus rien non plus! Et, moi, je sais tout! Mais ne va le répéter à personne, pas même à ta mère!

— Répéter quoi?

— Que ton cousin veut faire comme toi et que j'en suis bien content!

— Faire comme moi? C'est-à-dire?

— La même école, le même métier, quoi! D'accord, c'est pas tout à fait la terre, mais c'est quand même mieux que de finir gratte-papier, pas vrai?

— Sans doute. Mais il est jeune encore, il a le temps de changer d'avis!

— Ça m'étonnerait, c'est un têtu, lui aussi. Non, ce n'est pas pour ça que je t'en parle.

— Ah bon? fit Dominique de plus en plus étonné.

— Oui, le problème c'est que son père n'est pas d'accord du tout. Tu connais ton oncle Guy : il avait dû se mettre dans la tête que son fils serait ambassadeur, ou ministre, ou va savoir quelle autre couillonnade inutile! Alors tu vas me rendre service, tu veux?

— Si je peux, oui.

— Tu repasses bien à Paris avant de partir? Bon. Eh bien, tâche d'expliquer à ton oncle que ce n'est pas un déshonneur d'aimer la terre et de vouloir s'en occuper, comme toi tu le fais. Et puis, dis de ma part au petit qu'il a raison, qu'il doit tenir bon, qu'il en faut des comme lui! Tu lui diras?

— Écoute, c'est pas facile! Surtout vis-à-vis de mon oncle...

– Taratata! Je ne te demande pas de lui faire la leçon! Simplement, mine de rien, parle-lui de ton métier, de tout ce que tu fais, de ton avenir, de ton salaire... Tu peux bien faire ça, non?

– Pas facile... Faut comprendre, tergiversa Dominique.

– Fais-le pour moi. Si j'avais vingt ans de moins, je m'en serais occupé, assura Pierre-Édouard en souriant, mais là, je ne peux vraiment rien faire. D'ailleurs, tu sais bien, je ne suis même pas au courant! Alors...

7

Absorbé et agacé par la bruyante quête du corniaud, trop jeune pour maîtriser son allégresse et sa fougue quand il prenait la voie, Jacques ne prit pas garde à la défausse du capucin. En effet, au lieu de tenir le gîte jusqu'à l'ultime moment, pour bondir ensuite droit devant lui, le lièvre, apeuré par les clabaudages du chien et ses zigzags intempestifs, se coula hors de la touffe de callune sous laquelle il s'était remisé au petit jour et s'esquiva. Il était alors à quinze pas devant le chien et à plus de quarante de Jacques. Et quand celui-ci aperçut la flèche fauve qui filait droit sur le puy Blanc, il était beaucoup trop tard pour pointer le douze entre les oreilles du fuyard. Malgré cela, il espéra que Dominique, qui était au poste à la tranchée des mines, comprendrait le signal et lâcha deux coups de fusil qui étêtèrent quelques ronces.

– Ce chien est vraiment nul! grommela-t-il en remettant son fusil à l'épaule après avoir éjecté les étuis vides.

Avec un peu de chance, et bien que cet abruti de bâtard ait pris le contre-pied et soit maintenant en train de gueuler à plus de trois cents mètres à l'opposé de la course du lièvre, celui-ci allait couper le puy Blanc à mi-pente, traverser le plateau, puis redescendre droit vers la tranchée des mines pour plonger dans la vallée du Diamond. Sauf si Dominique le boulait au passage.

Tous les lièvres lancés à cette extrémité du plateau suivaient la même voie depuis des temps immémoriaux. Et Jacques tenait de son père que, jadis, même les sangliers et les loups empruntaient cette sente. C'était immuable. Aussi, en bonne logique, si Dominique était au bon poste, il allait pouvoir ajuster le lièvre par le travers et le stopper là, dans les éboulis rougeâtres et ferrugineux de la tranchée des mines.

Installé au pied du gros châtaignier, vermoulu et creux mais encore solide, qui se dressait à vingt-cinq mètres de la tranchée, Dominique se savait bien placé.

Depuis qu'il était en âge de suivre son père à la chasse, il connaissait tous les bons coins giboyeux de la commune, tous les passages, toutes les remises à perdreaux, à cailles ou à bécasses, les chênaies à palombes et les genévriers du puy Caput où se plaisaient les grives. Malheureusement, cela ne servait plus à grand-chose car le gibier était devenu très rare, faute de gagnage.

En effet, la diminution des emblavures en céréales avait peu à peu limité la reproduction des perdrix, sans pour autant restreindre le nombre des chasseurs. Et le plateau, qui abritait jadis jusqu'à huit à dix compagnies de rouges, n'en accueillait plus qu'une ou deux, et par bonne année encore! Quant aux migrateurs, ils se faisaient de moins en moins nombreux de saison en saison, chassés par l'avance des maisons qui s'érigeaient çà et là à la périphérie du plateau.

A cela s'ajoutaient les automobilistes qui n'hésitaient pas à écraser les quelques levrauts débiles que les sociétés de chasse s'entêtaient à lâcher en dépit du bon sens. Et comme la myxomatose avait décimé tous les lapins...

Phénomène ahurissant, tout cela n'empêchait pas les renards, harets, genettes, fouines et autres prédateurs de proliférer à tout va, mais expliquait pourquoi il devenait courant de battre la campagne toute la matinée sans rien lever.

Ainsi devenait-il presque exceptionnel de tirer une pièce, et c'était vraiment pour faire plaisir à son père, qui assurait qu'un lièvre se tenait au bout du plateau, que Dominique avait accepté de le suivre. Mais il était sceptique quant aux résultats de leur partie de chasse. De plus, il avait l'honnêteté de s'avouer qu'il était peu intéressé par ce qu'il faisait. Il ne lui restait qu'une petite semaine de congé mais, depuis la veille, le temps n'avait plus la même valeur, quelques mots avaient tout changé.

C'était après avoir sérieusement réfléchi, pesé le pour et le contre, puis fini par se dire qu'il était idiot d'attendre, que son mutisme pouvait tout gâcher, qu'il s'était décidé. Alors, au dos d'une vue aérienne d'Yssandon, il avait écrit, puis expédié à l'adresse que lui avait laissée Béatrice :

« Le trajet Alger-Paris n'était-il pas un peu court ? »

C'était assez bref, léger et anodin pour ne même pas justifier de réponse si elle se révélait négative. Mais ce pouvait aussi être reçu comme un appel. Surtout comme un appel qui, peut-être, serait entendu. Et il l'avait été, par retour du courrier. Et l'unique phrase que portait une vue aérienne d'Agen l'avait rempli de bonheur :

« Si ! Mais je n'ai pas osé faire un détournement ! »

Maintenant, il nageait dans l'allégresse, dans une euphorie qu'il était prêt à faire partager au monde entier, à proclamer à qui voudrait l'entendre. Mais il n'avait encore rien dit à personne !

Et ce qui le stupéfiait, c'était de découvrir qu'aucune des femmes qu'il avait jusque-là rencontrées et plus ou moins appréciées ne l'avait impressionné à ce point. Et surtout, jamais l'absence de l'une d'elles ne lui avait paru aussi désagréable, aussi difficile à subir. Car, depuis qu'il était sûr que ses sentiments étaient partagés, l'éloignement de Béatrice lui devenait insupportable. Et autant il s'était appliqué à raisonner et à bien réfléchir avant de se décider à écrire, autant il laissait maintenant libre cours à son enthousiasme.

Seule l'impossibilité de bien se remémorer le visage de la jeune femme occultait un peu son bonheur. Certes, il se souvenait bien du regard bleu et vif, des cheveux bruns coupés court et mal, des joues rondes et hâlées, mais c'était tout. Et autant il se sentait capable de la reconnaître entre dix mille, autant il ne pouvait en retrouver l'image exacte dans ses souvenirs. Il distinguait la silhouette qu'il avait vue disparaître à Orly en direction du car, mais il butait sur un minois flou dès qu'il tentait d'en rétablir la précision. Aussi, la moindre photo d'elle l'aurait rempli de joie et aurait calmé sa fébrilité. Car il lui fallait patienter encore un peu, attendre deux jours avant de prendre la route d'Agen.

La carte reçue, il avait bondi sur le téléphone pour prévenir Béatrice de son arrivée immédiate, ou presque. Une voix anonyme et plutôt sèche l'avait ramené sur terre en lui apprenant qu'elle était absente, qu'elle ne rentrerait pas avant trois jours et n'avait pas laissé de numéro de téléphone où il soit possible de la rappeler. Dépité, il n'avait plus eu qu'à prendre son mal en patience et à compter les heures...

Quoique perdu dans ses tendres pensées, il entendit néanmoins les deux coups de fusil qui résonnèrent sur le plateau. Aussitôt aux aguets, il fixa le sentier par lequel allait sous peu arriver le lièvre, si son père l'avait manqué. Mais, insidieusement et alors qu'il eût dû consacrer toute son attention à ce coin bien précis de la tranchée des mines, l'image, toujours floue mais si réconfortante de Béatrice, vint flotter devant lui.

Il épaula pourtant prestement et ajusta le capucin dès qu'il le vit. L'animal, belle bête de plus de sept livres, qui trottinait sans hâte car le chien avait perdu sa trace, était immanquable.

Cœur battant, il pressa la première détente, celle du coup droit, en vain. Et déjà le lièvre l'ayant éventé et vu bondissait en une fulgurante accélération. Il écrasa la deuxième détente et se souvint alors que, tout à des pensées dont la chasse était exclue, il avait oublié de charger son fusil.

— Plus con que moi, c'est pas possible! murmura-t-il vexé.

Puis il imagina les critiques ironiques que son père n'allait pas manquer de lui décocher en apprenant son étourderie.

— Sûr que ça va faire le tour de la commune!

Alors, pour couper court, préférant passer pour maladroit que pour amoureux transi, il glissa deux cartouches dans les chambres et fit un magnifique doublé en direction d'un gros cumulo-nimbus immobile au-dessus du puy Blanc et qui avait l'air goguenard.

— Je t'ai connu moins maladroit! Ou alors tu as vraiment perdu la main en Algérie; il n'y avait pas de gibier, là-bas? demanda Jacques en s'accroupissant pour tenter de calmer la douleur qui fusait dans ses lombes.

— Ce salaud de lièvre était trop loin...

— Allons donc! J'espère au moins que tu ne l'as pas blessé?

— Oh ça, pas de risque! assura Dominique en s'efforçant de garder son sérieux. Mais où est le chien?

— Cette andouille? Va savoir! Il doit m'attendre devant

sa gamelle. C'est à peu près tout ce qu'il sait faire! Je crois que je n'en tirerai jamais rien, dit Jacques en grimaçant.

— Tu as mal?

— Bah, pas plus que d'habitude, ni moins, faut faire avec.

— Tu devrais te faire soigner.

— T'occupe pas de ça, coupa Jacques. Me faire soigner, ça veut dire me faire opérer! Alors, c'est toi qui t'occuperas de la ferme pendant que je serai à l'hôpital? C'est toi qui soigneras les bêtes?

— Non, bien sûr.

— Alors n'en parlons plus, dit Jacques en se redressant péniblement. Tu vois, si par malheur je reste bloqué un jour, je ne sais pas comment on fera, ta mère ne tiendra pas le coup. D'accord, les voisins viendront un peu, les Brousse, les Delpeyroux, les Valade, mais ils ne pourront pas tout faire! Alors que se passera-t-il? Ce n'est pas non plus ton grand-père qui pourra m'aider!

Dominique hocha la tête, faillit exposer les idées qui lui trottaient dans la tête au sujet de la ferme. Comme l'avait bien compris sa tante Berthe, son séjour loin de France ne l'avait pas empêché de suivre l'évolution de la politique agricole, européenne ou pas, bien au contraire. Et tout ce qu'il avait pu déceler à la lecture des rapports, articles, plans, thèses et autres projections lui était douloureusement revenu en mémoire depuis qu'il voyait vivre et agir son père. Mais ses conclusions étaient si sombres qu'il hésitait maintenant à tout lui dire.

Lui dire, par exemple, qu'il fallait tout revoir avec un regard neuf, des idées modernes, étudier des projets qui pouvaient peut-être sembler fous, mais qui étaient sans doute les seuls capables de sortir l'exploitation de son enlisement.

Lui expliquer aussi que tout était en train de changer. Qu'il était surtout urgent de comprendre qu'une ferme comme celle des Vialhe, pour bonne qu'elle soit, figurait parmi les poids morts que les adulateurs d'une certaine Europe sous influence américaine n'avaient aucune envie de traîner. Que tous ces gens-là n'avaient qu'une hâte, voir disparaître toute cette piétaille du monde agricole dont le travail n'intéressait personne. Et que ceux qui disaient le contraire étaient des menteurs et des imposteurs, car c'étaient les mêmes qui défendaient et prônaient les thèses malthusianistes en vigueur à Bruxelles! Les mêmes qui, incapables de gérer les stocks, préféraient les détruire, alors qu'à trois heures d'avion de là des gosses mouraient de faim!

Et qu'une ferme comme celle des Vialhe était irrémédiablement condamnée dès l'instant où étaient admises, comme base de discussion, les vicieuses élucubrations d'individus assez pervers pour prôner le gel des terres ou l'abattage des troupeaux laitiers! Et que toutes ces constatations, pour douloureuses qu'elles soient, ne donnaient qu'un timide aperçu de ce qui attendait toutes les fermes Vialhe de France. Ces centaines de milliers de petites unités dont le seul tort était de vouloir continuer à exister dans un monde qui jugeait beaucoup plus simple et économique de les étouffer, dans l'indifférence générale.

Et que si lui, ingénieur agronome, s'était tant plu en Algérie et surtout au Sahara, c'était parce que là au moins il avait eu le sentiment de faire quelque chose d'utile, de mettre son intelligence et ses compétences au service d'une agriculture qu'il était vital de développer. Et qu'il était content de repartir au loin pour les mêmes raisons. Des raisons qu'il n'était plus du tout certain de pouvoir trouver en France...

Mais il se tut car il craignait de démoraliser un peu plus son père. D'ailleurs, tel qu'il le connaissait, sans doute avait-il fait lui aussi la même analyse. Simplement n'avait-il peut-être plus l'âge, ni la force, d'en tirer les conclusions qui s'imposaient. Alors, à quoi bon remuer le couteau dans la plaie?

— A propos, comment le trouves-tu? demanda Jacques pour rompre le silence de son fils.

— Qui?

— Ton grand-père.

— Plutôt bien. Enfin il a vieilli, naturellement, mais il est toujours aussi mordant!

— Ah ça, oui! Mais il a le cœur malade et, à mon avis, il ne se soigne pas assez!

— Ça te va bien de dire ça! Je suis sûr qu'il en a autant à ton service!

— Peut-être, avoua Jacques en souriant, faut croire que c'est de famille! On rentre? Inutile de vouloir chasser encore, il n'y a plus rien. Et puis sans chien...

— Mais pourquoi diable t'es-tu embarrassé d'un pareil corniaud?

100

– Bah, c'est Delpeyroux qui me l'a donné. Et puis il faut bien un chien de chasse, et comme la vieille Frisette est crevée... D'ailleurs Delpeyroux m'assure toujours que ce bestiau va s'y mettre pour de bon en prenant de l'âge; j'en doute un peu...

– Delpeyroux est toujours conseiller municipal?

– Oui. Et heureusement qu'il est là avec les amis, les natifs de la commune. Avec eux, on arrive encore à être majoritaires, mais ça risque de pas durer! Tu ne connais pas la dernière trouvaille des autres? Ils voulaient installer un tennis! Tu te rends compte?

– Si c'était bien étudié, ce ne serait pas si idiot que ça..., estima Dominique.

Il avait eu vent du projet par Berthe, connaissait la position de son père et savait à quel point il devait parler avec prudence, pour ne pas le heurter.

– Allons bon! Toi aussi? Mais vous êtes tous devenus dingues ou quoi? lança Jacques.

Il était surpris et un peu déçu de la réaction de son fils. A ses yeux, elle le reléguait dans le clan des utopistes et des ignares qui ne comprendraient jamais la mentalité rurale et surtout les difficultés financières d'un maire de petit village. Mais parce qu'il ne voulait pas rompre le dialogue, il insista:

– Non, sans blague, tu imagines Delpeyroux et Brousse en short et en train d'échanger des balles? Pour ne citer qu'eux...

– Non, reconnut Dominique, et à dire vrai, à part quelques gosses, je ne vois pas grand monde à Saint-Libéral que ça puisse passionner, quoique...

– Alors? Non, comprends-moi, autant il faut que je trouve quelque chose qui fasse revivre le village, autant je dois éviter les erreurs et les dépenses inutiles. Alors votre tennis, permettez-moi de rigoler, ça n'intéresse pas les gens de Saint-Libéral!

Ils étaient arrivés sur le plateau, là où le regard portait si loin, là où il embrassait tous les horizons.

– D'accord pour les habitants de Saint-Libéral, dit Dominique en s'arrêtant pour admirer le paysage, mais pour les autres? Par exemple, ceux qui viennent en congé là-bas! dit-il en tendant le bras en direction d'une lointaine colline où se dressaient les bungalows encore presque neufs d'un village de vacances. Oui, insista-t-il, pour tous ceux qui choisissent la région pour l'été! Il n'y a rien à Saint-Libéral, il faut donc attirer ceux qui peuvent venir d'ailleurs.

– J'ai essayé! Regarde les quelques maisons neuves du bourg. Si elles sont là, c'est bien parce que j'ai fait ce qu'il fallait. Eh bien, ce n'était pas une très bonne idée. J'ai fait venir des gens qui ne connaissent rien à nos problèmes, à notre vie d'agriculteurs. Et pourtant, un jour, ils risquent de décider à notre place comment nous devons vivre! Ils me réclament déjà des trottoirs, bientôt des lampadaires! Avant peu, ils voudront un car de ramassage scolaire! Et, si on les écoutait, j'en connais plus d'un qui interdirait aux coqs de chanter sous prétexte que ça les sort du lit trop tôt! Ou même qui mettraient en panne l'horloge de l'église, pour les mêmes raisons! Non, non, ce n'était pas une bonne idée!

– Je ne te parle pas de ce genre d'implantation, dit Dominique en reprenant sa marche, et je conçois qu'il ne doit pas être facile d'intégrer tout le monde! Non, si je dis que le tennis ou n'importe quoi d'autre de ce genre n'est pas une mauvaise idée, c'est dans la mesure où ça peut donner à quelqu'un l'envie de passer un après-midi à Saint-Libéral sans y périr d'ennui! Pour l'instant, il n'y a rien! Même l'église n'est plus visitable. Plus rien, pas de restaurant, pas d'épicerie, pas même un bistrot convenable!

– Et pour cause! Le vide appelle le vide!

– Alors il faut trouver l'idée. Et si le tennis te donne de l'allergie, envisage une piscine, un ranch avec balades à cheval, un...

– Arrête! coupa Jacques, tu vas finir par me proposer la fête des moissons, du battage ou je ne sais quelle autre lamentable couillonnade qui nous transforme en clowns! Tant que je serai maire, jamais je ne demanderai à un de mes administrés de mimer notre travail, et surtout celui des anciens! Jamais je ne m'abaisserai à faire semblant d'approvisionner une vieille Merlin avec des gerbes déjà sorties de la moisse-batte! Et tout ça pour distraire quelques minables badauds trop contents de nous mépriser! On commence comme ça et on finit dans une réserve! Alors zéro! Je n'ai pas envie de voir les gosses des villes me lancer un jour des cacahuètes et du chewing-gum!

– Je ne te parlais pas de ce genre de spectacle, dit Dominique, et je serais moi aussi bien déçu si Saint-Libéral devait en arriver là!

102

– Alors, tu vois bien! Crois-moi, ça fait des années que je réfléchis à tout ça et je n'ai rien trouvé de valable, rien!

– Ça ne veut pas dire qu'il n'existe rien! Si tu ne veux pas que le village dépérisse complètement, il faut au moins qu'il y ait du monde en été.

– Plus facile à dire qu'à faire sans tomber dans l'horreur du folklore! Mais crois-moi, je ne t'ai pas attendu pour réfléchir à tout ça!

– Je n'en doute pas. Enfin, moi ce que j'en dis...

– Oui, toi tu reviens tous les deux ans pour donner des conseils! s'amusa Jacques sans méchanceté aucune, mais pas mécontent quand même de remettre les choses au point. D'ailleurs, je m'étonne, cette fois-ci tu n'as fait aucune critique au sujet de la ferme!

– A quoi bon! dit Dominique en haussant les épaules mais en prenant, lui aussi, la remarque avec désinvolture. De toute façon, ajouta-t-il, je n'ai rien dit, mais je n'en pense pas moins!

– D'accord, on est quittes, plaisanta Jacques. A propos, tu es si pressé de nous quitter? Ta mère m'a dit que tu partais après-demain.

– Oui, mais je repasserai ici avant le vrai départ, à la fin de la semaine sans doute.

Dominique jeta un coup d'œil à son père et lui sut gré de ne pas insister, de ne pas chercher à deviner pourquoi il s'absentait, ni où il allait.

Alors soudain, sans bien comprendre pourquoi, il eut besoin de se confier, de parler, de faire connaître tout ce bonheur qui lui mettait le cœur en joie. Et il fut heureux que ce soit justement son père qui soit là pour accueillir ses confidences.

– Faut que je te dise, p'pa, j'ai trouvé ma femme!

– Quoi? sursauta Jacques, ce n'est quand même pas pour ça que tu t'en vas?

Depuis que ses trois nièces, qui avaient pourtant été des jeunes filles si sages, faisaient assaut d'indépendance et de dévergondage, il était prêt à tout entendre. Et, à dire vrai, il était parfois étonné de s'en être jusque-là tiré à si bon compte avec ses propres rejetons; mais il savait qu'il y a un commencement à tout!

– Blague à part, insista-t-il, dis-moi que ce n'est pas pour ça que tu pars? Tu ne vas quand même pas te marier aussi rapidement?

– Me marier? Bien sûr que non! Je vais juste demander à Béatrice de m'accompagner en Guyane.

– Ah... Comme ça, sans faire de détail! Vous ne vous ennuyez pas avec les conventions, vous les jeunes! Enfin, je dois être trop vieux pour bien vous comprendre...

Il était décontenancé par la légèreté dont son fils semblait faire preuve pour régler ses affaires sentimentales. Il faillit lui dire qu'il n'était pas très prudent d'organiser son avenir avec une telle insouciance, puis renonça. Dominique avait l'âge de mener sa barque à sa guise, même si apparemment sa technique semblait fantaisiste.

– Tu dis qu'elle s'appelle Béatrice? reprit-il.

– Oui.

– Et tu es absolument sûr de toi? Et d'elle?

– Tout à fait.

– Après tout, c'est votre problème. Mais il y a longtemps que tu la connais?

– Il y aura exactement un mois après-demain. Oui, ça fait un mois de séparation et c'est bougrement long! Tu peux pas savoir ce que c'est long!

– Oh si! je le sais, j'ai bonne mémoire, murmura Jacques.

Vingt-huit ans plus tôt, lui aussi avait compris en quelques instants que la jeune fille dont il venait de faire la connaissance serait sa femme. Et, dès cet instant, les minutes qui le séparaient d'elle lui avaient paru insupportables. Dominique était là pour en témoigner...

– Ta mère va être contente, dit-il enfin, depuis le temps qu'elle rêve d'être grand-mère!

– Holà! Il n'y a pas le feu! Il lui faudra patienter quelque temps.

« C'est vrai, ma réflexion est idiote, et surtout elle date! pensa-t-il. Cette génération peut, à sa guise, programmer les naissances sans le moindre problème, et elle ne s'en prive pas! Il n'empêche que ce grand dadais ne serait pas là aujourd'hui pour me faire part de son bonheur si nous avions agi ainsi, sa mère et moi! »

– Enfin, c'est quand même prévu pour les années qui viennent? insista-t-il, tu ne vas pas faire comme ta cousine Marie. Remarque, ça vaut mieux si c'est pour divorcer comme elle après cinq ans!

– T'inquiète pas! Tu l'auras un jour ton petit-fils! Tu penses, Béatrice est puéricultrice, alors!

– Très bien. Allez viens, on va tout de suite à Coste-Roche prévenir ta mère. Et ensuite on descendra au bourg pour annoncer cette bonne nouvelle aux parents

Vialhe. Tes grands-parents vont être fous de joie! Mais sois gentil, ne leur dis pas tout, c'est pas utile, tu comprends? Présente Béatrice comme ta fiancée, simplement comme ta fiancée. Tu vois ce que je veux dire? Pour eux, ça fera plus sérieux, plus comme il faut...

Pendant les deux heures qui suivirent leurs retrouvailles et qui eurent pour cadre un restaurant situé non loin d'Agen, les deux jeunes gens passèrent plus de temps à se parler qu'à manger. Ils avaient tant à se dire! Et tant d'heures perdues à rattraper!

– Blague à part, c'est vrai? Tu as dit à tout le monde que nous étions fiancés? demanda Béatrice en picorant distraitement un petit four.

– Oui, je l'ai même proclamé! assura-t-il en caressant de l'index une des mèches brunes qui encadraient maintenant le visage de la jeune femme.

En un mois, ses cheveux avaient bien repoussé et la rendaient encore plus gracieuse, plus féminine. Dominique ne se lassait pas de la contempler, de s'imprégner de son image, de la graver en lui. Il l'avait tellement cherchée, en vain, pendant un mois, qu'il ne voulait plus prendre le risque de l'oublier. De plus, il se demandait quels arguments ou quelles raisons imbéciles avaient pu le pousser à attendre presque trois semaines avant de se décider à lui écrire. Car l'objectivité la plus élémentaire l'obligeait à s'avouer qu'elle l'avait impressionné dès les premiers instants. Et lorsqu'il se disait, pour excuser son hésitation, que quelques expériences plus ou moins médiocres ou ratées l'avaient sans doute incité à la prudence, il s'insurgeait aussitôt à l'idée de comparer Béatrice aux quelques péronnelles précédemment connues. Celles-là n'existaient plus, annihilées, effacées par le regard bleu de la jeune femme et cette solidité qui émanait d'elle.

– Alors comme ça, tu as quasiment fait publier les bans? plaisanta-t-elle.

– Presque!

– Tu étais sûr de toi à ce point?

– Oui. Et aussi de toi!

– Pourquoi?

– Parce que si tu as répondu à ma carte ce n'est pas pour amorcer une simple aventure. J'ai eu tort de penser ça?

– Mais non, idiot! Ou plutôt si, tu as eu tort de me laisser partir seule, l'autre jour à Orly!

– Allons bon! Déjà que je me le reproche!

– Tu ne sais pas? J'ai vraiment cru que tu m'avais à peine vue. Ou plutôt si, que tu n'avais vu que ma coupe de cheveux!

– Ça, je dois dire que tu t'étais plutôt loupée. Tu te les étais taillés avec quoi? Un tesson de bouteille?

– Arrête! Si tu savais! Trois semaines avant mon retour, je me suis réveillée un matin avec la tête pleine de poux! L'horreur! Ça grouillait de partout! Alors, pas de quartier! Voilà, j'étais hideuse, n'est-ce pas?

– Mais oui, plaisanta-t-il, et c'est d'ailleurs pour ça que je ne t'ai pas adressé la parole!

Elle lui sourit, croqua un nouveau petit four.

– Sans faire de mélo, dit-elle, blague à part, c'est formidable ce qui nous arrive, non?

– Oui, dit-il en posant sa main sur la sienne.

– Il faut quand même que je t'explique, dit-elle après quelques instants d'hésitation, une fois j'ai été... comment dire, échaudée. Voilà, c'est le mot.

– Moi aussi. Alors on n'en parle plus, d'accord? Sauf si tu en as besoin?

– Non.

– Alors rideau, tout débute aujourd'hui. Ça te va?

– Très bien.

– Et on ne se quitte plus?

– Pourquoi cette question? dit-elle. Ose dire que tu avais prévu de repartir seul!

106

8

– Vous n'allez quand même pas dehors par ce temps ?
s'inquiéta Pierre-Édouard lorsqu'il vit que Mathilde,
Louise et Berthe se préparaient à sortir pour répondre au
klaxon de l'épicier.

– Et pourquoi non ? Tu n'es pas sorti ce matin, toi ?
lança Berthe en enfilant un lourd manteau de laine.

– Moi, c'est pas pareil ! décida-t-il. Je ne suis pas
enrhumé comme Mathilde ! Je ne me plains pas sans arrêt
de mes rhumatismes comme Louise et je n'ai pas de bronchite chronique comme toi ! ajouta-t-il avec une mauvaise
foi totale.

– Mais oui, c'est ça, lança Louise en s'emmitouflant
dans une vaste limousine, toi tu es resplendissant de
santé, comme chacun sait !

– Et c'est pour ça que tu as fait ta promenade habituelle ce matin, malgré le froid ! ajouta Mathilde.

– Moi, c'est pas pareil ! redit-il. D'ailleurs, j'ai juste été
boire un café chez la Nicole !

– Ah bon ? Parce que le mien n'était pas assez chaud
sans doute ? demanda Mathilde.

– Tu vois comme tu es ! sourit-il. Tu me dis d'aller au
bistrot et, quand j'y vais, tu t'en plains ? Ah les femmes !
lança-t-il en ajoutant une grosse branche de charme dans
le foyer.

Confortablement installé dans le cantou, pieds au
chaud près des braises, il discutait pour le seul plaisir de
faire un peu enrager les trois femmes, car il savait bien
que rien ne les empêcherait d'aller faire leurs emplettes
et surtout de papoter un peu.

– Enfin, couvre-toi bien, recommanda-t-il à Mathilde.

107

Elle décela le geste furtif qu'il eut pour tâter la poche de sa veste, histoire de s'assurer que sa blague à tabac était bien là, et lui lança avant de sortir :

– Et ne profite pas de mon absence pour fumer comme un pompier !

Il haussa les épaules, s'encagnarda dans l'angle de la cheminée et sortit sa pipe.

« Elles diront ce qu'elles voudront, il ne fait pas un temps à aller faire causette sur la place de l'église ! » pensa-t-il en regardant vers la fenêtre.

En effet, poussé par le vent qui venait de redoubler, le grésil, mêlé de neige fondue, qui déferlait en averses depuis le matin, frappa les vitres. Le temps s'était méchamment dégradé depuis deux jours et, alors qu'avec janvier et février l'année 75 avait commencé dans la douceur, mars débutait dans les frimas, le brouillard, la neige pourrie.

« Enfin, ça vaut mieux maintenant que dans trois semaines », pensa-t-il en puisant une braise dans le foyer. Il alluma sa pipe, jeta le tison dans les flammes. « Oui, ça va calmer un peu la végétation et peut-être empêcher que tout gèle ! Mais c'est égal, c'est quand même un sale temps ! Et, parti comme c'est, on le tient pour toute la lune, même si ça plaît pas aux bavards de la télé ! »

Bien que son fils et son gendre, et même son petit-fils, lui aient expliqué que les prévisions météorologiques s'appuyaient sur de solides données scientifiques, il les tenait pour éminemment suspectes, et même fallacieuses, depuis qu'une des présentatrices avait ricané un soir en parlant de la lune. Elle n'avait, à entendre cette péronnelle, aucune influence sur le temps. Pour Pierre-Édouard, c'était presque blasphématoire ! Car si, non content d'aller la déflorer en la piétinant, on se mettait à douter d'elle, ça n'annonçait rien de bon ! Encore un peu et on dirait qu'elle ne changeait en rien la germination et la croissance des plantes ! En attendant, depuis la pleine lune, il faisait un froid de loup !

– Vous n'êtes pas un peu malades de sortir par ce temps ! protesta Yvette dès qu'elle vit les trois femmes de la maison Vialhe qui luttaient à contrevent pour atteindre le Cube de l'épicier. Ah non ! Vous n'êtes pas sérieuses ! ajouta-t-elle, surtout toi, avec le rhume que tu as ! lança-t-elle à sa belle-sœur.

– Tu ne vas pas prendre la relève de Pierre, non? dit Mathilde. Bonjour, je ne t'embrasse pas à cause de mon rhume.

– Dites-moi ce que vous voulez toutes les trois, je m'en occupe. Et allez vite vous abriter dans la voiture, proposa Yvette; le moteur tourne, il y fait bon.

– Voyez-moi ces jeunes! plaisanta Louise, ça n'a même pas soixante-dix ans et ça prend la voiture pour faire deux cents mètres!

– Parfaitement, et je n'en ai pas honte! dit Yvette. Allez, installez-vous toutes les trois, on ira ensuite prendre le café au château.

– Ah, dans ces conditions! dit Berthe. C'est vrai, ton café est toujours bon. Venez, dit-elle en entraînant Louise et Mathilde. La petite a raison, ajouta-t-elle plus bas, il ne fait pas très chaud, et puis surtout un peu de compagnie lui fera tellement plaisir.

Depuis qu'elle était veuve, Yvette vivait seule dans le château. Une voisine portugaise, installée au village depuis sept ans, montait tous les matins lui faire un peu de cuisine et le ménage dans les trois pièces encore ouvertes. Louis aussi venait parfois, rarement, très pris, assurait-il, par son travail à Limoges. Aussi Yvette était-elle heureuse chaque fois qu'elle pouvait rompre sa solitude.

Elle se hâta donc de faire les emplettes, rejoignit les trois femmes qui patientaient dans la voiture et lança sa DS dans le chemin qui grimpait vers le château.

– Dès que nous serons là-haut, nous passerons un coup de fil à Pierre; il ne faudrait pas qu'il s'inquiète, dit-elle.

– Pierre, s'inquiéter? s'amusa Mathilde. Tiens, je suis certaine qu'il a déjà deviné où nous allons! Enfin, tu as raison, on téléphonera quand même, comme ça il se pressera moins pour finir sa pipe!

C'était toujours avec un petit pincement au cœur que Mathilde revenait au château. Pour elle, il avait d'abord représenté la puissance, la richesse et l'opulence dans lesquelles vivaient les châtelains de jadis. Ces gens inaccessibles à ses yeux, qu'elle voyait passer dans le village lorsque, enfant, elle vivait dans une masure aujourd'hui disparue et située au fond d'une des sept ruelles de Saint-Libéral.

Puis tout avait peu à peu régressé. Et aux restrictions financières qui étaient venues toucher les propriétaires, le château avait répondu par des pleurs d'ardoises qui coulaient le long du toit avant de s'écraser au sol, par des joints qui s'effritaient et dans lesquels s'insinuait le lierre, par des volets qui pourrissaient et des gouttières percées qui dégageaient leur eau contre les murs. Alors, pour un temps, la misère était vraiment venue. Et enfin, grâce à Léon, à cette formidable revanche qui l'animait depuis son enfance et surtout grâce à sa fortune, le château, le parc et toute la propriété avaient repris vie.

Et Mathilde se souvenait encore de son émotion lorsqu'elle était entrée pour la première fois dans des murs qui appartenaient désormais à son frère. Aussi, maintenant qu'il était parti, c'était toujours avec nostalgie qu'elle revenait. Avec un peu de tristesse aussi, car le rire de Léon n'était plus là pour l'accueillir, parce que Pierre-Édouard n'avait pas remis les pieds au château depuis la mort de son beau-frère et parce que tous ces volets clos sur des pièces qui sentaient maintenant le moisi et la poussière étaient un crève-cœur.

— Venez à la cuisine, il y fait meilleur, proposa Yvette, et passez au coin du feu. Et toi, Mathilde, téléphone à Pierre.

— Il fait bon chez toi, assura Berthe en enlevant son lourd manteau.

— Oui, ça va. Mais ça me fait mal au cœur de chauffer partout alors que personne n'habite. Mais je ne voudrais pas que ça gèle, alors je mets le chauffage au minimum, sauf dans ma chambre et ici.

— Oui, il fait bon, redit Berthe en s'asseyant devant l'âtre.

— Et comment va Louis ? demanda Mathilde tout en composant le numéro. Elle remarqua l'air soucieux de sa belle-sœur, faillit insister puis entendit Pierre-Édouard : C'est moi, dit-elle, oui, nous sommes chez Yvette, elle nous fait le café. Tu t'en doutais ? Je sais ! A tout de suite. Et surtout arrête de fumer ! Comment ça, je dis n'importe quoi ? Ça empeste le tabac jusqu'ici !

Elle raccrocha en riant, partit s'asseoir au coin du feu.

— Alors, et Louis ? insista-t-elle.

— Il m'inquiète, avoua Yvette.

— Ses problèmes ne s'arrangent pas ? demanda Berthe.

— Non, au contraire, dit Yvette en sortant les tasses et une boîte de petits gâteaux.

Elle n'avait pas besoin d'en dire plus, car elle savait que ses invitées étaient depuis longtemps au courant de cette affaire qui la tracassait tant maintenant.

– Mais aussi, quelle idée il a eu de se lancer là-dedans! dit Louise.

– Il y a cru, l'excusa Yvette, et puis ça pouvait marcher...

Mais ça n'avait pas marché et ça n'en prenait pas le chemin! Il est vrai que Louis avait joué de malchance. Vrai aussi que son besoin de se démarquer un peu de son père l'avait poussé dans une voie qu'il jugeait plus honorable. Car s'il était lui aussi animé par le désir de gagner de l'argent, il avait toujours un peu méprisé le métier qui avait permis à son père d'en amasser beaucoup. Il avait estimé que l'étiquette d'agent d'affaires était plus respectable que celle de marchand de bestiaux. Il n'avait donc pas cru son père lorsque celui-ci, tout en l'aidant à s'installer, lui avait garanti qu'il y avait sans doute plus d'escrocs et de filous en costume et cravate qu'en blouse de mercantis; et que la bouse des champs de foire empestait sûrement moins que certains bureaux. Il avait vite réalisé que son père n'avait pas tort, mais il aimait les affaires et certaines odeurs ne le gênaient pas trop...

Il avait donc progressé, tenté et réussi quelques beaux coups et pris goût aux opérations de grande envergure. Les premières s'étaient révélées juteuses à souhait, les suivantes un peu moins. Quant à la dernière, lancée depuis plus de deux ans, elle devenait catastrophique. Car s'il avait été astucieux de miser sur l'extension d'une ville comme Limoges, donc d'acheter en grande banlieue le maximum de terrains disponibles, il avait été très imprudent de monter une telle opération avec un associé que les scrupules n'étouffaient pas; c'était un homme qui ignorait même que le mot existât!

Alors, imprudent aussi d'investir à fond dans la création de lotissements, leur aménagement, leur viabilité. Car, maintenant que tout était en passe d'être réalisé, non seulement les clients ne se pressaient pas, mais les factures pleuvaient, drues, denses et parfois suffocantes. Quant à l'associé, il était parti sans laisser d'adresse, mais pas sans provisions, dès qu'il avait été question de partager les frais pour régler les entrepreneurs, les géomètres, les architectes, les fournisseurs...

Et déjà Louis savait que de bonnes âmes susurraient çà

et là qu'il était à bout de souffle, que les banquiers rechignaient de plus en plus à le soutenir et que ses dettes avoisinaient les cinq cents millions... C'était vrai et même s'il ne s'agissait que de centimes, Louis se savait incapable de les réunir rapidement.

Pour ce faire, il eût fallu qu'on lui en laissât le temps et surtout que cessent les rumeurs annonçant sa faillite, voire sa proche inculpation pour malversations et fraudes diverses. C'était faux, mais les bruits n'en couraient pas moins et les créanciers se faisaient plus pressants.

Il avait pu jusque-là les faire patienter en distribuant le fruit de la vente des immeubles qu'il possédait à Brive et l'argent que lui avait donné sa mère dès qu'elle avait eu vent de ses difficultés. Il avait donc lancé quelques centaines de milliers de francs par-ci, par-là, quelques miettes pour calmer les plus braillards, les plus dangereux.

Mais, désormais, il n'avait plus rien. Plus rien de monnayable rapidement, car il était impossible de vendre dans de bonnes conditions les quelque quarante hectares de terres et prairies disséminés à Saint-Libéral et dans les plaines de Varetz et de Larche. Car s'il devait les brader, l'opération ne servirait plus à rien. De plus, elles étaient en location, ce qui les dépréciait beaucoup. Et enfin, il était à craindre que la SAFER ne s'en mêle et fasse traîner les choses.

Quant au château, il était impensable de le négocier à la va-vite. D'abord parce qu'il ne pouvait se faire à l'idée d'en chasser sa mère et ensuite parce qu'il représentait une trop grosse somme pour trouver, en quelques semaines, un client capable de payer comptant.

Et c'était bien parce qu'il avait fait le tour de la question qu'il voyait arriver le moment où il allait devoir être plus ouvert à certaines propositions. Elles étaient exécrables, mais dépassaient déjà le stade de la rumeur, puisque un de ses banquiers lui en avait touché deux mots, comme ça, sans en avoir l'air, juste pour sonder l'humeur de la proie.

La solution était très simple, lumineuse même! Puisqu'il ne pouvait régler les entreprises engagées pour créer le lotissement, d'autres pouvaient le faire à sa place! A condition bien entendu d'être complètement à sa place, c'est-à-dire en devenant propriétaire des terrains lotis. Cela fait, tous comptes apurés, il ne lui resterait plus que ses yeux pour pleurer et une réputation perdue, du moins dans la région.

Or il ne se voyait pas du tout repartir de zéro, créer une autre agence, redébiter les discours qui lui permettraient, peut-être, de traiter de minables affaires avec des clients tout aussi minables. Il s'était trop habitué au confort de l'argent abondant, à tout ce qu'il permettait, à ces joyeuses virées parisiennes en compagnie de quelque compagne d'un soir, ou d'un mois, à ces jolies filles toujours disponibles pour l'aider à vider un pot de caviar et quelques bouteilles de Dom Pérignon. Toujours prêtes aussi à partager avec lui quinze jours à Acapulco, ou plus simplement à Monaco.

Alors abandonner tout cela n'était pas pensable! Pas plus que n'était pensable de se mettre à rouler en 2 CV et non en Porsche, à s'habiller en confection et non sur mesure, à remplacer les Davidoff par des Gitanes maïs! Et c'était pourtant ce qui le menaçait s'il ne trouvait une solution dans les plus brefs délais.

Et s'il n'avait pas brossé un aussi sombre tableau à sa mère lors de sa dernière conversation téléphonique, du moins lui avait-il fait comprendre que tout n'allait pas pour le mieux.

— Et pourtant, ça pouvait marcher, redit Yvette en servant le café.

Elle posa une assiette de petits gâteaux sur la table basse, fit passer le sucrier et s'assit à côté de Berthe.

— Mais il n'a donc plus aucune réserve financière? demanda celle-ci.

— Tu sais, depuis qu'il vend à droite à gauche... Léon avait du bien, et moi aussi, mais tout a une fin... Tu me diras, il reste encore quelques terres, et le château...

— Tu ne vas quand même pas mettre ça dans la balance? protesta Berthe. Dis, tu as encore de belles années à vivre! Tu ne veux pas les finir à l'hospice, non? Il faut être sérieuse, ma petite! Moi, les affaires, je connais. Quand elles deviennent mauvaises, c'est bien souvent la faute de celui qui les fait, et, dans ce cas, il est toujours trop tard pour rattraper les bêtises!

— Écoute, si Louis a besoin de moi? protesta Yvette.

— Je comprends, dit Berthe, mais fais quand même attention, ne va pas te dessaisir de tout ou signer n'importe quoi! D'ailleurs, crois-moi, ce que tu pourrais faire ne servirait à rien...

– Comment le sais-tu ? Louis t'a parlé ? Il t'a écrit ?

– Bien sûr que non ! dit Berthe en haussant les épaules. Et ça fait même au moins trois mois qu'on n'a pas vu ton fils ! Et il ne m'a pas écrit non plus ! C'est mon nez qui me renseigne. Mais, crois-moi, avant de faire quoi que ce soit, promets-moi de me le dire. Et surtout ne signe rien, rien ! Tu me promets ?

– Non, dit Yvette, et je suis sûre que tu me caches quelque chose.

– Mais non, assura Berthe, je t'assure, c'est mon flair qui me guide. Tu sais, ma petite, si la maison Claire Diamond a des succursales dans toute l'Europe et aux États-Unis, c'est à moi qu'elle le doit, parce que j'ai su à quel moment il fallait faire telle ou telle chose. Alors, avec ce que tu nous as dit depuis des mois sur les affaires de Louis, il ne faut pas être bien douée pour comprendre qu'elles ne vont pas fort. C'est tout. Alors sois prudente.

– J'aiderai Louis tant que je pourrai ! s'entêta Yvette. D'ailleurs, moi, je n'ai plus besoin de grand-chose pour vivre !

– D'accord, tu feras ce que tu voudras, mais au moins je t'aurai prévenue.

– Au fait, tu sais que la petite Jo a donné de vraies nouvelles ? intervint Mathilde qui regrettait maintenant d'avoir ouvert un pénible débat qui gênait sa belle-sœur.

– La petite Jo ? insista Yvette.

– Oui, j'ai vu Mauricette ce matin. Elle avait une lettre au courrier, une longue lettre avec plein de détails. Et, en plus, elle donne enfin son adresse. C'est une bonne nouvelle, non ? Mais vrai, on peut dire qu'elle nous a fait faire des soucis, celle-là !

– Tu crois que ça va si mal que ça pour Louis ? demanda Mathilde le soir même à Berthe.

Elle avait attendu que Pierre-Édouard aille se coucher et avait maintenant hâte de savoir pourquoi sa belle-sœur avait cru bon d'être si franche avec Yvette.

– Oui, je sais que ça va très mal. Louis est à bout de course, avec beaucoup de dettes. J'espérais qu'il avait encore quelques bonnes réserves, mais puisque sa mère assure que non..., expliqua Berthe en allumant une Gauloise. Tu te souviens, mercredi dernier déjà, Yvette était encore plus soucieuse que d'habitude, alors j'ai fait passer quelques coups de fil...

– Tu as fait ça ? intervint Louise.

Elle était toujours surprise par la façon dont sa sœur gérait les problèmes. Elle faisait front, se jetait à fond dans la bataille et forçait l'admiration par sa pugnacité.

– Oui, je l'ai fait, dit Berthe, et j'ai eu raison. J'aime beaucoup Yvette, il me déplairait de la voir ruinée par la faute de son fils.

– Tu peux régler les affaires de Louis, tu en as les moyens ? demanda Mathilde pleine d'espoir.

– Tu plaisantes ? Tu sais bien que j'ai donné la majorité de mon affaire à Gérard et que lui-même est en société, alors ! Non, non, mes rentes ne me permettent pas ce genre de sauvetage, mais ce n'est pas une raison pour laisser Yvette toute seule !

– Tu dis que tu as passé des coups de téléphone. A qui ? demanda Louise qui ne parvenait pas à comprendre comment sa sœur pouvait savoir tant de choses au sujet de Louis sans avoir quitté Saint-Libéral.

– Oh ! Facile. J'ai demandé à Gérard de se mettre dans la peau d'un éventuel acquéreur de quelques lots proposés par Louis. Alors son notaire s'est renseigné. Deux ou trois coups de fil aux banquiers de Louis ont suffi. L'affaire est pourrie, ils vont sûrement le lâcher avant peu. Ils ne l'ont pas dit, bien sûr, mais comme je l'ai expliqué à Yvette, mon nez me le garantit.

– Mais comment peux-tu être si sûre ? insista Mathilde. Toujours optimiste, elle n'était pas loin de penser, et d'espérer, que sa belle-sœur noircissait le tableau.

– C'est très simple. Quand quelqu'un qui devrait se réjouir de voir vendre un terrain te laisse entendre qu'il est urgent d'attendre, c'est qu'il espère réaliser une meilleure affaire un peu plus tard... C'est, en gros, ce qu'ont répondu les banquiers !

– Mais, alors, pour Louis ? insista Mathilde.

– Ça va sûrement mal. Mais ça doit se jouer sur une très grosse somme. Je n'ai pas dit tout ce que je sais à Yvette, je ne veux pas l'affoler, elle serait capable de faire une bêtise. Tu as bien vu, elle est prête à mettre le château en vente ! Alors nous devons veiller à ce qu'elle ne se retrouve pas sur la paille pour rien. Parce que, ça, Léon ne nous le pardonnerait jamais !

Depuis la soirée que Dominique et Béatrice avaient passée chez Guy, juste avant d'embarquer pour Cayenne, Jean se sentait renforcé dans sa position et dans sa vocation.

D'abord, il était encore sous le charme des yeux de la jeune femme; il en rêvait et se sentait tout alangui lorsqu'il y pensait. Et ce n'était pas seulement son regard qui l'avait touché; il trouvait Béatrice époustouflante en tout! Mais, outre la satisfaction d'avoir une telle femme comme presque cousine, il avait surtout noté que les arguments de Dominique avaient touché sa mère. Certes, elle était toujours réservée, pour ne pas dire hostile aux projets de son fils, et ne désespérait sûrement pas de le voir changer d'avis. Malgré cela, elle avait faibli sur quelques points et il était maintenant possible de discuter avec elle sans qu'elle se bute.

Il n'en allait malheureusement pas de même avec son père; avec lui, c'était le barrage. Et autant il était disert et heureux lorsque Jean lui annonçait ses notes et ses succès en classe, autant il se fermait comme une moule dès que son fils parlait de sa future école. En l'occurrence Grignon, si tout allait bien.

— Nous n'en sommes pas encore là, bougonnait-il; tu es trop jeune pour savoir ce que tu feras vraiment. Pour l'instant, travaille et ne va pas te tourner la tête avec je ne sais quels projets, ce ne sont que des rêves.

— Dominique ne rêve pas, lui!

— T'occupe pas de ton cousin! D'ailleurs, je ne suis pas certain que sa situation soit aussi belle qu'il l'annonce, et ses fins de mois aussi élevées! jetait Guy avec une totale mauvaise foi.

— N'empêche, c'est rudement intéressant ce qu'il fait en Guyane!

— Tu parles! Tout ce qu'il va ramener de son séjour là-bas ce sont des amibes et le palu! Et tout ça pour le plaisir de développer des cultures de riz et de canne à sucre qui coûtent les yeux de la tête aux contribuables! Ou d'essayer d'implanter je ne sais quel croisement farfelu de zébu et de charolais dont les produits crèveront à la première épidémie venue, ou se feront bouffer par les caïmans!

— C'est quand même intéressant! lançait Jean. Puis il changeait de sujet car il ne se sentait pas encore assez solide pour tenir longtemps tête à son père. Mais il ne doutait pas qu'un jour viendrait où il aurait les moyens et l'audace de le faire.

Jean n'aimait pas beaucoup la chasse, surtout celle pratiquée par son père et ses amis. Il avait pourtant maintenant l'âge de prendre un permis et aurait pu se faire offrir un fusil par ses parents. Mais il était beaucoup trop indépendant et solitaire pour avoir envie d'arpenter la campagne avec les chasseurs qui accompagnaient son père lorsqu'il venait en Brenne.

Jean exécrait ces hommes-là. Il les trouvait hâbleurs, maladroits, snobs et, surtout, tare impardonnable à ses yeux, d'une nullité crasse dès qu'ils parlaient des oiseaux, du gibier, de la nature. Ils tenaient des propos qui le mettaient hors de lui tant ils étaient le reflet d'une prétentieuse ignorance. Et si Félix souriait, et parfois même riait de bon cœur lorsqu'il lui relatait quelques bourdes énoncées par l'un d'eux, il n'arrivait pas, quant à lui, à s'habituer à leur suffisance. Il n'était pas à l'âge des concessions et de la tolérance.

Et quand, pour faire plaisir à son père et porter le gibier, il suivait les nemrods pendant une matinée, le compte rendu qu'il faisait de l'expédition n'était jamais banal.

— Tu ne te rends pas compte, disait-il à Félix, tiens, le gros, tu sais, l'affreux qui sue toujours! Celui qui a un chapeau tyrolien et un superposé, tu vois bien ? Celui qui se plaint toujours que ça manque de femmes ici! Eh bien, au carrefour des Trois-Chênes, on tombe sur une trace de chevreuil. Magnifique, un beau pied, sûr que c'est un grand brocard! Tu ne sais pas ce qu'il nous sort, l'autre gros con prétentieux, avec le ton d'un prof de philo : « Regardez! C'est un sanglier d'au moins quatre-vingts kilos! » Encore un peu, il nous donnait son âge. Tiens, même M. Charles, oui le banquier, tu sais, l'abruti qui une fois sur deux n'est pas foutu de différencier une poule faisane d'un coq! Celui qui tire les foulques pour se faire la main, eh bien, même lui était gêné d'entendre une telle connerie! Nuls, ils sont! Nuls! Des gens aussi débiles, on devrait les interdire de campagne!

— Laisse-les dire. Le principal c'est que, toi, tu saches, le calmait Félix.

Mais les seize ans qu'il venait d'avoir ne poussaient pas Jean à l'indulgence. Aussi évitait-il autant que possible d'aller avec son père et ses amis.

En revanche, au contact de Félix, outre une très bonne connaissance de la nature, il avait découvert et apprécié l'art de la pêche. Et, en ce dernier dimanche de mars, alors que Guy et ses compagnons traquaient les ramiers dans les garennes, Félix et lui pêchaient au vif dans le petit étang du Souchet.

C'était une gentille pièce qui étalait ses trois hectares d'eau et de joncs à quelques centaines de mètres de la maison de Félix. C'était là qu'une terrible nuit d'octobre, trente-huit ans plus tôt, Pierre-Édouard avait rejoint Félix. Mais Jean ignorait presque tout de cette histoire, et c'était bien ainsi.

– Si tu veux mon avis, on ne fera rien ce matin, dit Félix après une petite demi-heure de patience.

Il n'était venu là que pour faire plaisir à son petit-cousin car son expérience lui assurait que la pêche serait piètre, voire nulle. Un léger vent du nord s'était levé qui faisait friser l'eau. Quant au soleil, il n'était pas franc, jouant sans cesse à cache-cache avec de gros cumulo-nimbus noirâtres qui se gonflaient avant l'averse. L'étang était gris comme un ciel d'hiver et même les poules d'eau, les foulques et les grèbes, tapis dans les phragmites et les rubaniers, paraissaient engourdis, somnolents, rétifs à toute activité.

– Rien à faire, murmura Félix en relançant néanmoins son leurre en direction d'une grosse souche de saule qui pourrissait en bordure.

– Je sais ce que tu vas me dire, lâcha Jean, par vent du nord rien ne mord, le poisson dort ! Mais ça reste à démontrer ! Et puis pourquoi ne pas le réveiller ? Tiens, cette andouille est crevée ! constata-t-il en observant le carpillon qu'il avait empalé à son bas de ligne. Il remoulina, débarrassa l'hameçon de son appât qu'il jeta dans les joncs.

– Alors, on arrête ? demanda-t-il.

– Allez va, tente un dernier coup, concéda Félix en lui tendant un nouveau vif. Fais attention ! prévint-il.

Recommandation superflue : Jean savait depuis longtemps à quel point les dorsales des perches arc-en-ciel étaient mauvaises. Il monta adroitement la sacrifiée au bout de sa canne à lancer et reprit sa pêche.

– Tu sais ce que j'ai décidé ? dit-il après quelques minutes de silence.

– Non.

– Je vais passer toutes mes grandes vacances à Saint-Libéral, pour aider oncle Jacques. Il paraît que son dos ne s'arrange pas.

– Ton père est d'accord?

– Il n'est pas encore au courant!

– Ah bon..., dit Félix.

Il connaissait la position de Guy et ne se sentait pas le droit de mettre la moindre goutte d'huile sur un feu qu'il savait près de s'embraser.

– Qu'est-ce que ça veut dire : « Ah bon »? insista Jean avec un brin d'agressivité.

– Rien.

– Tu trouves que ce n'est pas une bonne idée?

– Je n'ai rien dit de semblable!

– Mais tu n'en penses pas moins!

– T'énerve pas comme ça! Je n'ai pas dit que tu avais tort! Mais au fait, Jacques est prévenu?

– Non, pas encore. Mais je ne vois pas où est le problème, décida Jean en relançant son vif vers le milieu de l'étang. De toute façon, papa ne pourra rien dire, décida-t-il avec assurance.

– Tiens donc, et pourquoi?

– Parce que je vais encore finir premier de la classe et ça, pour lui, c'est imparable! Que veux-tu qu'il me dise? T'as pas assez bien travaillé, tu es donc privé de vacances? Impossible! Alors, j'irai à Saint-Libéral. J'ai déjà calculé, j'arriverai pour la fin des foins, juste avant d'attaquer les moissons!

– Tu ferais peut-être quand même bien d'en toucher un mot à ceux que ça concerne, non?

– Oui, j'y penserai! De toute façon, là-bas, j'ai un allié sûr. Tu sais ce que Dominique m'a dit quand il est passé à la maison?

– Mais oui, tu me l'as déjà raconté. Il t'a dit que ton grand-père était de ton côté!

– Parfaitement! Et c'est vachement important pour moi! lança Jean un peu vexé, car il avait cru déceler un brin d'ironie dans la voix de son cousin : Oui, c'est important, s'entêta-t-il, parce que tu as beau rigoler comme un âne – si tu rigoles, je le vois, non? Mais je m'en fous que tu rigoles, ça n'empêche pas que grand-père, c'est quelqu'un! Il sait de quoi il parle, lui! acheva-t-il rageusement.

– D'abord, je ne rigole pas. Ensuite je t'approuve entiè-

rement quand tu dis que ton grand-père c'est quelqu'un.
C'est plus que ça encore, c'est un grand bonhomme. Tu
le découvriras mieux, un jour. Mais d'ici là, crois-moi, au
lieu d'essayer de mettre ton père au pied du mur, essaie
plutôt de le convaincre qu'il est très sain pour un petit
Parisien de passer ses vacances à travailler au grand air!

— Oui, peut-être. Mais pour lui, travailler la terre, c'est
la déchéance. On ne dirait pas qu'il y est né!

— Ne dis donc pas de bêtises, sacrée tête de mule de
Vialhe! C'est justement parce qu'il y est né, qu'il y a vécu
et qu'il y a trimé qu'il sait de quoi il parle! N'oublie
jamais que, de son temps, même si on était bon élève, et il
l'était, les vacances se passaient aux champs. Et si tes
grands-parents n'étaient pas pauvres, ils étaient quand
même loin de la richesse et ils devaient travailler dur! Tu
n'as pas idée de ce qu'ils travaillaient! C'est en souvenir
de ça que ton père se fait tirer l'oreille quand tu lui parles
d'agronomie. Lui, il a réussi à quitter la terre et à se faire
une très belle situation, et ce ne fut pas simple, crois-moi.
Mais pour lui, c'est vrai, la terre c'est du passé. Alors, ça
le dépite de voir qu'un de ses fils n'a rien de plus pressé
que d'y revenir!

9

Dominique glissa la main sous la moustiquaire et attrapa la serviette de bain suspendue au dossier de la chaise. Elle était aussi humide qu'une serpillière, mais il se la passa néanmoins sur la poitrine pour éponger la sueur qui y ruisselait.

Couché depuis une demi-heure, il ressentait déjà le besoin de se relever pour aller prendre une autre douche afin de se rafraîchir un peu et surtout se débarrasser de la moiteur gluante qui lui couvrait le corps. Il regarda Béatrice qui reposait à ses côtés et l'envia de pouvoir dormir aussi paisiblement.

Nue, étalée sur le ventre, bras en couronne autour de la tête, elle paraissait insensible à la touffeur qui régnait dans la pièce. Pourtant, la transpiration perlait sur tout son corps, et il fut presque tenté de l'essuyer. Mais il eut peur de l'éveiller et se contenta d'effleurer du bout des doigts les petites fossettes qui creusaient ses reins.

Il ne se passait pas de jour sans qu'il ne se demandât comment il aurait pu vivre à Bellevue sans elle, car après six mois passés en Guyane il se surprenait parfois à compter les mois qui le séparaient de son retour en métropole. Et lui qui avait presque ressenti comme une vexation le contrat qui l'expédiait outre-mer pour un an – il était prêt à signer pour le double! – se réjouissait maintenant de la prudence de ses employeurs.

Ce n'était pas que son travail fût inintéressant, loin de là. Les responsabilités qu'il assumait le passionnaient et ne manquaient pas de diversité. Les quelques stations d'essais implantées par Mondiagri étaient réparties sur plusieurs points du territoire, dans les quelques contrées côtières où il était possible de s'essayer au défrichage sans se heurter aux marécages ou à une jungle impénétrable.

Son principal lieu de résidence était la ferme expérimentale de Dégrad Bellevue. Située au pied de la montagne de Kaw, à quelque cinquante kilomètres au sud-est de Cayenne, elle n'usurpait pas son nom, car les paysages environnants étaient magnifiques.

Là, outre de nouvelles variétés de canne à sucre, de maïs et d'ananas, étaient mesurées la résistance et la productivité d'un troupeau de bovins composé pour partie d'un croisement zébu-charolais. En bon Corrézien, Dominique était persuadé que la race limousine pouvait très bien s'adapter au pays et s'efforçait d'en convaincre ses employeurs.

Aussi ce n'étaient pas ses activités qui lui pesaient. En revanche, il avait beaucoup de mal à s'adapter au climat. D'abord, il goûtait fort peu l'humour du géographe qui avait décidé un jour qu'il y avait deux saisons des pluies : la petite qui allait de décembre à mars et la grande d'avril à juillet! Pour lui, grande ou petite, c'était toujours de l'eau qui chutait à verse! Et comme il n'avait pas encore eu le temps de connaître ce qu'était la prétendue saison sèche, il se préparait à la voir aussi ruisselante que les précédentes!

Après deux ans passés au Sahara où la moindre goutte d'eau avait une valeur folle et était reçue avec bonheur et respect, l'humidité permanente, gluante et chaude qu'il subissait nuit et jour le fatiguait, l'usait.

A cela s'ajoutaient toutes les bestioles rampantes, volantes, urticantes ou venimeuses qui grouillaient partout. Les babalous répugnants qui pullulaient dans les marais, les araignées obèses, les moustiques et les mouches partout présentes, sans oublier les sangsues, lézards, reptiles, sauriens et autres bêtes sournoises dont il était prudent de se méfier. Aussi ne cachait-il pas à son entourage qu'il ne ferait pas un jour de plus en Guyane à l'expiration de son contrat. Par chance, il avait Béatrice.

Elle supportait le climat beaucoup mieux que lui et savait à merveille lui faire oublier les inconvénients du pays. Il était difficile de ne pas partager son enthousiasme lorsqu'elle s'extasiait devant la beauté d'un site, la luxuriance des cattleyas ou des epidendrums, la chatoyance d'un toucan ou d'un ara. Pour le plaisir, et bien qu'il soit appelé à beaucoup se déplacer en semaine, c'est elle qui l'incitait à des week-ends d'escapade dans le pays. Comme ils avaient vite compris que, mis à part l'étrangeté de la place des Palmistes, Cayenne n'avait aucun intérêt et suait la tristesse, et que les autres agglomérations étaient pires encore, ils se plongeaient dans la jungle; du moins là où le permettaient les pistes et les cours d'eau.

Parce que Béatrice s'ingéniait aussi à rendre leur bungalow le plus agréable possible, qu'elle savait lui changer les idées lorsque la mauvaise humeur le gagnait – il avait du mal à se faire à la nonchalance rigolarde des salariés agricoles –, l'objectivité le poussait à reconnaître qu'il était le plus heureux des hommes; n'eût été ce fichu climat!

Il s'épongea de nouveau la poitrine et sourit en regardant la jeune femme. Elle venait de se retourner et était en train de se pelotonner contre lui, sans interrompre son sommeil.

C'est avec regret qu'il s'écarta. Il faisait vraiment trop chaud et moite pour passer la nuit l'un et l'autre enlacés.

Si elle avait eu la certitude de retrouver un autre emploi, Josyane aurait aussitôt abandonné l'agence où elle travaillait maintenant depuis six mois. Mais elle ne voulait lâcher la proie pour l'ombre et se sentait encore débitrice envers son employeuse. Celle-ci lui avait offert du travail alors qu'elle était à bout de ressources, elle lui en était reconnaissante.

Comme elle l'avait annoncé, la directrice de l'agence de voyages n'avait pas baissé les bras devant la Chinoise qui avait tourné la tête à son mari et l'avait congédiée quelques semaines après son coup de force. Elle avait ensuite tenu promesse et engagé Josyane comme guide interprète.

Les premières excursions l'avaient enthousiasmée. Il est vrai qu'elle n'était pas du genre blasé et qu'elle savait encore rester bouche bée devant la splendeur d'un paysage. Or, de tous les atolls et îles que voulaient visiter les clients, il était difficile de dire quelle était la plus paradisiaque, la plus belle! Difficile de choisir entre les immenses plages de sable blanc de Bora, l'eau tiède et tellement claire du lagon de Rangiroa ou les sites époustouflants des baies de Cook et d'Opunohu à Moorea. Difficile de dire où il faisait le meilleur vivre, pour quelques jours. Pour quelques jours seulement. Car elle ressentait maintenant une lassitude due aux retours obligatoires et répétés en des lieux qui finissaient par devenir agaçants de perfection. Enfin, et surtout, elle était de plus en plus allergique aux touristes dont elle avait la charge.

Les Américains surtout la hérissaient, la rendaient presque xénophobe! Elle avait découvert dans la majorité d'entre eux une variété de bipèdes haïssable. L'espèce de ceux qui ayant payé, et fort cher, se croient autorisés à tout exiger, à tout faire, à tout dire, à tout réclamer, à temps et à contretemps.

Forts des liasses de dollars qu'ils avaient déboursées, certains étaient même sincèrement persuadés qu'elle faisait partie du forfait et qu'il était donc légitime de lui caresser les fesses! Quant aux matrones qui servaient d'épouses à ces goujats, elle les trouvait monstrueuses, grosses comme des truies et beaucoup plus bêtes. C'étaient elles qui en pleine nuit, à Bora ou à Tetiaroa, se mettaient à mugir parce qu'elles venaient d'apercevoir un inoffensif margouillat dans la charpente de leur faré. Elles encore qui refusaient de toucher aux succulents poissons grillés et au lait de coco lors de quelques excursions dans les motus enchanteurs et qui réclamaient à grands cris des hamburgers et du Coca!

Par-dessus le marché, tous ces gens-là étaient d'une ladrerie affichée. Et comme elle devait se faire leur interprète quand ils voulaient acheter quelques souvenirs, elle ne leur pardonnait pas la honte qu'elle ressentait quand ils lui demandaient de marchander un bloc de corail, un paréo ou des bimbeloteries en coquillages.

Pingres jusqu'au dernier jour, ils avaient encore des oursins plein les poches lorsque venait l'heure des adieux. Ils se pliaient sans aucun effort à la coutume tahitienne qui tient tout pourboire pour vexant et feignaient de découvrir en Josyane une native de l'île.

Mais il est vrai que sa satisfaction de les voir partir était telle qu'elle compensait l'absence de gratifications et lui rendait sa bonne humeur. Jusqu'à la prochaine fournée qui la voyait au pied de l'avion avec sa petite pancarte : Agence Orohena-Tour, auprès de laquelle s'agglutinait son lot de clients pendant que dans l'aéroport résonnaient les chants d'accueil de quelques Polynésiens fleuris et ondulants payés par l'office touristique tahitien.

Aussi, après six mois, rêvait-elle d'un travail moins fastidieux. Mais elle ne voulait prendre le risque de se retrouver sans emploi. Elle veillait surtout à ne pas entamer son pécule, celui qui lui permettrait un jour d'aller acheter un aller simple pour Paris! Elle espérait maintenant que ce serait le plus tôt possible.

Plus le temps passait, plus elle prenait conscience de son isolement et de cette sorte de prison que lui était devenu Tahiti dès l'instant où ses moyens financiers ne lui permettaient pas de s'en échapper. Une prison luxuriante, certes, pleine de fleurs, d'oiseaux et de soleil; vide de geôliers, mais quand même pesante car sournoisement émolliente. Un exil où il était tentant de se laisser couler dans la nonchalance ambiante. Elle était redoutable et elle s'en méfiait comme d'une drogue.

Aussi, quand la solitude et l'éloignement lui pesaient trop, se faisait-elle violence pour ne pas sombrer dans cette sorte d'hibernation où s'abritaient les îliens lorsqu'ils devenaient « fiu ». Elle redoutait de s'engourdir dans cette léthargie béate et reposante où se diluaient toute volonté, tout désir d'action, toute velléité d'évasion, même! Or, elle voulait partir. C'était son but et elle aurait déjà quitté l'île depuis longtemps si elle en avait eu la possibilité.

Mais comme elle ne voulait pas lancer un appel à l'aide à ses parents – elle s'en serait sentie déshonorée –, qu'elle hésitait encore à vendre le Leica donné par Gilles et son Nikon personnel, car elle voyait en eux l'ultime réserve à garder coûte que coûte, force lui était d'économiser mois par mois le prix de son billet de retour.

Ainsi, depuis qu'elle avait décidé de mettre un terme à ses pérégrinations et de rentrer au bercail, le désir qu'elle avait de revoir la France se faisait de plus en plus violent. Et souvent, certains soirs, c'était avec nostalgie et vague à l'âme qu'elle se prenait à penser à Saint-Libéral. A se remémorer son enfance là-bas, les escapades sur les puys en compagnie de ses sœurs, le goût des reines-claudes de juillet, des châtaignes rôties au feu de cheminée. A évoquer l'image de ses parents, le giron accueillant de sa grand-mère Mathilde, les genoux confortables de son grand-père et ses joues toujours un peu râpeuses qu'elle s'amusait à faire crisser sous les doigts.

Et, un soir, alors que le soleil plongeait derrière Moorea en auréolant de feu le mont Tohiea, pendant que le groupe de Texans dont elle avait la charge s'arsouillaient consciencieusement au Bourbon-Coca et s'essayaient au tamouré, elle avait ressenti le besoin d'écrire à sa famille ; une vraie lettre, qui ne quémandait rien mais appelait beaucoup. Aussi était-ce sans hésiter qu'elle avait donné son adresse. C'était la première fois depuis son départ. Et, dès la lettre postée, contre toute logique car elle connaissait la lenteur du courrier, s'était-elle mise à attendre la réponse.

Quand Dominique leur avait présenté Béatrice, à Michèle et à lui, Jacques avait espéré que serait au moins évoquée la date du mariage. Il n'en avait rien été. Aussi était-il toujours un peu gêné lorsque sa mère lui demandait des nouvelles du couple. Il savait qu'elle ne badinait pas avec la morale et jugeait sévèrement une situation qui, pour elle, n'était pas correcte. Ce n'était pas qu'elle critiquât ouvertement l'attitude de Dominique, mais il devinait qu'elle en souffrait, comme elle souffrait du comportement des filles de Mauricette.

Il n'ignorait pas non plus que son père appréciait peu que le petit-fils aîné des Vialhe vive en concubinage. Cela ne se faisait pas, même si c'était de l'autre côté de l'océan.

– Je sais bien que je suis vieux jeu, avait-il dit à Jacques. Tu comprends, moi je suis d'un temps où une fille qui montrait ses mollets passait pour une coureuse ! Alors, il suffit de voir toutes ces gamines à la télé, ou même ici, qui montrent leurs fesses à tout le monde avec leurs minijupes, comme vous dites, pour comprendre que je suis dépassé. Ça c'est sûr. Alors d'accord, on ne vit plus comme avant. Mais le petit devrait éviter de faire de la peine à sa grand-mère. Ça la chagrine, tout ça. Alors, moi je n'aime pas ça !

– Je sais. Mais que veux-tu que j'y fasse ? Dominique a vingt-huit ans !

– Ben, oui. Mais tu vois, de mon temps, même à cet âge on n'aurait pas osé s'afficher comme ça. Je veux dire au milieu des gens connus, dans le village, par exemple ! En ville, je dis pas...

– Dominique est à plusieurs milliers de kilomètres d'ici ! Là où il est, les gens s'en moquent ! D'ailleurs ils ignorent sûrement qu'il n'est pas marié !

– Ta mère le sait, ça me suffit !

Quant à Michèle, Jacques savait qu'elle se sentait un peu en porte à faux par rapport à ses amies et voisines du bourg. Car toutes avaient pu voir Dominique et Béatrice déambuler en amoureux lors de leur passage à Saint-Libéral. Et parce que Michèle avait tout de suite annoncé qu'ils étaient fiancés, il se trouvait maintenant certaines bonnes âmes pour s'étonner hypocritement que la date des noces ne soit même pas fixée!

Ces ragoteuses étaient souvent celles dont les filles avaient commencé à voir les feuilles à l'envers l'année du certificat d'études, et parfois même avant pour les plus précoces... Les mêmes dont les fils piaffaient comme des boucs dès qu'ils apercevaient le moindre jupon! Mais c'était quand même gênant d'être à deux doigts de recevoir des leçons d'elles, gênant d'en être réduit à se défendre!

Aussi Jacques fut-il très heureux en lisant les premières lignes de la lettre expédiée par Dominique. Il avait compris qu'elle était d'importance avant même d'en prendre connaissance, car Michèle la lui avait portée alors qu'il semait du maïs fourrage dans la pièce des Malides.

D'abord elle annonçait que Dominique et Béatrice rentreraient en France début décembre et, ça, c'était déjà très bien. Ensuite, et c'était mieux, qu'ils avaient choisi le samedi 20 décembre comme date de mariage.

— Formidable! murmura-t-il, j'en connais deux qui vont être fous de joie! Oui, ajouta-t-il en voyant que Michèle comprenait mal, mes parents se sont mariés un 21 décembre! C'était en 18! Ça fera... cinquante-sept ans! Quelle fête on va faire!

— Sans doute moins que tu l'espères, lis la suite.

— Qu'est-ce que tu racontes? dit-il en reprenant sa lecture : Ah! merde! grogna-t-il enfin, peuvent vraiment pas faire les choses comme tout le monde, ces deux-là!

— Moi, je trouve ça plutôt honnête de la part de la petite, dit Michèle.

— Oui, tu as raison. Si elle ne croit ni à Dieu ni à Diable, elle est logique avec elle-même. Mais moi, je pense aux parents. Tu sais bien que pour eux un mariage civil ça n'existe pas, ça n'a aucune valeur.

— Ils ne sont pas les seuls, finis de lire...

— Quoi donc encore? s'inquiéta-t-il. Allons bon! Si je comprends bien, la petite Béatrice veut juste un mariage civil, car elle ne croit pas au religieux, et sa mère, qui est bigote, ne veut pas entendre parler du civil s'il n'est pas suivi de la cérémonie à l'église! Ça promet une chaude ambiance!

– Tu n'as pas fini de lire. Ça promet rien du tout! Ils vont se marier à Paris, civilement mais discrètement.

– Je vois, dit-il en repliant la lettre. Mais ça ne fait rien, c'est quand même une bonne nouvelle! Et je vais aller l'annoncer à la maison. Après tout, si les enfants font ça à Paris, les parents n'y monteront sûrement pas. Alors pourquoi tout leur dire, hein? Allez, j'y fais un saut avant le déjeuner. Ça va leur faire un tel plaisir que je ne veux pas attendre. De toute façon, nous, nous y serons à Paris.

Ravi et touché lorsque Dominique lui avait donné son Ami 6, Jacques avait tout aussitôt négocié sa vieille Aronde. Malgré le piteux état du véhicule, il en avait tiré un prix inespéré. Mais il avait vite compris que le cadeau de son fils n'était pas sans inconvénients. En effet, pour confortable et agréable que soit la petite voiture, elle était tout à fait inapte à tracter la grosse bétaillère, chargée d'un ou deux veaux ou de quatre porcs, que la vieille et poussive Simca acheminait, cahin-caha et en fumant beaucoup, jusqu'en foire de Brive ou d'Objat. Depuis, Jacques était donc obligé de faire appel à Brousse et à sa bétaillère pour aller vendre ses veaux et ses porcs. C'était gênant car il n'aimait pas abuser de la gentillesse des voisins.

Cela étant, mis à part cet ennui, il était tout à fait enchanté de sa nouvelle voiture et s'installait au volant avec un réel plaisir. Et parce que la lettre de Dominique l'avait mis d'excellente humeur, c'est en sifflotant qu'il parcourut les trois kilomètres qui séparaient Coste-Roche de Saint-Libéral. C'est toujours en sifflotant qu'il s'arrêta devant la maison Vialhe.

Sa gaieté tomba dès qu'il reconnut la grosse et boueuse Peugeot du docteur Martel; lorsque besoin était, celui-ci n'hésitait jamais à s'engager dans les pires chemins de campagne pour aller voir quelque patient; il estimait donc superflu de nettoyer sa voiture.

Inquiet, prêt à tout entendre, car il ne pouvait oublier que la moins âgée des personnes qui vivaient là avait quand même soixante-quinze ans, il poussa la porte et entra. En voyant ses tantes Berthe et Louise dans la salle d'entrée, il pensa aussitôt que son père avait des problèmes avec son cœur. Cela l'étonna un peu, car il l'avait vu au mieux de sa forme la veille au soir. Mais il avait quatre-vingt-six ans et tout était possible...

– Que se passe-t-il? Qui est malade? demanda-t-il.

– Ta mère, dit Berthe à voix basse.

– Quoi! Maman! protesta-t-il. Il lui semblait impensable, voire scandaleux, qu'elle puisse être malade! Elle ne l'avait jamais été de sa vie et n'avait que soixante-quinze ans! Qu'est-ce qu'elle a?

– Elle a eu un malaise tout à l'heure, elle ne tenait plus debout. Mais rassure-toi, ce n'est sans doute rien, dit Berthe.

– Où est papa?

– Avec elle, il ne veut pas la quitter. Même le docteur n'a pas réussi à l'empêcher d'entrer avec lui dans la chambre.

– Eh bien, on est frais! dit-il. Mais pourquoi ne m'avez-vous pas téléphoné tout de suite?

– Nous l'avons fait, plusieurs fois même, mais ça n'a pas répondu, dit Berthe.

– Ah, c'est vrai, Michèle m'avait rejoint aux Malides. Il faillit dire pourquoi, mais décida de garder la primeur de la nouvelle pour ses parents.

– Le docteur est là depuis longtemps? insista-t-il.

– Pas loin d'une demi-heure, dit Berthe. On a eu de la chance, il était à côté de Perpezac. Et comme il a son téléphone dans la voiture... On dira ce qu'on voudra, c'est quand même bien pratique!

– Oui, oui, dit-il distraitement.

– Tu ne veux pas prévenir Michèle? demanda Berthe.

– Je veux d'abord savoir. Il entendit la porte de la chambre qui grinçait, se retourna et vit son père. Il eut pitié tant il semblait soucieux, perdu : Alors? demanda-t-il.

– Le médecin t'expliquera, paraît que c'est pas grave. Mais comme ces gens-là c'est rien que des menteurs! dit Pierre-Édouard en s'asseyant.

Jacques remarqua qu'il reboutonnait maladroitement sa chemise.

– Il t'a ausculté toi aussi? Tu es malade?

– Non, mais ça faisait plaisir à ta mère, alors..., soupira

129

Pierre-Édouard en essayant d'attacher ses boutons d'une main qui tremblait trop, beaucoup trop.

– Tu veux que je t'aide ? proposa Louise qui elle aussi s'inquiétait de l'état du vieillard.

– Ça ira, assura-t-il. Et toi, au lieu de t'occuper de moi, va voir ta mère, ça lui fera plaisir, dit-il à son fils.

– Bien sûr, approuva Jacques en se dirigeant vers la chambre. Il s'écarta pour laisser sortir le docteur Martel, le salua : Ne partez pas sans me voir ! demanda-t-il, et il entra dans la pièce.

Il eut un choc en voyant sa mère couchée. Il souhaita surtout que son émotion reste discrète, que son visage ne le trahisse point, car il réalisa en une fraction de seconde que la dernière fois qu'il avait vu sa mère au lit, c'était pour la naissance de Guy, en 1932 ! Il avait alors douze ans et avait été très impressionné.

Depuis, jamais il n'avait revu sa mère autrement que debout, solide, car elle avait toujours estimé que les coups de fatigue ou de grippe qu'elle avait eus ne méritaient que mépris. Aussi, dans sa mémoire, était restée gravée l'image d'une femme encore jeune, un peu lasse mais épanouie, heureuse, à la poitrine lourde de lait et qui souriait en l'invitant, ainsi que Paul, à venir admirer leur petit frère. A découvrir cette poupée rougeâtre, couinante et fripée qui reposait à ses côtés ; tandis que Mauricette, inquiète de se sentir délaissée, s'accrochait à elle.

Et maintenant, après quarante-trois ans, au souvenir de la jeune femme, sereine et belle, se substituait la pitoyable image d'une petite vieille, toute menue, au corps sec, aux mains diaphanes et déformées, tavelées de taches brunes, au visage creusé par les rides et la fatigue, mais qui souriait toujours.

– Tu es déjà là ? murmura-t-elle, c'est gentil de venir aussi vite.

– Ça va mieux ? demanda-t-il en l'embrassant.

– Mais oui, ce n'est rien. J'ai un peu trop de tension, ce n'est pas une affaire. Demain je serai debout.

– Sûrement pas ! Tu dois te reposer ! dit-il.

– Ne t'inquiète pas pour moi, occupe-toi plutôt de ton père. Tu as vu, il est tout perdu...

– D'accord, d'accord, dit-il, ne t'en fais pas. Et pour l'instant, pense d'abord à te soigner. Tu veux que Michèle vienne s'occuper de toi ?

– Mais non ! Berthe et Louise font très bien ce qu'il

faut, je ne veux causer de dérangement à personne. A propos, tu as des nouvelles des enfants?

— Oui. Françoise a téléphoné hier soir, ça va bien. Elle sera là en juillet. Quant à Dominique et Béatrice... Ah, j'aurais voulu que papa soit là! Enfin, je le lui dirai tout à l'heure, eh bien...

— Ils vont se marier? coupa-t-elle pleine d'espoir.

— Oui, sourit-il. Il nota que le regard de sa mère s'embuait, feignit de ne rien voir, par pudeur et discrétion, et ajouta : Oui, ils vont se marier, presque le même jour que papa et toi, le samedi 20 décembre.

— Ah! C'est bien, c'est très très bien, murmura-t-elle en fermant les yeux. Ils feront la cérémonie chez les parents de la petite, bien sûr, ajouta-t-elle. C'est normal, hein? Ça se fait. Oh, on n'ira sans doute pas, nous. Je veux dire ton père et moi. C'est trop loin pour lui, ça le fatiguerait trop, je crois... Mais ça lui ferait aussi telle-ment plaisir... Enfin, on verra. Et puis ça ne fait rien, c'est avant tout un grand bonheur. Va vite l'annoncer à ton père. Allez va, d'ailleurs il faut que je me repose. Va lui annoncer cette bonne nouvelle!

— Je repasserai ce soir, promit-il en l'embrassant. Soigne-toi bien et surtout repose-toi.

— Alors, qu'a-t-elle exactement? demanda Jacques en raccompagnant le docteur Martel jusqu'à sa voiture.

— Exactement, je n'en sais rien. Il faudra faire quel-ques analyses. A première vue, c'est tout au plus une mauvaise poussée de tension. En bonne logique, tout devrait vite redevenir normal. Mais il faut surtout l'obli-ger à se reposer.

— Facile à dire! fit Jacques en haussant les épaules. Elle s'entête à faire son potager, à gaver ses canards et ses oies, à soigner je ne sais combien de lapins, de poules et poulets, et même à engraisser deux cochons! Je vous demande un peu! Moi, là-haut, à Coste-Roche, j'en élève plus de quatre-vingts par an! Mais il paraît qu'ils ne valent rien! A cause de la farine que je leur donne, rien que de la chimie, comme dit ma mère! Et comme mon père ne fait rien pour la dissuader!

— Justement, il faut qu'il fasse attention lui aussi, encore plus qu'elle. J'ai profité de ma visite pour l'aus-culter...

131

– J'ai vu, et alors?

– Alors, il ne faut surtout pas qu'il oublie de suivre son traitement! Il a le cœur très fatigué et ça ne va pas en s'arrangeant! Et, en plus, vous avez vu dans quel état l'a mis la petite alerte que vient de nous faire votre mère?

– Oui.

– Bon. Alors pour votre père, même rengaine. Pas d'émotions, pas d'efforts, et surtout qu'il prenne ses médicaments. Et pour votre mère, je repasserai demain. Mais vous, à propos, votre dos?

– N'en parlons pas, coupa Jacques, il y a assez d'emmerdements comme ça pour aujourd'hui!

– A votre aise, sourit le docteur Martel en entrant dans sa voiture, mais tant que j'étais là, j'aurais pu faire une troisième consultation! Allez, à demain. Et surtout surveillez votre père, c'est lui qui m'inquiète le plus.

Pierre-Édouard sortit sur le pas de la porte dès qu'il entendit démarrer la voiture du docteur.

– Bon, qu'est-ce qu'il t'a dit? demanda-t-il à Jacques, moi je ne crois pas un mot de ce qu'il m'a raconté!

– Eh bien, pour une fois, tu as tort.

– Tu te mets à me mentir, toi aussi, reprocha Pierre-Édouard en bourrant sa pipe.

Jacques remarqua que ses mains tremblaient moins et en fut heureux.

– Va pas fumer sous le nez de maman, tu sais ce qu'elle en pense, dit-il.

– T'occupe! Dis-moi plutôt ce que t'a raconté ce foutu charlatan au sujet de ta mère. Je suis sûr qu'il me cache quelque chose.

– Mais non, je te jure. Maman a trop de tension. Bon, ça se soigne. Il faudra faire faire quelques analyses pour être tout à fait tranquille, mais ce n'est rien!

– Des analyses? s'inquiéta Pierre-Édouard.

– Ben oui, quoi! Comme pour toi quand tu as eu ton problème cardiaque. C'est pas une affaire, non?

– Ah bon, dit Pierre-Édouard. Il alluma sa pipe, tassa le tabac avec son pouce: Ah bon, il ne va pas me la mettre à l'hôpital, alors?

– Mais bien sûr que non! Qui t'a mis cette idée en tête?

– Bon, très bien, dit Pierre-Édouard. Tu comprends,

on a fait le coup à ce pauvre Léon et il en est mort. Et moi ça m'a pas mis en bon état. Alors si jamais ta mère devait partir, sûr que je tiendrais pas, cette fois...

— N'y pense plus. Et viens plutôt m'offrir l'apéritif, j'ai malgré tout une très bonne nouvelle pour toi...

— Vrai? Une nouvelle qui plaira aussi à ta mère?

— Elle la connaît déjà. Je viens de la lui annoncer et je sais que de l'avoir entendue l'a presque remise sur pied.

— Ah! Je parie que je sais! murmura Pierre-Édouard en tétant sa pipe. Tu veux que je te dise, ajouta-t-il en souriant, il n'y a vraiment que deux grandes nouvelles qu'elle attend. D'abord que la petite Jo se décide à revenir de son bout du monde, de son île là-bas! Et ensuite que ton fils cesse de vivre à la colle! Oui monsieur, parfaitement, à la colle, comme un goujat!

— Va pas t'exciter, ça ne te vaut rien!

— Je ne m'excite pas! Ta bonne nouvelle, je la connais. Je sais par Berthe que la petite Jo n'est pas encore sur le chemin du retour. Elle écrit maintenant, c'est déjà bien. Alors, puisqu'il ne s'agit pas d'elle, c'est que mon petit-fils a enfin décidé de se conduire comme un Vialhe. Allez va, dis-le! Les noces, on les fête quand?

10

Assis côte à côte, à l'ombre d'un prunier chargé de
fruits qui embaumaient et affolaient les guêpes, Pierre-
Édouard et Mathilde regardaient la grosse moissonneuse-
batteuse bleue qui ronflait et grondait en avalant l'orge de
la Pièce Longue.

Comme espéré, la récolte était magnifique, épaisse,
dense. Le grain, nourri par l'humus et l'azote de la vieille
luzernière, était lourd, abondant. Il coulait dru et ferme
dans la remorque qui suivait la Braud de l'entrepreneur.

Et le bonheur de Pierre-Édouard, déjà grand à cause de
la belle moisson, était accru lorsque ses yeux se posaient
sur le conducteur du tracteur. Sur le jeune homme,
sérieux comme un artificier, qui guidait son tracteur dans
une parfaite parallèle avec la moissonneuse.

Car Jean Vialhe était là depuis huit jours. Il ne plaignait ni sa peine ni son temps, fier d'être vraiment utile et
efficace. Heureux aussi de prouver à son oncle Jacques, à
ses grands-parents et à tous les gens de Saint-Libéral qu'il
savait et pouvait travailler comme un vrai terrien.
Comme quelqu'un que ni la ville ni les études n'avaient
réussi à couper de ses racines et qui retrouvait d'instinct
les attitudes et les gestes précis, propres à chaque tâche
donnée. Car outre la conduite du vieux Massey-Ferguson
dans laquelle il excellait, il n'était qu'à le voir empoigner
une fourche et manier les gerbes pour comprendre que
bouillonnait en lui toute une lignée de paysans.

Pierre-Édouard en souriait de joie. Et son enchante-
ment était vraiment complet. Car juste derrière la mois-
sonneuse-batteuse, là où chutaient les bottes de paille
plus ou moins biens liées par la petite presse, marchait

Françoise. En short, chemise flottante et ouverte sur un petit soutien-gorge bleu fermement rempli, déjà bronzée comme un brugnon, elle était superbe. Elle plongeait les bottes en tas de dix à douze et semblait prendre un malin plaisir à aller plus vite que sa mère et surtout que son père, toujours freiné par son dos.

– Tu sais, ils sont rudement bien, ces petits, dit Pierre-Édouard. Tu as vu comme la petite est belle ? Elle te ressemble, dans le temps...

– Peut-être, mais moi je n'aurais jamais osé me promener dans cette tenue ! assura Mathilde.

– Dans les champs sûrement pas, mais à la maison fallait voir..., s'amusa-t-il.

Elle haussa les épaules, mais lui sourit avec complicité et posa la tête contre son épaule.

– Tu ne veux pas rentrer ? proposa-t-elle, tu n'es pas fatigué ?

– Non, et toi ?

– Ça va, ça va très bien maintenant.

C'était vrai. Après avoir traîné sa fatigue pendant plusieurs semaines, Mathilde avait peu à peu repris le dessus. Sa tension était redevenue normale et son moral excellent car toutes les analyses étaient rassurantes. Mais c'était la première fois, en ce jour de moissons, qu'elle entreprenait une aussi longue promenade.

– Tu es sûre que ça ira ? insista-t-il. Si tu veux je dis à Jacques de te ramener ; sa voiture est là-bas.

– Mais non, nous reviendrons tranquillement à pied, on a le temps.

Il approuva distraitement à nouveau attiré par ses petits-enfants et répéta :

– Oui, ils sont rudement bien, ces petits. J'en suis content. Tu vois, je me demande si leurs pères, de leur temps...

– Mais si ! protesta-t-elle avec force. Tu perds la mémoire ! Souviens-toi de Jacques ! L'année de son bac, en 37, il nous a aidés pour toutes les moissons. Souviens-toi, quoi !

– Tu as raison, murmura-t-il après avoir réfléchi quelques instants. C'est cette année-là que mon père lui a offert une montre. Oui, il y avait de belles moissons et Jacques était là... Et ton frère lui a payé un voyage à Paris... Bon Dieu, Léon aussi serait content aujourd'hui s'il voyait ça, pauvre vieux Léon...

— Allons, n'y pense plus, dit-elle en regrettant maintenant d'avoir involontairement ravivé une blessure. Elle
chercha à le sortir de ses tristes pensées et lança : Et tiens!
Souviens-toi de Dominique! Chaque fois qu'il pouvait il
venait aider son père! Et tu disais même qu'il en apprenait plus ici en un mois que dans son école en un an!

Il s'ébroua, sourit :

— Tu as raison. N'empêche, si Léon était encore là, il
dirait la même chose que moi!

— Quoi donc?

— Cet engin, cette moisse-batte, comme ils disent, c'est
peut-être bien pratique, mais ça fait quand même du
moins bon boulot que notre vieille lieuse!

— Mais oui, pardi! le taquina-t-elle, je connais ton point
de vue! Cette machine fait du bruit et de la poussière;
elle casse le grain, elle en perd, elle ne rase pas bien la
paille et tout et tout! Continue comme ça et tu finiras par
radoter autant que ton pauvre père! Lui, je l'ai toujours
entendu dire que la faucheuse était mieux que la lieuse,
et que la faux était presque mieux que la faucheuse! Et il
n'aurait pas fallu le pousser beaucoup pour l'entendre
dire que rien ne valait une bonne faucille!

— Oh toi! Du moment qu'il s'agit de régler tes vieux
comptes avec mon père! plaisanta-t-il.

— Il ne s'agit pas de ça. Tiens, tu veux que je te dise? Si
toutes ces machines n'étaient pas là, tes petits-enfants n'y
seraient pas non plus! Je ne crois pas qu'ils auraient quitté
quitté Paris et leurs vacances pour venir se casser les reins
et se brûler les doigts en liant les gerbes à la main, comme
on faisait dans le temps. Et ne sois pas de mauvaise foi, tu
sais très bien que ce n'était pas le bon temps tous les
jours!

Encore tout assourdis par le bruit de la moissonneuse,
gris de poussière, rompus de fatigue, mais heureux de
leur journée de travail, Françoise et Jean partirent vers
Coste-Roche en coupant au plus court.

La nuit était là, pleine de chants d'insectes et d'appels
de grillons, lourde d'effluves odorants où se mêlait le parfum des reines-claudes, de la luzerne en fleur et de la
paille encore chaude. Une nuit tiède, toute lumineuse
d'une lune presque pleine, éblouissante de son éclat
blanc-crème. Au loin, progressant sur le chemin qui cou-

pait le plateau, tressautait le pinceau jaune des phares du tracteur que pilotait Jacques.

— Va plus à gauche, autrement on va se cogner dans la clôture de chez Brousse, prévint Françoise.

— Alors vers les arbres, là-bas? demanda Jean.

Il était un peu perdu et aurait eu du mal à rejoindre Coste-Roche tout seul.

— Oui, ce sont les pruniers de la pièce du Perrier, chez nous, quoi. Après, on passera au-dessus de la tranchée des mines, ensuite dans la prairie de Delmond. Puis on sera dans les terres de Mathilde et enfin à Coste-Roche. Tu verras, on sera arrivés avant papa!

— Tu as de la chance, dit-il, tu connais tout ça comme ta poche!

— Je n'ai pas de mérite. Tu sais, avec Dominique, on a fait de sacrées parties sur le plateau. Les cousines nous rejoignaient et, crois-moi, c'était pas triste! Fais attention, tu as un fossé par là, il longe la terre des Delpeyroux.

— Tu connais les propriétaires de chaque parcelle et aussi les limites?

— Encore heureux! Dis, n'oublie pas qu'avec mon frère on devait souvent conduire les bêtes aux pacages. Il ne fallait pas se tromper!

— Bien sûr, approuva-t-il.

Il était plein d'admiration pour sa cousine. D'abord il la trouvait belle à couper le souffle. Tellement troublante même qu'il osait à peine la contempler, de crainte de rougir, lorsque, pour être plus à l'aise dans son travail et avoir moins chaud, elle déboutonnait son chemisier et le laissait flotter, offrant ainsi aux regards le spectacle charmant des petits bonnets qui lui cachaient à peine la poitrine. Quant à son mini-short en jeans qui lui moulait les fesses et affinait ses cuisses bronzées, il était à rendre fou; surtout quand elle se baissait pour ramasser les gerbes. Le tableau devenait alors suffocant.

Aussi, pour couper court et tenter d'étouffer les fantasmes près de le submerger, se répétait-il que Françoise était sa cousine germaine, presque sa sœur. D'ailleurs, elle l'intimidait. Elle avait huit ans de plus que lui, la plénitude et l'assurance d'une femme faite; lui, il flottait encore dans la confusion de l'adolescence, ses hésitations, ses doutes. Certes, il promenait un rasoir sur ses joues au moins une fois par semaine, mais même sa voix le trahissait encore lorsqu'elle sautait d'un coup vers des aigus dignes d'un garçonnet; et c'était toujours quand il l'eût voulue grave!

Enfin, Françoise était forte de son enfance corrézienne qui meublait sa mémoire. Forte d'être là chez elle, sur des terres où elle avait fait ses premiers pas et qu'elle connaissait au point de savoir à qui appartenait chaque arbre, chaque buisson.

Pour lui, ce n'était pas que ses souvenirs fussent désagréables, tant s'en fallait! Ils étaient autres, il les jugeait moins réconfortants, plus banals. Car s'il avait été très distrayant de sillonner les allées des Tuileries en patins à roulettes, ou de faire flotter son voilier dans le bassin du Luxembourg, c'était quand même moins exaltant que d'avoir joué à cache-cache dans les grottes de la tranchée des mines. D'avoir croqué les cerises, les poires ou les fraises des voisins, pour le seul plaisir du maraudage, puisqu'on n'en manquait pas sur la ferme! Et enfin, malgré l'interdiction, ou à cause d'elle, de s'être trempé les jambes dans l'eau glaciale de la source du Diamond!

Tout cela, Dominique, Françoise et aussi ses autres cousines, Marie, Chantal, Josyane, l'avaient fait. Lui, non. Ses passages à Saint-Libéral avaient toujours été trop brefs et sa différence d'âge trop grande, même avec ses plus proches cousines, Françoise ou Josyane.

Mais il allait se rattraper, découvrir vraiment Saint-Libéral, ses terres, ses bois, ses horizons, se faire son lot de souvenirs. Et bientôt, non seulement il serait fort de toutes les connaissances propres aux petits citadins – surtout ceux des grandes villes –, mais il aurait de surcroît celles que voudraient bien lui inculquer Jacques et toute la famille Vialhe.

Car son choix était arrêté. Ses vacances, il allait les passer là, au village et à Coste-Roche. Et c'était ce qu'il dirait à ses parents lorsqu'ils seraient là, dans huit jours. Leur annoncer qu'il avait mieux à faire que de perdre trois semaines en Espagne. Leur expliquer que la plage de Blanes ne l'attirait pas, ni les balades dans l'Espagne profonde, ni la corrida, ni le flamenco, ni la paella! Leur prouver que son oncle Jacques avait besoin de lui à la ferme, que son grand-père comptait sur son aide pour rentrer du bois et que sa grand-mère espérait bien qu'il lui arracherait les deux rangées de Belles de Fontenay qu'elle avait plantées au fond du jardin. Bref, que tout le monde comptait sur lui.

– A droite maintenant : on va couper à travers la terre de chez Mathilde, annonça Françoise. Tiens, papa a mis des betteraves partout, constata-t-elle.

Elle n'était pas venue là depuis le début de ses vacances, mais identifiait les larges feuilles qui luisaient sous la lune.

Ils étaient au milieu du champ lorsque, soudain, jaillissant à quelques pas devant eux, virevolta puis disparut un oiseau. Surprise, Françoise poussa un petit cri, puis se mit à rire.

– Cette sacrée chouette m'a surprise!

– Ce n'est pas une chouette, assura-t-il tout heureux de son savoir et aussi de cette rencontre qu'il jugeait symbolique.

– Pas une chouette? Allons donc!

– C'est un engoulevent! Tiens le revoilà! Regarde! Regarde! chuchota-t-il.

Rasant le sol, puis bondissant en chandelle pour gober quelques noctuelles, l'oiseau les frôla, modula un bref et doux sifflement, puis s'évanouit.

– Superbe, dit-elle. Alors c'est ça, un engoulevent? J'en ai souvent vu ici. Tiens, surtout quand on rentrait les vaches le soir, mais je croyais que c'était une espèce de chouette. Faut dire que je ne suis pas très calée en oiseaux. Mais toi, comment les connais-tu? C'est sur l'esplanade des Invalides que tu les observes?

– Tu parles! Non, c'est Félix qui m'en a fait voir. Tiens, ça fait un an ce mois-ci, on était chez lui, en Brenne.

– C'est vrai, tu y vas souvent.

– Oui. Félix est super!

Il faillit raconter ce que son grand-cousin lui avait dit sur les engoulevents et le rapprochement qu'il avait établi entre eux et les Vialhe. Mais il eut peur que sa cousine comprenne mal et se moque.

– Ce sont des migrateurs, dit-il simplement, ils vont très loin jusqu'au sud-est de l'Afrique. Mais ils reviennent toujours là où ils sont nés, comme les hirondelles. C'est sympa, non?

A condition que son séjour soit bref, Guy avait toujours beaucoup de plaisir à revoir Saint-Libéral. D'abord parce qu'il aimait retrouver ses parents et ses tantes. Ensuite parce qu'il appréciait de rencontrer les vieux voisins et même quelques hommes et femmes avec qui il avait appris à lire sur les bancs de la même école communale. Cette école maintenant menacée de fermeture pour manque d'effectifs et qui jadis, dans les années 40, accueillait plus de cinquante gosses chaque matin.

Enfin, il était heureux de contempler les lieux de son enfance, même s'ils avaient changé. Même si, çà et là, mitant le paysage, se dressaient des maisons neuves aux locataires inconnus.

Cela étant, il ne s'attardait jamais longtemps, surtout en été. Il se sentait vite gêné d'être là à ne rien faire, oisif promeneur, alors que les derniers agriculteurs de la commune s'activaient, du point du jour au crépuscule. Et comme il n'avait plus ni l'entraînement ni le goût pour aider son frère aîné aux travaux des champs, il avait toujours le sentiment d'être là comme un intrus. De plus, la maison mère était trop exiguë pour l'accueillir avec Colette et les enfants; il était donc obligé de s'installer aux Combes-Nègres, dans celle de Louise. Or, même si sa tante lui affirmait qu'elle était ravie de lui ouvrir sa porte, il savait bien qu'elle n'entretenait sa demeure que pour Félix, son fils, et sa femme, leurs enfants. Il avait donc toujours peur que ses propres rejetons cassent quelques carreaux, détériorent les meubles ou piétinent les plates-bandes de fleurs.

Toutes ces petites contraintes n'allaient pas jusqu'à lui gâcher son plaisir. Elles l'incitaient simplement à reprendre la route après trois ou quatre jours, avant que ne deviennent trop pesants des rapports humains, une existence et un mode de vie qui n'étaient plus les siens.

Mais, pendant son passage, c'était la fête, les repas pantagruéliques chez les parents et chez Mauricette, les soirées à Coste-Roche, les excursions dans la région, histoire de mieux faire connaître à Colette et aux enfants toutes les richesses de son pays natal.

– Et comment trouves-tu les parents? lui demanda Jacques le deuxième soir de ses vacances, alors que Colette et lui étaient montés dîner à Coste-Roche.

La nuit était magnifique, lourde d'étoiles, douce. Aussi s'étaient-ils installés dehors, sous la tonnelle de chasselas, pour finir la soirée. Françoise avait emprunté la voiture de son père et était partie au cinéma à Brive, avec Jean, pas peu fier d'accompagner une aussi belle fille! Quant aux enfants, Marc, Évelyne et Renaud, ils somnolaient devant la télé.

— Maman a pris un sale coup de vieux, non ? insista Jacques.

— Oui, mais je m'attendais à pire, dit Guy, elle a bonne mine et semble en forme. Papa aussi d'ailleurs.

— Si l'on veut, dit Jacques. Moi je trouve qu'il baisse vite, maintenant...

— L'âge est là, il n'y a pas à en sortir, dit Guy en haussant les épaules.

Il huma le petit verre de vieille prune servi par son frère, goûta et hocha la tête avec admiration.

— Chapeau ! Aucune de celles qu'on trouve dans les meilleurs restaurants de Paris ne peut lui être comparée !

— Vingt-neuf ans d'âge, c'est tout, dit Jacques. Tu te rappelles ? L'alambic était celui du vieux père Gaillard. Il l'installait au chemin des Combes, juste en dessous de la source du Diamond. C'est le premier tonneau de prunes que j'ai fait distiller après mon retour d'Allemagne. Tu t'en souviens ? demanda-t-il à Michèle. Ça faisait à peine deux mois que nous étions mariés, nous habitions encore en bas, avec les parents.

— Le père Gaillard ? dit Guy. C'était bien celui qui avait comme aide un jeune type à l'accent du Nord ? Papa nous recommandait toujours de nous en méfier quand nous allions garder les vaches aux Combes-Nègres !

— Exactement ! approuva Jacques. C'était un jeune qui avait eu des problèmes à la Libération et qui était en « surveillance résidée » en Corrèze, comme disait le père Gaillard !

Il faillit poursuivre dans ses souvenirs, puis vit que son frère semblait soudain un peu lointain, un peu soucieux et craignit que Jean en soit la cause. Son neveu avait annoncé la veille qu'il voulait passer ses vacances à travailler sur la ferme. Jacques pressentait que son frère n'en était pas spécialement ravi.

— Tu as l'air soucieux, tu as des problèmes ? hasarda-t-il.

— Moi ? Non. Mais tu parlais de l'état des parents, tu as vu celui de tante Yvette ?

— Ah ça ! Les soucis lui ont donné un sacré coup de vieux, dit Jacques. Il soupira, haussa les épaules : Mais au fait, tu es au courant pour Louis !

– Si je suis au courant ? ricana Guy. Tu te fous de moi ou quoi ? Il ne passe de semaine sans que j'aie Louis une heure au téléphone! Et ça fait plus de six mois que ça dure!

– Alors tu t'occupes de ses problèmes?

– Rien du tout! Je suis avocat, moi, pas homme d'affaires. Tout ce que je peux lui répéter c'est qu'il s'est mis dans une merde épouvantable!

– Ça, je l'ai bien compris!

– Lui aussi, mais il tergiverse! Pourtant, il faut qu'il cède tout et qu'il reparte de zéro. Et pas en Limousin, il est grillé, foutu! S'il veut monter une autre agence, je lui conseillerais d'aller du côté de Dunkerque ou de Calais! Et encore, si ça se trouve, même là-haut ils sont au courant de son krach...

– A ce point?

– Oui. Il faut qu'il apure le tout et qu'il redémarre ailleurs. Faute de quoi il risque effectivement d'avoir besoin d'un très bon avocat pour se sortir de tous les procès qui lui pendent au nez!

– Il doit beaucoup?

– Tu parles! Avec les découverts, les intérêts de retard qui cavalent, les banquiers qui soi-disant l'aident, les emprunts qui épongent d'autres emprunts, il ne doit pas être loin de sept millions!

– Quoi? dit Michèle, tu veux dire sept cents millions d'anciens francs? C'est ça? demanda-t-elle à Jacques.

Il approuva, un peu assommé lui aussi par l'énormité du chiffre. Habitué à gérer un budget dont la modestie et la faiblesse lui causaient bien des tracas, il avait peine à croire qu'un homme intelligent et compétent comme son cousin ait pu se mettre dans une telle situation.

– Sept cents millions! redit-il, mais comment diable s'y est-il pris?

– Ah ça! Un peu la folie des grandeurs, beaucoup de requins autour de lui et puis... Guy s'arrêta, s'assura que les enfants étaient toujours devant la télé : Et puis, mon vieux, reprit-il, il fait une bringue effrénée depuis des années, t'as pas idée!

– Pas possible? dit Jacques.

Il n'en revenait pas. Certes, il se doutait bien que son cousin dormait rarement seul, mais quand même! Entre courir un brin la gueuse et faire la noce au point de se ruiner!

– Tu peux me croire, assura Guy. Tiens, demande à Colette. Pour me remercier de leur avoir fait gagner leur procès, quelques clients se croient obligés de me traîner dans ces boîtes à la con où plus le champagne et le whisky sont dégueulasses, plus ils sont chers! Alors, crois-moi, les filles qu'on trouve là elles aussi sont hors de prix! Eh bien, figure-toi qu'on a vu souvent le cousin dans ce genre de bobinard, comme dirait papa. Et Louis n'était jamais avec une, mais avec deux ou trois petites! N'est-ce pas Colette?

– C'est vrai, confirma-t-elle, ça n'a pas dû arranger ses finances.

– Ah bon, maintenant je comprends mieux pourquoi cette pauvre tante Yvette a si mauvaise mine, dit Jacques en se versant un doigt de prune.

– Ne me dis pas que je t'apprends quoi que ce soit?

– Pour la java, si, pour le reste non, bien sûr. Tante Berthe m'a prévenu depuis longtemps, et maman aussi. Mais je ne pensais pas que ça en soit à ce point! Mais que peut-il faire? Tu crois qu'il va vendre ses terres? Le château?

– Tu ne crois pas si bien dire! Figure-toi qu'il me l'a proposé, pour que ça ne sorte pas de la famille!

– Sans blague? Le château et les terres?

– Oui.

– Et alors?

– Que veux-tu que j'en fasse? D'abord je ne veux pas m'endetter pour acheter des murs dont je n'ai pas l'usage. De toute façon, en admettant même que je sois assez riche pour ramasser le tout, ça ne le sauverait pas. Il est vraiment pris à la gorge. Je le lui ai dit en venant.

– Tu l'as vu?

– Oui, hier matin, en passant à Limoges.

– Et alors?

– Alors, il faut qu'il cède toute son affaire, ça épongera. Dame, il n'aura plus un sou après, mais ça vaut mieux que de se retrouver en tôle, non? S'il fait ça, je lui ai promis de lui envoyer ensuite d'éventuels acquéreurs pour le château. Je connais quand même pas mal de gens qui peuvent sortir un million sans problème. Le château ne vaut pas plus, tu sais. Et encore, à ce prix, il serait bien vendu.

– Eh bien, dis donc, on peut dire que tu m'en apprends de belles, toi, murmura Jacques. Mais tante Yvette dans tout ça?

– Ah, là !... Il faudra bien qu'elle se loge. Ou plutôt qu'il la loge. Tu sais qu'il lui a déjà fait vendre tous ses immeubles de Brive ?

– Tous ? Tu es sûr ?

– Tous. Enfin voilà, tu sais tout maintenant.

– Oui, dit Jacques pensif, oui, mais ça ne va pas m'aider à bien dormir cette nuit... D'abord en tant que maire, ça m'agace pour le château, on ne sait jamais qui peut venir. Mais c'est pas le plus grave. Non. Bon sang, Louis est notre cousin, mais pour moi, c'est surtout le fils de mon parrain. Et crois-moi, ça me fait dépit de ne pas pouvoir l'aider ! Bon Dieu, on finirait par penser que ce pauvre oncle Léon a eu la chance de partir avant de voir ce carnage !

– Alors c'est bien vrai, tu nous laisses le petit pour tout le mois d'août ? insista Pierre-Édouard en s'arrêtant pour souffler un peu.

Il avait demandé à Guy de l'accompagner dans sa promenade et ne le regrettait pas. Il se sentait un peu las, avait des faiblesses dans les jambes et le souffle court. Mais il était néanmoins rassuré car il avait, à portée de main, une épaule solide à laquelle se raccrocher en cas de besoin.

– Tu vois, dit-il, ce chemin qui monte sur le plateau, ça fait pas loin de · quatre-vingt-cinq ans que je l'emprunte, eh bien, tu me croiras si tu veux, j'ai l'impression qu'il est de plus en plus raide !

– On peut redescendre si tu veux, proposa Guy.

– Mais non, on va plutôt s'asseoir un peu. Tiens, là, proposa Pierre-Édouard en désignant une grosse souche de chêne.

Guy l'aida à s'asseoir, nota à quel point il avait perdu toute souplesse, toute assurance aussi et resta debout.

– Pose-toi, tu me donnes le vertige, dit Pierre-Édouard en sortant sa pipe. Il y tassa quelques bribes de gris, l'alluma et contempla pensivement le paysage qui s'ouvrait devant eux.

D'abord, à leurs pieds, Saint-Libéral dont les toits d'ardoises brillaient sous le soleil du matin. Un village calme, silencieux, endormi. Un village qui somnolait dans une apathie comateuse qui ne devait rien à la chaleur de ce début d'août.

144

Et puis, tout autour de lui, les prés et les champs. Surtout les prés, car les labours cédaient de plus en plus la place à l'herbe. Les derniers agriculteurs du bourg n'avaient plus le temps d'ancrer le brabant partout. C'était flagrant, puisque même certains vergers de pruniers étaient dans un quasi-abandon, pas traités, pas taillés, croulant sous les branches mortes, mangés au pied par les surgeons. Et les noyeraies non plus n'échappaient pas au découragement des hommes. Martyrisées par la tornade de grêle du 3 août 1971, elles crevaient doucement en pleurant une sève gluante qui suintait de chaque moignon de branche cassée par le vent. Et sur les troncs calleux proliférait une impudente vermine.

Heureusement, dès que l'œil s'échappait et n'accrochait plus les proches détails, s'épanouissaient la beauté du paysage, la douceur des vals toujours frais, la courbe mélodieuse des puys polis par les millénaires. Et, plus loin encore, l'immensité grisante d'un horizon bleu tendre qui s'étalait à perte de vue en grimpant vers l'Auvergne et le Cantal.

– Tu ne m'as pas répondu, reprocha Pierre-Édouard.

– A quoi ?

– Le petit Jean, tu nous le laisses... C'est bien vrai ?

– J'ai dit oui, c'est oui ! assura Guy en mâchouillant une tendre tige de dactyle.

– Ça n'a pas l'air de te plaire beaucoup...

– Mais si ! Enfin, sa mère, ses frères et sa sœur auraient préféré qu'il nous suive en vacances... Moi aussi, d'ailleurs ! Mais bon, puisqu'il choisit de travailler...

– Avoue que ça ne te plaît pas qu'il aime la terre.

– On ne va pas rediscuter de ça, tu sais ce que j'en pense.

– Oui, tu espères qu'il abandonnera son idée de vouloir faire comme Dominique.

– On verra bien..., éluda Guy.

Il n'avait aucune envie de discuter avec son père. Aucune envie de lui dire qu'il ne croyait pas en l'avenir de l'agriculture. Aucune envie de lui expliquer que, de toute évidence – et certaines études le prouvaient –, il eût été beaucoup plus économique pour les consommateurs de tout acheter aux États-Unis ! Qu'il n'était pas le seul à raisonner ainsi, tant s'en fallait, et qu'un jour, bientôt sans doute à en croire les spécialistes, seuls quelques départements resteraient à dominante agricole ; la Corrèze n'était pas à la veille d'en faire partie !

Et il ne voulait pas non plus lui dire qu'il suffisait de regarder comment travaillait Jacques et ce qu'il gagnait pour s'opposer à ce que son fils s'embarque sur une telle galère!

— Mais miladiou! lâcha Pierre-Édouard comme s'il avait lu dans ses pensées, tu as beau dire, il faudra bien toujours des agriculteurs et aussi des agronomes! Regarde devant nous, regarde partout autour, regarde la friche qui gagne et les ronciers qui s'étalent! C'est parce qu'il n'y a plus personne pour leur tenir tête! Tu crois que ça pourra durer? Si on continue à faire les ânes comme ça, tu verras, un jour tes petits-enfants crèveront de faim! C'est ce que vous voulez, là-haut à Paris? Ou alors, tu vois, avec un été comme cette année, tout brûlera!

— Nous n'en sommes pas là! Allons, ne te monte pas la tête pour rien!

— C'est pas pour rien! C'est parce que je porte peine de voir se perdre une terre qui ne demande qu'à produire!

11

Jean détacha le veau. D'une main cramponnée au licol, de l'autre à la queue, il le fit descendre du Cube conduit par Henri Brousse et attendit.

Tout autour d'eux, bloqués dans un embouteillage indescriptible, des dizaines de véhicules dégorgeaient çà et là leurs veaux sur les trottoirs et la chaussée.

Blasé, sourd aux quolibets et aux insultes qui fusaient, un agent de police tentait de convaincre le propriétaire d'une 4L camionnette complètement pourrie et écrasée par sa charge qu'il ne pouvait sous aucun prétexte continuer à paralyser ainsi toute la circulation des boulevards. Mais il était manifeste qu'il n'espérait pas une seconde être entendu; l'autre avait mieux à faire!

Ruisselant de transpiration, rouge brique, à deux doigts de l'apoplexie, béret sur les yeux, égrenant de longs chapelets de miladiou, de *per moun arme* et autres allusions à quelque maison close au tenancier divin, l'homme, à genoux à l'arrière de la camionnette, tentait de décoincer son veau bloqué en travers de la caisse.

— Pousses-y au cul! Quoi! Tu vois bien qu'il se freine sur la porte! lança un observateur.

— Tire plutôt la tête! Faudra bien qu'il saute! conseilla un autre témoin.

— Vos gueules, merde! grogna le propriétaire en s'épongeant le front d'un revers de main.

Il ne semblait pas ouvert au dialogue. Son pantalon de velours était couvert de purin et de bouse, et sa chemise était à tordre.

— Cette fois, faut circuler ou je verbalise! menaça l'agent en agitant son carnet.

147

L'homme haussa les épaules, replongea dans la camionnette, attrapa à pleins bras le cou du veau, qui beuglait maintenant de frayeur, et le tordit.

Enfin libérée, la bête sauta sur la chaussée, fonça sur le représentant de l'ordre mais l'évita au dernier moment et stoppa net.

– T'as vu ça : entre bestiaux, ils ne se veulent pas de mal! lança un plaisantin déçu.

– Allez, circulez maintenant! Circulez, quoi! essaya l'agent d'un ton de plus en plus désespéré.

Espoir insensé : parti comme c'était, il était évident qu'aucun véhicule n'avancerait d'un pouce avant une bonne demi-heure, si tout allait bien!

– A tout à l'heure chez Pierrot pour le casse-croûte, dit Jacques à Brousse toujours au volant et qui, philosophe, lisait son journal après avoir arrêté son moteur. Et toi, va pas échapper ce veau! recommanda-t-il à Jean.

La place Thiers grouillait de monde et de bestiaux. Et le brouhaha, fait de klaxons, de ronflements de moteurs, de mugissements, de cris, d'appels, de jurons et de rires, était tel qu'il importait d'élever la voix pour se faire entendre.

Déjà tous les restaurants et les bistrots étaient pleins et leurs terrasses noires de clients affamés; l'air sentait le potage au vermicelle, le chabrol, le bifteck, le camembert, le vin et l'étable. Et partout fusaient les joyeuses interjections de voisins ou d'amis se retrouvant et se saluant à grandes claques dans le dos.

– Et surtout, tiens bien le veau, redit Jacques.

Il était un peu inquiet car, pour costaud que soit son neveu, le veau frisait ses cent quatre-vingts kilos et avait tendance à tirer à la longe. Il fallait une solide poigne pour le maîtriser, le guider le long des chaînes où s'alignaient déjà quelques centaines de bêtes, et lui trouver une place.

Mais Jacques avait tellement mal au dos depuis deux jours qu'il se sentait incapable de retenir l'animal si l'envie le prenait de s'offrir quelques cabrioles.

C'était un très beau mâle limousin de quatre mois, de choix extra. Exclusivement nourri au lait maternel depuis sa naissance, tenu au calme dans la pénombre de son box, il avait les épaules noueuses, le dos large et l'arrière-train culard. Il offrait de plus une viande rose clair, comme le prouvaient la pâleur de ses muqueuses

148

buccales, l'intérieur de ses paupières et ce poil dit « de lièvre » qui mouchetait sa robe blonde d'épis grisâtres.

— On le met là ? proposa Jean en désignant une place entre deux animaux de belle allure.

— Non, va plutôt là-bas, ce sera mieux, décida Jacques en attrapant le veau au licol.

Jean fronça les sourcils, mais s'exécuta. Il ne comprenait pas pourquoi son oncle choisissait une station en plein soleil, alors que la première bénéficiait de l'ombre épaisse d'un des platanes du champ de foire.

— On va crever de chaud, dit-il.

— Allons bon! sourit Jacques en attachant le veau. Ne me dis pas que tu n'as pas compris pourquoi je n'ai pas voulu me mettre où tu le proposais?

— Ben, si... On aurait été à l'ombre au moins, tandis qu'ici!

— T'as encore pas mal à apprendre! poursuivit Jacques. Je vois que tu ignores le premier principe que ton grand-oncle Léon ne manquait jamais d'appliquer : « Il faut toujours présenter son produit comme le plus beau de la foire! » Tu saisis?

— Oui. Enfin non, pas trop...

— Regarde où nous sommes : il n'y a que des « taupes » autour de nous. Oui, des croisés limousins-frisons. Sont pas vilains dans leur genre, mais quoi, à côté du nôtre ce sont de vrais boucs! Alors, note comme ils le mettent en valeur!

— C'est vrai, reconnut Jean.

— Là où tu voulais t'arrêter nous aurions été entourés de bestiaux aussi beaux que lui; alors, il devenait plus banal.

— Je vois..., approuva Jean.

Il découvrait chez son oncle une face qui lui était inconnue et qui l'amusait beaucoup.

— Et tu essaies de faire ça à tous les coups? insista-t-il.

— Oui.

— Même pour les cochons?

— Tout pareil. Mais tu sais, pour être franc, ça ne change quand même pas grand-chose; c'est presque un jeu. Les acheteurs ne sont pas idiots, ils connaissent la combine. Et puis ce sont toujours les cours du jour qui font la loi.

— Alors on aurait pu rester à l'ombre!

— Ah non! Il faut toujours partir du principe qu'on

149

peut tomber sur un jeunot qui ne connaît pas tous les trucs... Tiens! Salut! lança Jacques à un homme qui se frayait au milieu des vendeurs un passage à grands coups d'épaule.

— Salut! C'est le tien? demanda l'homme en désignant le veau, mais sans le toucher. Dix cinquante à la cloche, dit-il.

— Veux-tu te taire! fit Jacques. C'est pas encore ouvert; alors, j'ai rien entendu.

— Dix cinquante à la cloche! répéta le gars en s'éloignant.

— Mais qu'est-ce que c'est que ce charabia? s'étonna Jean.

— C'est un des rabatteurs du père Jalinac, un des plus gros expéditeurs du coin. Mais, comme la foire n'est pas encore ouverte, il n'a pas le droit d'acheter. Alors, il fait son tour pour repérer les plus belles bêtes et poser ses jalons. Ton grand-oncle Léon a commencé en faisant ce métier. Mais lui ne s'en est pas contenté.

— Tu vas le lui laisser à ce prix?

— Sûrement pas! Et puis, crois-moi, si Jalinac lance déjà ses sbires dans la bataille, c'est que les Italiens sont là. Eh oui! expliqua-t-il en voyant l'air étonné de son neveu, les Ritals montent jusqu'ici, et même plus haut, en Haute-Vienne, pour ramasser tout ce qu'ils peuvent. Ils font de pleins camions de veaux; trois cents ou quatre cents bêtes ne leur font pas peur. Alors, tu penses si les expéditeurs du coin ont intérêt à les avoir à l'œil. Moi, de toute façon, je me méfie d'eux, ils font souvent des chèques en bois...

— C'est quand même dingue tout ça, dit Jean; on ne parle que de marché commun, d'agriculture et d'économie modernes et tout et tout, et vous vous vendez encore comme au Moyen Age, c'est fou!

— Tu as raison, mais je ne vois pas bien comment on pourrait faire autrement. On a bien une SICA dans le département, mais elle ne travaille pas encore dans le haut de gamme, tant s'en faut! Elle est plutôt dans le bas et ramasse tous les invendus et les laissés-pour-compte! Alors, voilà, moi et tant d'autres, nous sommes là à attendre le bon plaisir des expéditeurs. Tu as raison, c'est un système qui date bougrement.

— Et, en plus, vous foutez une de ces pagailles en pleine ville! D'accord, c'est marrant, mais quand même, pour le touriste qui traverse Brive, ça la fout mal!

150

— Pour ce qui est de la pagaille, ça va s'arranger. Avant six mois, les foires se tiendront ailleurs, à côté de l'aérodrome, tu vois, sur la route de Bordeaux. Ce sera plus pratique, mais sûrement moins sympathique...

— Pourquoi ?

— Parce que tous les bistrots que tu vois autour de cette place ne déménageront pas, eux! Alors, je me demande où on pourra s'asseoir pour boire un verre, discuter avec les amis, faire chabrol et manger un morceau...

Louis estimait payer assez cher le droit de crâner, de faire croire aux trois voyous qui le ruinaient qu'il n'avait pas dit son dernier mot.

Aussi fut-ce d'une main qui ne tremblait pas qu'il parapha et signa toutes les pages des actes qui le déchargeaient de ses dettes, mais le dépossédaient jusqu'au dernier centime, ou presque.

Il feignit même de ne pas remarquer les sourires satisfaits des nouveaux propriétaires de son agence immobilière et surtout des terrains en passe de lotissement dont les travaux le contraignaient à capituler. Et pourtant Dieu sait s'il y avait de l'argent à gagner dans tous ces lots!

Les trois malfrats qui l'avaient vaincu, qui le mettaient à genoux, y comptaient bien! Ils allaient tripler leurs mises en quelques années et, pendant qu'il remâcherait sa défaite et traînerait sa misère, ces salopards se régaleraient sur son dos! C'était à donner des envies de meurtre!

Même le notaire avait une tête qui incitait à l'homicide. Il éclatait de contentement et semblait tellement pressé de tout voir réglé qu'il en tremblait en tournant une à une les pages du dossier.

Il est vrai que pour lui aussi l'opération était juteuse. Et, bien qu'il semblât prétentieux et hâbleur comme un dindon, il était évident qu'il ne traitait pas tous les jours des affaires d'une telle importance. Sa mine le trahissait, démontrait à quel point il jouissait de finir un mois réputé morne avec d'aussi confortables vacations. Ça valait la peine de travailler au mois d'août!

Car cela aussi était un crève-cœur pour Louis. Il faisait un temps splendide, chaud. Un temps de vacances, propice au farniente au bord de l'eau avec, à portée de main,

151

une jeunesse pas plus vêtue que farouche et de l'autre un whisky sur glace!

Au lieu de cela, il était enfermé dans cette étude sombre qui puait le vieux chien, gaie comme une salle d'attente de dentiste, aux murs tapissés d'un vilain papier gris que n'égayaient en rien les mauvaises croûtes mal encadrées d'un quelconque rapin neurasthénique. Et surtout, il était là pour être légalement dépouillé de tout. Pour signer sa propre fin et céder à trois margoulins de plus en plus hilares ce qui représentait presque vingt-cinq ans de sa vie, son agence.

— Bon, alors, c'est fini? On va en voir le bout de toute cette paperasse? s'énerva-t-il. J'ai quand même pas que ça à faire, moi!

— Ça y est presque. Mais vous savez, tout doit être fait selon les normes! assura le tabellion d'un ton cauteleux. Voilà, un paraphe là et là, et votre signature pour finir, ajouta-t-il en souriant. Il avait de vilaines dents jaunes de rat et puait le tabac. Et voilà, dit-il en pressant délicatement un tampon buvard sur la signature, oui, voilà une affaire réglée.

— Bon, alors nous n'avons plus rien à nous dire, décida Louis en marchant vers la porte.

— J'espère que vous serez des nôtres, ce soir, un gentil petit souper entre amis, proposa un des acheteurs.

— Entre amis? Alors qu'est-ce que vous voulez que je vienne y foutre! Gardez votre casse-croûte, j'ai encore de quoi m'offrir un vrai repas! lança Louis.

Il ignora les mains qui se tendaient encore, sortit et claqua la porte.

Louis passa l'après-midi à ranger son petit appartement de la place Jourdan et à entasser ses affaires dans un coin du couloir. Il n'était déjà plus chez lui, car les quatre pièces aussi faisaient partie de la vente! Magnanimes, les acquéreurs lui avaient laissé un mois pour se retourner et déménager. Mais pour aller où et surtout pour quoi faire? Il n'avait plus rien et n'était plus rien. Et surtout, il n'avait plus envie de se battre.

Se battre dans quel but, d'ailleurs? Il n'avait pas d'enfant à nourrir, pas de femme qui vaille la peine qu'on se surpasse pour elle. Sa dernière maîtresse l'avait plaqué

152

début juillet quand elle avait soudain compris qu'il était quasiment ruiné. Elle était partie vers Saint-Trop au bras d'un fils de famille qui faisait dans le kaolin et se targuait de posséder un yacht de douze mètres. Louis lui souhaitait un prompt naufrage!

Ce fut en vidant un tiroir qu'il retrouva une vieille photo de son père posant crânement devant le château de Saint-Libéral. Il mesura alors à quel point il avait tout raté, tout gâché, tout déprécié de ce qu'on lui avait mis entre les mains. Et on lui en avait mis beaucoup par crainte qu'il ne manquât de quoi que ce fût!

Son père, lui, était parti de rien, absolument de rien, et avait pourtant réussi à retourner le sort. A l'âge de douze ans, il n'avait que des handicaps et pas un sou vaillant. Mais il avait surtout à oublier ce cadavre pendu dans la grange et dans lequel il s'était heurté, un soir de janvier 1900, un 16 janvier...

Jamais personne dans la famille n'avait parlé de cette histoire à Louis. Mais il l'avait apprise par bribes, par recoupements. A Saint-Libéral, même après plus de trente-cinq ans, la mémoire collective palpitait encore. Et les gosses de l'école étaient tout prêts à se moquer d'un petit-fils de pendu, pour lui rabattre son caquet! Histoire aussi de bien lui faire comprendre que son luxueux cartable de cuir, ses souliers montants – qui insultaient tous les sabots de la classe – et ses habits de richard n'efface-raient jamais la grimace et la langue violette de l'Émile pendu à sa poutre...

Et même si quelques solides coups de poing avaient fait taire les médisants, les bavards et les jaloux, il n'avait rien oublié. Rien oublié surtout de la façon dont son père avait tenté d'effacer cette tache, cette tare. Il s'était battu, tout le temps, toute sa vie. Il avait réussi.

– Et moi, j'ai vraiment tout raté de A à Z, songea-t-il en haussant les épaules. Et je n'ai même pas été foutu de donner des petits-enfants à maman! La pauvre femme n'attendait que ça, elle a toujours cru que je ferais comme papa, que je me marierais sur le tard! Pauvre vieille, elle n'aura même pas le bonheur de cajoler un petit-fils! Mais il faut bien dire que de toutes les salopes que j'ai culbu-tées, pas une ne m'a demandé de lui faire un gosse. Elles l'auraient plutôt fait sauter, oui! Enfin, au diable tout ça, murmura-t-il en reposant la photo, on ne refait pas la vie à l'envers et ce n'est pas à mon âge qu'on efface tout pour recommencer!

Louis dîna seul dans un établissement qu'il connaissait de longue date, dont la cuisine était fine et la cave très honorable. Le patron était presque un ami. Pas tout à fait quand même car, depuis quelque temps, Louis le sentait plus réservé que naguère, moins prompt à mettre de côté les additions qu'il réglait en fin de mois. Mais, ce soir-là, il fut chaleureux, aimable; il est vrai qu'il avait peu de clients.

— Alors, comme ça, vous partez prendre quelques vacances? demanda-t-il en offrant une tournée de fine champagne à Louis.

— Oui, j'en ai bien besoin.

— Vous allez à la plage, bien sûr?

— Non, chez moi, en Corrèze, à Saint-Libéral.

— Ah? fit l'homme en humant son verre ballon. A propos, et les affaires? dit-il négligemment.

— Farceur! dit Louis en haussant les épaules. Vous savez très bien où j'en suis! Mais si! Mais si, vous le savez comme tout le monde dans cette ville qui pue le ragot! Peu importe, je n'ai pas dit mon dernier mot. C'est ce qui compte, n'est-ce pas?

— Bien sûr, de toute façon, moi...

— Tenez, donnez-moi mon addition, oui, le total du mois.

— Ça fait même un peu plus...

— Eh bien, parfait.

— Euh... J'aimerais mieux du liquide si vous en avez, dit le patron en voyant Louis sortir son chéquier. Pour les impôts, vous comprenez..., dit-il en baissant la voix.

— Bien sûr, pas de problème, assura Louis en devinant que les impôts n'étaient qu'un alibi : « Ce méchant con a simplement peur que je lui refile un chèque en bois! Quand je pense à tout le fric que je lui ai laissé depuis des années! »

Il quitta le restaurant vers minuit et demi et prit la route de Brive. C'est en haut de la longue descente qui file vers Pierre-Buffière et que coupe le terrible tournant en épingle à cheveux qui surplombe la voie ferrée et son passage à niveau toujours fermé qu'il se décida. Tout devint alors simple, clair, sans problème.

Soudain détendu comme il ne l'avait pas été depuis des mois, peut-être même des années, il lança sa Porsche.

154

Accélérateur au plancher et moteur à plein régime, il dévala la côte à plus de deux cents à l'heure et se jeta sur les gros poteaux métalliques qui supportaient la barrière du passage à niveau de la ligne Paris-Toulouse. Nuque brisée net, Louis Dupeuch était déjà mort quand le volant lui écrasa le torse...

Ce fut avec une sourde inquiétude au ventre que Jacques décrocha le téléphone. Il était à peine trois heures du matin et cette sonnerie lancinante qui hérissait les nerfs n'augurait rien de bon.

Aussi, fut-ce en pensant qu'une de ses tantes, ou sa mère, l'appelait pour lui annoncer que son père était au plus mal qu'il porta l'écouteur à son oreille.

– Ici, le chef Chastang, de la brigade d'Ayen. Je suis bien chez monsieur Vialhe ?

– Oui.

– Ah ! C'est bien vous, monsieur le maire ?

– Mais oui, bon Dieu ! Que se passe-t-il ? demanda-t-il de plus en plus inquiet et surpris.

– Un problème, un gros problème, monsieur le maire... Nous avons essayé d'appeler chez M. Dupeuch, à Limoges, en espérant que, peut-être, quelqu'un... mais ça ne répond pas, alors...

– Alors quoi ? Expliquez-vous, nom de Dieu !

– Alors, on préfère vous prévenir, vous... C'est nos confrères de Pierre-Buffière qui nous ont alertés dès qu'ils ont pu lire les papiers... Alors, j'ai pensé que Mme Dupeuch étant âgée et que... que... Voilà, il faudrait la prévenir doucement... C'est bien votre tante, hein ?

« Bon Dieu, songea-t-il, je parie que Louis a fait comme le grand-père Dupeuch ! Manquerait plus que ça ! »

– Mais la prévenir de quoi ? demanda-t-il néanmoins.

– D'un accident, un accident terrible...

– Mon cousin est mort, c'est ça ?

– Oui. Il a dû s'endormir au volant et comme il n'avait pas attaché sa ceinture... Oh, de toute façon, à la vitesse où il allait...

– Je vois..., murmura Jacques en songeant égoïstement qu'il serait un peu moins difficile d'annoncer à sa tante que Louis avait eu un accident d'auto. Il ne se voyait pas du tout en train de lui dire qu'il s'était fait éclater la tête

155

d'un coup de fusil ou qu'il s'était pendu, comme leur grand-père maternel. Puis il réalisa que le gendarme parlait toujours :

– Alors, on l'a ramené à Limoges, mais...

– Très bien, vous avez fait ce qu'il fallait. Écoutez, soyez gentil, passez demain matin à la mairie, j'y serai dès la première heure. Nous verrons à ce moment-là pour les détails, d'accord ?

– Très bien, monsieur le maire. Mais vous vous chargez de prévenir Mme Dupeuch, n'est-ce pas ?

– Mais oui, à demain.

Il raccrocha, se retourna et vit Michèle, debout dans l'embrasure de la porte de la chambre.

– Tu as entendu ? demanda-t-il.

Elle fit non de la tête et il comprit qu'elle devait être certaine que c'était Dominique ou Françoise qui avait eu un accident. Dominique n'avait pas donné de nouvelles depuis presque un mois, quant à Françoise elle avait rejoint Paris depuis huit jours.

– C'est grave ? murmura-t-elle.

– C'est Louis...

Il nota qu'elle semblait soulagée, mais ne lui en voulut nullement. Lui aussi s'était senti moins oppressé en apprenant que ce n'était ni son fils ni sa fille, mais son cousin qui avait eu un accident.

– Louis ? insista-t-elle.

– Oui. Un accident de voiture. Tué sur le coup...

– Seigneur ! souffla-t-elle en fermant les yeux. Pauvre tante Yvette... Elle le sait ?

– Pas encore.

– Et c'est toi qui vas...

– Oui, il faut bien que quelqu'un le fasse.

– Et comment l'annoncer à ton père ?

– Ah ça, soupira-t-il, c'est pas le genre de nouvelle qui peut l'arranger. Et maman non plus... Bon sang, quelle connerie ! Non, mais quelle connerie !

Il était à la fois amer et furieux. Amer, parce que tout cela était trop stupide. Parce que la mort d'un homme en pleine force de l'âge était une scandaleuse incohérence, une imbécillité crasse ! Furieux, parce qu'il ne pouvait oublier que son premier réflexe avait été de croire que Louis s'était volontairement détruit et qu'il le croyait toujours. Furieux, parce qu'il savait que cette idée ne le quitterait plus, tant elle était en accord avec la mauvaise situation de son cousin.

156

Car une chose était sûre, s'il était vrai que Louis aimait la vitesse, et Jacques en savait quelque chose qui avait parfois été à Brive avec lui, il n'était pas du genre à ne pas attacher sa ceinture et encore moins à s'endormir au volant. Alors...

« Bon Dieu! songea-t-il soudain, que va devenir cette pauvre tante Yvette avec toutes les affaires de Louis à régler? Enfin, heureusement que Guy est rentré de vacances; on va sacrément avoir besoin de ses compétences... »

— Pour ton père, insista Michèle, il faudrait que ce soit tante Berthe qui le lui annonce, elle a les mots pour ça, elle sait...

— Tu as raison. Mais comment la prévenir demain matin sans me casser le nez sur mon père?

— J'irai si tu veux. Et toi, pendant ce temps, tu iras voir tante Yvette...

— D'accord, soupira-t-il. Il fronça soudain les sourcils, regarda en direction de la chambre de Jean. Je crois qu'on l'a réveillé. Couvre-toi quand même un peu, dit-il.

Elle était à peine vêtue d'une fine et courte chemise car la nuit était lourde, sans un souffle d'air. Elle passa prestement dans la salle de bains et en revint en enfilant un peignoir, lorsque Jean, complètement hébété, sortit de sa chambre.

— Mais dites, qu'est-ce qui se passe? demanda-t-il sans comprendre.

— Il se passe que tes derniers jours de vacances s'annoncent mal. Ton cousin Louis vient de se tuer en voiture...

— Oh merde! murmura Jean.

S'il était attristé, c'était plus en voyant l'état de Jacques et de Michèle et leur émoi qu'en pensant à Louis. Il l'avait à peine entrevu trois ou quatre fois dans sa vie et on en parlait peu chez lui.

— Tu pourras me remplacer demain pour les bêtes? demanda Jacques.

— Bien sûr.

— Je vais avoir une rude journée, et ta tante aussi. Alors si tu crois pouvoir...

— Je pourrai, t'inquiète pas. Mais dis, tante Yvette le sait?... Il venait de réaliser à quel point il avait de l'affection pour la vieille dame. Elle était charmante, toujours aimable, douce et attentive envers tous. Il songea à la douleur qu'elle allait ressentir et les larmes lui montèrent aux yeux. Et grand-père ? Et grand-mère ? Ils savent ? demanda-t-il en s'efforçant de maîtriser sa voix.

– Personne ne sait encore rien, sauf nous trois, dit Jacques en feignant de ne pas trop remarquer son chagrin.

Il s'approcha de son neveu, lui choqua l'épaule de son poing fermé :

– Ne t'inquiète pas, on les préviendra doucement. Tout doucement. Une catastrophe suffit.

Contrairement à ce que Jacques avait craint, ce ne fut pas son père qui réagit le plus mal, mais sa mère. Pour elle, Louis était son seul neveu portant le nom de Dupeuch, son nom à elle. Lui parti, la branche Dupeuch s'éteignait à jamais. De plus, Louis ressemblait physiquement beaucoup à son père et elle retrouvait en lui l'image de Léon dont la disparition l'avait déjà beaucoup frappée.

Aussi cette nouvelle épreuve la marqua-t-elle durement. Et si elle sut faire face, elle resta blessée, touchée. Moins que sa belle-sœur Yvette, bien sûr, qui sembla prendre dix ans en quelques heures. Et son air hébété et absent inquiéta tellement Mathilde, Louise et Berthe que les trois femmes décidèrent de l'installer dans la maison Vialhe au retour du cimetière. Elles lui dressèrent un lit dans la chambre de Louise, et Yvette, lointaine, fermée sur son chagrin, se laissa faire sans un mot. Sans un pleur surtout, et c'était le pire. Car tous ceux qui la regardaient comprenaient que ce flot de larmes qui se refusait à ruisseler lui creusait l'intérieur du visage comme un acide, la rongeait, l'étouffait.

– Tu sais, il va falloir que tu trouves quelque chose pour tirer la petite Yvette de là. Et aussi pour changer les idées de Mathilde, dit Pierre-Édouard à Berthe huit jours après l'enterrement.

Comme tous les matins, il avait demandé à sa sœur de l'accompagner dans sa promenade quotidienne, mais c'était la première fois depuis la mort de Louis qu'il abordait ce sujet.

L'annonce du décès de son neveu l'avait choqué, mais beaucoup moins que celle de son beau-frère trois ans plus

158

tôt. En fait, l'affection qu'il avait portée à Louis n'avait jamais été débordante. Il l'aimait bien, mais avait peu de points communs avec lui. De plus, Louis avait fait sa vie loin de Saint-Libéral, son existence et sa profession ne l'avaient jamais beaucoup rapproché de son oncle.

Enfin, Pierre-Édouard arrivait à un âge où sa mémoire était tellement pleine de visages disparus, et son cœur tellement meurtri par tant et tant de départs, qu'il en venait à ne pas trop s'insurger quand la mort frappait quelqu'un qui, sans lui être étranger, ne lui était pas non plus très intime.

— Tiens, aide-moi à m'asseoir, demanda-t-il en arrivant devant la vieille souche de chêne où il faisait maintenant halte à chaque promenade. Oui, reprit-il en sortant sa pipe, il faut que tu t'en mêles.

— Et que veux-tu que je fasse ?

— Je ne sais pas, moi ! Mais il faut sortir la petite Yvette de là, et Mathilde aussi, soupira-t-il. Pauvre vieux Léon, dit-il après quelques instants de silence, heureusement qu'il n'est plus là. Quel gâchis ! Au fait, tu as pu te renseigner ? La situation de Louis est réglée ?

— Oui, définitivement. Il avait tout signé la veille de sa mort.

— Alors, pourquoi il s'est tué, ce petit salaud ! s'emporta-t-il soudain. Parce qu'il s'est tué exprès, je le sais ! J'en foutrais ma main au feu ! Et c'est ça qui ronge Mathilde, parce qu'elle s'en doute !

— Calme-toi, tu n'es sûr de rien.

— Bien sûr que si je suis sûr ! Il a fait comme son grand-père Emile, oui ! Et, toi aussi, tu en es certaine. Dis-le !

— A quoi bon ? fit-elle en haussant les épaules : Moi, je crois ce qu'ont dit les gendarmes...

— D'accord, dit-il avec calme, d'accord, crois-le si ça t'arrange. Mais alors essaie d'en convaincre Mathilde ! Tu comprends, elle n'a jamais connu son père, mais elle sait tout de son histoire... Alors, elle fait le rapprochement avec Louis.

— Il n'y a pas de raison, essaya Berthe.

Elle était elle-même convaincue du suicide de Louis, mais ne jugeait pas utile, ni sain, d'en parler. Louis avait choisi, c'était son affaire, même si sa décision était exécrable.

— Bon, d'accord, ne parlons plus de ça, dit-il. Il tira lentement sur sa pipe, cracha entre ses pieds. Tu vois, reprit-il, c'est grand-père qui avait raison...

– Grand-père Édouard?

– Oui. Tu te rappelles ce qu'il disait toujours pour nous inciter à la prudence, pour qu'on apprenne à économiser?

– Oui, je n'ai jamais oublié ça, sourit-elle.

– « Il ne faut que deux générations pour aller des sabots aux sabots! » récita-t-il. C'est bougrement vrai! Ce pauvre père Dupeuch était le plus misérable de la commune et c'est tout juste s'il avait de quoi s'acheter des sabots. Toi, tu l'as à peine connu, mais moi je m'en souviens bien de l'Émile!

– Moi aussi. J'avais sept ans quand... quand il est mort.

– Oui. Eh bien, lui, si pauvre, a eu un fils qui a fait fortune. Car on peut bien dire que Léon a fait fortune! Et puis, voilà, Louis est arrivé et il a tout bouffé. Tout dévoré. Et si ça se trouve, il avait à peine de quoi se payer une paire de sabots... Et c'est sûrement pour ça que...

– Ne rabâche pas tout ça, c'est inutile. Tu veux rentrer? demanda-t-elle.

– Pas tout de suite, on va encore marcher un peu. Je veux t'entendre dire que tu vas t'occuper d'Yvette. Et aussi de Mathilde. Parce que, moi, je ne sais plus quoi faire, et ça me ronge.

TROISIÈME PARTIE

EN SOUVENIR DE LÉON

12

Ce fut avec un petit pincement au cœur que Jean se
retourna et lança un dernier regard en direction de Saint-
Libéral. Il grava en sa mémoire l'image du bourg ensoleillé, niché là-haut, à flanc de colline, puis feignit de
s'intéresser à la route qui serpentait vers Brive.

Il ne regrettait pas ses derniers jours de vacances,
même perturbés par la mort de Louis. D'abord, parce
qu'il s'était plusieurs fois retrouvé seul à Coste-Roche,
donc responsable de la ferme, et qu'il s'en était fort bien
sorti. Ensuite, parce que l'enterrement de son cousin lui
avait donné l'occasion de s'affirmer comme un digne
petit-fils Vialhe.

En effet, il s'était retrouvé l'unique représentant de
tous les petits-enfants Vialhe car Françoise n'avait pu
descendre. Quant aux autres... Et il avait aussi représenté
ses parents, retenus à Paris par d'impératives obligations.
Aussi, c'était avec fierté qu'il avait pu lire dans les yeux
de ceux qui étaient venus au cimetière qu'on le
reconnaissait bien comme un Vialhe et qu'il était donc
légitime qu'il soit là, à côté de ses grands-parents, ses
oncles et tantes, pour soutenir la vieille dame aux yeux
secs, figée devant la tombe ouverte.

— Ne t'inquiète pas, va, lui dit Jacques en voyant qu'il
regardait sa montre, tu seras largement à l'heure.

— Oh, je ne m'inquiète pas! De toute façon, il y a
d'autres trains!

— Eh! Pas de blague! J'ai prévenu tes parents que tu
arriveras à dix-huit heures et quelques, alors... Déjà que
tu devrais être à Paris depuis au moins trois jours! Paraît
que tu n'as rien préparé pour ta rentrée et que tu n'as

même pas de quoi t'habiller! Enfin, c'est ta mère qui le dit.

— Bah, je serai prêt pour après-demain, c'est le principal! dit Jean en haussant les épaules.

Il ne se faisait aucun souci pour sa rentrée scolaire. Il ne changeait pas d'établissement, allait retrouver beaucoup de professeurs et de camarades déjà connus, ne se préoccupait pas du programme à venir et était même content de l'attaquer. En fait, tout aurait été pour le mieux si Saint-Libéral n'avait pas été à cinq cents kilomètres de Paris! Et si, au lieu d'aller s'aérer une fois par semaine en courant bêtement sur le mâchefer du stade, il avait pu, chaque jour, grimper dans les cailloux du puy Blanc, gauler les noix dans la Pièce Longue et conduire les bêtes au pré!

« De toute façon, pensa-t-il pour se réconforter, j'irai voir Félix aussi souvent que je pourrai. Et puis, qui sait, peut-être que les parents voudront bien que je descende pour Noël... »

Il rêvait de voir le village en hiver, de découvrir un paysage dénudé, de marcher dans les terres durcies par le gel, de s'engouffrer ensuite avec bonheur dans l'étable tout attiédie grâce aux bêtes ou de se réchauffer au coin de l'âtre, assis au fond du cantou.

Mais il se gardait bien de parler de tout cela. Il avait conscience que ces envies étaient celles qui donnaient des arguments à son père. Celles qui lui permettaient d'affirmer que tout cela relevait d'un sentimentalisme un peu mièvre, d'une vision de la terre aussi édénique que fausse. Parce que la vie à la campagne tous les jours, surtout par moins dix ou moins quinze degrés ou sous une pluie incessante, c'était autre chose qu'une page de Giono, fût-elle sublime! Et là, son père parlait d'expérience.

« N'empêche, pensa-t-il en regardant ses paumes pleines de cals, ça aussi c'est le début de l'expérience! Parce que papa a beau dire, ce n'est pas parce que je me suis mis les mains en sang les huit premiers jours à Coste-Roche que ça m'a dégoûté et que j'ai abandonné! »

— T'as de vraies mains de paysan! s'amusa Jacques.

— Bah, ça passera vite.

— C'est pas un défaut!

— Ce n'est pas ce que je voulais dire, au contraire! dit-il en rougissant un peu car il était presque vexé que son oncle se soit mépris sur son compte. Moi, j'aimerais mieux les garder comme ça; mais, tu sais, à Paris, c'est pas facile de se servir d'une fourche!

— Il y a un temps pour tout. Tu verras, avant peu, tu apprécieras de ne pas avoir qu'une fourche pour gagner ta vie! Allez, petit Vialhe, ne fais pas cette tête et pense à ton bac! Les cals dans les mains, n'importe quel imbécile peut en avoir, mais tout le monde n'a pas, comme toi, la chance d'être fait pour les études! Va pas gâcher ça! Tu vois, tu pourras même dire à ton père que je t'ai donné de bons conseils! Pas vrai? plaisanta Jacques.

— Oui, tu es presque aussi baratineur que lui! Mais ça ne changera rien. D'abord je ferai comme Dominique et ensuite je serai éleveur! Je ne sais pas où ni comment, mais je le serai un jour.

Malgré son âge, Berthe refusait de se considérer comme une vieille dame, du moins moralement. Elle était assez lucide et franche avec elle pour admettre que son corps agressé par les ans et usé par les épreuves était celui d'une vieillarde et qu'il pouvait la trahir d'un instant à l'autre. Mais elle mettait toute sa volonté à raisonner et à agir comme si le temps ne lui était pas compté; comme si nulle faiblesse physique ne venait lui rappeler qu'elle avait quatre-vingt-deux ans.

Aussi comprit-elle vite que Pierre-Édouard avait raison de s'inquiéter et qu'il était urgent d'aider Yvette à reprendre pied. Faute de quoi, la mère de Louis, qui était pourtant sa cadette de presque quinze ans, sombrerait dans la sénilité bien avant elle!

Ce fut en se rendant jusqu'au camion de l'épicier, comme chaque mercredi, en compagnie de Louise et Mathilde, qu'elle lança son offensive.

— Pierre-Édouard a raison, dit-elle tout à trac en s'arrêtant au milieu du trottoir et en parlant assez fort pour que Louise l'entende bien.

— Mais qu'est-ce qui te prend? s'inquiéta celle-ci.

— Il a raison! redit-elle. Toi tu te laisses un peu aller, lança-t-elle à Mathilde; quant à Yvette, elle est en train de devenir un vrai zombi. Oui, une sorte de fantôme, si tu préfères, expliqua-t-elle en voyant que sa belle-sœur comprenait mal. Il faut qu'on se secoue toutes, il faut qu'on la secoue!

— Facile à dire, si tu crois que c'est drôle, fit Mathilde.

– S'agit pas de savoir si c'est drôle ou triste! Il faut réagir, un point c'est tout! Et d'abord il faut cesser de geindre!

– Mais on ne geint pas! protesta Louise.

– Mais si! Vous geignez! Vous geignez de l'intérieur! Je le sais, non! s'emporta soudain Berthe. Avec Yvette, vous passez votre temps à renifler vos plus mauvais souvenirs, à secouer vos morts comme trois petites vieilles qui font un concours de malheur! Ce pauvre Louis vous sert d'alibi pour gratter vos vieux chagrins!

– Tu n'as pas le droit de parler comme ça! protesta Mathilde avec colère. Elle avait les larmes aux yeux car l'image de Paul venait de l'envahir, l'image de ce fils disparu qui était effectivement plus présente et nostalgique depuis la mort de Louis. Mais de là à déduire que celui-ci servait de prétexte! Je t'interdis de dire ça! lança-t-elle rageusement, tu n'as pas le droit!

– Laisse-moi finir! dit Berthe d'une voix soudain tremblante. Sur ce sujet, j'ai le droit de parler comme je l'entends! J'ai le droit parce que ça fait trente ans que je devrais être morte, trente ans que je suis en sursis! Oui, j'ai le droit! J'ai le droit parce que j'ai vu mourir plus de camarades et d'amies que vous ne pouvez l'imaginer! Ce sont toutes mes sœurs de bagne, toutes celles qui sont parties avant moi qui me disent de parler comme ça! Et je les trahirais en ne le faisant pas!

Il était tellement exceptionnel qu'elle évoquât les mois d'enfer quelle avait passés à Ravensbrück que Mathilde et Louise en restèrent sans voix. Subjuguées par l'incroyable volonté et la force qui émanaient de cette petite vieille, toute frêle, toute menue, mais dont le ton était bouleversant, suppliant, mais sans réplique. Un ton chargé de vie, de fougue, d'espérance.

– Oui, poursuivit-elle, toutes celles que j'ai vues partir en fumée, et il y en avait de quinze ans à peine, me permettent de dire que la vie est trop courte pour la gaspiller dans la tristesse! Trop courte pour la vivre avec un cimetière dans la tête et un cercueil en bandoulière!

Elle se tut, s'ébroua, sourit:

– Excusez-moi, c'est bête, hein, on se laisse emporter. Mais c'est vrai, quoi! Il faut réagir! Même si ce n'est pas facile, surtout si ce n'est pas facile! Tu m'en veux? demanda-t-elle à Mathilde.

– Mais non, je te connais, va, sourit Mathilde, tu es bien toujours la même.

166

Elle n'oubliait pas qu'en d'autres temps, et pendant des mois, sa belle-sœur l'avait aidée à ne pas sombrer, à ne pas s'enliser dans un chagrin sans fond; sa force, alors, l'avait soutenue.

– Et toi, tu m'en veux? demanda Berthe à Louise.

– Non. Mais tu es dure, quand même...

– Alors excuse-moi. Excusez-moi toutes les deux, dit-elle en reprenant sa marche.

Elle salua d'un sourire une de leurs voisines, Germaine Coste, encore toute gênée d'avoir été témoin de l'algarade.

– T'inquiète pas, lui lança-t-elle, on échangeait juste une recette! Alors, vous venez? On va rater l'épicier!

Ce fut sur le chemin du retour, après avoir sacrifié aux traditionnels bavardages avec les amies, que Berthe revint à la charge.

– Vous allez m'aider, décida-t-elle, oui, toutes les deux, ça vous changera les idées, si si! Et je vais aussi demander à Pierre-Édouard, à Jacques et à Michèle de s'y mettre.

– T'aider à quoi? demanda Louise.

– On va reprendre l'idée de Léonie Malpeyre...

– Quoi? sursauta Mathilde. Tu veux lancer un club du troisième âge à Saint-Libéral? Toi? Mais tu as toujours tout fait pour que ça ne se réalise pas! Alors ça!

– C'est vrai, renchérit Louise, Léonie Malpeyre avait tout organisé avec Julie et Fernande. Tout était prêt. Et toi, tu nous a convaincues que c'était grotesque, stupide, que c'était un truc de vieillards gâteux! Il est vrai que même Pierre-Édouard s'en est mêlé pour ridiculiser le projet! Et maintenant, tu voudrais... Alors ça!

– Parfaitement! J'avais raison d'être contre. Avec Léonie, Julie et Fernande, c'était un club de vieilles! Et ça, je n'en veux pas!

– Mais elles étaient plus jeunes que moi de presque dix ans! rappela Mathilde stupéfiée par le culot de sa belle-sœur.

– Avec elles, c'était un club de vieillards, redit Berthe. La preuve, Julie et Fernande sont mortes et Léonie est sénile! ajouta-t-elle avec une totale mauvaise foi. Bon, paix à leurs âmes. On reprend l'idée et on s'arrange pour qu'Yvette soit la présidente. C'est ça le principal! Vous comprenez, ça l'obligera à se remuer, à faire des projets, à organiser des excursions, des visites de musées ou de châteaux, des tournois de belote ou des concours de tricot, toutes ces idioties, quoi!

– Et si elle refuse? hasarda Louise.

– Si on se débrouille bien, elle ne refusera pas, assura Berthe. Je vais d'abord commencer par lui demander un service, parce que c'est ça qui la sortira du puits...

– Un service? insista Mathilde.

– Oui. Je n'ai plus de voiture et d'ailleurs je ne veux plus conduire. D'autre part, ça m'ennuie et ça me fatigue de prendre le train pour aller à Paris. Yvette a une voiture et conduit très bien, alors...

– Et si elle refuse? répéta Louise.

– Alors, il faudra changer de stratégie jusqu'à ce qu'elle accepte! Mais vous allez m'aider à la convaincre que je dois être à Paris à la fin du mois, sans faute!

– C'est vrai? Tu dois vraiment y aller? demanda Mathilde impressionnée par l'assurance de sa belle-sœur.

– Non, je n'ai rien à y faire. Et pour ne rien te cacher, la voiture me fatigue beaucoup plus que le train, mais ne va pas le dire à Yvette!

Yvette ne fut pas dupe une seconde. Elle comprit tout de suite que tous les membres de la maison Vialhe avaient décidé de la soutenir coûte que coûte.

Son premier réflexe fut de protester, de leur jeter qu'elle avait le droit de rester enfermée dans son chagrin. Et que, s'il lui plaisait de le porter toute seule, personne n'avait à intervenir. Mais le manège de toute la famille était si attendrissant, si réconfortant qu'elle y succomba en feignant de ne rien voir, pour ne gêner personne. Elle joua le jeu et permit ainsi à son entourage de partager son fardeau, de l'aider à le porter; elle ne s'en déchargea pas sur eux tous, mais il lui sembla quand même moins lourd, moins pénible.

Et, peu à peu, le jeu devint réalité. Et bien qu'elle fût intimement persuadée que Berthe n'avait aucune raison d'aller à Paris, elle accepta de sortir sa DS du garage et de prendre la direction de Limoges. Attentive jusqu'au bout, Berthe veilla à ce qu'elle emprunte la route de Saint-Yrieix et ne rejoigne pas la nationale 20 avant Limoges. Elles évitèrent ainsi de repasser sur les lieux où Louis s'était tué quelques semaines plus tôt.

168

Ce fut au retour, après trois jours passés à Paris, où Berthe, aidée par Colette et Chantal, la promena de restaurant en boutique et de grand magasin en musée, qu'Yvette accepta d'être l'instigatrice et surtout l'animatrice de ce club du troisième âge qui, paraît-il, manquait à Saint-Libéral.

— Tu comprends, de l'avis de tous, tu ne peux pas refuser! assura Berthe. Tu ne peux pas refuser, en souvenir de Léon...

— En souvenir de Léon?

— Oui. Il fut un très bon maire pendant presque trente ans et en des temps difficiles. Alors, maintenant, tu dois à ta façon prendre la relève... D'ailleurs, s'il était là, c'est ce qu'il t'aurait dit de faire!

— Oui, peut-être...

— Et, si tu veux mon avis, insista hypocritement Berthe, club du troisième âge ce n'est pas beau, ça sent la naphtaline, ça fait asile de vieux... Si j'étais toi, j'appellerais ça autrement. Par exemple... Je ne sais pas moi. Les Amitiés Léon-Dupeuch... Ça sonne bien, non? De toute façon, ça serait logique, car il va bien falloir une grande pièce pour se rassembler et il me semble que le château n'en manque pas...

— Tu as tout calculé, n'est-ce pas?

— Non, pas tout. Par exemple, je n'ai rien prévu pour la suite, si tu avais refusé. Si tu avais dit non, il n'y avait plus grand-chose à faire pour toi...

Yvette devint présidente des Amitiés Léon-Dupeuch deux mois plus tard. Près de quarante-cinq personnes de la commune y adhérèrent avec enthousiasme, contentes de se retrouver ensemble, de prévoir des sorties et des excursions, des rencontres, des jeux, des repas.

Si Jacques, en tant que maire, fut heureux de voir que le village bougeait un peu, il n'eut pas la cruauté de faire remarquer que si les jeunes de Saint-Libéral n'étaient pas assez nombreux pour monter une équipe de foot, les plus de soixante ans pouvaient, eux, se retrouver à quatre douzaines pour meubler leurs loisirs... Et encore, tous n'étaient pas là, tant s'en fallait!

Bien qu'elle commençât à le connaître, Béatrice était toujours étonnée par certaines réactions de Dominique. Ainsi avait-elle vite remarqué qu'il ne tolérait pas que soient mal effectués les travaux confiés aux salariés agricoles. Leurs moindres gestes n'échappaient pas à sa critique dès l'instant où ils étaient consacrés à la terre, aux bêtes ou aux diverses plantations expérimentales dont il avait la responsabilité.

Par exemple, elle l'avait vu un matin sauter par-dessus les barrières d'un corral où deux métis tentaient, en vain, de maîtriser un châtron de trois cents kilos nécessitant un traitement antiparasitaire.

Jurant comme un charretier, il avait bondi devant la bête. Puis, du pouce et de l'index en tenaille dans le nez du bouvillon, de l'autre main à la corne, il l'avait maîtrisé et immobilisé dans un angle puis avait lancé aux deux hommes :

– Et alors, vingt dieux! Vous allez la serrer cette longe, oui ou merde! Je vais pas tenir dix ans, moi! Cette piqûre, ça vient? Faut tout faire, ici!

Une autre fois, visitant une étable avec lui, elle avait été témoin d'une de ses plus mémorables colères.

Couchée, ahanant à n'en plus pouvoir, pattes tendues par l'effort, une vache était en train de vêler. Ou plus exactement en train d'essayer, car ses yeux exorbités, affolés, et son souffle rauque prouvaient à quel point l'affaire s'annonçait mal.

Cramponnés à une corde luisante de glaires qui disparaissait sous la queue de la bête, deux hommes essayaient d'extirper le veau. Surprise, car c'était la première fois qu'elle assistait à un tel spectacle, Béatrice n'avait pas tout de suite compris ce que lui avait lancé Dominique en se mettant torse nu.

– Je te parie qu'ils n'ont même pas vérifié!

Puis tout avait été très vite.

– Vous l'avez sondée avant de tirer comme des dingues?

– Ben, non, patron. D'habitude on tire et ça vient tout seul. Le veau est gros, c'est pour ça!

– Arrêtez, nom de Dieu! avait-il hurlé.

A genoux dans la paille souillée, il avait plongé le bras dans la bête, palpé, évalué la situation et la position du veau.

– Bougres de corniauds! Vous mériteriez que je vous arrache les tripes de la même façon! Et quand je dis les tripes...

– Pourquoi ça, patron?

170

— Ta gueule! Ce veau a la tête repliée sous lui, alors tu peux toujours tirer!

— Ben, nous, on a vu le sabot qui sortait un peu, alors comme ça venait pas...

— Andouilles!

Grimaçant sous l'effort, il avait engagé son bras au plus loin. Et tout en grognant il avait commencé à repousser le veau, à lui remettre le cou dans une position normale.

— Et je casse la tête à celui qui tire avant que je le lui dise! avait-il menacé. Bon Dieu, que c'est dur... J'y arriverai pas! Ah? Ah si! Ça y est! Tirez, maintenant. Pas si fort, bon Dieu! Sont tarés, ces mecs! Là, en douceur. C'est bien.

Et sous les yeux intéressés de Béatrice, beaucoup plus habituée aux accouchements qu'aux vêlages, le veau avait mollement glissé dans la litière.

— Et en plus, il n'est même pas gros! avait constaté Dominique en se nettoyant le torse et les bras d'un bouchon de paille. On ne vous a jamais dit qu'il ne fallait jamais tirer sans savoir, hein?

— Ben, non, patron. Nous on sait pas trop... C'est pour ça que t'es là d'ailleurs! avait dit l'un des hommes avec un bon rire.

— Me rendront fous, ces gars-là! avait-il lancé. Mais sa colère était maintenant tombée et il avait poliment réclamé un seau d'eau pour se laver.

Depuis cette scène, Béatrice n'était pas surprise quand elle le voyait revenir au bungalow couvert de boue ou de poussière.

Aussi, en ce vendredi matin, alors que Dominique et elle fonçaient sur la piste, en direction de la nationale 2 qui les conduirait à Cayenne, Béatrice ne s'étonna pas lorsqu'il stoppa net la Land-Rover au bord d'un champ. Non loin d'eux, ronronnant régulièrement, un gros John Deer tirant un brabant trisocs ouvrait ses sillons dans le sol rouge.

— Mais c'est pas Dieu possible! murmura-t-il en sautant hors du véhicule. Non mais, quel est le foutu débile qui est au volant? Il se retourna, la prit à témoin : Tu vois ce que je vois?

— Euh... Non, avoua-t-elle. Mais elle sentait déjà que ses emplettes à Cayenne étaient compromises, du moins pour la matinée.

— Mais tu ne remarques rien? dit-il en se déchaussant.

Il expédia ses chaussures basses à l'arrière de l'auto, attrapa ses bottes et les enfila. Ce type laboure avec un brabant déréglé, expliqua-t-il en avançant dans la planche labourée et en marchant au-devant du tracteur.

« Arrête! hurla-t-il à l'adresse du chauffeur dès qu'il fut à sa hauteur. Non mais, qu'est-ce que c'est que ce chantier? Tu regardes un peu ce que tu fais, hein? C'est quoi ce boulot?

— Ben, c'est un labour, patron! Et ça marche bien!

— Sans blague? Alors tu t'en fous de creuser trois sillons à trente centimètres dans un sens et à quinze dans l'autre! Et, en plus, ça foire complètement sur la largeur! Non mais, tu ne vois pas ces montagnes russes? T'es pas dans un kolkhoze ici! Descends de là!

— Bah, ça gêne pas rien, patron! dit le chauffeur en sautant dans le labour. La terre est bonne, ça poussera bien! Sûr, parole de moi! assura-t-il avec un large sourire.

— Si ça gêne! Ça me gêne! J'aime pas le travail salopé, on me paie pour qu'il ne le soit pas! Allez, sors ta boîte à outils... J'en ai pas pour longtemps, assura-t-il à Béatrice qui venait de le rejoindre en marchant avec précaution dans le chaume. Elle n'avait pas de bottes et ne voulait pas abîmer ses chaussures de ville. Elle sourit avec fatalisme, car elle savait déjà qu'il allait se mettre les mains pleines de cambouis. Sans doute tacherait-il aussi son pantalon et sa chemise et peut-être y ferait-il même quelques méchants accrocs!

— Tu as une salopette dans la voiture, tu la veux? proposa-t-elle.

Il évalua le travail à faire, secoua la tête.

— Non, pas la peine, j'en ai pour cinq minutes, assura-t-il. Et toi, dit-il au chauffeur, bloque-moi cet écrou pour que je joue sur l'ancrage. Mais non! Pas avec cette clé de 22, c'est au moins du 28! Et puis tu auras aussi intérêt à apprendre à régler le relevage hydraulique et à t'en servir! C'est pas prévu pour faire joli, cette manette! Ni pour y accrocher la musette du casse-croûte!

Il s'affaira quelques instants, jugea le réglage suffisant, grimpa sur le tracteur.

— Faut que j'essaie..., expliqua-t-il à Béatrice.

— Bien, approuva-t-elle, je t'attends à la voiture.

— Non, reste! Tu vas voir la différence! Regarde ce que ça donne une charrue bien équilibrée!

Il passa une vitesse, joua sur le relevage hydraulique, embraya. Il fit une dizaine de mètres, grimaça et s'arrêta.

– C'est pas encore ça, dit-il en regardant son travail. Oh, il ne s'en faut pas de beaucoup. La clé! lança-t-il au chauffeur qui, patient, s'était assis à l'ombre et attendait en fumant un infect petit cigare, noir et tordu.

Ce ne fut que dix minutes plus tard qu'il s'estima satisfait. Alors, pour le seul plaisir du labour, pour le bonheur d'aligner derrière lui des sillons parfaitement réguliers, droits, luisants, beaux, il fit encore trois aller et retour. C'est presque avec regret qu'il rejoignit Béatrice; elle l'attendait en lisant dans la voiture.

– Ça a été un peu long, mais ça valait la peine, assura-t-il.

– Un peu long? Penses-tu! dit-elle en regardant sa montre, ça ne fait qu'une heure et demie! Enfin, heureusement que j'ai un bon bouquin! sourit-elle en refermant le dernier Troyat.

Elle vit qu'il était confus. Il était surtout tellement sale qu'un retour au bungalow s'imposait.

– Ce n'est pas grave, assura-t-elle en lui caressant la joue du dos de la main, tu vas aller te changer. Nous irons en ville cet après-midi. Ou demain..., ajouta-t-elle.

Prudente, elle savait qu'il ne pourrait s'empêcher de stopper la voiture si d'aventure il apercevait quelques travaux qui demandaient son intervention.

Ce fut au retour de Cayenne, tard le soir, que Béatrice voulut savoir. Elle avait envie de comprendre. Déjà lavée et rafraîchie, elle s'était glissée sous la moustiquaire. Elle attendit qu'il sorte de la douche et lança :

– Faudra quand même que tu m'expliques, un jour...

– Quoi donc?

– Pourquoi tu fais ce métier?

– Tu plaisantes? demanda-t-il en se versant un fond de punch qu'il noya d'eau gazeuse. Pourquoi je fais ce métier? Mais parce qu'il me plaît! Il est même passionnant par certains côtés. Mais tu le sais bien! Alors, tu plaisantes?

– Pas du tout. Tu sais, je te vois faire, il va y avoir dix mois que nous sommes là, ça permet d'observer, non?

– Bien sûr. Et alors, tu en as déduit que je n'aimais pas ce que je faisais?

– Non, absolument pas! Mais j'ai quand même remarqué que tu n'es vraiment heureux que lorsque tu mets la main à la pâte!

173

– Explique.

– C'est clair, non? Enfin, dis-moi si je me trompe : ton métier, c'est de superviser les expériences, faire des tests, des analyses, des rapports, c'est ça?

– Oui, où est le problème?

– Pour moi, il n'y en a pas. C'est de toi que je parle. Je te le répète, tu n'es vraiment heureux que lorsque tu es sur le terrain, comme ce matin sur ton engin. Je t'ai vu pendant que tu labourais; si je ne te connaissais pas, ça me rendrait presque jalouse!

– Mais tu es folle ou quoi? dit-il en soulevant la moustiquaire pour mieux la regarder.

Il en profita pour lui caresser les seins et elle lui tapa gentiment sur les doigts.

– Baisse la moustiquaire, je vais me faire dévorer! Parfaitement, pendant que tu labourais, non seulement tu m'as complètement oubliée, mais on aurait presque juré que tu étais occupé avec une femme! plaisanta-t-elle. Bref, tout ça pour te dire que je m'inquiète, dit-elle en redevenant sérieuse.

– Mais qu'est-ce qui te prend?

– On rentre en France dans deux mois et tu ne sais toujours pas où tes employeurs vont t'expédier. Alors, suppose qu'ils te collent dans un domaine uniquement administratif, ou même en laboratoire, par exemple, que feras-tu?

– Je les enverrai se faire cuire deux œufs!

– Je n'en doute pas. Tu as besoin d'être sur le terrain, n'est-ce pas? redit-elle.

– Oui.

– Alors pourquoi n'es-tu pas à ton compte sur une ferme? Sur ta ferme par exemple?

Il était en train de boire et elle crut qu'il allait s'étouffer, tant il sursauta. Puis il partit d'un grand rire.

– Sur la ferme? A Coste-Roche avec papa? Ça, c'est la meilleure de la soirée! Non, c'est impossible, ma chérie! D'abord, jamais les Vialhe n'ont réussi à travailler ensemble sur la même terre! On est comme ça, on a chacun nos idées. Je le sais, papa m'a toujours dit qu'il n'aurait jamais pu rester longtemps à Saint-Libéral avec grand-père. C'est pour ça que maman et lui sont partis s'installer à Coste-Roche, pour être tranquilles. Et surtout pour être leurs maîtres. Et du temps de grand-père, je sais qu'il n'est revenu que lorsque mon arrière-grand-père Jean-Édouard lui a laissé les mains libres. Alors, tu vois!

– Possible. Mais ce que je vois surtout, c'est que tu risques de devenir invivable si par malheur tu te retrouves un jour dans un bureau!

– Oui, peut-être. Mais nous n'en sommes pas encore là! Mais dis, demanda-t-il soudain, ça te plairait de vivre dans une ferme?

– Tu es merveilleux, tu sais! dit-elle en riant. A ton avis, que faisons-nous depuis dix mois? Et, en plus, ici, non seulement c'est plein de bestioles et de moustiques, mais c'est une ferme et une terre qui ne t'appartiennent même pas!

– D'accord, concéda-t-il après quelques instants. Mais tu sais, ce n'est quand même pas du tout pareil! Ici, je dispose de tout ce qu'il faut pour mener au mieux les expérimentations. Je ne dis pas que le crédit est illimité, mais, à court terme, la rentabilité des essais n'est pas le problème majeur. Et ici, en plus, même si elle est souvent fantaisiste, je dispose d'une main-d'œuvre importante et gratuite, du moins pour moi!

– Il n'empêche que, malgré ta main-d'œuvre, tu n'es heureux que lorsque tu peux te salir les mains!

– Bien entendu. Et tout ça c'est le beau côté du métier! Mais l'essentiel est ailleurs. Ici, je suis salarié et bien payé. Grâce à quoi je peux envisager de faire vivre une famille. Et je pense qu'il en sera de même tant que je serai à Mondiagri ou dans toute autre entreprise du même genre.

– Tu veux dire que tu crèverais de faim sur une vraie ferme?

– Tout dépendrait de la ferme. De toute façon, je n'en possède pas et je n'ai pas non plus les moyens de m'en acheter une! Et tu vois, en supposant même, hypothèse invraisemblable, que je m'installe avec mon père sur les terres de Saint-Libéral, elles seraient incapables de nous nourrir tous! Mais ça, je te l'ai déjà dit.

– Oui, mais tu ne m'as toujours pas dit ce que tu feras si un jour tu ne peux plus toucher une vache. Ou, comme ce matin, sauter sur un tracteur et te faire plaisir en labourant, quitte à m'oublier.

– Je n'en sais rien, plaisanta-t-il en se glissant sous la moustiquaire. Mais en attendant ce jour, bien improbable, je sais ce que je vais faire dans l'immédiat pour me faire pardonner de t'avoir oubliée ce matin.

13

Après la pénible expérience vécue avec Gilles, Josyane s'était promis de ne plus se laisser berner par les beaux parleurs, surtout s'ils lui proposaient de faire le tour du monde !

Échaudée, elle s'installa dans une prudente défensive vis-à-vis de la gent masculine qu'elle pilotait d'atoll en atoll. Mais si la réserve qu'elle affichait sans équivoque la débarrassait des importuns, elle lui réservait d'autres surprises.

Ainsi, la voyant si distante envers les hommes, une Allemande androgyne et aux mains baladeuses lui avait proposé de partager son faré. Une autre fois, une Canadienne taillée comme un grizzly lui avait offert sans détour de se mettre en ménage et de venir s'installer chez elle, à Fort Providence, à côté du Grand Lac de l'Esclave ! Josyane n'en était pas là.

Néanmoins, si elle ne regrettait pas son nouveau mode de vie, elle se retrouvait certains jours dans une solitude difficile à supporter. C'est alors qu'elle se surprenait à relire toutes les lettres que ses parents lui expédiaient maintenant régulièrement. Grâce à elles, la vie de la famille Vialhe et de Saint-Libéral lui était redevenue chère. Et elle avait jugé de l'importance qu'avaient reprise ses sentiments filiaux lorsque son cœur s'était noué, deux mois plus tôt, à la lecture de la première phrase d'une lettre de sa mère :

« Ma petite Jo,

« C'est une bien triste nouvelle que je dois t'annoncer aujourd'hui... »

Folle d'inquiétude, elle s'était aussitôt préparée à

apprendre la mort de son grand-père ou de sa grand-mère de Saint-Libéral. Son chagrin l'avait presque empêchée de poursuivre sa lecture car elle vouait une immense tendresse au vieux couple, si solide ; et de le craindre brisé était atroce.

Aussi, peu après, avait-elle eu quelque remords du soulagement ressenti. Car, bien que la nouvelle fût triste, la mort de Louis la touchait moins que celle qu'elle avait redoutée. Ce n'était pas que son cousin lui ait jamais été antipathique, mais il était beaucoup plus âgé qu'elle et n'habitait pas Saint-Libéral. De plus, il y avait des années qu'elle ne l'avait pas vu.

En revanche, comme Jean, elle avait été peinée en songeant à sa grand-tante Yvette et s'en était presque voulu d'être aussi loin et de ne pouvoir lui dire toute son affection. Elle lui avait envoyé quelques lignes, en se doutant bien de leur peu d'effet sur son chagrin.

Mais toutes les lettres n'étaient pas aussi dramatiques. Celles de sa grand-mère Mathilde, par exemple, étaient délicieuses, pleines d'anecdotes, de parfums corréziens, de nouvelles infimes mais douces à connaître. Elles parlaient de la famille, des voisins, des champs et des bois, de la petite poussée de cèpes que la dernière pluie avait amenée, des noix qui commençaient à tomber. Elles recommandaient aussi la prudence, la droiture, l'honnêteté. Enfin, toutes évoquaient le temps qui passe et, en filigrane, l'espoir qu'elle serait bientôt de retour...

Quant à celles de sa tante Berthe, elles étaient toujours pleines de sel, de conseils qui n'étaient jamais pontifiants, d'humour et même de sous-entendus un peu ironiques sur les avantages et les inconvénients de la vie de célibataire ! D'après elle, il était bon de ne point trop s'enfermer dans une solitude qui risquait de devenir vite pesante. Bon également, après avoir jeté sa gourme, fait le tour du monde, goûté un peu à tout, testé son caractère et essayé ses dents, de ne pas oublier que la jeunesse passait vite et qu'un temps venait où il importait de ne plus papillonner...

Josyane en était de plus en plus persuadée et n'aurait pas demandé mieux que d'aller se poser enfin dans quelque coin de France. Mais ses économies ne lui permettaient pas encore d'acheter son billet de retour.

Elle avait été tellement heureuse de trouver du travail dans l'agence Orohena-Tour qu'elle n'avait même pas discuté son salaire, elle n'en avait d'ailleurs pas les moyens. Il était misérable, car ses employeurs estimaient qu'elle était logée et nourrie par eux à chaque voyage. C'était exact, elle avait sa chambre et son couvert dans tous les atolls où se rendaient ses clients. En revanche, elle devait payer hors de prix la location d'un faré, et aussi se nourrir lorsqu'elle séjournait à Papeete entre deux excursions; il ne lui restait donc pas grand-chose en fin de mois. Aussi louchait-elle de plus en plus en direction des deux appareils-photos dont la vente pourrait sans doute lui permettre de s'envoler vers la France, à condition de ne pas les brader au premier Chinois venu!

Ce jour-là, de repos entre deux vagues de touristes, elle était justement en train de supputer le prix qu'elle devrait en tirer lorsqu'on frappa à sa porte. Pensant que sa petite voisine tahitienne lui rendait son habituelle visite – l'adolescente venait papoter dès qu'elle la savait chez elle –, Josyane ouvrit et se heurta presque à un Bronica, le plus bel appareil-photo qui soit!

« Ce bijou coûte une fortune! » songea-t-elle avant même de regarder le propriétaire. Puis elle réalisa qu'un homme était là, qu'il avait un appareil-photo et se méfia aussitôt. Le souvenir de Gilles rôdait soudain!

– Vous êtes bien Josyane Fleyssac? demanda le visiteur.

Elle l'observa sans répondre, lui trouva beaucoup de charme et décida d'être encore plus prudente :

« Ce type ressemble trop à Paul Newman pour être honnête », pensa-t-elle sans baisser les yeux.

Ce n'était pas parce que cet inconnu avait un magnifique regard bleu qu'elle allait se laisser impressionner! Elle en avait vu d'autres!

– C'est vous, Jo? redemanda-t-il.

– Josyane Fleyssac, oui, le reprit-elle. Pourquoi?

– Je viens de la part de votre sœur...

C'était de plus en plus invraisemblable, donc dangereux.

– Laquelle?

– Chantal, celle qui travaille chez Claire Diamond...

– Chantal? murmura-t-elle.

Elle se sentit soudain très gênée car elle avait les larmes aux yeux en pensant à sa sœur. Elle ne l'avait pas vue depuis des années et ne lui avait même pas écrit, sauf deux ou trois cartes postales très banales. Certes, elle avait

de ses nouvelles par leur tante Berthe, mais il était bouleversant de découvrir que Chantal pensait à elle au point
de lui envoyer un messager.

– Une lettre ? balbutia-t-elle en s'efforçant de sourire
pour masquer son trouble.

– Oui, dit-il en fouillant dans sa sacoche de photographe.

Elle aperçut un assortiment d'objectifs, un Pentax, des
boîtes de pellicules et la lettre.

– Je suis parti hier soir de Roissy, expliqua-t-il en tendant l'enveloppe, avec tout ce décalage horaire c'est un
voyage sacrément long!

– Vingt et une heures, avec escale à San Francisco,
s'entendit-elle répondre en décachetant la missive. Vous
permettez ?

– Bien sûr.

Elle sentit qu'il la regardait, fut une nouvelle fois
gênée car elle avait le sentiment de se donner en spectacle :

– Asseyez-vous, proposa-t-elle. Et puis servez-vous, dit-
elle en lui donnant un verre et en lui désignant la bouteille de jus de fruits qui était sur la table. Elle avait
besoin qu'il cessât de l'observer pour pouvoir lire en paix.
Elle s'assura qu'il ne s'occupait plus d'elle et lut :

« Ma petite Jo,
« D'après tante Berthe, tu es trop fauchée pour rentrer
au bercail et trop Vialhe pour réclamer de l'aide. Tante
Berthe se trompe peut-être, mais ça m'étonnerait, elle a
l'œil, même à distance. Alors, si tu en as marre de jouer
les vahinés et de danser le tamouré, n'hésite pas à encais-
ser le chèque ci-joint. Il te paiera le voyage. Et ne sois pas
bête au point de refuser. Tu me rembourseras plus tard.
Tâche d'être là pour le mariage de Dominique, on va lui
faire arroser ça! A tout de suite. Bises. *Chantal*.
« P.-S. Christian est un vieux copain, pas plus. Je lui ai
dit que tu pouvais lui indiquer les bons coins à mettre en
boîte. Mais laisse tomber si ça t'ennuie ou si tu le trouves
vraiment trop moche et casse-pieds! »

Stupéfiée, se mordant les lèvres pour ne pas pleurer de
joie, elle sortit le chèque de l'enveloppe. Il était assez
lourd pour lui permettre de partir dès qu'elle le décide-
rait. Elle nota que son visiteur l'observait sans vergogne,
lui trouva l'œil goguenard et faillit le moucher.

Mais elle était soudain tellement délivrée, tellement heureuse à la pensée de son proche départ, qu'elle fit les trois pas qui les séparaient et lui posa une bise sur chaque joue.

– Pour remercier le facteur! Je suis si contente! s'excusa-t-elle.

– Ça a l'air.

– Vous êtes au courant de ce que raconte cette lettre?

– Un peu. D'après votre sœur vous devez commencer à trouver le temps long. J'ai l'impression qu'elle ne se trompe pas beaucoup!

– Non, elle a raison.

– A première vue, ce n'est pourtant pas le bagne ici, dit-il en désignant le jardin rempli de fleurs et d'oiseaux.

– Au début, non, reconnut-elle. Et puis... et puis n'en parlons plus! décida-t-elle. Vous êtes photographe? demanda-t-elle en se souvenant soudain qu'elle devait être prudente.

– Oui. C'est pour ça que je suis ici. J'ai un reportage à faire à Mururoa. Mais avant, j'ai le temps de jeter un coup d'œil sur Tahiti et quelques atolls. Ça vaut d'être vu, non? Votre sœur m'a dit que vous pourriez peut-être...

– Bien sûr. Mais tout dépend de ce que vous voulez voir et de vos moyens. Mais à propos, comment connaissez-vous Chantal?

– Je fais aussi de la photo de mode, je fais tout!

– Même le porno, je parie, vous avez la tête à ça! lança-t-elle en se souvenant que Gilles lui avait dit un jour que ça payait bien. Elle lui avait alors vertement conseillé de ne pas compter sur elle comme modèle!

– Non, pas le porno, s'amusa-t-il. C'est marrant, votre sœur m'avait prévenu, mais vous m'avez eu! Oui, elle m'a dit : « Fais gaffe, de nous trois, Jo est celle qui dégaine le plus vite, comme Lucky Luke! On ne sait jamais trop ce qu'elle va sortir, ni quand! »

– Vous connaissez Gilles Martin?

– Non. Pourquoi, il faudrait?

– Il est photographe.

– Quelle agence?

– Aucune, il travaille en indépendant.

– Gilles Martin? redit-il, non, jamais entendu parler. Pourtant, j'ai presque quinze ans de métier, mais je ne vois pas...

– Ça ne m'étonne pas, il est nul!

– Alors, s'il est nul...

– Vous avez bien dit que vous étiez photographe depuis quinze ans? insista-t-elle.

Elle calcula qu'il devait être plus âgé qu'il n'en avait l'air et qu'il importait donc de se méfier encore plus. Car si, non content de ressembler à Paul Newman, il trompait aussi les gens sur son âge, ça devenait redoutable!

– Oui, j'ai commencé en 60, j'avais dix-huit ans.

– C'est bien ce que je pensais...

– Ah bon? Je fais si vieux crabe que ça?

– Non, justement! Enfin si! Je veux dire... peu importe. A dix-huit ans, dites-vous?

– Oui, pendant la guerre d'Algérie. Je me suis engagé. J'étais au service cinématographique des Armées. Photographe au journal *Le Bled*, ça ne s'invente pas! Ça en jette, non? plaisanta-t-il.

– Moi, en 60, j'étais beaucoup plus jeune.

– Je sais. Votre sœur m'a dit que vous étiez sa cadette.

– Ah bon. C'est bien Christian, votre prénom?

– Oui, Christian Leyrac.

– Je vous invite à dîner, je vous dois bien ça pour la lettre. On discutera de ce que vous voulez voir, d'accord?

– D'accord.

– Vous êtes à quel hôtel?

– Au Taharaa.

– Rien que ça? Vous ne vous refusez rien!

– Pourquoi voulez-vous? C'est mon agence qui règle!

– Alors vous devez être un vrai photographe, décida-t-elle.

Elle l'observa, hocha la tête, sut qu'il ne comprendrait rien à ce qu'elle allait dire, mais lança quand même:

– Oui, un vrai photographe, ça me changera!

Jacques s'assura que l'encre avait bien séché, referma le registre d'état civil et haussa les épaules avec fatalisme. Il y avait comme ça des périodes où tout s'en mêlait pour vous saper le moral.

D'abord, il avait mal au dos, et même si c'était devenu d'une grande banalité, cela n'enlevait rien à la douleur.

Ensuite, la veille au soir, il s'était une fois de plus vivement accroché avec Peyrafaure et ceux du conseil municipal qui feignaient de ne pas comprendre que la commune manquait d'argent. Il ne leur reprochait pas de vouloir donner un peu d'animation à Saint-Libéral, mais il ne pouvait les suivre dans leurs projets. Car, après le tennis, ils proposaient maintenant de faire concurrence à Ayen et de créer un village de vacances sur le plateau, pas moins.

En fait, Jacques savait surtout que Peyrafaure visait sa place à la tête de la mairie. Il faisait de la surenchère dans ses projets uniquement pour pouvoir dire, en temps voulu : « Moi, j'ai proposé ça et ça qui auraient sorti la commune de son sommeil, Vialhe a tout refusé, c'est un incapable ! »

« Cette grande gueule de Peyrafaure n'oublie qu'une chose : les élections n'ont lieu que dans deux ans, et d'ici là... Et puis au train où vont les choses, il n'y aura plus beaucoup d'électeurs ! » pensa-t-il en feuilletant le registre d'état civil.

Car ce n'était pas Peyrafaure et sa logorrhée qui l'inquiétaient, ni ses partisans, les uns et les autres s'apercevraient un jour que les Vialhe avaient encore du répondant et beaucoup d'amis ! Non, l'heure n'était pas venue où Peyrafaure ceindrait l'écharpe. Et puis qu'importait d'être maire si c'était pour gérer un cimetière !

Car tout le problème était là. Pour la deuxième fois depuis le début du mois de novembre, il revenait d'accompagner un de ses administrés juqu'à la tombe. Deux départs en moins de quinze jours, neuf depuis le début de l'année, sans même compter ce pauvre Louis. Ça devenait terrifiant, angoissant. Et d'autant plus qu'il n'y avait pas eu une seule naissance à inscrire dans le registre et qu'il n'y en aurait pas pour cette année 1975. Alors, dans ces conditions, il avait bonne mine Peyrafaure avec son tennis et son village de vacances !

— Ferait mieux de monter une entreprise de pompes funèbres, ce con-là ! grogna-t-il en se levant.

Il vit que sa sœur le regardait sans comprendre.

— Ne t'inquiète pas, je marmonne tout haut ! dit-il.

Parce que son époux, secrétaire en titre, ne pouvait assurer la permanence à cause des douze gosses qui fréquentaient l'école, Mauricette faisait fonction d'employée municipale. Elle n'y gagnait pas un sou, mais trouvait plus intelligent d'occuper son temps en remplissant quelques paperasses administratives ou en répondant au téléphone que de le perdre en restant chez elle devant la télé. Elle avait autant horreur de la passivité que de l'inactivité.

– Qu'est-ce qui t'arrive? demanda-t-elle. C'est ton dos?

– Entre autres. Mais s'il n'y avait que lui! Non, ce qui me sape le moral, c'est de passer ma vie à marcher derrière le corbillard! J'en ai marre, tu comprends?

– Bien sûr, mais ça s'arrangera peut-être!

Il faillit lui rétorquer vertement qu'elle disait n'importe quoi! Que tout indiquait au contraire une proche aggravation de la situation et que, parti comme c'était, Saint-Libéral serait un village fantôme avant vingt ans! Lui dire qu'il était excédé de voir dans quelle hautaine indifférence les pouvoirs publics laissaient agoniser, dans toute la France, tous les villages comme Saint-Libéral! Lui faire part de cette amertume qui l'empoignait chaque fois qu'il devait marquer : Décédé le... à côté du nom d'un ami, d'une voisine, d'une vieille connaissance! Lui avouer surtout à quel point il était las et découragé d'avoir à gérer une commune où la seule activité qui marchât vraiment était le club du troisième âge! Mais il se tut, car il ne voulait pas gâcher le bonheur de sa sœur.

Depuis huit jours, Mauricette avait retrouvé sa joie de vivre, et Jean-Pierre aussi. Leur gaieté faisait plaisir à voir depuis que Josyane avait annoncé son retour. Ça c'était la vraie bonne nouvelle pour toute la famille. Celle qui avait doucement fait rire Berthe, rendu son dynamisme à Mathilde, donné à Pierre-Édouard l'occasion de se servir un petit verre de vieille prune, à Louise de dire qu'elle savait que la petite Jo reviendrait un jour et à Yvette de sourire vraiment. D'un sourire des yeux qui, en un instant, avait mis un peu de baume sur cette plaie qui lui endolorissait le cœur.

– Oui, oui, ça s'arrangera peut-être, fit-il en notant une fois de plus à quel point sa sœur avait rajeuni.

– J'y pense, dit-elle en lui tendant une lettre, tu ne m'avais pas dit que tu avais relancé les gendarmes d'Ayen; c'est arrivé ce matin...

– Ah? Ils ont répondu? fit-il en prenant le document. Il le lut, haussa les épaules : Tu peux classer, comme l'enquête...

– Ce n'est pas ce qu'ils disent!

– Non, mais ça revient au même...

– Tu leur avais écrit?

– Non, mais j'ai rencontré le nouveau gradé, celui qui

coiffe tout le secteur. Il était l'autre jour à Objat pour la remise du Mérite agricole à Chastang. Il se pavanait et se flattait de tous les PV que ses copains et lui ont collés pour excès de vitesse ou défaut de conduite. Tu sais bien, ils ont fait une opération coup de poing dans tout le département. Ce gros bouffi était tout content d'avoir coincé je ne sais combien de types sur la 89, et même sur la 901!

– Je sais, assura-t-elle, Marie-Louise Vergne s'est fait prendre en revenant de Terrasson; ça l'a rendue malade!

– Justement, il m'énervait, ce gros veau! Alors, je lui ai dit qu'établir des PV c'était plus facile et reposant que de trouver les pilleurs d'église!

– Tu lui as dit ça comme ça?

– J'allais me gêner! Et figure-toi que ce plouc n'était même pas au courant. Il m'a entendu, crois-moi! L'amusant, c'est qu'il ne savait même pas qui j'étais. Le chef d'Ayen était écroulé de rire! C'est après qu'il a dû se faire engueuler. La preuve, il a cru bon d'écrire. Mais tu peux classer, quand on lit : « L'enquête suit son cours », c'est sans espoir, on ne reverra jamais notre pauvre saint Eutrope!

– Ça, maman ne s'en remet pas.

– Je sais. Mais puisqu'on en parle, tu crois vraiment qu'elle ne se doute de rien? demanda-t-il.

– Pour le mariage?

– Oui. Tu crois qu'elle est dupe?

Plus le 20 décembre approchait, plus il avait peur que sa mère apprenne qu'il n'y aurait pas de cérémonie religieuse. Il savait que c'était le genre de nouvelle qui risquait de lui gâcher tout son bonheur, et pour longtemps. Et il avait même écrit à Dominique dans ce sens. Non pour qu'il tente de convaincre Béatrice – dont il respectait l'opinion –, mais pour lui dire de ne pas gaffer devant ses grands-parents.

– Maman? dit Mauricette, oui, je pense qu'elle croit cette histoire de mariage civil à Paris le 19 et religieux à Draguignan le 20. Mais, pour papa, je n'en jurerais pas... J'ai l'impression qu'il a très bien compris qu'on fait tout pour que ni lui ni maman puissent être de noce!

En effet, pour éviter tout drame et expliquer aux parents qu'il leur était impossible d'assister au mariage car le voyage était trop long et fatigant pour son père, donc dangereux, Jacques avait monté un de ces énormes mensonges dont il aurait rougi toute sa vie s'il n'avait eu l'excuse de le proférer pour la bonne cause. Avec la complicité de sa tante Berthe, qu'il avait bien fallu prévenir car elle entendait bien être au mariage, il avait expliqué que Béatrice était née dans le Midi, chez sa grand-mère, que toute la famille était de là-bas et qu'il était donc normal qu'elle s'y marie... Quant à la cérémonie civile, puisque Béatrice était domiciliée à Paris, la logique voulait...

– Oui, dit-il, moi non plus je ne mettrais pas ma main à couper que papa gobe cette histoire... J'ai le sentiment qu'il en sait beaucoup plus qu'il ne le dit, et sur beaucoup de choses!

– Et tu crois qu'il se priverait de nous remettre au pas?

– Non, sûrement pas. Mais il se tait pour maman; enfin, je crois.

Dès qu'elle eut son billet et sa place retenue dans le vol du jeudi 4 décembre, Josyane se prit à retrouver beaucoup de charme à Tahiti. Elle ne s'y sentait plus du tout prisonnière, aussi l'existence y redevenait très agréable.

Après avoir annoncé à ses employeurs de l'agence Orohena-Tour qu'ils ne devaient plus compter sur elle, elle disposa de quelques jours de vacances. Aussi, sans se départir de la défiance qu'elle s'était juré d'entretenir vis-à-vis de Christian – ce n'était pas le moment de se laisser piéger par un photographe, même si c'était un vrai –, accepta-t-elle de lui faire découvrir les plus beaux sites de Tahiti.

C'est au soir du deuxième jour, alors qu'il l'avait invitée à dîner, qu'elle accepta de l'accompagner le lendemain jusqu'à Moorea. Ce n'était qu'à dix minutes d'avion ou une heure de ferry.

– D'accord, ça me fera faire un dernier petit pèlerinage, et puis c'est tellement beau! Mais ensuite, ne comptez plus sur moi. Vous êtes assez grand pour découvrir les autres atolls tout seul! D'ailleurs moi, dans trois jours, adieu la Polynésie!

– Je vais m'ennuyer!

– Ça m'étonnerait! Et puis je croyais que vous deviez aller à Mururoa.

– Oui, c'est prévu. Mais j'attends mon copain journaliste. Il arrive en fin de semaine, via Nouméa. Alors si vous me laissez tomber demain soir, pendant trois jours je m'ennuierai, c'est vrai!

— Ne vous fichez pas de moi! Vous n'avez pas une tête à vous ennuyer, où que ce soit!

— Je croyais que j'avais une tête à faire des photos pornos! plaisanta-t-il.

— Ne détournez pas la conversation! Blague à part, si c'est une vahiné qui vous manque, faut le dire! Ce genre de créature se trouve vite fait à Papeete! Et, en plus, elles adorent rendre service et faire plaisir!

— Je ne parlais pas de ça, assura-t-il.

— Ouais, on dit ça, mais je n'en crois pas un mot!

— Vous êtes toujours aussi acide?

— Toujours!

— Eh bien, moi non plus je n'en crois pas un mot! Enfin, c'est votre problème. Donc, demain, on va en face, à Moorea?

— Oui, vous verrez, ça vaut le détour. Cela étant, c'est comme toutes les îles, on finit vite par s'y ennuyer.

— Ça ne vaut pas la Corrèze, hein?

— Aucun rapport, dit-elle en haussant les épaules, et puis pourquoi dites-vous ça?

— A cause de Chantal, elle en parle sans arrêt de ce bled perdu!

— Ce n'est pas un bled! coupa-t-elle sèchement. Elle comprit soudain qu'il la taquinait, sourit : Ça vous amuse de me faire enrager?

— Bah! C'est pareil avec Chantal, sur ce sujet elle démarre au quart de tour, c'est un vrai régal.

— Vous connaissez?

— Quoi?

— La Corrèze?

— Non. Enfin si, j'ai dû la traverser en voiture, comme tout le monde. Mais j'avoue que ça ne m'a pas spécialement marqué. Sauf peut-être que ça tourne beaucoup!

— Vous êtes un vrai plouc, si c'est tout ce que vous avez été capable de retenir! dit-elle en haussant les épaules.

— Vous fâchez pas, dit-il en posant la main sur la sienne, je plaisantais. Je me suis promis de découvrir votre région dès que je pourrai. Vous savez pourquoi?

— Parce que Chantal vous en a parlé.

— Oui, mais pas uniquement. Ce n'est pas une blague ce que je vais vous dire. Mon arrière-grand-père est né dans la région de Brive, mais je ne sais pas où.

186

– Ah, c'est pour ça que vous vous appelez Leyrac?

– Sans doute. Ma mère m'a expliqué qu'il devait posséder un bout de ferme au sud de Brive, pas loin du Lot. Elle n'en savait pas plus. Elle tenait ça de mon grand-père paternel.

– Et vous n'avez jamais cherché à en savoir davantage?

– Ben, non. Faut dire que ce n'était pas simple, dit-il d'un ton évasif.

Elle vit qu'il hésitait à parler, comme s'il redoutait de l'ennuyer avec ses histoires de famille.

– Allez-y quoi, racontez! Enfin, si vous voulez. Après tout, vive la liberté! On peut aussi parler cuisine ou photographie!

– Oh, ce n'est pas un secret, dit-il. Mais si je ne sais pas grand-chose, c'est que plus personne n'est là pour m'en parler, c'est tout.

– Ah bon...

– Oui, ma mère est décédée il y a cinq ans, et c'était la seule qui connaissait encore quelques détails.

– Et votre père? hasarda-t-elle.

– Il est mort à Dachau, en juillet 44.

– Oh! Je vous demande pardon, murmura-t-elle en posant à son tour sa main sur la sienne. Elle la retira comme si elle s'était brûlée : Excusez-moi, redit-elle.

– Vous n'y êtes pour rien! Mais enfin, c'est pour dire. S'il avait vécu, j'aurais su d'où sortait mon ancêtre. Tout ce que ma mère m'en a dit c'est qu'il était parti au Chili, dans les années 70, je crois. Pour faire fortune! Vous vous rendez compte? Ils étaient gonflés, les gars, dans ce temps-là! Mais ça marchait! La preuve, il paraît qu'il a fini par avoir une hacienda de je ne sais combien de milliers d'hectares! Et comme il avait aussi gagné pas mal en montant travailler sur le canal de Panama! Bref, ça lui a permis de payer des études à mon grand-père. Lui, il était né là-bas. Il est venu en France et il est reparti comme ingénieur agronome pour s'occuper du domaine.

– Ah bon, lui aussi!

– Pourquoi lui aussi?

– Parce qu'un de mes cousins est agro, c'est tout. Mais pourquoi êtes-vous là, alors? Vous devriez être chilien?

– Logiquement oui. Mais figurez-vous que mon grand-père a voulu rentrer en France pour faire la guerre de 14! Je vous dis, ils étaient gonflés, les anciens! Il aurait pu rester peinard dans son hacienda, eh bien non : au premier coup de flingue, il a rappliqué! Ma grand-mère était dans les bagages. Il l'a installée à Bordeaux et il est parti s'engager, à quarante-deux ans!

— Il a peut-être connu mon grand-père de Saint-Libéral, sourit-elle, lui aussi a fait toute la guerre. Et ensuite?

— Mon père est né en 15. Ma grand-mère est décédée de la grippe espagnole, en 18, à Bordeaux. Si j'ai bien compris, mon grand-père a trouvé une place de régisseur dans je ne sais quel vignoble, un bon cru, je ne sais où. Voilà.

— Et il n'a rien laissé comme papiers?

— Non. Faut dire qu'il n'a pas beaucoup aimé que ma mère se remarie en 48. Il a rompu toute relation avec elle... De toute façon, avec ma mère et son mari, nous vivions à Paris et lui à Bordeaux! Il est mort en 50, j'avais huit ans et je m'en souviens à peine. Dommage, lui au moins aurait pu me dire de quel coin de Corrèze sortent les Leyrac! Et mon père aussi me l'aurait dit...

— C'est amusant tout ça, murmura-t-elle. Oh! pardon! se reprit-elle, ce n'est pas ce que je voulais dire.

— Je sais bien, la rassura-t-il.

— Oui, je voulais dire : c'est étrange, les familles. Nous, côté Vialhe, on retrouve trace des ancêtres sur plusieurs siècles. On est tous du même coin. Côté paternel, c'est presque pareil. Aussi, quand on est là-bas, on est vraiment chez nous, sur nos terres. C'est pompeux ce que je dis, mais c'est vrai, alors que vous...

— Oui, mais ce n'est pas un drame! Moi je suis né à Paris, comme ma mère, pour le reste... Enfin, ça ne m'empêche pas de dormir! Mais il est quand même amusant que nous soyons là, à Papeete, aux antipodes de la France métropolitaine, en train de discuter de cette région d'où viennent les Leyrac et que je ne connais pas!

Tout à sa joie de rentrer en France, Josyane décida que l'absence de Christian à l'aéroport de Faaa n'avait aucune importance. D'ailleurs, elle avait bien tout fait pour qu'il ne se croit pas obligé de venir la saluer avant son départ.

Certes, c'était quand même un peu grossier de sa part. Il aurait pu au moins se déplacer pour la remercier encore de lui avoir fait connaître Tahiti et Moorea beaucoup mieux qu'il ne l'eût fait tout seul. Mais son absence prouvait qu'il était bien aussi mufle qu'elle l'avait pressenti et qu'elle avait eu raison de se méfier. Son instinct ne l'avait pas trompée; tout était bien.

Ses bagages enregistrés, elle se dirigea vers le couloir d'embarquement et allait le franchir lorsqu'elle se ravisa. Après tout, peut-être n'avait-il pas trouvé de taxi?

Mais non, c'était stupide. Il avait loué une voiture. Donc il n'avait aucune excuse. Elle regarda la grosse pendule du hall, hésita, puis sourit soudain en l'apercevant qui venait vers elle avec une poignée de colliers en coquillages.

— D'après ce qu'on m'a dit, ça se fait ici, pour un départ! dit-il en lui passant les colliers autour du cou.

— Oui, ça se fait, murmura-t-elle en rougissant.

Elle était furieuse contre elle-même. Furieuse de l'avoir attendu et surtout de son trouble qui, pensait-elle, devait sauter aux yeux de tous les gens qui étaient là.

— Il était temps, s'efforça-t-elle de dire, j'allais passer le contrôle.

— Je m'en serais voulu toute ma vie! plaisanta-t-il. Allez, blague à part, j'ai horreur des adieux qui s'éternisent. Alors j'arrive toujours au dernier moment. Quitte à m'embusquer dans un coin et à me jeter sur ma proie à l'ultime seconde! ajouta-t-il en riant.

— Vous êtes bien capable de l'avoir fait! Mais c'est vraiment le dernier moment! Vous entendez: on appelle pour l'embarquement.

— Très bien. On se fait la bise quand même? Elle n'eut pas le temps de bouger et il lui posa un baiser sur chaque joue: Et encore merci pour la visite commentée, c'était parfait. A propos, si je viens en Corrèze et que vous y soyez, vous me servirez encore de guide? Oui?

— En Corrèze? murmura-t-elle. Si j'y suis? D'accord. Elle tripota les colliers dont il l'avait parée: Et merci pour ça, dit-elle.

Elle lui fit un petit signe de la main et s'éloigna sans se retourner.

14

— Va pas me prendre froid! recommanda Pierre-
Édouard en levant le nez par-dessus son journal. Il
s'assura que Mathilde se couvrait chaudement avant de
sortir pour gaver ses canards et ses oies et lança à Louise :
Et toi aussi couvre-toi! Bon sang! Il fait froid, ce matin, la
mare est pleine de glace. Vous allez vous geler toutes les
deux!

— Mais ne t'inquiète donc pas! On n'est pas en sucre!
le rassura Louise.

— Couvre-toi mieux, je te dis! insista-t-il. Mais miladiou! Quelle idée aussi d'avoir un tel troupeau à gaver!

— Oh, arrête, hein! Tu ne dis pas ça quand tu reprends
du confit ou du foie gras! Et pourtant les deux te sont
interdits pour ton cholestérol! dit Mathilde en empoi-
gnant le seau de maïs gonflé qui tiédissait non loin de
l'âtre.

— Le docteur est un âne! décida-t-il en se replongeant
dans sa lecture.

Il attendit que les deux femmes soient sorties et jeta un
coup d'œil en direction de Berthe. Tout occupée à faire
ses mots croisés, elle semblait ne pas l'avoir entendu. Cela
l'agaça et titilla son humeur. Il était très sombre depuis
quelque temps.

D'abord il était enrhumé et le docteur Martel lui avait
interdit de sortir, et aussi de fumer! Il n'en avait cure et,
pour être tranquille et ne pas entendre les remontrances
des femmes, il sortait dans la cour dès qu'il avait envie de
fumer une petite pipe.

Mais le fait de ne pouvoir effectuer sa promenade quotidienne l'agaçait beaucoup. Sa petite heure de marche

lui manquait, ainsi que les conversations avec tel ou tel voisin rencontré et surtout les confidences qu'il échangeait avec Berthe. Mais celle-ci se conformait aux ordres du docteur Martel et refusait de l'accompagner depuis plus de trois semaines. C'était rageant, car il se sentait quand même un peu faible pour se lancer tout seul dans le chemin qui grimpait vers le plateau.

— Le docteur est un âne! redit-il en repliant nerveusement son journal. Il le lança sur la table, juste devant sa sœur : Tu entends ce que je dis? Le docteur est un âne!

— Oui, et alors? Tu nous répètes ça vingt fois par jour. Ce n'est pas pour ça qu'il va se mettre à braire, heureusement!

— Et, en plus, vous toutes, vous me prenez aussi pour un âne! jeta-t-il en se levant. Il s'approcha de la fenêtre, vérifia que Mathilde et Louise étaient bien dans la grange, occupées à gaver les canards : Pour un âne! Parfaitement! Tu m'écoutes, oui?

Car c'était surtout cela qui le mettait de méchante humeur, cette quasi-certitude qu'on lui cachait quelque chose, qu'on cherchait à le tromper.

C'étaient surtout Jacques et Mauricette qui lui avaient mis la puce à l'oreille. L'un et l'autre étaient trop empressés à faire dévier certaines conversations, à éluder ses questions. Parallèlement, ils étaient presque trop enjoués pour être honnêtes. Certes, ils avaient toutes les raisons d'être heureux. D'abord la petite Jo était attendue d'un jour à l'autre, quant à Dominique et sa fiancée, ils seraient là dans une semaine.

Malgré cela, Pierre-Édouard pressentait quelque cachotterie et il n'aimait pas ça. Même Yvette semblait s'être mise de la partie pour lui monter le coup. Elle allait mieux, Yvette, c'était très bien; elle avait réintégré le château et s'occupait beaucoup des Amitiés Léon-Dupeuch. Oui, elle allait mieux. Mais ce n'était pas une raison pour se ranger du côté de ceux qui voulaient le rouler. Car il était à peu près certain qu'on tentait de le berner. Et le pire était que même Berhe était passée dans le camp adverse, celui des cachottiers!

— Je t'ai parlé, dit-il en constatant qu'elle s'était replongée dans ses mots croisés. Pourquoi me prenez-vous pour un âne?

Elle soupira, sourit et alluma une cigarette.

— Tu sais que tu es un rude casse-pieds! dit-elle. Allez,

profite de ce que je fume pour te bourrer une petite pipe, Mathilde n'est pas près de revenir.

— Cette blague, avec tous ses bestiaux à gaver! Alors tu réponds, oui? Je sais que vous me cachez quelque chose. C'est si grave que ça? demanda-t-il en allumant sa pipe. C'est grave? Réponds, quoi, miladiou!

— Mais non ce n'est pas grave! C'est d'ailleurs pour ça que je ne t'ai rien dit...

— Oh, j'aime pas ça! Pas du tout! Qui a des problèmes? La petite Jo? Elle ne revient pas? Elle est encore partie en Patagonie ou je ne sais où?

— Pas du tout, elle atterrit demain soir à Roissy.

— Alors, elle attend un petit et le père a filé, c'est ça?

— Mon pauvre Pierre, dit-elle en éclatant de rire, il y a belle lurette que les jeunes n'ont que les enfants qu'ils veulent! Déjà que de mon temps il suffisait d'un peu de pratique... Alors tu penses, eux avec la pilule! Non, elle n'attend pas d'enfant. Enfin, je ne crois pas. Non, tu n'y es pas. Allez va, ce n'est pas toi qu'on cherche à épargner, c'est Mathilde.

— Mathilde? Allons bon, c'est si grave?

— Bah, tout dépend sur quel plan on se met...

— Bon, alors, dis-le maintenant, tu as assez noyé le poisson!

— C'est pour le mariage des petits. Voilà, ils se marieront juste à la mairie, c'est tout.

— Ah, je vois, dit-il en hochant la tête. Il médita un instant, s'approcha du feu pour cracher: C'est pour ça que vous ne voulez pas qu'on y aille, je comprends! Alors d'accord, vous avez raison. Faut pas que Mathilde l'apprenne, ça lui ferait trop dépit! Et Louise?

— Pareil, elle ne sait rien.

— Ah bon. Eh bien, il faut que ça dure. Mais pourquoi ils font ça, les petits? Ça les gêne de passer à l'église?

— La petite n'y croit pas, on ne peut pas l'obliger!

— Bien sûr, murmura-t-il. Mais il ne faut surtout pas que Mathilde apprenne qu'ils se marient comme des païens. Ça lui gâcherait tout son bonheur, tu comprends?

— Dis donc, pourquoi penses-tu qu'on se fatigue pour qu'elle ne sache rien!

— C'est vrai. Mais à moi, vous auriez pu le dire!

— Ose prétendre que ça ne te fait pas un peu de peine!

— Ben si, reconnut-il, mais quand même, j'aime mieux savoir.

C'était vrai. Certes, il était attristé de découvrir que son premier petit-fils ne suivrait pas la tradition des Vialhe. Elle voulait que les hommes aillent à l'église au moins deux fois l'an, y célèbrent leur première communion, s'y marient, y fassent baptiser leurs enfants et y soient enterrés. Tous s'y étaient pliés jusque-là, sans rechigner. Et voilà que pour la première fois un Vialhe cassait les habitudes, c'était affligeant. Malgré tout, il se sentait de meilleure humeur depuis que sa sœur avait parlé. Il estimait avoir encore le droit, et même le devoir, de savoir tout ce qui concernait la famille; même si ce n'était pas toujours très bon pour son cœur...

Il tira une dernière bouffée, tapota sa pipe contre la coupelle du landier et s'assit dans le cantou.

— Tant que tu y es, tu n'as rien d'autre à m'apprendre? insista-t-il.

— Non, ça ne te suffit pas?

— Si. Il réfléchit puis réalisa soudain : Mais alors, si je comprends bien, vous allez juste à Paris, pas dans le Midi?

— Oui. D'ailleurs, il n'y a rien dans le Midi. Si on a parlé de Draguignan, c'est parce que ça faisait un trop long voyage pour toi. Paris, c'était trop près, tu aurais voulu y monter, et comme il n'y aura qu'une cérémonie civile...

— Eh bien, vous faites une sacrée bande de menteurs! Oh, les voyous! Mais qui a eu cette idée de mariage au diable vauvert?

— Jacques et Mauricette...

— Je vois. Vingtdiou! Pour mentir à ce point, sûr qu'ils tiennent ça de leur mère! C'est le côté Dupeuch qui ressort! Si, si! Léon était comme ça, lui aussi. Ah, les goujats! Bon, plus un mot, voilà Mathilde, dit-il en entendant un bruit de pas sur le perron.

— Tu avais raison, il fait rudement froid, dit-elle en entrant.

Elle s'ébroua, enleva son manteau et s'approcha du feu pour se réchauffer les mains.

— Toi, tu as fumé, dit-elle soudain.

— Moi? Mais non! Parole! C'est Berthe. Hein que c'est toi, Berthe?

— Tu sais pourtant que le docteur Martel te l'interdit!

— Martel est un âne, trancha-t-il.

Il cligna de l'œil à Berthe et se mit doucement à rire.

C'était toujours avec un certain dépit, un fond de tristesse que Dominique abandonnait ses travaux en cours. Déjà, au Sahara, quinze mois plus tôt, c'est avec un sentiment de frustration qu'il avait laissé à d'autres l'observation des expériences et le soin de les poursuivre au mieux. Et encore, là-bas, avait-il eu le temps de voir l'évolution des cultures ou la croissance d'un cheptel, de mesurer le bien-fondé de ses plans, la justesse de ses prévisions. Il avait pu constater que son travail était utile. Mais ici, en Guyane, c'est à peine s'il avait eu le temps de s'habituer au climat, au mode de vie, à la mentalité des habitants. Quant à connaître la terre, ses réactions, ses capacités, ce n'était pas en douze mois qu'il était possible d'en trouver les secrets, à peine de les entrevoir. C'était vexant.

— Tu comprends, moi, j'aime voir le résultat de mon boulot, expliqua-t-il à Béatrice en l'aidant à faire les valises. C'est vrai, non ? A quoi bon semer si tu ne peux récolter ! Et c'est ce qui se passe. Et en plus, mon successeur va peut-être foutre en l'air tout mon travail !

— Il faudrait quand même savoir ce que tu veux, dit-elle, je ne crois pas qu'il se soit passé deux jours sans que je t'entende râler contre ce fichu pays, sa pluie, sa gadoue, ses bestioles, tout quoi !

— Ça, faut bien dire que je me suis sacrément mal habitué à ce bled, reconnut-il. Mais toi, chapeau ! Je ne t'ai jamais vue te plaindre !

— Tu sais, après le dispensaire de brousse où je travaillais en Haute-Volta, ici, c'est le paradis !

— Tu me l'as souvent dit. Enfin, j'espère qu'on nous réserve un paradis moins humide que celui-ci !

— On sera vite fixés, maintenant.

— On peut le souhaiter ! soupira-t-il.

Cela aussi ne favorisait pas sa bonne humeur. Il avait horreur de l'incertitude. Or, malgré ses lettres au siège parisien de Mondiagri, il ne lui était toujours pas possible de savoir où on allait l'expédier. Et comme l'entreprise avait des antennes dans le monde entier, sauf dans les pays de l'Est...

— Il faudra bien qu'ils disent quelque chose ? fit-elle.

— Bien sûr. Mais je t'ai déjà expliqué, ce qui est agaçant dans ces grosses boîtes, c'est qu'elles se croient obligées d'appliquer le système qui consiste à assouplir les cadres en les faisant mijoter dans l'ignorance de leur destination! D'accord, on est bien payés, mais ce n'est pas mon truc! Et s'ils continuent à me casser les pieds, ils vont voir ce qu'est une colère Vialhe!

– Tu sais, je crois qu'ils s'en moquent! Allez, sois gentil, cesse de grommeler et aide-moi plutôt à fermer cette malle, je n'y arrive pas.

Il vint à son secours, tassa les effets et rabattit le couvercle.

– Voilà le travail! dit-il, puis il sortit sur la terrasse du bungalow.

La nuit allait tomber, mais il devinait encore devant lui la grande prairie artificielle où paissait le troupeau de bovins. Et là-bas, dans l'étable éclairée, ronronnaient les moteurs des machines à traire. Plus loin enfin palpitait la jungle, toute bruissante des bêtes et des insectes qui s'éveillaient à la nuit. Il sentit que Béatrice l'avait rejoint, l'attira.

– Tu vois, dit-il, s'il n'y avait pas ce foutu climat, toute cette flotte et ces moustiques, ce serait bien ici. La terre est bonne et il y a du bon boulot à faire, non? Regarde ce troupeau comme il est beau!

– Allons bon! Tu ne vas pas maintenant regretter de partir?

– Non. Ce que je regrette c'est de m'en aller sans avoir fini ce que j'ai commencé...

– Si tu restes à Mondiagri, ça t'arrivera d'autres fois!

– Sûrement. Mais j'ai du mal à m'y faire, ce n'est pas dans mon caractère.

– Ton caractère de paysan? plaisanta-t-elle. Oui, ça fait longtemps que je sais que tu es un vrai paysan. Plein de diplômes, mais un paysan toujours!

– Sans doute. Mais j'espère que ça ne t'empêchera pas de m'épouser? Enfin, tu as encore la possibilité de réfléchir!

– Bah, compromise comme je le suis avec toi! s'amusa-t-elle en se serrant contre lui. D'ailleurs, ça me plaît bien. Oui, ça me plaît même beaucoup d'épouser quelqu'un qui change de regard et de voix quand il parle de la terre, c'est rassurant.

Josyane avait froid depuis deux jours. A peine sortie de Roissy, dans un vilain crachin poussé par un vent aigre,

195

elle avait réalisé à quel point il était agréable de vivre en tenue légère et sous un climat toujours clément. Le froid l'avait happée et ne la quittait plus.

Même le confortable deux-pièces de la rue de Berri où vivait Chantal lui avait paru mal chauffé; c'était loin d'être le cas. Malgré cela, il avait bien fallu toute la chaleur et l'accueil de sa sœur pour la sortir de son frileux engourdissement, lui rendre sa gaieté et son exubérance.

Et pourtant, leur premier contact avait été un peu étrange. Sans se l'avouer tout de suite, ni l'une ni l'autre ne se retrouvaient telles que leur mémoire les y avait préparées.

De Chantal, Josyane conservait le souvenir d'une grande fille brune, à peine maquillée, aux cheveux longs, à l'allure parfois un peu timide. Elle retrouvait une très belle femme, soignée à l'extrême, aux cheveux blonds et courts, à l'élégance impressionnante, sûre d'elle. Quant à Josyane, Chantal l'avait vue partir, presque quatre ans plus tôt, encore un peu gamine, gauche. Elle revenait avec une assurance épanouie, bronzée, déterminée, très belle aussi, quoique habillée à la diable.

– Je ne sais pas si je t'aurais reconnue dans la rue, avait fini par avouer Chantal.

– Et moi donc! Tu es blonde maintenant, et quelle classe!

– Et toi, tu étais plutôt maigrichonne et pâlotte, tu es bronzée comme c'est pas permis, surtout en décembre. Et puis, dis donc, quelle ligne!

Ce soir-là, après avoir téléphoné aux parents, les deux sœurs avaient bavardé jusqu'à minuit passé. Elles avaient tant à se raconter, à s'apprendre. Seule la fatigue due au voyage et au décalage horaire avait eu raison de Josyane et tari le flot de ses questions. En retrouvant sa sœur, elle avait mesuré avec attendrissement que ses attaches familiales étaient beaucoup plus solides que lors de son départ. Elle avait voulu les couper en s'en allant un jour sur un coup de tête, histoire de s'émanciper, de s'affirmer. Elle ne regrettait rien, mais découvrait maintenant que certaines racines étaient inextricables et que c'était très bien ainsi.

– Tu te poses ou tu repars? lui demanda sa sœur le lendemain soir.

196

Épuisée, Joysane avait dormi plus de quinze heures d'affilée et, si elle se sentait beaucoup mieux, elle avait quand même toujours froid.

– Non, je ne repars pas.

– Tu es quand même un peu folle d'être restée si long-temps absente, tu as fait faire des cheveux blancs aux parents...

– Sûrement... Mais tu sais, il faut pouvoir rentrer... Tu dis qu'ils ont beaucoup vieilli ?

– C'est peu de le dire. Mais ne va pas te culpabiliser, j'en ai ma part et Marie aussi...

– C'est vrai. J'ai appris par tante Berthe. Tu vois, je n'aurais pas cru, moi j'avais trouvé Patrick sympa. Mais c'est vrai, je ne l'ai pas beaucoup connu.

– Oui. Et, comme dit tante Berthe, c'est pas toi qui l'usais ! Pauvre Marie, elle ne méritait pas un pareil abruti ! Mortel, ce type !

– Je n'aurais pas cru...

– Mais tu ne te rends pas compte ! Il passait ses soirées à calculer ses points de retraite. Dans trente-deux ans, je décroche ! disait-il. Pantouflard, le bonhomme, ronron-nant. Et en plus, sinistre comme un bonnet de nuit ! Tu me diras, un prof d'économie !

– Tu exagères !

– Mais non ! Tiens, je suis sûre qu'il pensait encore à sa retraite jusque sur l'oreiller. Marie a bien eu raison de le larguer ! Moi, je ne l'aurais pas supporté un week-end ! Mais cette histoire n'a pas arrangé les parents. Et comme je m'en suis aussi mêlée pour les contrarier...

– Toi ? Pourquoi ?

– Oh ! Arrête ! Je ne vais pas te faire un dessin, non ? Pour les parents, je suis une coureuse, point final. Comme a dit un jour grand-père à tante Berthe, c'est elle qui me l'a rapporté : « La Chantal, il lui faudrait un bon *tabastel* ! »

– Ah oui ! s'amusa Josyane, cette énorme bûche qu'on attachait au cou des vaches pour les empêcher de sauter les clôtures !

– C'est ça. Enfin, tu es rentrée, c'est le principal.

– A propos, je vais déjà te rembourser les deux tiers du billet et si tu peux attendre un peu pour la suite...

– Je peux attendre pour l'ensemble. Tu me rem-bourseras quand tu auras du travail. Mais tu as des idées pour ça ?

– Pas des masses. Ou alors je pourrais essayer de trouver une place dans une agence de voyages, je commence à bien connaître... Après tout, je pourrais renseigner les clients sur pas mal de pays...

– C'est pas très excitant!

– Ou alors je me lance dans la photo. J'en ai quelques-unes d'assez belles et originales, je crois. Enfin, je dis ça, mais il faut trouver les journaux ou les agences que ça peut intéresser, et là...

– C'est Christian qui t'a donné cette idée?

– Pas du tout! Je ne l'ai pas attendu pour savoir tenir un appareil!

– Te fâche pas! Allons, avoue au moins qu'il est bel homme.

– Oui, plutôt trop! Et puis il est vieux!

– Vieux? Enfin... Mais il est sympa, non?

– A première vue, oui. Mais je le connais moins que toi. Je l'ai un peu promené à Tahiti comme tu me l'as demandé, c'est tout. Dis, tu n'aurais pas une veste un peu plus chaude, je me gèle.

Et maintenant qu'elle somnolait dans le train qui roulait vers Brive, Josyane se demandait ce qui l'avait poussée à détourner la conversation. Par moments, elle se reprochait même d'avoir gâché une belle occasion d'en apprendre un peu plus sur Christian. Mais, dans l'ensemble, elle était quand même assez fière de s'en être tenue à la ligne de conduite qu'elle s'était fixée, la prudence.

Lorsqu'il avait annoncé la date de son mariage et prévenu ses parents que la cérémonie serait exclusivement civile, Dominique avait aussi pensé qu'elle serait intime. Il en était un peu peiné car, s'il n'en avait tenu qu'à lui, c'est avec bonheur qu'il eût conduit Béatrice jusqu'à l'autel et convié ensuite toute la famille à la fête.

Mais parce qu'il voyait dans la décision de sa fiancée la preuve de son honnêteté et son refus de l'hypocrisie – elle eût pu se plier à une cérémonie religieuse et feindre un recueillement de première communiante –, il n'avait pas tenté de la convaincre. Il est vrai qu'il avait été étonné en découvrant qu'elle était plus franche que lui sur bien des points. D'ailleurs, ce n'était pas la notion de Dieu qu'elle rejetait, mais la façon dont les hommes la régentaient.

– Quand j'étais gamine, lui avait-elle dit, j'avais déjà beaucoup de mal à accepter les préceptes imposés. D'accord, j'avais déjà mauvais esprit, mais j'y ai toujours vu plus d'hypocrisie que de foi. Alors, ce n'est pas maintenant que je vais adhérer à ce genre de rites!

Elle avait compris qu'il était un peu déçu et avait insisté :

– Et puis, sois franc! Tu sais très bien que nous vivons dans la fornication et le péché aux yeux de ceux qui ont établi les normes que je rejette. Et tu es un fieffé menteur si tu oses dire que tu le regrettes!

– Je ne regrette rien. Simplement, je trouve qu'une cérémonie religieuse qui scelle un engagement est plus sérieuse qu'une banale démarche administrative enregistrée par un quelconque adjoint au maire qui n'a rien à foutre de nous, et réciproquement!

– Possible. Mais je préfère ça à la tromperie, parfaitement, la tromperie! Si j'en crois mon catéchisme, qui fut aussi le tien, et si j'ai bonne mémoire, pour nous marier à l'église il faudrait passer à confesse. Eh bien, je n'ai pas envie de mentir en allant raconter à un curé, un peu sourd de préférence, que je me repens de vivre maritalement avec toi depuis un an et de monter au septième ciel en ta compagnie sans l'aval de quelque père de l'Église! Ne compte pas sur moi pour cette mascarade!

– D'accord, vu comme ça, tu as raison.

– Alors, où est le problème?

– Il n'y a pas de problème. Je pense aux grands-parents, c'est tout. Eux ne comprendront jamais tes arguments. Enfin, surtout ma grand-mère, et comme je l'aime bien...

– Ne t'inquiète pas, ils ne sauront rien de tout ça, jamais.

– Et tes parents?

– Mon père s'en moque. Quant à ma mère, elle me tient pour un suppôt de Satan depuis qu'elle a découvert que je vivais dans le péché de chair, ça fait un bail! Mais je ne la plains pas du tout. Je suis même sûre que ma position lui permet de se confire encore plus en dévotions et de passer pour une sainte femme, voire une martyre, aux yeux de ses amies! Elle s'est toujours complu dans ce genre de rôle, elle adore édifier! Alors pourquoi la priver de ce plaisir!

– Bon, d'accord. Mais j'espère quand même que tu ne veux pas un mariage avec tout le tralala?

– Non. Le plus discret possible sera le mieux. A condition bien sûr que ça ne te prive pas du plaisir de m'offrir une belle bague et une lune de miel digne de ce nom!

C'est après cette explication qu'il avait écrit à ses parents et supposé qu'eux seuls se déplaceraient pour assister à l'échange des consentements. Aussi fut-il très surpris et touché lorsqu'il découvrit, au matin du 20 décembre, que sa tante Berthe, avec la complicité de Guy et de Colette, avait tout organisé pour que soient fêtées dignement en famille les noces du premier petit-fils Vialhe.

Cela accrut sa joie et sa bonne humeur. Il savait enfin, depuis l'avant-veille, que Mondiagri l'envoyait pour trois ans dans une des fermes expérimentales qu'elle possédait en Tunisie. Et ça, c'était une bonne nouvelle.

Mathilde pensa que le santon avait bien mauvaise mine et le tourna un peu pour cacher ses infirmités. Il avait le nez ébréché, la main droite coupée au ras de la manche et sa peinture s'écaillait par plaques. Il faisait presque peur, ce n'était pas sa raison d'être!

Avec ses bras levés au ciel en signe d'émerveillement, son sourire angélique, le ravi était là pour s'extasier devant la crèche. Pour inviter tous les fidèles à l'imiter. Pour les inciter à adorer le poupon aux joues rebondies qui, dans quatre jours, reposerait sur la paille, entre le bœuf qui n'avait plus que trois pattes et l'âne à qui il manquait une oreille et la queue!

– On a vraiment une crèche qui ressemble à la paroisse : elle fait pitié, murmura Mathilde en disposant quelques touffes de mousse aux pieds de la Vierge Marie.

Même elle était un peu triste car sa couleur, passée depuis longtemps, laissait apparaître çà et là les taches rougeâtres de la terre cuite dont elle était façonnée. Seuls saint Joseph, deux bergers et trois moutons étaient présentables. A condition toutefois de ne pas les mettre côte à côte. Ils n'étaient pas à la même échelle et transformaient le brave charpentier en nabot et les agneaux en gros veaux frisés dès qu'on les rapprochait.

– Et surtout, ne mettons pas trop de paille, on sait comment ça finit! rappela Louise.

– Ne parle pas de malheur! la coupa Mathilde en époussetant avec délicatesse la robe brune d'un berger.

200

Elle n'avait pas oublié. Douze ans plus tôt, la chute malencontreuse d'un cierge avait failli transformer toute la crèche en brasier. Heureusement, l'incendie s'était déclaré pendant la messe de minuit et la chance avait aussi voulu que le grand bénitier soit plein. Les pompiers bénévoles avaient eu raison du sinistre avant même qu'il ne gagne les gros bouchons de papier kraft qui étaient censés imiter les rochers de la Palestine.

Mais l'incident avait beaucoup perturbé la cérémonie et les gosses en avaient profité pour chahuter. Quant à la vieille Julienne Lacroix, qui venait d'entrer dans sa quatre-vingt-dixième année, elle avait eu tellement peur qu'il avait fallu l'aliter juste après la consécration! Sa robuste constitution avait vite repris le dessus, mais elle avait néanmoins décidé de ne plus fréquenter une église aussi dangereuse. Elle avait tenu parole jusqu'à son enterrement, quatre ans plus tard!

– Tiens, passe-moi le meunier, demanda Louise.

– Mais, ma pauvre, tu sais bien que les gamins du caté l'ont cassé l'an dernier! lui rappela Mathilde en haussant le ton car la surdité de sa belle-sœur ne s'arrangeait pas.

– Ah, c'est vrai. Plus ça va, plus elle est maigre. Quand je pense à ce qu'elle était dans le temps..., murmura Louise en contemplant l'ensemble de la crèche avec tristesse.

Il y avait maintenant presque vingt ans que Mathilde et elle avaient à cœur de dresser la crèche tous les ans. Elles savaient que les enfants attendaient son apparition avec impatience, même s'ils étaient de moins en moins nombreux à se grouper autour d'elle pour la messe de Noël.

Et les quelques derniers paroissiens aussi aimaient se recueillir devant les figurines. Car même lorsqu'elles étaient un peu abîmées, un peu estropiées et de plus en plus clairsemées, c'étaient toujours celles qui les avaient émerveillés quelque soixante ou quatre-vingts ans plus tôt, en ces temps où, dans l'église pleine de monde, résonnait, à la fin de la troisième messe de minuit, le cantique limousin : « *Réveilla vos pastourels, quitta vostre troupel per anaz ad Bethléem...* »

Maintenant, seules quelques vieilles se souvenaient encore des paroles. Mais elles n'osaient même pas les fredonner; elles craignaient que le curé ne comprenne pas.

Et encore, l'abbé Soliers, qui desservait la paroisse depuis cinq ans, était-il un brave homme. Certes, il célébrait la messe du dimanche le samedi, commençait celle de minuit à vingt heures trente et l'achevait à vingt et une heures quinze! Il expédiait aussi les enterrements et les mariages à une vitesse époustouflante. Mais lui au moins ne s'était jamais opposé à la crèche.

Ce n'était pas comme cet ecclésiastique que le village avait vu débarquer dans les années 65. Bien sûr, il avait l'excuse d'être jeune, d'avoir tout à apprendre du monde rural et d'être responsable de six ou sept autres paroisses. Très soucieux de redynamiser ses ouailles et de leur annoncer que l'heure des changements et des réformes était enfin venue, il estimait urgent de faire table rase de tout un tas de pratiques désuètes...

Mais ce n'était quand même pas des raisons suffisantes pour s'habiller comme un clochard et pour se croire obligé d'aller boire deux ou trois verres chez la Nicole, dans le seul but, assurait-il, d'y rencontrer les hommes dans leur vrai milieu! Pas une raison non plus pour égrener de longues tirades de gros mots, et même quelques jurons, lorsque sa petite moto rouge refusait de démarrer! Pas une raison, surtout, pour oser dire un jour de décembre à Mathilde et à Louise qu'il ne voulait pas de crèche car c'était une forme puérile et quelque peu fétichiste, pour ne pas dire superstitieuse, d'une foi à jamais révolue! La vraie foi passait par l'engagement et l'action dans le monde, non par une dévotion bornée et répétitive devant quelques figurines de plâtre, dont la laideur n'égalait que la mièvrerie!

Ce jour-là, Mathilde avait vu rouge, comme trente ans plus tôt lorsque l'abbé Delclos avait cru bon de se mêler d'un sujet qu'elle estimait personnel :

– J'ai soixante-six ans! J'ai toujours vu la crèche dans cette église, ici, aux pieds de Notre-Dame de Lourdes. Il y a des années que je la dresse! Et ce n'est pas vous, ni personne, qui m'en empêcherez! Et s'il le faut, j'appellerai tous les hommes de la commune! Et pour installer la crèche, ils viendront m'aider, tous!

Il avait marmonné quelques vagues appréciations sur le paganisme toujours latent dans les campagnes, mais n'avait pas osé démolir la crèche lorsqu'il était revenu, huit jours plus tard. Simplement, s'était-il bassement vengé dans son sermon en insinuant que Vatican II était venu à point pour faire table rase de toutes les pratiques rétrogrades et périmées que certaines confondaient avec la foi et se croyaient tenues de perpétuer...

Par chance, ce réformiste en jeans crasseux et chemise ouverte n'avait pas longtemps sévi dans la région. Il avait disparu un jour et nul ne l'avait regretté.

Trois ans plus tard, Mathilde avait incidemment appris qu'il s'était marié avec une gamine de dix-huit ans. Elle en avait été très peinée. Dieu soit loué, elle n'avait plus eu aucun problème avec ses successeurs! Et même si l'abbé Soliers ne venait pas souvent et avait des horaires bizarres, il n'était pas plus opposé à la crèche qu'à l'angélus, ou à la récitation du chapelet; c'était déjà beaucoup!

Mathilde posa une dernière touffe de mousse, se recula pour admirer la crèche. Tous les santons étaient en place, tournés vers la mangeoire vide et quiète, qu'allait bientôt occuper l'Enfant Jésus.

– Vue de loin, elle est quand même belle, dit-elle.

– Si l'on veut... Mais elle manque de personnages. Dis, tu crois qu'on peut se resservir du ciel? Il est tout déchiré! demanda Louise en sortant du placard un grand et poussiéreux panneau bleu foncé, moucheté d'étoiles.

– Bien sûr! On va le nettoyer et avec un peu de papier collant ça ira! assura Mathilde avec optimisme.

Depuis le début du mois, elle avait retrouvé sa pleine bonne humeur et sa joie de vivre. Il avait suffi que Jo arrive un soir et vienne l'embrasser pour que le bonheur se réinstalle à la maison. Pour que Jean-Pierre et Mauricette se dépouillent de leurs masques soucieux, pour que Pierre bougonne un peu moins et que les sourires refleurissent chez tous les Vialhe.

Et ce qui était merveilleux c'est que tout s'était passé sans acrimonie, sans aigreur, comme si nul ne faisait grief à Josyane d'être restée si longtemps absente. Elle était de retour, c'était le principal. Le reste n'importait plus, les reproches n'étaient plus de mise.

Il est vrai qu'elle avait tellement changé, tellement mûri que toutes les remontrances préparées, ressassées pendant plus de trois ans étaient devenues caduques. Les critiques qui s'étaient accumulées visaient une gamine partie sur un coup de tête. Elles ne pouvaient plus être formulées à l'adulte de retour. Vouloir le faire eût été aussi ridicule et grotesque que de la gourmander d'avoir pillé les confitures quinze ans plus tôt!

Pierre-Édouard l'avait tout de suite compris. Et pourtant, si quelqu'un était prêt à dire à la prodigue qu'elle avait abusé, c'était bien lui. Il avait mesuré à quel point sa fugue avait touché Mathilde, or il ne tolérait pas qu'on la peine. Et il ne tolérait pas non plus que sa fille se soit rongé les sangs dans une si longue et démoralisante attente.

Malgré cela, parce qu'il avait deviné, en un instant, que sa petite-fille s'était déjà elle-même sermonnée depuis longtemps, il avait étouffé les quelques phrases, sèches comme des claques, qu'il s'était promis de lui lancer dès qu'il la verrait. Et c'est sans colère, mais quand même gravement, qu'il l'avait accueillie.

— Alors te voilà, petite ? Tu as quand même bien pris ton temps pour ta promenade, non ?

— Eh oui, grand-père, elle m'a amenée plus loin que je ne le pensais...

— Mais tu ne t'es pas perdue puisque tu es là. C'est bien. Tu sais, il n'est pas interdit d'aller très loin, mais le principal c'est de toujours retrouver le chemin de la maison... Et maintenant viens m'embrasser. Tu es devenue tellement belle et tu ressembles tellement à ta grand-mère que ça me rajeunit de soixante ans!

Mathilde avait été soulagée que tout se passe ainsi, et au bonheur d'avoir vu revenir Josyane s'était ajoutée la joie du retour de Dominique.

Bien sûr, elle eût été encore plus heureuse si elle avait pu assister à son mariage. Mais c'était vraiment impossible, trop loin et fatigant. D'ailleurs, ce qui importait, ce n'était pas que Pierre-Édouard et elle soient de la fête. Ce qui comptait, c'était que ce jour même, 20 décembre 1975, cinquante-sept ans après ses grands-parents et vingt-neuf ans après ses parents, Dominique Vialhe épouse enfin la compagne qu'il avait choisie pour traverser l'existence et perpétuer la lignée des Vialhe. Si Dieu le voulait bien!

15

Avec l'arrivée du printemps, très précoce, Pierre-
Édouard avait retrouvé un dynamisme qui l'étonnait. Il
est vrai qu'il avait passé un excellent hiver, sans même un
rhume, et que son moral était excellent. Aussi, depuis
quinze jours, avait-il repris, en solitaire, ses promenades
journalières. Prudent, il s'aventurait beaucoup moins loin
que naguère, s'éloignait à peine des chemins fréquentés,
hésitait à s'engager au-delà de l'orée des bois et s'arrêtait
souvent pour reprendre son souffle. Mais il en profitait
aussi pour se repaître du paysage.

En ce dernier dimanche de mars, la campagne était
splendide, prête à s'épanouir, à se lancer dans une
débauche de verdure et de fleurs. Déjà les oiseaux, trom-
pés par la chaleur et la tiédeur du soleil, s'appelaient de
buissons en bosquets, s'essayaient aux trilles et aux can-
tates, paradaient. Et même les coucous et les huppes, arrivés depuis l'avant-veille, rivalisaient d'incessants appels
qui résonnaient dans tous les bois et partaient annoncer
au loin que le printemps était bien là.

Partout, en touches légères qui s'élargissaient de jour
en jour, le vert tendre des bourgeons gluants de sève
gagnait sur le gris perle des rameaux encore dépouillés.
Et çà et là, au creux des vallons, au bord des mares ou sur
le cours tortueux du Diamond, explosaient les grosses
touffes jaune pâle des saules tout frisés de chatons. Même
les peupliers s'essayaient à la couleur et offraient au soleil
les doigts effilés et tremblants de leurs fleurs opalines.

Bourdonnantes, affairées et comme affolées par tous
les parfums qui émanaient de toutes parts, des milliers
d'abeilles se lançaient à l'assaut des corolles, les forçaient

205

parfois, puis se glissaient jusqu'aux étamines et s'y gorgeaient d'un nectar toujours renouvelé.

– Tiens! Même elles sont arrivées! sourit Pierre-Édouard en suivant des yeux les arabesques vertigineuses d'une hirondelle à gorge rousse. Puis il observa une abeille qui piétinait fébrilement une grosse fleur de pissenlit, épanouie comme un soleil d'août. Déjà, deux grosses boules de pollen orange, accrochées à ses pattes arrière l'alourdissaient, rendaient sa quête un peu gauche.

Il pensa qu'il allait devoir demander un coup de main à Jacques pour visiter ses ruches, les nettoyer, réparer quelques cadres et peut-être les nourrir un peu si le couvain était trop nombreux. Avec un printemps aussi précoce et chaud, il était à craindre que les reines se soient déjà lancées dans une ponte intensive, alors, si par malheur le froid revenait...

– Parce qu'on est jamais sûr de rien jusqu'aux saints de glace! disait-il toujours.

Aussi, tout en étant heureux de profiter d'une température clémente et d'un temps magnifique, ne pouvait-il s'empêcher de craindre quelques méchants coups de froid. La lune revenait le 30 et s'il lui prenait de jouer les garces, ce serait la catastrophe.

« Faut surtout pas oublier qu'on est dans une année de treize lunes et que c'est jamais bien fameux! Pourtant, d'habitude, quand les grues remontent, c'est plutôt bon signe! »

Il les avait entendues passer quatre nuits plus tôt. Un vol énorme, sans doute, qui devait s'étirer sur plusieurs centaines de mètres car les grinçants appels des oiseaux avaient retenti au-dessus du village pendant plusieurs minutes. Il ne dormait pas et n'avait pu s'empêcher de penser à la vieille superstition qui s'attachait jadis aux vols de migrateurs et les baptisait « Chasse volante ». Sa grand-mère et sa mère en avaient une peur bleue, les chargeaient de tous les maléfices et sortaient leur chapelet à la moindre alerte.

« C'est incroyable ce que les anciens pouvaient croire et raconter comme sornettes! J'espère que j'en dis moins qu'eux... », songea-t-il en reprenant sa marche.

Il avait décidé de grimper jusqu'au plateau, de s'y reposer un peu, puis de redescendre sans se presser. Il serait alors onze heures et demie et Mathilde n'aurait pas le temps de s'inquiéter, c'était l'essentiel.

206

Pierre-Édouard avait à peine parcouru une cinquantaine de mètres quand il entendit derrière lui, montant du village, le son grave de la cloche de l'église égrenant les heures. Il compta, par habitude, fronça les sourcils au douzième coup et attendit avec attention la deuxième volée, tout en consultant sa propre montre. Elle indiquait onze heures deux.

– Dix... Onze... Douze..., murmura-t-il. Allons bon! C'est encore cette saloperie de pendule électrique qui fait des siennes! Ça fonctionne quand ça y pense, ces engins modernes! Et pourtant, ça coûte des cents et des mille! C'est pas le vieux Fernand qui se serait trompé d'heure! Même saoul comme un cochon, son compte était toujours le bon!

Il soupira au souvenir du vieux sacristain, mort depuis des années, et reprit sa marche vers le plateau. C'est alors qu'il se rappela soudain que Jacques l'avait prévenu, la veille, qu'on allait changer d'heure. Il n'avait rien compris à ce que lui avait expliqué son fils, mais avait annoncé que, de toute façon, le soleil et lui n'avaient rien à foutre de ce que décidaient les abrutis de Parisiens!

– Changer d'heure? avait-il lancé, et puis quoi encore? Ils pourraient demander à la lune de se lever à l'ouest tant qu'ils y sont, ces ânes! Ne compte pas sur moi pour me plier à cette couillonnade!

« C'est vrai que c'est une fameuse couillonnade! » murmura-t-il en regardant de nouveau sa montre. Puis il observa de nouveau le soleil, se rassura. Il était bien onze heures cinq, pas plus.

Et pourtant l'église avait sonné douze coups...

– Ah merde alors! lâcha-t-il soudain en comprenant enfin ce que lui avait dit Jacques. Ah les cons! Ils nous ont refoutu l'heure allemande! Fallait le dire tout de suite! Mais alors, s'il est midi, Mathilde doit s'inquiéter! Ah les cons!

Furieux, il fit demi-tour et se hâta autant qu'il le put vers le village.

– Pouviez pas le dire que c'était aujourd'hui, l'heure allemande? reprocha-t-il dès qu'il entra dans la salle où l'attendaient les trois femmes.

– Mais où as-tu la tête? Tu n'écoutes que quand ça t'intéresse! On te l'a dit hier, et aussi ce matin! rappela Mathilde. Enfin, c'est pas grave, on a bien deviné que tu avais oublié.

– Un peu que j'ai oublié! ronchonna-t-il, je ne vais pas m'encombrer la cervelle avec toutes ces sottises! Non, mais c'est vrai, quoi! Il faut être anormal pour inventer un truc pareil! lança-t-il en prenant ses sœurs à témoin.

– Oh! Ils en ont déjà inventé bien d'autres, et de pires! Et je ne parle même pas de cette sottise qui donne la majorité à des gamins qui tètent encore leur mère! lança Berthe avec colère. Non! Mais tiens, souviens-toi du 8 mai l'année dernière!

Ça, elle ne l'avait jamais oublié, jamais pardonné. Qu'on ose supprimer l'anniversaire d'une victoire sur le mal absolu l'avait révoltée, blessée. Et elle, la résistante, la gaulliste, l'ancienne déportée, elle qui avait toujours fui les commémorations, les défilés d'anciens combattants ou les associations de déportés, avait tenu, au matin du 8 mai, à aller, seule, déposer une grosse gerbe de fleurs des champs devant le monument aux morts de Saint-Libéral.

Et personne ne s'était moqué en voyant sa frêle silhouette, immobile devant la stèle supportant un vieux coq de pierre moussue, écrasant un casque à pointe, gris de lichen. Nul n'avait ri en regardant pleurer en silence cette vieille dame qui refusait d'oublier et qui, pour la première fois depuis la fin de la guerre, avait accroché ses médailles sur son corsage blanc.

Il avait fallu cet événement pour que beaucoup découvrent, même dans sa famille, qu'elle était officier de la Légion d'honneur, médaillée de la Résistance, qu'elle avait aussi la croix de combattant volontaire de la Résistance et la médaille de la déportation et de l'internement.

Et personne n'avait vu dans sa démarche solitaire une quelconque condamnation envers un peuple. Les plus anciens, à Saint-Libéral, savaient bien qu'elle n'en voulait pas aux Allemands, tant s'en fallait! Elle en avait aimé un et se préparait à l'épouser lorsque les nazis l'avaient assassiné. Et Gérard, son fils adoptif, était né en Allemagne, de parents allemands. Non, ce n'était pas un peuple ni une race qu'elle avait combattus dès 1940. C'était le système, la pensée, l'ordre nazi. Et d'apprendre qu'on voulait, par basse démagogie, donc par bêtise, passer l'éponge sur la date qui rappelait l'écrasement de la croix gammée l'avait révoltée. Depuis, elle tenait en totale suspicion tous ceux qui avaient approuvé, voire applaudi ce geste. Quant à son instigateur, elle le méprisait.

– Oui, redit-elle à son frère, ne te fais pas d'illusions, on peut s'attendre à tout de la part de ces gens-là! Et ils en feront d'autres!

– Je sais. Ils ne savent pas quoi inventer pour emmerder les gens! Mais miladiou! j'aimerais qu'on me dise à quoi ça sert de changer d'heure?

– Il paraît que ça fait des économies..., avança Mathilde.

– Des économies? Des économies de quoi? jeta-t-il.

– Tu sais bien, c'est à cause du pétrole, ils disent qu'on va en manquer!

– Eh bien, on a qu'à refoutre des tickets de rationnement, comme pendant la guerre. Et ceux qui ne seront pas contents iront à pied, ça leur évitera d'embrasser les platanes!

– Allons, ne t'énerve pas, c'est pas bon pour toi, essaya Mathilde.

– Quant aux économies, poursuivit-il, tu veux que je te dise? Ce qui en ferait de belles serait de pendre tous les bureaucrates des ministères! Tous ces petits merdaillons décideurs! Et dans la foulée, on pourrait même pendre quelques ministres et députés! Ah miladiou! j'en prendrais pas le deuil!

– Allons, ne te monte pas comme ça, dit Mathilde. Et puis quoi, personne ne nous oblige à changer d'heure!

– Ça c'est vrai, reconnut-il, moi je veux pas d'heure allemande, c'est des inventions de collabos! Alors, on reste à l'ancienne. D'ailleurs, il paraît qu'il est midi passé, mais je n'ai pas faim! Bon, c'est décidé, on ne s'occupe pas de cette toquade de Parisiens.

Cette décision le calma. Et c'est dans la bonne humeur et en riant à l'idée de marquer son indépendance qu'il alla, dans le courant de l'après-midi, faire un tour dans le village, histoire de savoir un peu ce qu'on pensait du nouvel horaire. Il rentra ravi à la maison, car tous les gens rencontrés étaient de son avis et s'apprêtaient à ne tenir aucun compte de l'heure officielle, surtout ceux qui avaient des bêtes à soigner.

Mais il hurla de rage et de dépit le soir même en comprenant qu'il avait raté le journal télévisé et le début d'un film qu'il se réjouissait de voir. Car si sa montre et la luminosité extérieure indiquaient bien vingt heures, il n'en était pas moins vingt et une heures à l'heure légale. Et ça, c'était imparable!

– Eh oui, mon pauvre, que ça te plaise ou non, si tu veux voir la télé, tu seras bien obligé de vivre à l'heure allemande! lança Berthe. Je te dis, on peut s'attendre à tout de ces gens-là! Je les crois plus bêtes que méchants, mais ce n'est pas une excuse!

Plongé dans ses comptes, qui étaient loin d'être réjouissants, Jacques trouva de plus en plus énervant l'aboiement rageur et incessant des chiens. Les deux corniauds étaient bien sympathiques mais gueulaient souvent pour le seul plaisir de s'entendre. Ou encore, lorsque le vent portait, ils adoraient donner la réplique à leurs congénères qui, trois kilomètres plus loin, se faisaient eux aussi la voix dans les ruelles de Saint-Libéral, surtout à la nuit tombée.

– Par pitié, fais taire ces braillards! demanda-t-il à Michèle, j'aimerais au moins finir en paix mes prévisions!

Elles n'étaient pas fameuses. Depuis 1973, à la suite d'une aberrante décision des pouvoirs publics, les cours de tous les bovins avaient chuté de vingt-cinq à trente pour cent et n'étaient pas à la veille de regrimper! C'était en effet par centaines de milliers de tonnes que la France importait de la viande bovine d'Argentine et d'Europe centrale. Il était manifeste que les responsables d'une politique commerciale aussi grotesque et malsaine se moquaient éperdument de la situation des éleveurs français. Leur poids sur le plan électoral étant de plus en plus faible, point n'était besoin de les flatter et encore moins de les écouter.

Jacques savait que tout cela était banal. Banal aussi, l'effondrement du cours des porcs. Banal enfin, le grand point d'interrogation qui ponctuait ses comptes prévisionnels; tous étaient négatifs et les contraignaient, Michèle et lui, à rogner sur tout ce qui n'était pas absolument indispensable. Il fallait espérer que tout irait bientôt un peu mieux, quand Françoise aurait enfin fini ses études...

– Mais, bon Dieu! Qu'est-ce qu'ils ont ces cabots? demanda-t-il.

– C'est une voiture qui monte, prévint Michèle après avoir regardé par la fenêtre.

– A cette heure? Tu me diras qu'il n'est jamais que sept heures au soleil, mais avec cette heure d'été à la con!

– C'est tante Yvette, annonça Michèle en reconnaissant la DS.

– Ah oui! Elle m'a dit, ce matin, qu'elle passerait! J'avais complètement oublié, se reprocha-t-il en refermant son cahier de comptes et en classant ses factures. Il se leva et alla à sa rencontre.

– Je ne vous dérange pas au moins? demanda Yvette après avoir embrassé sa nièce.

– Pas du tout, assura-t-il. Il était quand même un peu intrigué, presque inquiet, car le fantôme de Louis planait non loin...

– Je vous fais une tisane? proposa Michèle.

– Volontiers, dit Yvette en s'asseyant. J'ai préféré venir te voir ici plutôt qu'à la mairie, c'est plus simple et plus discret, expliqua-t-elle.

– C'est le maire ou le neveu que tu veux voir? demanda-t-il.

Il était maintenant vraiment inquiet car il ne comprenait rien à la démarche de sa tante.

– Le maire et l'ancien conseiller général.

– Il vaudrait peut-être mieux que je vous laisse tous les deux? proposa Michèle.

– Mais non! Ne sois pas sotte, va faire ta tisane et reviens. Alors, les enfants vont bien? demanda Yvette.

– Très bien, dit-il, Dominique et Béatrice ont l'air de se plaire là-bas. Dominique a un travail qui l'intéresse et Béatrice a trouvé à s'occuper dans une maternité. Quant à Françoise, ça va. Elle sera là dans deux mois, vers la mi-juillet. Bon, tu as quelque chose à me dire? Tu sais que je vais toujours droit au fait.

– Oui, c'est la famille! Bon, voilà, toute seule je m'ennuie au château, beaucoup. Alors je veux m'en débarrasser...

– Ah, je vois...

– Ça m'étonnerait!

– Vous avez trouvé un acquéreur? demanda Michèle depuis la cuisine.

– Non, je n'ai pas encore cherché. Et tout dépend de toi, dit-elle à Jacques, oui, de toi, monsieur le maire!

– Je ne vois pas bien en quoi...

– Ce château, tu vas le prendre.

– Tu es malade! Je n'aurais même pas de quoi payer l'entretien!

– C'est au maire que je parle, expliqua-t-elle. Ce château, je n'en ai que faire. Je m'y ennuie à périr, je n'ai pas du tout besoin de le vendre pour vivre sans problème jusqu'à la fin de mes jours. Alors j'ai décidé de le donner à la commune, en souvenir de Léon. Voilà, c'est tout.

– Ah? C'est tout? bégaya-t-il après quelques secondes. Il était estomaqué : Mais où vas-tu habiter? demanda-t-il enfin.

– Après le décès de Louis, ta mère m'a dit qu'une chambre était libre chez eux. Je m'entends au mieux avec tes parents et avec tes tantes. J'y serai bien. Et puis, je m'occuperai un peu de tous, ils vieillissent, tu sais...

– Oui, oui. Mais ça ne peut pas aller tout ça! reprit-il. D'abord, même si ça pouvait se faire, la commune n'a pas de quoi prendre en charge une telle bâtisse. Enfin, et surtout, Léon a des neveux... Et ne te trompe pas : je ne parle pas de Guy, Mauricette et moi, tu sais bien! Mais les autres? Tiens, j'en connais au moins un. Oui, je ne te l'ai jamais dit, mais avec Paul on l'a saoulé le jour de ton mariage... Eh bien, excuse-moi, légalement, il est plus héritier de Léon que toi!

– Allons, allons! s'amusa-t-elle. Tu sais, Léon m'a appris à ne parler que lorsque je suis sûre de moi. Les autres neveux de Léon n'ont rien à voir dans cette histoire. D'ailleurs, crois-moi, s'ils avaient espéré grappiller quoi que ce soit, ils seraient venus à ses obsèques. Et aussi à celles de Louis...

– C'est vrai, ils n'ont. pas eu cette politesse, mais...

– Mais rien du tout! coupa Yvette. Le château est à moi seule. Oui, quand Léon l'a acheté, en 46, c'est autant avec son argent qu'avec le mien. Pourtant, il a absolument tenu à ce qu'il soit à mon nom. A mon seul nom. Et comme il avait aussi voulu que nous nous mariions sous le régime de la séparation de biens...

– Bon sang! j'aurais pourtant volontiers parié que le château était sur la tête de Louis!

– Tu as raison, c'était bien pour lui qu'on l'a acheté, mais il était trop jeune à l'époque. Et, de toute façon, Léon ne voulait pas. Il m'avait dit : « S'il se croit châtelain à quinze ans, ça risque de lui monter à la tête, il pensera que tout tombe rôti du ciel... » Pauvre Léon, pauvre Louis...

– Eh! Tu l'apportes ton tilleul? lança Jacques à Michèle en voyant que sa tante était en train de céder au chagrin. Bon, alors d'accord, le château est à toi, mais tu ne peux pas le donner comme ça!

— Le donner ou le vendre pour un franc symbolique, qui m'en empêche? Alors, qu'en pense monsieur le maire?

— Faut voir... Je ne peux pas décider tout seul, c'est une énorme affaire que tu proposes à la commune!

— Mais elle t'intéresse?

— Plutôt! Bon sang! lança-t-il, il faut que je mette le sous-préfet dans le coup et qu'on cherche ensemble une association importante qui patronnera cette affaire. Tu te rends compte, si on avait le château, on pourrait y installer, tiens, je ne sais pas, moi... une colonie de vacances! Ou un truc de ce genre! Bon Dieu, ça donnerait un peu d'animation dans cette commune qui meurt. Ça nous apporterait au moins un peu de jeunesse pendant trois mois!

— C'est bien ce que j'espère, sourit Yvette. Tu sais, c'est souvent déprimant d'être présidente d'un club du troisième âge, même quand il s'appelle Léon Dupeuch... Alors j'aimerais bien voir courir des enfants dans le parc du château...

— Formidable, murmura-t-il, déjà perdu dans des projets pleins de chants d'enfants, d'activités, de vie. Dès demain je réunis le conseil municipal et dès que j'ai son accord, on fonce! Mais ta décision est vraiment prise? Tu es sûre que tu ne regretteras rien?

— Certaine. Il y a plusieurs mois que j'aurais pu te dire la même chose que ce soir.

— Ce sera fantastique pour la commune si ça réussit, dit Michèle en revenant avec le tilleul.

— Oui, mais il va falloir cravacher pour y arriver, dit-il. Tu te rends compte? C'est pour le coup qu'on aura besoin d'un tennis, et aussi d'une piscine! Et là, ça servira au moins à quelqu'un! Tiens, vivement demain soir, j'ai hâte de voir la tête de ce râleur de Peyrafaure et de ses copains!

Après avoir réfléchi fort avant dans la nuit sur la marche à suivre pour concrétiser au mieux leur projet, Jacques se réveilla un peu moins enthousiaste. Il connaissait bien toutes les complications qu'il allait devoir surmonter et les démarches à entreprendre pour que le château se transforme en une vaste maison d'accueil.

Il y avait d'abord les problèmes d'ordre administratif à résoudre. Ensuite, il faudrait trouver les fonds qui permettraient de donner au château toute son infrastructure hôtelière. Enfin, il était indispensable d'intéresser une grosse entreprise en lui proposant des locaux, des activités et un site où les gosses seraient heureux de venir.

Rien de tout cela n'était simple, et pour la première fois depuis longtemps il regretta de n'être plus conseiller général. Cela lui eût sans aucun doute permis d'accélérer les démarches. Mais il chassa les quelques pessimistes pensées qui l'assaillaient en songeant à tout le travail qui l'attendait, sauta dans sa voiture et partit prévenir tous ses conseillers municipaux. Il les prévint que la réunion aurait lieu le soir même, qu'elle était d'une extrême importance et que tout le monde devait être présent.

Puis il alla saluer ses parents, mais se garda bien de leur parler de la visite d'Yvette. Il avait décidé avec elle de ne rien dire à personne avant la réunion du conseil municipal. Ses membres devaient être prévenus avant quiconque, faute de quoi certains risquaient de se vexer et de devenir farouches opposants, par pur dépit.

Dès les premières minutes de la séance, Jacques se réjouit d'avoir gardé le secret, car la mauvaise humeur de certains était manifeste.

— J'espère que vous ne nous dérangez pas pour des broutilles! attaqua Peyrafaure.

— Est-ce dans mes habitudes?

— Non, mais il y a un commencement à tout! Mais peut-être allez-vous nous annoncer que vous démissionnez? Ça serait une bonne nouvelle! lança Castellac d'un ton qui se voulait plaisant et blagueur mais qui trahissait quand même une animosité latente.

— Eh! Vous avez mangé quelque chose qui ne passe pas? plaisanta Jacques.

— On pourrait l'entendre de cette façon, avoua sèchement Peyrafaure.

— Merde quoi! Annoncez la couleur! s'énerva Jacques.

— Te fatigue pas, lui expliqua Coste en riant, avec ta réunion tu les prives d'un match de rugby à la télé, et d'un fameux! Alors, tu penses comme ils t'aiment!

— Ah, fallait le dire tout de suite! Eh bien, excusez-moi, messieurs, mais ce que j'ai à vous annoncer me semble plus important qu'un match. Enfin, je crois. Voilà, ma tante, Mme Yvette Dupeuch, ma tante, redit-il, a décidé de se séparer de son château...

— On s'en doutait, grogna Delmas, mais on n'y peut rien, n'est-ce pas? Bon, alors où est le problème? S'il existe réglons-le, et si on fait vite on aura la deuxième mi-temps!

— Vous me cassez les pieds avec votre rencontre! coupa Jacques. Il n'y a aucun problème! Ma tante a décidé de donner, je dis bien donner, son château à la commune. J'ai besoin de votre opinion avant d'accepter.

— Donner? Oh, merde alors! souffla Martin, mais pourquoi? Elle y perd!

— Ça, pour ce qui est d'y perdre! avoua Jacques.

— Alors, où est le piège? demanda Peyrafaure.

— Il n'y a pas de piège.

— J'y crois pas! s'entêta Peyrafaure. On ne donne pas comme ça un immeuble qui vaut peut-être... Je ne sais pas moi, au moins...

— Plus que ça! coupa Jacques qui sentait monter sa colère. Je vous dis qu'il n'y a pas d'entourloupette, rien! Juste à dire : oui, madame; merci, madame! Merde, c'est clair! Et c'est gratuit! Gratuit!

— Ouais, sauf les droits à payer et ils ne seront pas minces, prévint Peyrafaure.

— Avec un bon notaire ça ne sera pas un problème, assura Jacques.

— Admettons, dit Martin, mais qu'est-ce que la commune va faire de cette immense baraque? D'abord, elle va nous coûter une fortune en entretien et, ensuite, on n'a rien à mettre dedans, alors?

— D'abord, je vous répondrai qu'à cheval donné on ne regarde pas les dents, dit Jacques. Ensuite, je me fais fort d'avoir l'appui du sous-préfet pour obtenir de bons emprunts auprès de la CAECL.

— La Ca quoi? fit Delmond.

— Caisse d'aide à l'équipement des collectivités locales, expliqua Jacques. Et, si ça ne suffit pas, nous nous adresserons au Crédit agricole. De plus, j'espère bien grappiller çà et là quelques subventions. Eh oui, monsieur Peyrafaure, ça peut servir d'avoir des amis bien placés...

— Si ça ne vous dérange pas d'aller mendier... Et puis, c'est bien beau tout ça, mais à quoi servira votre château rénové?

– Très simple, j'espère pouvoir, non cet été mais l'autre, si tout va bien, l'ouvrir à une colonie de vacances. Et maintenant, si vous voulez voir la fin de votre match, on vote pour accepter le don de ma tante et vous êtes libres!

– Pourquoi une colonie de vacances? insista Castellac.

– Vous êtes contre?

– Bah... Pas tellement pour. Ben oui, quoi! Ça va amener un troupeau de gosses! Et les gosses, ça fait du bruit et ça casse tout!

– Ah bon? lança Jacques, vous préféreriez une maison de retraite, peut-être? Un asile de vieillards? Ça fait moins de bruit, les vieux! C'est vrai! Mais vous trouvez qu'on en manque à Saint-Libéral? Hein? Les nôtres ne vous suffisent pas?

– Castellac, mon petit, tu dis des conneries, intervint gravement Peyrafaure. Monsieur le maire a raison, pour une fois. C'est vrai, les gosses ça fait du bruit et ça casse, mais au moins ça chante, ça chahute, ça rit, c'est vivant! Je vote pour le projet! dit-il en levant la main.

Il n'avait pas achevé son geste que tous les bras étaient dressés, sauf celui de Castellac.

– Adopté à l'unanimité, moins une voix, dit Jacques. Messieurs, je propose que, dès demain, nous nous rendions chez ma tante pour la remercier et lui dire que le château, quelle que soit sa destination, s'appellera: la Fondation Léon-Dupeuch. Mais bien sûr, nous comprendrons l'absence de l'opposant...

Il regarda sa montre, fut heureux de constater que la réunion avait peu duré et qu'il avait le temps d'aller annoncer à ses parents que Saint-Libéral allait peut-être revivre.

Dominique s'était senti à l'aise dès son arrivée en Tunisie. Ici, à l'inverse de la Guyane, point besoin de s'habituer au climat. A peu de chose près, il retrouvait celui qu'il avait connu dans le Nord algérien. Et il en allait de même pour certains paysages, pour les modes de culture, la mentalité des terriens.

La grande différence était qu'il travaillait sur une terre beaucoup plus fertile et généreuse que celle des oasis. Il ne s'en plaignait pas. Installé dans la vallée de la Medjerda, au sud de Béja et au-dessus du bourg de Bab el-

Raba, il était, comme en Guyane, responsable d'une station d'essais. Mais ce qui le changeait beaucoup de sa précédente affectation était la modeste surface de l'exploitation. Ici, il était manifeste que Mondiagri avait eu du mal à négocier l'implantation d'une ferme expérimentale avec le gouvernement.

Dans les années 60, la gestion du groupe était trop peu conforme aux théories appliquées par les tenants de la réforme agraire en vigueur dans le pays. Car s'il se révélait maintenant que celle-ci avait fini par un fiasco retentissant et grave pour l'économie, quelques habitudes de travail étaient restées. Comme, par exemple, pour certains, de considérer la terre, les récoltes, les cheptels et les outils comme un bien collectif qu'il importait peu de traiter au mieux.

Mais parce que la ferme était petite et les ouvriers peu nombreux, Dominique n'avait pas eu trop de mal à leur faire comprendre l'importance des recherches agronomiques et à les y intéresser.

Comme il n'était pas surchargé de travail et que le service de Béatrice à la maternité de Béja lui laissait aussi du temps libre, ils meublaient leurs loisirs en partant à la découverte du pays. C'est aussi avec beaucoup de plaisir qu'il avait retrouvé Ali. Celui-ci avait rappliqué dès qu'il avait appris l'arrivée de son camarade et les deux hommes s'étaient étreints à grand renfort de claques dans le dos, sous les yeux un peu étonnés de Béatrice.

— T'inquiète pas, c'est notre vieille complicité de Sahariens, lui avait expliqué Dominique. On en a tellement bavé ensemble sur sa foutue terre minable des oasis! Et, en plus, tu ne peux pas imaginer ce qu'il m'en a fait voir, ce voyou! Plus feignant que lui, c'est pas possible! Voulait pas se salir les mains, ni se baisser, le bougre!

— Vieux salaud! Toujours aussi colonialiste et raciste! Enfin, c'était quand même le bon temps...

— Ça ne va pas? Tu as des problèmes?

— Ton successeur est un petit merdeux et un fayot! Il applique à la lettre les plans et les directives de nos technocrates. Eh oui, on en a nous aussi de cette vérole! Alors je te laisse imaginer les résultats! Avec ces gens-là, on va droit à la famine! Enfin, parlons d'autre chose. Alors tu as fini par te marier!

— Oui, une vraie perle!

— Et courageuse surtout!

217

– Voyou! Allez, viens déjeuner. Tu vas découvrir ce qu'est un cordon-bleu qui a fait ses classes au pays du foie gras!

Depuis ces retrouvailles, Dominique attendait l'occasion de rendre sa visite à Ali. Il se réjouissait aussi à l'idée de revoir un pays dans lequel il avait passé quatre ans de sa vie, et pas des plus mauvais.

Outre le fait de pratiquer un métier qui lui plaisait, en compagnie d'une épouse très tendre et attentive, il appréciait aussi beaucoup d'être près de la France. Non qu'il ait le mal du pays, mais il trouvait réconfortant de n'être qu'à quelques heures de Saint-Libéral, de la famille. De pouvoir faire un saut en France si l'envie leur prenait, à Béatrice et à lui, d'aller passer un week-end à Coste-Roche, voire à Paris.

Il fut ravi lorsqu'une lettre de son père lui annonça que la commune était désormais propriétaire du château. Ce château, c'était toute sa jeunesse et il y était sentimentalement attaché, comme tous les gens du village. Et, comme eux, il se surprenait à dire : notre château! Il était là, solide, bien campé au-dessus du village. Et il appartenait à tout le monde, comme le lavoir, l'église ou le paysage. Alors d'apprendre qu'il était désormais vraiment à tous était une grande satisfaction.

– Et puis, tu vas voir, dit-il à Béatrice, ça va redonner à mon père le goût de la bagarre. C'est une bonne idée, une colonie de vacances, non ?

– Excellente, tes grands-parents aussi doivent être contents!

– Tu penses! Et ils le sont doublement puisque Yvette est installée chez eux. C'est un comble, elle doit avoir dans les soixante-dix ans, mais avec elle, c'est un peu de jeunesse qui entre à la maison!

– Je la connais à peine, mais c'est sûrement une très gentille dame, pleine de délicatesse.

– C'est vrai, mais sur ce point, elle n'est pas à la veille de te battre, dit-il en l'attirant contre son épaule.

Il savait qu'il n'oublierait jamais la démonstration qu'elle lui avait faite; il en était encore tout ému. Et fier aussi d'avoir une épouse de cette trempe. Juste après leur mariage, dans l'après-midi du 20 décembre, il n'avait pas du tout compris où elle voulait l'entraîner lorsqu'ils étaient sortis de la mairie du VIᵉ.

– Une petite visite à faire et on vous rejoint chez Guy,

avait-elle dit à son frère et à sa belle-sœur – seuls représentants de sa famille – et aux Vialhe, beaucoup plus
nombreux. Puis elle l'avait entraîné dans un taxi.

– Vous vous arrêterez devant la Préfecture de Police,
avait-elle demandé.

Comme il ne comprenait rien mais ne voulait surtout
pas donner au chauffeur l'occasion d'engager la conversation, il s'était tu jusqu'à l'arrivée.

– Tu veux déjà porter plainte pour coups et blessures?
avait-il plaisanté. Non, blague à part, à quoi on joue?

– A rien. Viens, on va aller visiter Notre-Dame, ça me
rajeunira, j'y venais souvent pour entendre les récitals
d'orgue.

– C'est toi qui me demandes d'entrer dans Notre-
Dame?

– Pourquoi pas? C'est une des plus belles, non?
Écoute, tu sais que j'ai horreur de mentir, c'est plus fort
que moi. Je suis au courant de la comédie qu'ont dû monter tes parents pour cacher notre décision à tes grands-
parents.

– Et tu désapprouves?

– Pas du tout. Mais si, un jour, j'ai à répondre à tes
grands-parents sur ce sujet, je veux pouvoir leur dire :
Oui, nous sommes passés par l'église. C'est peut-être un
jeu de mots, mais en le faisant je mentirai beaucoup
moins que si j'avais accepté, sans y croire, de me plier à
une cérémonie religieuse. Et puis, en dehors de ça, tel
que je te connais, je suis certaine que tu es très heureux
d'aller faire une petite visite en ces lieux, en ce jour, avec
moi...

Depuis, il savait qu'il aurait toujours en mémoire cette
visite à Notre-Dame.

16

Josyane remonta à Paris pour y chercher du travail, après un mois passé à Saint-Libéral. Elle n'ignorait pas que ses parents auraient préféré la voir s'installer dans la région. Mais si l'envie de courir le monde lui avait passé, l'idée de se contenter d'un modeste emploi en Corrèze n'était pas à la veille de l'effleurer. Elle avait vingt-cinq ans et déjà une bonne expérience de la vie dont elle entendait bien faire usage.

— Je pourrais te proposer de travailler pour la Maison, lui dit Chantal, tante Berthe et Gérard seraient ravis, mais franchement, j'ai le sentiment que ce n'est pas tout à fait ton style... Telle que je te connais, tu vas rembarrer la première casse-pieds qui se présentera, et comme elles forment quatre-vingt-quinze pour cent de notre clientèle, on va droit à l'incident, ou à la faillite!

— Oui, je me demande comment tu y résistes!

— Très facilement, je n'ai pas de contacts avec elles! Mon travail, c'est d'organiser et de promouvoir les collections Claire Diamond, en France et en Europe. Mais dans cette branche, je ne vois pas bien non plus ce que je pourrais t'offrir.

— Ne cherche pas. Moi, vos pétassous, même griffés Claire Diamond, ce n'est pas mon genre.

— Ça se voit, dit gentiment Chantal; je ne suis pas loin de croire que tu ne possèdes en tout et pour tout qu'un jeans dans ta garde-robe!

— Presque! Bon, de toute façon, ce n'est pas un emploi que je te demande, c'est simplement si je peux dormir chez toi, juste le temps de trouver une chambre pas trop chère. Mais si ça doit te gêner, dis-le. Enfin, je veux dire, tu as peut-être quelqu'un que ça pourrait déranger...

— Pas de problème, s'amusa Chantal, je ne reçois jamais d'hommes chez moi. Tu comprends, si tu fais ça, ils en viennent vite à réclamer leurs pantoufles dès qu'ils arrivent! Alors mon appartement est tabou, question de principe. Tabou sauf pour toi, bien entendu.

— Merci, j'espère ne pas t'encombrer trop longtemps.

— Tu as une idée de travail?

— Oui, toujours la même. Je vais commencer par faire le tour des agences de voyages et de presse. Et si ça ne marche nulle part, je chercherai du côté du secrétariat; après tout, je suis trilingue, ça peut servir!

— Sûrement. Tiens, au fait, on m'a demandé de tes nouvelles...

Josyane devina d'instinct que ce « on » avait les yeux bleus et ressemblait à Paul Newman, mais se garda bien de broncher.

— Ah oui? Qui? fit-elle.

— Joue pas trop les pimbêches avec moi, tu veux? plaisanta Chantal. Tu sais très bien de qui je parle. Mais je l'ai trouvé tout chose, ce pauvre Christian, qu'est-ce que tu lui as fait à Tahiti?

— Absolument rien, parole!

— Oui, ça doit être pour ça qu'il a mauvaise mine. Avec ton air de petite fille modèle montée sur châssis premier choix, tu l'as juste allumé et tu as filé!

— Je n'allume jamais personne, moi, c'est pas mon genre!

— Merci pour moi! dit Chantal en riant. Bon, peu importe. Toujours est-il que Christian m'a demandé de tes nouvelles. C'est gentil, non? Ah oui, il m'a dit aussi qu'il avait dans ses projets de découvrir la Corrèze. Si je me souviens bien, il m'a raconté un jour que son arrière-grand-père était de Brive, ou à côté. Tu savais, ça, toi, il t'en a parlé?

— Vaguement, éluda Josyane, mais je n'ai rien compris à son histoire!

C'était un mensonge éhonté mais elle le formula avec beaucoup de franchise.

— Ah, bon. Enfin bref, il est à Paris en ce moment, si ça te dit de le remercier d'avoir joué le facteur...

— Non, c'est déjà fait!

— Bigre, tu m'as l'air bien sévère. Enfin, n'en parlons

plus, si ça t'agace. Mais, à ta place, pour suivre les agences de presse, j'aimerais autant être recommandée par quelqu'un du métier, et quelqu'un de connu! Mais tu fais ce que tu veux...

– Exactement! Je me débrouillerai seule! décida Josyane.

Elle était soudain de fort méchante humeur, car elle savait très bien que ce n'était pas le meilleur système pour trouver un emploi.

Fatigué par une affaire éprouvante et difficile, Guy décida d'aller s'aérer un peu pendant le week-end de Pentecôte. Pour autant qu'il se sente très parisien et apprécie de vivre dans la capitale, il avait souvent besoin d'aller poser ses semelles sur autre chose que l'asphalte. Besoin de sentir la terre sous ses pieds, de humer le parfum des forêts, de se repaître de verdure et d'un oxygène qui ne puait pas les gaz d'échappement.

Aussi, même lorsque la chasse était fermée, n'hésitait-il pas à aller passer vingt-quatre heures chez Félix. Là-bas, il oubliait ses dossiers, ses clients et l'odeur des prétoires.

A l'inverse de son fils aîné, il n'était pas très féru de pêche, s'ennuyait si le poisson tardait à mordre, accrochait souvent son nylon dans les branches de saule et son hameçon dans les racines de nénuphars. Mais cela ne l'empêchait pas de tenir compagnie à Félix lorsque celui-ci décidait de mettre un brochet au beurre blanc au menu. Car même si Guy était souvent bredouille, l'étang du Souchet était si beau, si calme, que deux heures passées sur ses berges étaient un vrai régal, un bonheur.

D'autant plus que la conversation de Félix n'était jamais banale. Il lisait beaucoup, était au courant de tout. Et, sans se croire obligé de donner son avis à tort et à travers, il avait un jugement sain lorsqu'on le sollicitait. De plus, comme il était passionnant et intarissable dès qu'il était question de la nature, c'était un plaisir pour Guy de l'orienter sur ce sujet. Cela le changeait des conversations aussi stériles qu'oiseuses qu'il était souvent contraint de subir dans ses soirées parisiennes.

Mais, ce matin-là, c'est en silence que les deux hommes se dirigèrent vers l'étang du Souchet. La nature était si belle, si riche, et le chœur des oiseaux tellement prenant qu'il eût semblé sacrilège de le troubler. Il fusait de partout, surprenait par son ampleur et sa diversité. Au chant rauque et lancinant des faisans répondait le fin pipeau des mésanges charbonnières, et au tambourinage grinçant des pics épeiches forant les troncs creux faisaient écho les vocalises des fauvettes babillardes et des pouillots véloces.

La forêt, encore tout humide de rosée, était resplendissante. Elle ruisselait de lumière, et les chênaies, dans la plénitude de leur épanouissement printanier d'un vert tendre et délicat, buvaient le soleil à grands traits, s'en gorgeaient.

— On est gâtés ce matin, chuchota Guy lorsqu'ils arrivèrent sans bruit au bord de l'étang.

Là, sur l'eau gris-bleu où planaient encore quelques mèches de brume laiteuse, grèbes et foulques, poules d'eau, sarcelles, colverts s'ébrouaient, plongeaient, chantaient, cancanaient. Et dans les roseaux, les massettes et les rubaniers, que les touches pastel des iris d'eau égayaient d'un jaune pâle, trillaient à pleine gorge les phragmites, les rousseroles effarvattes et les bouscarles.

Gardien de l'ensemble, perché sur une branche morte d'un vieil aulne vermoulu, un héron pourpré hiératique surveillait de l'œil l'approche des deux hommes.

— On va rester ici, le coin est bon et il serait dommage de déranger tout ce beau monde, dit Félix en posant son matériel dans l'herbe.

— Oui, reprit-il peu après, tu vois, je le connais ce héron, c'est presque un jeu entre nous. Si on avance encore de dix mètres, il va décoller. Alors, adieu canards, poules d'eau et compagnie. Tout va se cacher! Tiens, essaie cette cuillère, c'est un nouveau modèle, Pierre m'a dit que c'était bon.

— Il va bien?

— Très bien. Tu serais arrivé plus tôt hier, tu l'aurais vu. Il était là avec Jeanette et les enfants.

Pierre Flaviens tenait à Buzançais un petit magasin d'articles de pêche et de chasse. Il demandait souvent à son père de tester quelques nouveautés.

— Ils descendent à Saint-Libéral cet été?

— Bien entendu! S'ils y coupaient cette année encore, ma mère ferait beau, la pauvre femme! Avec la rougeole des petits qui les a bloqués ici l'an dernier, ça a été un drame pour elle! Enfin presque.

— Et toi, tu descendras?

– Sans doute, ça fera plaisir à ton père et à ma mère aussi.

– Ça, tu peux le dire! Oh merde! s'énerva soudain Guy en tendant sa canne à son cousin, monte-moi ce truc, je ne sais jamais comment il faut l'attacher!

– Avec du calme, s'amusa Félix en nouant prestement la cuillère au bas de ligne : Tiens, et maintenant s'agit plus de rigoler si tu veux manger du poisson à midi!

Ce fut Guy qui sortit la première prise. Après vingt minutes d'une lutte que Félix dirigea de ses conseils, il parvint à poser sur la berge un brochet de près de huit livres, une bête magnifique, charnue, à la gueule de tueur.

– Tu pourras l'emporter, celui-là! Il est bien trop gros pour nous deux, dit Félix. Vingtdiou, le beau bestiau! Mais si tu l'avais loupé, ton fils se serait joliment foutu de toi!

– Je ne le lui aurais pas dit!

– Moi si, plaisanta Félix. Blague à part, il va bien?

– Oui, il buche son bac.

– Mais ça ne pose pas de problème?

– Non, sauf s'il se casse les jambes le matin de l'épreuve. Bon sang, aide-moi! Je n'arriverai jamais à décrocher ce monstre!

– Oui, tu es bien parti pour y laisser les doigts! pronostiqua Félix en glissant prestement le pouce et l'index dans les ouïes du brochet. Il récupéra la cuillère, assomma le poisson. Et l'an prochain? demanda-t-il en reprenant sa pêche.

– Oh! Ne te fous pas de moi, tu veux? Tu sais très bien ce qu'il en est!

– Bon sang! A t'entendre on dirait qu'il veut devenir gourou en haut du Népal ou tenancier d'un claque! Sans blague, c'est pas infamant de vouloir faire agro!

– Il n'y est pas encore! Mais ce petit voyou a déjà réussi à m'extorquer l'autorisation de s'inscrire en préparation! Et figure-toi qu'il snobe aussi le voyage que je voulais lui offrir pour son bac. Oui, monsieur! Je lui proposais d'aller faire un séjour en Angleterre, eh bien non!

– Je sais, dit Félix, il préfère aller travailler chez Jacques.

– Il te l'a dit?

– Non, pas cette année, mais je devine. Bon, c'est pas un drame!

– Je n'ai pas dit que c'en était un! Je dis simplement que, doué comme il est, c'est gâcher son talent que de vouloir se lancer dans un métier aussi crève-la-faim!

– Dominique gagne très bien sa croûte!

– Oui, je sais. Mais Jean veut être éleveur, je te demande un peu, éleveur! Rien que ça!

– Il a le temps de changer d'avis! Une fois ingénieur agro, il peut évoluer comme son cousin.

– Têtu comme il est, ça m'étonnerait! Parce que figure-toi que monsieur a sa petite idée sur l'élevage. Parfaitement. Et Dominique la partage, à moins qu'il ne la lui ait soufflée! Oui, oui! Je les ai bien vus au moment du mariage de Dominique, ils ont discuté une soirée ensemble!

– C'est plutôt bon signe, non? Ça prouve qu'il se renseigne!

– Ah, fichtre oui, le salaud! Et monsieur ne fait pas dans l'économique! Éleveur oui, mais de luxe!

– Comment ça de luxe? demanda Félix. Il eut une touche, ferra adroitement. Tiens, le voilà notre déjeuner, dit-il en moulinant. Doit pas être bien gros, sera vite dehors... Tu dis qu'il fait dans le luxe? reprit-il en jouant sur le frein du moulinet pour fatiguer sa prise.

– Parfaitement! Monsieur veut faire de la bête de herd-book, de la limousine inscrite, de la bête de concours. Le fin du fin, pour l'exportation, quoi! Et Dominique l'approuve, ou le conseille, va savoir! Il dit que son père aurait dû s'y mettre depuis longtemps et qu'il en vivrait beaucoup mieux!

– C'est pas idiot.

– Vas-y! Donne raison à Jean, comme toujours!

– Mais non, au contraire! Quand il vient, je passe mon temps à le calmer. Tiens, prépare l'épuisette, vu la façon dont il a engamé, il ne se détachera pas. Tu y es?

Félix attira adroitement le brochet au bord de la berge, le guida jusqu'à l'épuisette.

– C'est bon, fit Guy.

– C'est un jeune, pas plus de trois livres, estima Félix. Alors, tu dis qu'il veut faire de l'élevage de luxe?

– Oui.

– C'est pas idiot, répéta Félix. Si, si! Oh, je sais ce que tu penses: partis comme le sont nos économistes et nos politiciens, ils vont tuer l'agriculture, enfin la nôtre, la moyenne, la petite est déjà morte! Je le vois bien, la Brenne n'est déjà pas bien riche, mais ça va de mal en pis. Et c'est pareil en Corrèze! C'est notre faute, on laisse les commandes à des crânes d'œuf qui ne sont jamais sortis des grandes villes, sauf pour aller aux sports d'hiver ou à la plage! Alors, la terre, pour eux, c'est bouseux et compagnie!

— Eh bien, si après ça tu as le culot de me dire que j'ai tort de m'inquiéter pour mon fils!

— Oui, tu as tort. Je comprendrais que tu te fasses des cheveux blancs s'il voulait travailler comme le fait Jacques à Coste-Roche. Et pourtant, c'est un bon, Jacques! Mais il était d'avant-garde il y a trente ans...

— Et alors, c'est bien ce que je dis! Jean y va cet été!

— Mais pas pour faire comme lui! Écoute, vu l'évolution, il faut miser sur l'exceptionnel, le haut de gamme comme on dit. Il y aura toujours des clients pour s'offrir la pièce rare. Alors, pour les amateurs, pourquoi pas des bêtes de herd-book? Après tout, c'est en évoluant vers la haute couture que tante Berthe a hissé sa maison là où elle est. Ce n'est pas en vendant des tabliers, des bleus de travail ou des torchons qu'elle a fait Claire Diamond.

— Sans doute. Mais moi, dans un premier temps, je constate que je n'ai pas de terre, pas un mètre carré! Tu sais qu'on a fait l'arrangement de famille et que les parents ont laissé toutes les terres à Jacques. Ça l'a d'ailleurs obligé à faire un emprunt pour dédommager Mauricette. Bon. Moi j'aurai un jour la maison mère, mais pour ce qui est de la terre, à part le jardinet... Je ne me plains de rien, c'est très bien comme ça. Mais enfin c'est pour dire que je n'ai pas maintenant envie de me ruiner en achetant une ferme à mon fils. Alors, ses vaches, tu m'as compris!

— Vu comme ça... Mais tu veux que je te dise? Je ne me bile pas pour Jean. Et puis, peut-être que ses années d'agro lui feront comprendre qu'il n'y a pas que l'élevage.

— Que le ciel t'entende! Mais tu avoueras que ce gamin ne choisit pas le plus simple!

— Tu as déjà vu un Vialhe choisir le plus simple? Moi, jamais! plaisanta Félix. Allez, rentrons, on va aller faire cuire cette bête en prenant l'apéro. Au fait, tu aurais aimé qu'il fasse quoi? Avocat, comme toi?

— Pourquoi pas? Ce n'est pas si mal. Ou alors l'ENA.

226

– Pourquoi? Tu trouves qu'on manque de grosses têtes qui en sortent? Moi, je vais te dire, je préfère que Jean s'intéresse à la terre et à l'élevage. C'est beaucoup moins banal par les temps qui courent. Et c'est surtout moins dangereux que d'avoir la prétention d'administrer l'existence de pékins comme toi et moi, qui n'en demandent d'ailleurs pas tant.

– Peut-être. Mais il faut dire aussi que tu es sacrément anar! Je crois entendre mon père!

– Ben oui, ça aussi c'est Vialhe, et il faut faire avec. Allez, filons, et n'oublie pas ta prise. Pour une fois, tu vas en mettre plein la vue à ton fils!

– Penses-tu, je le connais, il ne voudra jamais croire que j'ai attrapé ça tout seul!

– Je te ferai un certificat! promit Félix en éclatant de rire.

Jacques s'inquiétait depuis presque deux mois. Il avait déjà ressenti comme une anomalie ce mois d'avril trop beau, trop lumineux et surtout beaucoup trop sec et chaud. Il n'avait jamais oublié le dicton que son grand-père Jean-Édouard leur assenait chaque fois que Paul et lui avaient l'audace de se plaindre d'un avril trop humide qui gâchait les vacances de Pâques:

« Ce mois n'a que trente jours, mais s'il pleuvait trente et un il n'aurait pas encore assez plu! » assurait le vieil homme.

Depuis, Jacques savait qu'il avait raison. C'était en avril que se constituaient en sous-sol les dernières importantes réserves d'eau avant les grandes chaleurs. Que se gorgeait la terre des labours, des prairies et des pacages, que se faisaient les fourrages.

Mais le mois s'était achevé sans grosses pluies. Et la nouvelle lune du 29 n'avait apporté aucun changement. Quant à mai, il avait été radieux; beaucoup trop, car les quelques averses orageuses avaient à peine mouillé la poussière.

Et déjà les betteraves et le maïs avaient mal germé et s'étiolaient par plaques. Quant aux prairies artificielles, il était encore possible de distinguer, aux pieds des légumineuses et des graminées, les granulés d'ammonitrate épandus au début du mois et toujours pas dissous.

Maintenant, on allait vers la mi-juin et il était évident

que les coupes de fourrage seraient minables, pour ne pas dire inexistantes dans certaines parcelles. Même les céréales souffraient. Elles jaunissaient déjà et leurs épis restaient désespérément vides, plats. Certains arbres fruitiers commençaient aussi à pâtir et se dépouillaient déjà de quelques fruits, verts et secs, ratatinés sur leur noyau.

En ce matin du 10 juin, Pierre-Édouard s'était senti le courage de monter jeter un coup d'œil sur le plateau. Là, apercevant Jacques qui fauchait la luzernière dans la pièce des Malides, il s'avança jusque-là, histoire de voir ce que donnait la coupe.

– Si on n'a pas d'orage avant huit jours et qui détraque le temps, tu auras vite fait le reste de tes foins! pronostiqua-t-il. C'est pas fameux, hein? ajouta-t-il en se baissant pour ramasser une poignée de fourrage déjà flétri car le soleil cognait dur.

– Oui, même la luzerne est claire! Quant au reste...

– J'ai vu, dit Pierre-Édouard. Tu aurais presque intérêt à tout couper tout de suite et, si jamais il vient enfin à pleuvoir un peu, tu auras ta deuxième coupe.

– J'y ai pensé, mais c'est encore tellement léger comme densité! Enfin, il faudra bien faire quelque chose si ce putain de temps reste au beau fixe!

– Ça me rappelle 1943, dit Pierre-Édouard. Il réfléchit, hésita: Oui, c'était bien 43. C'est l'année où la faucheuse nous a laissés en plan. Tiens, j'ai emmené Guy à Brive pour en commander une autre. Qu'est-ce que je voulais dire, moi? Ah oui! on a eu vite fait les foins cette année-là! Tu me diras que j'étais moins chargé de bêtes que toi!

– Eh oui, je ne vais bientôt plus savoir où faire pacager.

– Il te reste du foin de l'an dernier?

– A peine, peut-être huit ou dix tonnes, pas plus, ça n'ira pas loin...

– Sûr, soupira Pierre-Édouard. Il était soudain très fatigué et alla s'adosser contre le tronc d'un prunier.

– Ça ne va pas? s'inquiéta Jacques en descendant du tracteur. Il avait mal au dos et claudiqua jusqu'à son père: Ça ne va pas? redemanda-t-il.

– Mais si, je souffle un peu, c'est tout, assura Pierre-Édouard.

Il observa son fils qui grimaçait en se massant le dos et ricana :

— On fait une sacrée paire, tous les deux! Toi, tu ne peux plus te traîner et moi... Enfin, moi j'ai l'excuse de l'âge, mais on aurait bien besoin de la relève!

— Tu n'aurais pas dû faire un tel chemin, reprocha Jacques, c'est pas sérieux!

— Je sais, mais au diable le sérieux! Ça m'a fait plaisir de revoir le plateau.

— Je vais t'accompagner en tracteur jusqu'à Coste-Roche. Ensuite, Michèle te descendra en voiture.

— Mais non, ça va te faire perdre du temps, ronchonna Pierre-Édouard sans grande conviction.

Il était maintenant un peu oppressé et se serait volontiers assis, car il avait les jambes lourdes; mais il hésitait à le faire à même le sol. C'était tellement bas, et tellement difficile de s'accroupir sans s'étaler. Et puis, ensuite, il faudrait se redresser...

— Allez, je t'aide à grimper sur le tracteur. Tu peux te tenir sur l'aile, oui? Tu te cramponneras?

— Laisse-moi souffler. Je redescendrai seul et à pied, c'est pas loin! dit Pierre-Édouard.

Il se sentait incapable de se hisser sur le tracteur et surtout de se maintenir sur l'aile jusqu'à Coste-Roche. Mais il ne voulait pas l'avouer, pour rien au monde.

— Mais si, c'est loin! Trop loin pour toi! s'entêta Jacques. Bon, décida-t-il, ne bouge pas de là; je file chercher la voiture et je te redescends.

— Alors, comme ça, d'accord, capitula Pierre-Édouard après avoir un peu hésité. Mais tu vas me promettre une chose, tu m'arrêteras à l'entrée du bourg; promets, autrement je pars à pied.

— Mais pourquoi?

— Promets! dit-il en feignant de s'en aller.

— Bon, d'accord.

— C'est pour ta mère, expliqua-t-il en reprenant appui contre le tronc calleux du prunier. Oui, si elle me voit descendre de voiture, elle va s'inquiéter. Ça va faire toute une histoire, elle voudra faire venir Martel, tout le cirque, quoi!

— Et elle aura raison!

— Fous-moi la paix! dit Pierre-Édouard avec agacement, avant de poursuivre : Tandis que si j'arrive à pied, grâce à toi je serai en avance et elle ne se doutera de rien.

Elle est impressionnable, tu sais, elle cache son jeu, mais je la connais. Il faut faire attention, c'est pas bon pour elle les soucis. Allez, va chercher ta voiture. C'est vrai, je suis un peu fatigué maintenant...

Jacques tint parole et déposa son père à l'entrée de Saint-Libéral. Mais avant de remonter à Coste-Roche, il voulut s'assurer que le vieil homme allait mieux et décida d'attendre qu'il ait atteint la grand-place.

Satisfait de le voir s'éloigner d'un bon pas, il se promit néanmoins de dire à sa tante Berthe de surveiller un peu ses escapades. Car si, en plus de la météo qui lui donnait des soucis, son père s'en mêlait pour lui compliquer la vie, ça allait devenir difficile!

Il se réconforta en calculant que Pierre-Édouard avait quelques raisons d'être fatigué. En effet, non content de grimper sur le plateau – et la pente était sévère! –, il avait poussé jusqu'à la pièce des Malides, le tout sous un soleil assassin. Cela représentait plus de trois kilomètres, une belle prouesse pour un homme de quatre-vingt-sept ans au cœur usé.

« Et il était près à redescendre à pied, pensa-t-il avec admiration, je ne jurerais pas que j'en ferai autant au même âge, si j'y arrive... »

Il attendit que son père ait disparu au bout de la grand-rue et reprit le chemin de Coste-Roche. Avec tout ça, il n'avait pas fini de faucher la luzerne. Ce n'était pas grave, car, malheureusement, le temps ne menaçait pas.

Certains matins, lorsque, éreintée, elle regagnait sa chambre sous les combles de la rue de l'Ouest, Josyane n'était pas loin de penser que l'indépendance se payait vraiment bien cher.

Comme annoncé à Chantal, elle avait trouvé un emploi. Il était correctement rémunéré et lui avait donc permis de rembourser son billet d'avion à sa sœur et aussi de s'installer dans un petit studio sous les toits. Le seul problème était que sa fonction correspondait peu à ce qu'elle avait escompté. Certes, elle travaillait dans une agence de voyages. Mais, au lieu d'accueillir et de renseigner les clients sur les charmes des Seychelles, des Caraïbes, d'Acapulco ou tout autre lieu dit enchanteur, puis d'organiser leur périple, elle se retrouvait contrainte de piloter des groupes d'étrangers à travers la capitale.

C'était supportable lorsque son service était de jour, mais très pénible quand elle devait guider, pendant une partie de la nuit, des Japonais ou des Américains, du Moulin-Rouge au Lido, avec détour par la tour Eiffel, la Concorde, Notre-Dame illuminée, un « bistrot typique » et retour à Pigalle! C'était non seulement épuisant mais surtout dépourvu du moindre intérêt. De plus, comme à Tahiti, elle devait souvent faire comprendre à certains clients qu'elle ne faisait pas partie du forfait Paris *by night*! Aussi en venait-elle à penser que Chantal avait eu raison lorsqu'elle avait tenté de la dissuader d'accepter un tel emploi.

D'abord vexée par les remarques de sa sœur, elle les jugeait maintenant de plus en plus sensées, surtout quand la fatigue la jetait tout habillée sur son lit à l'heure où les gens normaux commençaient leur journée.

— J'espère que tu n'es pas folle au point d'accepter ce boulot idiot! lui avait lancé Chantal.

— C'est le seul qu'on me propose pour l'instant! Et, en plus, il n'y a pas de travail idiot! Il faut que je gagne ma vie, un point c'est tout!

— Mais pas comme ça! C'est ridicule. Tu mérites mieux! Et puis pourquoi ne veux-tu pas demander à oncle Guy de t'aider? Il te l'a proposé. Bon sang, avec le monde qu'il connaît, je suis sûre qu'il te trouverait un job en un rien de temps! Et même, tiens, dès que Gérard rentrera des États-Unis, je lui en parlerai, tu veux?

— Rien du tout! Je n'ai pas envie de demander quoi que ce soit à oncle Guy, ni à Gérard, ni à personne de la famille!

— Mais c'est grotesque! Alors à quoi ça sert la famille, à ton avis? On est tous là pour se serrer les coudes, pour se soutenir, pour s'aider! Tiens, tu crois qu'oncle Jacques a hésité à mettre son frère dans le coup pour chercher l'entreprise qui sera intéressée par le château? C'est comme ça qu'il faut faire, pas autrement. Seuls les imbéciles ne comprennent pas ça!

— C'est ton point de vue. Mais, écoute, j'ai filé un jour au bout du monde pour couper le cordon, d'accord? Alors, aujourd'hui, je ne veux pas le rattacher, c'est clair? Voilà pourquoi je ne demanderai rien à oncle Guy, ni à personne de la famille!

– Tu veux que je te dise ? A force de vouloir te débrouiller toute seule et te démarquer de la famille, tu te conduis comme une midinette ! C'est grotesque ! Tu joues à quoi ? A un roman-photo de *Nous Deux* ? Moi, j'espérais que tes années de vadrouille t'avaient mis un peu de plomb dans la cervelle, je me suis trompée !

– T'occupe pas de ma cervelle, tu veux ? D'ailleurs où est le problème ? Je n'ai trouvé que ce travail pour l'instant. Ça ne veut pas dire que je vais y consacrer ma vie !

– Bon. Alors laisse-moi au moins demander à Christian de te recommander dans les agences de presse, il n'est pas de la famille, lui !

– Je t'interdis bien de le mettre dans le coup, celui-là ! J'ai fait la tournée de toutes les agences, aucune n'a voulu de mes photos ! Alors, pas question de m'abaisser maintenant en faisant intervenir ton copain !

– Eh ben, ma petite, je te vois mal partie ! Je crois que tu as encore besoin d'en baver un peu. Dans le fond, tu es peut-être revenue trop tôt de Tahiti !

Les deux sœurs s'étaient quittées très fâchées et Josyane était restée plus de quinze jours sans revenir voir Chantal. Puis, comme toujours, elles s'étaient réconciliées.

Et maintenant, après trois mois de travail, Josyane n'était pas loin de penser que son aînée avait raison et que le temps était venu de faire preuve de bon sens. Déjà, elle envisageait d'oublier sa fierté et d'aller, dans un premier temps, demander conseil à son oncle Guy. Mais elle hésitait encore et reculait sa décision. Comme, de plus, elle était toujours un peu en froid avec sa sœur, ça n'améliorait pas son caractère. Car elle en voulait à Chantal non d'être lucide et réaliste au sujet de son travail, mais d'avoir été jusque-là incapable de la remettre d'une façon ou d'une autre en présence de Christian.

Et comme il n'était pas question qu'elle s'abaisse à lui demander ce service, sa petite bouderie envers sa sœur risquait de durer et même de se durcir si la situation ne se débloquait pas.

Josyane consulta sa montre, calcula qu'elle avait encore quatre heures de travail avant de pouvoir dormir et reprit son micro :

– ... Et, à notre droite, voici l'obélisque de Louxor. Il

fut érigé en 1836, sous le règne de Louis-Philippe. Dans le même temps furent bâties les deux fontaines qui...

– Et où sont les Folies-Bergère ? coupa un blagueur qui chahutait au fond du car.

– ... Vous pouvez aussi voir les huit statues qui représentent chacune une ville de France : Lyon, Marseille, Bordeaux..., essaya-t-elle.

Puis elle comprit que personne ne l'écoutait car, sans doute à la suite d'une plaisanterie salace, tout son troupeau d'Américains s'esclaffait en se tapant sur les cuisses.

– Laisse tomber, lui conseilla le chauffeur, ils se foutent pas mal de tes explications. Ils sont déjà bourrés comme des cochons ! Si tu veux mon avis, on va les driver vite fait voir les danseuses à poil ; ils nous foutront la paix pendant ce temps-là !

Elle acquiesça. Épuisée par quatre nuits blanches – elle avait accepté de remplacer une camarade souffrante –, elle luttait douloureusement contre le sommeil et s'obligeait à rester debout pour ne pas y succomber. Malgré cela, bercée par le léger tangage du car, elle n'était pas loin de s'endormir tant elle était fatiguée et oscillait en se cramponnant à la barre d'appui.

Mis en forme par quatre bières brunes, trois cognacs, un armagnac et trois coups de champagne – un infâme demi-sec dont Josyane n'aurait même pas voulu pour récurer ses casseroles ! –, William B. Barlow, de Miles City, Montana, était fasciné par la croupe qui ondulait devant lui, à portée de main. Il la trouvait si belle, excitante et gracieuse ainsi serrée dans la petite jupe bleue qui affinait ses rondeurs, qu'il n'y tint plus. Et c'est après avoir prévenu son voisin d'un coup de coude complice qu'il s'aventura. Pas sournoisement, ni furtivement, mais franchement, en joyeux rustre qui brûlait de toucher la peau tiède et douce qu'il devinait là, dans l'entrecuisses. Il n'alla pas loin à peine au-dessus de l'ourlet.

– Espèce de salaud ! Tu te crois dans ton ranch ? gronda Josyane en se retournant. Et sa main partit, fulgurante, claqua sur une joue, puis sur l'autre sans même que le coupable, engourdi par l'alcool, ait le temps d'esquisser un geste de défense.

– Et ça t'amuse, toi, l'andouille du Kansas ? lança-t-elle au voisin, un gros rouquin adipeux qui riait à s'en faire crever la panse.

Il reçut lui aussi la mornifle de sa vie, mais n'en continua pas moins à s'étrangler de rire.

— Bande de voyous! jeta-t-elle en allant s'asseoir sur son petit strapontin à côté du chauffeur.

— Ben, dis donc! Si tu te mets à cogner les clients..., murmura-t-il. Il avait tout entendu et tout compris : Dis, si jamais ils portent le pet, tu es bonne!

— M'en fous, qu'ils crèvent ces salauds! Je descends au prochain feu rouge!

— Ah non! Tu ne peux pas quitter le car! Ah non! Tu es responsable de ce ramassis de barbares!

— M'en moque! Je démissionne, j'ai le droit pour moi! Il n'est nulle part stipulé que je doive me laisser peloter par des ivrognes!

— Écoute, laisse-moi au moins les conduire au cabaret. Après, tu fais ce que tu veux. Je les ramènerai bien à l'hôtel tout seul. Fais ça pour moi. Allez, sois sympa!

— D'accord, mais dès qu'ils sont partis se rincer l'œil je m'en vais, promit-elle. Et elle reprit son micro pour annoncer : Et voici maintenant l'Arc de Triomphe de l'Étoile. Commencé en 1806, il fut achevé en 1836. C'est ici que repose le...

— C'est bien petite, tu verras, tu t'y feras! l'encouragea le chauffeur.

— Compte là-dessus!

C'est après avoir dormi comme une souche pendant une partie de la journée qu'elle se dirigea vers la maison Claire Diamond, sise rue du Faubourg-Saint-Honoré. Elle tenait à ce que Chantal soit la première avertie de sa décision d'arrêter son travail à l'agence.

QUATRIÈME PARTIE

LA RANÇON DE LA FRICHE

17

N'eût été la sécheresse, désormais catastrophique et angoissante car rien n'annonçait sa fin, Jacques aurait eu toutes les raisons d'être heureux.

D'abord, Françoise était là depuis huit jours. Elle avait brillamment réussi sa dernière année à l'école vétérinaire et sa thèse. Libre pour quelques semaines avant de commencer son travail dans les laboratoires de l'INRA, elle se préparait à passer une partie de ses vacances à Coste-Roche.

Ensuite, Dominique et Béatrice allaient très bien. Ils écrivaient souvent, donnaient toujours de bonnes nouvelles et envisageaient même de faire un saut en Corrèze courant septembre.

Autre épisode sympathique : Félix avait passé une dizaine de jours à Saint-Libéral avec son fils, sa bru et ses petits-enfants. Grâce à eux tous, l'animation n'avait pas manqué dans la famille.

A cela s'ajoutait la proche venue de Jean. Comme prévu, il avait eu son bac sans problème et s'était annoncé pour la fin du mois de juillet. Il avait fini par accepter la proposition de son père et était parti découvrir l'Angleterre. Et, là encore, Jacques était content qu'il en soit ainsi car c'était lui qui, au téléphone, lui avait instamment demandé de ne pas faire l'âne et de profiter du séjour offert.

– D'ailleurs, avec la sécheresse, il n'y a rien à faire ici ! Je te le jure, c'est vrai, lui avait-il assuré. Alors va un peu vérifier si les Anglais mangent aussi mal qu'on le dit. Et ne te crois pas obligé de ramener une petite Anglaise, tes parents apprécieraient peu !

Enfin, autre raison d'être satisfait, le château de Saint-Libéral avait enfin trouvé de vrais et solides locataires, grâce à Guy. Dès juillet 77, il allait accueillir les enfants des salariés de l'entreprise franco-belge de tréfilerie Lierson et Meulen. C'était un gros groupe industriel qui, outre les milliers de kilomètres de grillage qui sortaient de ses usines, s'adonnait aussi à la quincaillerie. L'un des administrateurs était ami de Guy et chassait avec lui en Brenne.

La décision de Lierson et Meulen était une excellente nouvelle, car avec les enfants, viendrait le personnel d'encadrement, moniteurs, monitrices, intendants. Jacques s'était engagé à trouver un couple de gardiens qui vivrait là à demeure et entretiendrait le château. Ainsi resterait-il ouvert et prêt à recevoir son lot de pensionnaires. Car le groupe prévoyait aussi d'organiser, au calme et en morte-saison, des séminaires pour ses représentants et vendeurs. Tout ceci allait donner une forte impulsion à Saint-Libéral. Déjà étaient prévus le tennis tant réclamé par Peyrafaure et aussi une piscine sans laquelle l'entreprise Lierson et Meulen eût refusé le bail.

Bien sûr, tous ces aménagements annonçaient des frais énormes que la commune était incapable de couvrir seule. Jacques avait dû frapper à beaucoup de portes pour obtenir quelques subventions et surtout des emprunts à long terme et à taux très faibles. Il savait que la gestion de toute cette opération n'allait pas être simple, mais ne regrettait pas une seconde de s'être lancé dans cette aventure. Car ce qui était très réconfortant, c'était de voir ses amis, voisins et administrés, prêts à participer à la renaissance de Saint-Libéral.

Déjà, Brousse prévoyait de développer ses cultures potagères en vue de fournir tout ce que la cuisine du château n'allait pas manquer de réclamer. Quant à Delpeyroux et Delmond, ils se proposaient de fournir tout le lait, les fromages, les œufs et les volailles dont auraient besoin les locataires. Même Coste caressait l'idée d'investir dans l'achat de quelques poneys et chevaux que les jeunes, et pas seulement ceux de la colonie, seraient ravis d'enfourcher. Il se voyait même ouvrant une sorte de ranch, avec buvette, jeux divers et promenades à cheval dans les chemins communaux.

– Il ne lui restera plus qu'à louer quelques Indiens et à s'armer d'un colt pour s'y croire! avait ironisé Pierre-

Édouard en prenant connaissance du projet. Il ne regardait pas d'un très bon œil la reconversion de Coste en shérif et redoutait de voir le chemin qu'il empruntait pour sa promenade journalière envahi par des hordes de cavaliers, avec ou sans arcs!

– Parce que moi, ce jour-là, je reprends le douze! Et pas seulement contre les Peaux-Rouges! avait-il prévenu.

Malgré ce genre de réticences et de commentaires, Jacques, en tant que maire, ne pouvait que se réjouir de voir revivre sa commune.

Josyane faillit faire demi-tour quand elle vit, avant même d'entrer, que le salon Claire Diamond n'avait pas son apparence normale. Elle pensa qu'il était aménagé pour un défilé de mode; rien n'était à sa place habituelle et des projecteurs étaient prêts à illuminer le grand escalier. Consciente que son jeans élimé et son tee-shirt plutôt défraîchi risquaient de détonner au milieu des spécialités de la maison, elle allait tourner les talons lorsque Chantal l'aperçut et lui fit signe d'entrer.

– Dis, tu as vu ma tenue? lui demanda Josyane après l'avoir embrassée.

– Et alors, où est le problème? Nous sommes lundi, il n'y a pas de clientes!

– Lundi? calcula-t-elle. A force de se coucher au petit matin, elle perdait parfois la notion du temps : Ben, tu vois, j'avais pas réalisé que c'était hier dimanche.

– Tu n'as pas bonne mine, tu sais.

– Ça va aller mieux, j'arrête avec l'agence.

– Ah! Ça c'est une bonne nouvelle!

– Peut-être, mais je n'ai plus de travail. Dis donc, qu'est-ce que c'est que ce cirque? fit-elle avec un coup de menton en direction des projecteurs.

– Ça? Simplement les photos pour nos collections d'hiver. Mais devine qui est à l'étage? Eh oui! L'ami Christian! Il doit être en train de flirter avec Karine!

– Idiote! dit Josyane en rougissant un peu mais en souriant car elle était soudain très heureuse d'être venue. D'abord, ta Karine s'appelle Josette! Ensuite, elle est plate comme une sole et je serais très étonnée qu'il s'intéresse à ce genre de planche! Et en plus, elle est sûrement gouine.

– Allons bon! Tu ne serais pas un brin jalouse? s'amusa Chantal.

– Et pourquoi donc? Et de quel droit? Ton Christian, je ne l'ai pas revu depuis Tahiti, moi! dit-elle en se renfrognant.

– Eh bien, va lui dire bonjour! Il sera ravi, il m'a encore demandé de tes nouvelles. Tu connais la maison, monte.

– Non. J'attendrai ici!

Elle avait décidé, une fois pour toutes, qu'elle ne ferait pas le premier pas et entendait s'en tenir à ce principe.

– A ta guise, rien ne t'oblige!

– Encore heureux! Au fait, tu as des nouvelles des parents? demanda-t-elle uniquement pour changer de conversation car elle avait reçu une lettre de sa mère trois jours plus tôt.

– Oui, hier soir au téléphone. Tout le monde va bien. Mais il paraît qu'ils souffrent énormément de la sécheresse. Tu te rends compte, le Diamond ne coule plus, la source est presque tarie. Quand je pense qu'ici nous sommes ravis de ce temps superbe!

– C'est vrai, c'est agréable, dit Josyane distraitement et en jetant un coup d'œil discret en direction de l'escalier.

– Tu es sûre que tu ne veux pas monter? la taquina sa sœur.

Elle s'amusait beaucoup car, sans y être pour rien, tout se déroulait comme elle l'aurait organisé si elle avait voulu s'en mêler. Elle savait, depuis des mois, que Christian n'avait jamais été insensible au charme indiscutable de sa sœur et qu'il ne l'avait pas oubliée. Mais elle n'ignorait pas non plus que Josyane était encore échaudée par sa précédente expérience. Aussi, pour ne rien casser, ni brusquer, avait-elle décidé de laisser faire le destin. Et aujourd'hui, 26 juillet, il semblait enfin vouloir se manifester.

– Bon, alors viens prendre un rafraîchissement à l'office, proposa-t-elle. D'ici là, il descendra peut-être...

– Oh! N'en rajoute pas, tu veux? sourit Josyane qui savait très bien que sa sœur avait deviné depuis longtemps. Et ne va surtout pas t'imaginer que je vais lui sauter au cou! Sans blague!

– Je n'imagine rien du tout. Alors, tu t'es enfin décidée à arrêter ton travail idiot?

– Oui, ça commençait vraiment à bien faire. Et puis surtout, c'était crevant!

– Et que vas-tu faire maintenant?

– Pas la moindre idée, dit Josyane en s'installant sur le pas de la porte pour surveiller l'escalier. C'est alors qu'elle le vit qui descendait l'escalier, Bronica en main.

Il la remarqua à son tour, s'arrêta, sourit. Puis, par réflexe professionnel, parce que la tenue de la jeune femme et son allure étaient une magnifique provocation dans ce salon guindé, chichiteux et snob, il la cadra.

– Vous permettez? dit-il dans le même temps. Et, avant d'attendre sa réponse, il la photographia trois fois.

– C'est malin! dit-elle sans bouger. Puis elle attendit qu'il approche et lança : Vous en avez mis du temps pour revenir de Polynésie. Vous avez été retenu par une vahiné?

– Une? Vous voulez rire? Douze! D'ailleurs ne dites pas que vous m'attendiez, je ne le croirais pas, plaisanta-t-il. Puis il découvrit qu'elle portait un des colliers de coquillages qu'il lui avait passés autour du cou le matin de son départ de Tahiti. C'est sympa d'avoir encore ce bibelot, dit-il.

– Oh! C'est pas simple! J'ai déjà dû le renfiler deux fois, les coquillages coupent les fils, expliqua-t-elle. Puis elle réalisa qu'elle venait de se trahir et éclata de rire.

Immobilisées à l'ombre des gros châtaigniers qui cernaient leur pacage, dont la terre rougeâtre se craquelait de jour en jour sous le soleil, les bêtes attendaient. Épuisées par la chaleur, énervées par la soif et la faim, agacées par les nuages de taons qui les assaillaient sans relâche, elles meuglaient lamentablement en guettant avec anxiété le ronronnement du tracteur qui leur apportait de l'eau.

Car, depuis plus de huit jours, la source qui alimentait leur mare ne coulait presque plus; elle était pourtant réputée intarissable par les anciens. Maintenant, en son fond recuit par la canicule, une boue noirâtre et puante s'épaississait, durcissait. Aussi Jacques était-il contraint, chaque soir, de remplir sa tonne à Coste-Roche où l'eau ne faisait pas encore défaut, et de parcourir les quatre kilomètres qui séparaient sa ferme des terres et pacages de la Brande.

Malgé tout le temps que cela lui faisait perdre, il ne regrettait pas d'avoir conduit son troupeau là-bas. Car si la sécheresse y était tout aussi redoutable que sur le plateau de Saint-Libéral, il y avait des bois et des taillis où les vaches pouvaient s'abriter du soleil. Elles parvenaient aussi à calmer un peu leur faim en broutant les feuilles basses, les bruyères bâtardes et les quelques graminées sèches des sous-bois, car plus rien ne subsistait dans les prairies. Rases et poussiéreuses, elles ne recelaient plus la moindre trace de verdure. Quant aux champs, où auraient dû croître le tabac, les betteraves et le maïs, ils n'offraient plus à la canicule que les squelettes desséchés de leurs cultures crevées. Le spectacle était désolant.

Et le pire était que rien ne semblait annoncer la pluie. Car dans le ciel bleu plomb ne folâtrait pas l'ombre d'un nuage. Et aux couchants somptueux de luminosité, succédaient les levants tous aussi rutilants, prometteurs de chaleur et de beau temps. Les vacanciers étaient ravis; quant aux piscines, plans d'eau ou bords de rivière de la région, ils étaient combles, chargés d'une foule qui avait toutes raisons d'être heureuse et exubérante.

Mais à Saint-Libéral et dans toute la campagne, résonnaient les brames monotones des vaches assoiffées. Partout aussi, dès le point du jour, se donnant la réplique, bondissaient d'écho en écho le chant strident des tronçonneuses et les coups sourds des haches élaguant les chênes autour desquels se pressaient les vaches et les moutons pour happer les feuilles et les rameaux encore tendres. Prudents, tous les éleveurs retardaient le moment où il allait falloir attaquer les pitoyables réserves de foin. Car si l'affouragement devait commencer au mois d'août qu'allait-il rester dans les greniers quand février viendrait? Et pourtant, il fallait bien que les bêtes se nourrissent et boivent!

Poussées par la soif et la faim, certaines, pourtant jusque-là bien calmes et paisibles, sautaient les clôtures ou les écrasaient. Puis, beuglant à perdre haleine, coupant au plus court, elles cabriolaient dans le fond des vallées où végétait encore un semblant de verdure. Ou alors, et c'était plus grave, elles s'installaient dans les premières vignes venues et les broutaient jusqu'aux ceps. De même, attirées par les vergers, elles s'y ruaient et se bâfraient de feuilles et de fruits, au risque de s'étouffer en avalant trop vite de grosses bouchées de pommes vertes. Ou encore, guidées par l'odeur des petits potagers tant bien que mal un peu arrosés, car proches des maisons, elles se gavaient de choux, de carottes et de haricots. Et même l'odeur forte et tenace des feuilles de tomate ne les rebutait pas.

Par chance, les bêtes de Jacques ne s'étaient pas encore livrées à ce genre d'escapade. Il est vrai qu'il n'avait pas besoin de ça pour occuper son temps. En effet, victimes de la chaleur torride qui régnait dans la porcherie, trois porcs, d'une centaine de kilos, avaient succombé, foudroyés par un coup de chaleur. Deux truies, à deux doigts elles aussi de la congestion, avaient été sauvées de justesse par l'initiative de Françoise ; elle avait pratiqué sur l'une et l'autre une saignée salvatrice puis les avait longuement arrosées d'eau fraîche.

Mais depuis, Jacques, Michèle, Françoise et Jean, arrivé depuis dix jours, se relayaient dans la porcherie où la température était intenable, pour asperger périodiquement tous ses occupants. Jacques redoutait beaucoup que l'eau soit maintenant coupée, rationnée. C'était une éventualité tout à fait plausible et très inquiétante. Car outre ses porcs, il devait abreuver chaque jour ses trente-cinq bêtes à cornes. Avec la canicule, elles avalaient sans peine leurs cinquante litres chacune. Alors, si en plus d'être sous-alimentées, l'eau venait à leur manquer...

— Tu as raison, ces vaches ont faim, dit Jacques à son neveu, lorsqu'il entra cet après-midi-là dans le parc.

Pris par les problèmes d'entrepreneurs – les travaux dans le château avaient commencé depuis quinze jours, mais au ralenti, car beaucoup d'ouvriers étaient en congé –, il n'avait pas eu le temps de venir la veille et avait laissé à Jean le soin de conduire la tonne et ses deux mille litres d'eau. Il faisait maintenant toute confiance à son neveu.

En un an, Jean avait beaucoup changé, forci, grandi de sept à huit centimètres et pris une carrure de bûcheron. Il avait des mains comme des battoirs, se rasait par nécessité et non pour faire comme les grands et possédait une belle voix, stabilisée dans les basses. Et surtout, il était devenu moins impulsif, moins catégorique. Il acceptait mieux la discussion, ne se bloquait plus comme un mulet et allait même jusqu'à convenir qu'il pouvait se tromper.

Cela étant, il était toujours aussi déterminé dans ses projets. Avec néanmoins une évolution dont son père se réjouissait. Si l'idée d'être éleveur le tenait toujours, il admettait maintenant qu'il lui faudrait sans doute quelques années avant de pouvoir se mettre à son compte. Et s'il espérait bien y arriver un jour, du moins se disait-il prêt, pour un temps, à faire comme son cousin Dominique. A condition toutefois que ce soit pour gérer un beau troupeau de bêtes sélectionnées. Jacques n'avait pas la cruauté de lui dire que ce genre d'emploi ne se trouvait pas aussi facilement qu'il le pensait. Il estimait que son neveu s'en apercevrait bien tout seul.

— Tu as raison, redit-il en descendant péniblement du tracteur, ces bêtes ont faim! Bon Dieu, regarde celle-là comme elle a fondu! Je sais bien que son veau la crève, mais quand même!

— Il faudrait au moins leur apporter quelques sacs de granulés.

— Ben, pardi! Tu en causes à ton aise! Tu sais ce que ça coûte? Et puis si on commence... Non, on va faire comme les voisins; par chance on ne manque pas de chênes, ici!

— Par où attaque-t-on? demanda Jean en attrapant la hache qu'il avait glissée contre l'aile du tracteur.

— Fais-moi penser à prendre l'échelle, demain. Mais, en attendant, nettoie cet arbre. Tu sais grimper, oui? Tu laisses juste une couronne tout en haut et tu élagues en descendant. Mais ne va pas te casser la gueule, surtout!

— Penses-tu, fit Jean en haussant les épaules. Il glissa la hache dans sa ceinture, jaugea l'arbre et grimpa lestement jusqu'à la cime.

Les vaches se précipitèrent dès que la première branche dégringola. Et c'était un tel plaisir de les voir avaler goulûment les feuilles et les ébauches de glands, que Jean s'arrêta un instant de couper pour mieux les regarder.

— Ça a l'air fameux! Elles me donnent faim! lança-t-il à son oncle.

— Faut pas te gêner! Tiens, demain, fais-moi aussi penser à leur amener deux ou trois pierres de sel. Elles ont tout fini, normal avec cette chaleur.

— Eh! lança soudain Jean en tendant le bras, tu as vu là-bas? Ça crame!

— Où? fit Jacques en regardant vers la direction indiquée. Oh! Merde! Bon Dieu, c'est de l'autre côté du plateau, au pied des puys, c'est chez nous! Rapplique, faut y cavaler, avec cette sécheresse tout le plateau risque d'y passer, et les bois avec! dit-il en dételant prestement la tonne. Il attendit que Jean s'installe à côté de lui et fonça vers la fumée noire qui obscurcissait déjà un pan de ciel.

Parti du bord du chemin qui serpentait vers le puy Blanc, le feu, poussé par un chaud vent d'est, se jeta d'abord dans les fourrés qui recouvraient la pente grimpant vers le plateau. On y distinguait par endroits l'empreinte régulière des petites murettes et des dérayures qui la quadrillaient jadis, au temps où elle était cultivée.

Bien exposés au soleil de printemps, grands ouverts au sud, les lopins qui s'accrochaient là étaient riches d'une terre aimable à la bêche, profonde, facile à travailler, généreuse. Ici, quelque soixante ans plus tôt, croissaient les succulents primeurs, les premiers petits pois extra-fins, au goût incomparable, les pommes de terre nouvelles à la chair si tendre et fine, les succulentes carottes de printemps, les aulx et les oignons blancs, les haricots verts premier choix et même, en avant-saison, des fraises au parfum enivrant.

De là, provenaient de pleins paniers et des cagettes de tous ces produits exceptionnels que les expéditeurs d'Objat ou de Brive se disputaient et payaient rubis sur l'ongle, certains d'en tirer de gros bénéfices chez les grands restaurateurs parisiens.

Mais faute de main-d'œuvre et parce que la pente était beaucoup trop prononcée pour être cultivée mécaniquement, les jardins avaient été abandonnés l'un après l'autre. Alors, très vite couverts d'herbes folles, de verge-rette, de grande oseille et d'ivraie vivace, ils avaient ensuite accueilli les premiers pieds de ronces et d'églantiers. Encouragés par la richesse du sol, toutes les plantes et arbustes parasites s'étaient développés, gagnant partout, envahissant tout à grands coups de rhizomes, de marcottes, de graines, recouvrant le terrain d'une infranchissable barrière d'épines, d'aiguillons et de lianes.

A peine né, le feu se jeta à l'assaut d'un tel festin. Happant les buissons noirs, les ronces et les fougères avec une crépitante voracité, il enfla, s'allongea. Et ses langues rousses, de plus en plus gourmandes, rapides et longues, avalèrent en un instant l'entrelacs de broussailles épineuses, de viornes, de clématites et d'arbustes d'où fusèrent des sinistres miaulements de sève en ébullition et d'éclatement d'écorce.

Mis en appétit et conforté par ses premières victimes, il

se jeta dans la prairie qui s'offrait à lui. Elle appartenait à Yvette, mais Jacques l'avait en location depuis des années. Sèche comme de la poudre à fusil, elle n'offrit aucune résistance aux flammes qui bondissaient maintenant comme des couleuvres, sautaient, voletaient, s'activaient en crépitant dans les nappes d'agrostis ou les touffes flétries et grises de houlque.

Poussé par le vent, attisé par sa propre force, l'incendie gagna en surface, s'élargit, s'étala sur le plateau comme une mouvante nappe. Et c'est fort d'un front qui couvrait plus de cent mètres que le brasier, après avoir traversé la terre de la Rencontre, s'attaqua au puy Blanc. Mordant ses flancs, il carbonisa en de subites et hautes torches les genévriers odorants, les buis biscornus, presque centenaires et les grands genêts d'Espagne qui occupaient le sol aride. La fournaise devint alors terrible. Et son ronflement était si violent à ses abords qu'il couvrait le chant de la cloche de Saint-Libéral battant enfin le tocsin.

Lancinante, lugubre, résonnant de colline en colline, elle appelait à l'aide, suppliait tous les hommes valides d'accourir pour tenter de dompter le sinistre qui, là-haut, ceignait maintenant le puy Blanc d'une mouvante couronne, aussi suffocante et méchante qu'une coulée de lave. Et déjà, s'enivrant dans les chaumes, se régalant aussi des tiges mortes des maïs vaincus par la sécheresse, le feu broutait avidement le plateau, cernait les noyers et les vergers de pruniers.

Lorsque Jacques et Jean arrivèrent enfin aux abords de la fournaise, quelques habitants de Saint-Libéral étaient déjà sur place et tentaient de retarder l'avance du feu sur les terres du plateau. C'était le seul endroit où l'on pouvait encore s'approcher; car là, si les flammes étaient vivaces et rapides, elles étaient rases. Ce n'était pas le cas de celles qui dévastaient les puys et que seules des tonnes d'eau pourraient maîtriser.

— Où sont les autres? lança Jacques.

— Ils vont sûrement venir, expliqua Delpeyroux. Nous, avec Valade, ça s'est trouvé qu'on élaguait les chênes dans les travers; alors, quand on a vu la fumée, tu penses si on a couru!

— Bon sang, on ne l'arrêtera jamais comme ça, décida Jacques en observant avec quelle rapidité le feu gagnait, malgré les coups de pelle rageurs que Valade, Delmond et Bernical s'épuisaient à donner sur les flammes qui se gavaient d'éteules et d'herbes sèches.

– Et les pompiers? demanda Jacques.

– Sont prévenus! dit Bernical sans s'arrêter de frapper. C'est moi qui l'ai fait, mais le temps qu'ils arrivent d'Ayen et surtout d'Objat! Et puis, j'ai cru comprendre qu'ils avaient déjà du boulot derrière Saint-Robert, vers Segonzac...

Il était déjà ruisselant de transpiration et pleurait car une fumée, épaisse et âcre, tourbillonnait partout, piquait les yeux, brûlait les muqueuses.

– Bon, tu es capable d'atteler le rotavator? décida Jacques en se tournant vers son neveu. Alors tu files le chercher. Fais-toi aider par Françoise et reviens au plus vite. Prends aussi toutes les pelles que tu pourras trouver et dis surtout à ta cousine et à ta tante que les femmes ne vont pas être de trop si on veut arrêter cet enfer avant qu'il ne descende sur le bourg! Allez cavale! Mais va quand même pas te foutre en l'air avec le tracteur!

Il n'attendit pas que Jean ait démarré, ramassa une des pelles apportées par Bernical et rejoignit ses compagnons.

– Faut tous se mettre ensemble, décida-t-il, et essayer de tenir ce coin, à cause des noyeraies. Parce que si ça y file et que ça prenne la pente...

La pente, c'était celle qui descendait vers Saint-Libéral. Elle était couverte de bois, de taillis, de broussailles. Mais c'était surtout là que se devinaient, au ras des arbres, les toits des maisons bâties depuis les années 65, dans les terrains qui appartenaient alors à Léon et que Louis avait lotis.

– Tu as raison, reconnut Valade, faut tous se mettre dans le même coin.

Coude à coude, essayant de frapper en cadence pour étouffer les flammes en même temps, les hommes se jetèrent au-devant du brasier. Bientôt rejoints par dix, vingt, trente bénévoles, ils étaient presque parvenus à maîtriser cette fraction de l'incendie lorsque le vent tourna, passa soudain d'est au nord. Ce ne fut qu'une brève saute, un tourbillon peut-être engendré par la fournaise qui grondait sur les puys. Mais, quoique bref, le souffle fut d'une telle violence qu'il aviva le brasier, redonna toute leur vigueur aux flammes et contraignit les hommes à reculer. Déjà, à leur gauche, une longue et palpitante langue rouge se tendait vers la noyeraie de Brousse.

— Mais, bon Dieu! que foutent les pompiers? Et Jean? lança Jacques.

Comme ses compagnons, il était déjà brisé par la fatigue et sur son visage, maintenant rouge brique sous un masque de cendre, la sueur et les larmes traçaient des sillons grisâtres.

— Il nous tourne! hurla soudain Bernical. Par ici, les gars! Par ici! Il va dans le tabac de Duverger! Ah miladiou! On ne le tiendra jamais! Jamais.

Ils se précipitèrent sur le front rougeoyant qui s'attaquait maintenant au tabac en grondant comme un fauve. Les plans, encore verts, mais flétris par la sécheresse, s'embrasèrent en se recroquevillant et en craquetant. La fumée changea d'odeur.

Il y avait maintenant presque une demi-heure que Jean était parti à Coste-Roche pour chercher le rotavator, et Jacques s'inquiétait de ne pas le voir revenir lorsqu'il l'aperçut enfin. Il l'observa et hocha la tête en guise d'assentiment. Jean manœuvrait au mieux.

Moteur et prise de force à plein régime, il avançait parallèlement au front des flammes, à quelques mètres d'elles. Et derrière lui, soulevant un nuage de poussière rouge, l'engin, ronflant à pleins pignons, ouvrait le sol, le creusait et surtout rasait net et ensevelissait les chaumes. Et les flammes s'étouffaient et faiblissaient en arrivant sur cette ceinture de terre presque nue; quelques coups de pelle les achevaient.

— Avec lui, on le tiendra peut-être, du moins sur le plateau, grogna Delmond d'une voix rauque.

Il avait la bouche tellement sèche et pâteuse qu'il n'était même plus capable de recracher les escarbilles éteintes et la poussière qui voletaient autour des hommes, les asphyxiaient, leur brûlaient les yeux, leur desséchaient la gorge et le nez.

Près d'un quart du tabac était ravagé lorsque Jean arriva enfin. Il s'arrêta devant le champ, hésita.

— Vas-y petit, creuse! l'encouragea alors Duverger. Mais, bon Dieu, quel gâchis!...

Appuyé sur le manche de sa pelle, épuisé, il était découragé, meurtri. Ce tabac anéanti, ravagé, c'étaient des milliers de francs de perdus. La sécheresse avait déjà beaucoup déprécié la future récolte, l'incendie l'anéantissait.

– Vas-y! redit-il, creuse petit, pense pas au tabac, creuse! Faut quand même bien qu'on arrête ce putain de feu!

– Tiens, écoutez! dit soudain Jacques, voilà enfin les pompiers. Faut que j'y aille pour savoir comment on s'organise maintenant. Dites surtout à Jean de passer une deuxième fois et surveillez que le feu ne saute pas. Il envoya un dernier coup de pelle sur les flammèches qui grésillaient à ses pieds et s'éloigna.

Il n'en pouvait plus tellement il avait mal au dos, et c'est presque cassé en deux qu'il marcha vers le camion rouge qu'il distinguait au bout du plateau, se découpant devant les hautes flammes qui dévastaient les puys. Car le puy Caput aussi flambait maintenant comme une énorme torche de résine...

– Bon, si tu ne m'y montes pas tout de suite d'un coup de voiture j'y vais à pied! menaça Pierre-Édouard.

Figé sur le pas de sa porte, les yeux fixés sur la lourde chape noir et fauve qui bouillonnait au-dessus du plateau, il piaffait d'impatience. Furieux d'être là, bloqué chez lui, impuissant, il commentait sans cesse l'avance du feu. Il connaissait tellement les puys et le plateau qu'il pouvait presque dire, au mètre près, où en était le sinistre et avec quel buisson ou quel arbre il s'alimentait.

Il avait voulu y bondir dès qu'il avait aperçu la fumée, juste après les premiers coups du tocsin. Mais, par malchance, Yvette était partie faire quelques courses à Objat, et comme elle possédait la seule voiture de la famille...

Il avait alors essayé de prendre place dans la vieille 403 de Peyrafaure qui montait lui aussi au feu. Mais sa voiture était déjà remplie d'hommes encore jeunes, solides. D'hommes dont on avait besoin là-haut, qu'on attendait.

Alors, parce qu'il savait bien qu'il ne pouvait rien faire, qu'il ne serait d'aucun secours dans le combat, il avait laissé partir Peyrafaure, sans insister. Conscient de son inutilité, il n'avait plus fait signe à aucun des véhicules qui filaient vers le brasier. Eux aussi étaient tous pleins d'hommes, de femmes et même de gamins qui allaient être beaucoup plus efficaces que lui. Et c'est la rage au cœur qu'il avait attendu, regard fixé sur ce gros nuage de fumée qui s'épaississait, s'élargissait de minute en minute.

Enfin Yvette était arrivée. Mais c'est alors Mathilde, Louise et même Berthe qui avaient voulu le dissuader de partir.

— Sois raisonnable. Tu ne peux rien faire, tu ne vas pas aller embarrasser ceux qui travaillent! avait supplié Mathilde.

— Je n'embarrasserai personne! Miladiou, ce sont nos terres qui crament! Nos arbres! Nos puys! J'ai le droit d'y être. J'y suis encore chez moi, tonnerre de Dieu! Et toi, Yvette, si tu ne m'y montes pas tout de suite, je pars à pied!

Et parce qu'elle savait bien qu'il allait le faire et que rien ne le retiendrait plus, Mathilde haussa les épaules :

— Bon, après tout, si ça t'amuse de prendre mal! dit-elle. Mais ne viens pas te plaindre, ensuite!

— Allez, filons, on a assez perdu de temps! dit-il à Yvette en marchant vers la voiture. Il allait s'y installer lorsqu'il se ravisa : Bon Diou! Sûr que je peux plus prendre une pelle pour cogner sur les flammes, mais sûr aussi que j'ai encore la force de porter à boire à ceux qui se battent! Et vous allez m'aider, les femmes, parce que, malgré votre âge, vous pouvez encore faire ça!

— Pourquoi pas, approuva Louise.

— Ma foi..., dit Berthe en se dirigeant vers l'évier.

— Si tu crois..., fit Yvette.

— Tu as raison! dit Mathilde.

— Alors remplissez les bouteilles, toutes les bouteilles, un quart de vin, le reste d'eau. Et pareil pour le jerricane! Allez, pressez-vous un peu! Ils ont soif là-haut, je le sais. Ils nous attendent!

18

Circonscrit sur le plateau à la tombée de la nuit, le feu, après avoir tout réduit en cendres sur les puys Blanc et Caput, s'élança dans les bois et taillis qui descendaient vers les Fonts Perdus. Il y avait là des châtaigniers tricentenaires, énormes, ventrus, souvent creux mais encore vivaces; ils s'embrasèrent comme de l'étoupe. Et les chênes, robiniers, pins sylvestres et taillis s'enflammèrent à leur tour en de gigantesques et tourbillonnantes volutes, bruyantes comme un souffle de tempête.

Rompus de fatigue, les hommes qui avaient lutté pour éviter que tout le plateau ne soit ravagé, sentirent monter le découragement lorsqu'ils découvrirent à quel point il allait être périlleux, voire impossible, de ralentir l'avance du brasier. Installé comme un énorme poulpe, rouge et mouvant, dans les bois qui couvraient la pente vertigineuse plongeant vers la vallée, l'incendie était inapprochable.

Même les pompiers d'Objat et de Terrasson, enfin arrivés en renfort, paraissaient ne pas trop savoir par où l'attaquer. Ils craignaient, avec raison, de s'aventurer dans des ravins et des éboulis et d'y être cernés si le vent tournait une nouvelle fois. Il s'était amplifié dès le coucher du soleil et restait changeant, folâtre. Il soufflait tantôt d'est, tantôt du nord, activait le foyer et, saisissant parfois au vol les plus hautes flammes, il les projetait vingt ou trente mètres plus loin dans les têtes de sylvestres qui semblaient alors exploser en d'énormes et crépitants bouquets de feu d'artifice. Et les pommes de pin, fusant comme des grenades, volaient alentour et allumaient de nouveaux brûlots.

– Vous savez par où on pourrait descendre? demanda le capitaine des pompiers à Jacques.

Reins moulus, dos brisé, Jacques s'était assis sur l'aile d'une Jeep et se sentait incapable de bouger, à peine de parler. Il regarda les pompiers qui arrosaient à pleines lances, mais sans grands résultats, les bénévoles, maintenant presque impuissants car il n'était pas question d'étouffer des flammes de quinze mètres à coups de pelle et haussa les épaules.

– Je ne sais pas trop, murmura-t-il enfin.

– Mais si! lança soudain Pierre-Édouard, il faut aller le bloquer à la combe du Calvaire, il y va tout droit!

– Ah! Tu es encore là, dit Jacques.

Il n'avait pas vu son père depuis plus d'une heure et pensait qu'il était redescendu au bourg. Il l'avait aperçu distribuant à boire à tous et même, pendant quelques instants, prendre une pelle des mains d'un gosse et s'attaquer aux flammes; histoire sans doute de se prouver qu'il pouvait être encore un peu utile.

– Vous pouvez nous y conduire? demanda le capitaine à Jacques.

– Oui, si vous m'aidez à me redresser et à m'asseoir dans votre Jeep, fit Jacques avec un pauvre sourire. Mais toi, redit-il à son père, fais-toi redescendre à la maison; c'est pas sérieux d'être là à cette heure, maman va s'inquiéter.

– Mais non, dit Pierre-Édouard, elle est encore là-bas, sur le plateau, pas loin, avec Yvette. Vous faites ce que vous voulez, dit-il au capitaine, mais à la combe du Calvaire il faudrait abattre un rideau d'arbres et peut-être faire un contre-feu, ou alors pas plaindre l'eau...

– On va voir, dit le gradé en s'approchant vivement pour soutenir Jacques qui titubait : Ben dites donc, monsieur le maire, c'est pas la forme!

– Ça passera, assura Jacques en s'installant à côté du chauffeur. Allez, filons. On va couper par là, décida-t-il en désignant à mi-pente un bosquet d'arbres vers lequel se tendaient les flammes. Il y a un vieux chemin à peu près carrossable, expliqua-t-il en voyant que le chauffeur hésitait un peu, les camions pourront y passer, mais faut pas traîner.

– Ayez pas peur de couper les arbres, là-bas! leur lança Pierre-Édouard alors qu'ils s'éloignaient déjà. Si vous le bloquez pas là, il sautera dans la forêt de Villac, et alors...

Et surtout, soyez prudents, y a assez de dégâts comme ça..., murmura-t-il en revenant vers le plateau où rougeoyaient encore çà et là en pétillant des squelettes d'arbres fruitiers.

« Si on m'avait dit que je verrais ça un jour! » pensa-t-il en contemplant l'étendue des dégâts. Malgré l'obscurité, il les devinait autour de lui, car partout, sur les puys et le plateau, s'apercevaient encore quelques hommes étouffant les derniers foyers. Il s'approcha du groupe de femmes qui discutaient à côté des voitures, aperçut Mathilde et Yvette.

– Vous êtes encore là, fit-il.

– On t'attendait, dit Mathilde. Tu crois qu'ils vont l'arrêter?

– J'espère! Sont partis l'attendre à la combe du Calvaire. Il n'y a que là qu'ils pourront peut-être le bloquer. Tiens, vous êtes là? lança-t-il en reconnaissant le couple de gendarmes d'Ayen.

– Eh oui, monsieur Vialhe, pour l'enquête, expliqua l'un des sous-officiers.

– L'enquête? Qu'est-ce que vous espérez trouver? Tout est cramé!

– On ne sait jamais, assura le gendarme. Cela étant, comme il n'y a eu qu'un foyer de départ, je ne pense pas que ce soit un acte criminel, plutôt le mégot d'un promeneur. Il paraît que des randonneurs sont passés cet après-midi au bourg. Ils ont même visité l'église avant de prendre le chemin des puys, paraît-il...

– Ils ont bon dos, vos promeneurs! ricana Pierre-Édouard. De mon temps, il fallait plus qu'un mégot pour allumer un incendie! Oui, de mon temps, de là où il est parti, il n'y avait rien que des jardins pleins de légumes verts! Rien à bouffer pour le feu, quoi! Et les bords des chemins étaient propres! On n'y voyait pas un pied de ronces! On pouvait s'y asseoir sans se piquer le cul dans les épines! Oui, monsieur! Et le feu risquait pas de gagner!

– Allons, calme-toi, dit Mathilde en lui posant la main sur le bras.

Mais il était tellement malheureux et furieux qu'il ne pouvait plus se taire ni cacher sa peine :

– Mais maintenant, avec tous ces terrains en friche, ça brûle! Et ça brûlera encore! Et c'est en train de foutre en l'air une châtaigneraie de plus de trois siècles et des chênes de cent cinquante ans! dit-il d'une voix tremblante d'émotion. Et vous voulez que je vous dise pourquoi ça crame? Parce qu'il n'y a plus personne pour empêcher les ronces de gagner! Plus personne pour entretenir les travers trop pentus! Plus personne pour empêcher que les ronces s'étalent et que les broussailles nous bouffent! Mais de ça, tout le monde se fout! Et quand on dit qu'il faut quelqu'un pour s'occuper des terres, on passe pour un vieux con! Alors le feu a beau jeu! Ah, miladiou! Elle est belle, notre terre. On va faire les fiers sur la lune et on laisse notre campagne partir en fumée! Et ce n'est qu'un début!

— Allons viens, insista Mathilde en l'entraînant, il est tard, tu sais, il faut redescendre. Tu vas finir par me prendre du mal!

— Un début! redit-il. Puis il haussa les épaules, s'installa dans la voiture et attendit que personne ne le regarde pour s'essuyer furtivement les yeux...

Comme prévu par Pierre-Édouard, ce fut aux abords de la combe du Calvaire que les hommes parvinrent enfin à dompter l'incendie. Noyé sous des cataractes d'eau, cerné de part et d'autre et surtout manquant soudain de combustible, il perdit de sa superbe, devint poussif, puis rampa et mourut en de longs chuintements baveux.

Assommés, hébétés, mains et visages brûlants, les hommes se regardèrent d'abord sans bien se reconnaître tant ils étaient sales, couverts de cendres, maculés de charbon de bois. De plus, ils avaient la bouche et la gorge tellement sèches et les lèvres si durcies par la fournaise, que chaque mot devenait douloureux à articuler.

Mais soudain, venant d'on ne savait quel camion, circulèrent des bouteilles d'eau. Alors, peu à peu, les hommes émergèrent de leur stupeur et prirent conscience de la gangue de fatigue qui les paralysait presque. Déjà, voilées par des nappes de fumée, les pâleurs du levant se devinaient à l'est, derrière les troncs noirs et pétrifiés.

Parti douze heures plus tôt de l'autre côté du plateau, le feu avait parcouru presque deux kilomètres dans sa plus longue avancée. Derrière lui, plus de quatre-vingts hectares de bois, taillis, champs et prairies ravagés fumaient encore...

Depuis qu'elle avait retrouvé Christian, Josyane vivait dans la sérénité. Elle n'en revenait pas qu'un tel bonheur pût exister et en venait presque à se dire que son cas était unique, comme était unique Christian.

Car même lorsqu'elle cherchait à se raisonner, à retrouver un semblant d'objectivité, force lui était de s'avouer que jamais aucun garçon précédemment connu ne supportait la comparaison. D'abord, elle s'en rendait bien compte, c'étaient tous des gamins. Et, plus ils cherchaient à jouer les grands, plus ils se ridiculisaient.

De toute façon, tous, sans exception, ne pensaient qu'à une chose, la conduire au plus vite dans leur lit, le reste ne les intéressait pas. Le pire avait été ce pauvre Gilles et elle ne comprenait même plus maintenant comment elle avait pu rester si longtemps avec un tel raté. Elle en rougissait en s'en souvenant! Car, estimait-elle, Christian, à côté de tous ces petits galopins prétentieux, c'était un chêne au milieu des baliveaux, une force et une certitude en face de la fragilité, des doutes et de la médiocrité.

— Bon, vas-y, dis tout de suite que c'est le seul homme au monde, l'unique, le plus beau, le plus grand, le plus intelligent et n'en parlons plus! plaisantait Chantal lorsque sa sœur se laissait aller devant elle à des dithyrambes enflammés.

— Tu ne peux pas comprendre! disait-elle en haussant les épaules.

Mais elle était trop intelligente pour ne pas reconnaître, en son for intérieur, que sa réplique était stupide. En matière d'hommes, Chantal avait une solide expérience et elle n'hésitait jamais à l'approfondir! Mais ce n'était pas une raison pour sous-estimer Christian!

D'abord, il était solide et toujours d'humeur égale, c'était un grand réconfort, et très reposant. De plus, même en cherchant bien, elle n'arrivait pas à lui trouver le moindre défaut, ce qui avait le don de faire rire aux larmes sa sœur:

— Pas de défauts, Christian? Tu rigoles, non? Il en est bourré, oui, et heureusement! C'est ce qui donne un peu de piment à l'existence! Je ne connais rien de plus sinistre que les hommes qui se veulent sans défauts! Ils sont mous, mous de partout! assurait Chantal. Elle savait très bien au demeurant que Christian était quelqu'un sur qui on pouvait compter, franc du collier, pas hâbleur pour deux sous, honnête et aussi très bel homme. Mais elle aimait tellement entendre protester sa cadette qu'elle prenait un malin plaisir à la faire enrager ; avec Christian comme cible, c'était même trop facile !

– Tu peux raconter ce que tu veux, finissait par lancer Josyane, Christian n'est pas comme les autres...

Elle n'en disait pas plus, c'était son secret. Et aussi ce qui lui rendait Christian si précieux, si différent des autres garçons plus ou moins adultes avec lesquels elle avait papillonné, parfois sans déplaisir, mais toujours sans exaltation. Et elle pleurait presque de bonheur au souvenir de cette soirée de leurs retrouvailles au cours de laquelle, après l'avoir invitée dans un excellent restaurant, il l'avait entraînée flâner sur les quais, pas loin de la Cité.

– Voilà, maintenant on va pouvoir enfin se parler un peu, avait-il dit en s'accoudant au parapet. Oui, il y avait trop de monde dans le restaurant et notre voisin était manifestement prêt à se mêler à notre conversation.

– Oui, j'ai vu.

– Je voulais vous dire : on pourrait peut-être arrêter de se vouvoyer, ça fait un peu guindé, non ?

– Oui, plutôt, mais c'est vous qui avez commencé !

– Eh oui, je suis d'une autre génération ! Mais déjà que vous avez failli me jeter à la porte de votre faré la première fois qu'on s'est vu, qu'est-ce que ça aurait été si je t'avais tutoyée ! Bon, on se dit tu ?

– D'accord.

– Voilà. C'est un peu bête ce que j'ai à dire, avait-il expliqué en lui prenant la main, mais si tu veux, j'aimerais bien qu'on fasse un bout de chemin ensemble. Qu'en penses-tu ?

– Je suis partante, mais... Comment l'envisages-tu, ce chemin ?

– Comme il doit l'être. Ce n'est pas parce que j'ai attendu presque trente-cinq ans que je suis opposé au mariage.

– Ah ? Le mariage ? Carrément... Eh bien...

Elle avait été très décontenancée. D'abord, parce que c'était la première fois de sa vie qu'on lui faisait une telle proposition. Ensuite, parce qu'elle avait toujours pensé que celui qui la formulerait y mettrait les formes, le temps. Or Christian n'avait ni tergiversé, ni dosé ses propos. Son offre était nette, franche, sans détour; elle lui ressemblait.

– Tu es contre le mariage? avait-il insisté.

– Non, mais je n'avais pas envisagé que cette orientation viendrait si rapidement.

– Il arrive un temps où il faut se décider, pour marquer le coup. Pour bien se prouver, et prouver à tous, qu'on change de cap, de vie même.

– On se connaît à peine...

– Et alors, qui nous empêche de faire connaissance? Je n'ai pas dit que je voulais t'épouser dans huit jours!

– Si tu es si sûr de toi, au point de me déclarer ça ce soir, alors qu'on se retrouve juste, pourquoi as-tu attendu si longtemps pour essayer de me revoir? Tu pouvais avoir mon adresse par Chantal!

– Je l'ai depuis le jour de ton installation! Qu'est-ce que tu crois, tu me prends pour un gamin?

– Et tu n'as rien fait? Pourquoi?

– Pour être sûr, justement. Sûr d'avoir envie de te revoir pour du sérieux, pas pour ces faciles aventures qui finissent par lasser tout le monde.

– Encore aurait-il fallu que je sois d'accord pour ce genre de chose!

– Justement, je n'ai rien voulu gâcher.

– Ah bon... Et si on ne s'était pas retrouvés? Et si je m'étais jetée au cou d'un autre?

– Allons donc! Je savais bien que tu attendais, toi aussi!

– Tu le savais?

– Bien entendu, depuis que je t'ai passé ce collier de cent sous autour du cou. Depuis que je t'ai vue partir vers ton avion, un matin, à Tahiti.

– Et tu as patienté si longtemps?

– C'est un reproche?

– Non, mais pourquoi si longtemps?

– Parce que Chantal m'a dit que tu avais besoin de reprendre pied, toute seule.

– Ah? Elle est dans le coup, la frangine?

– Non, pas plus que ça. Mais elle a tout deviné, bien entendu. Elle est douée, ta sœur, tu sais!

– Et si on ne s'était pas retrouvés tout à l'heure chez ma tante?

– Je m'étais donné jusqu'au 15 août avant d'aller te chercher! Voilà, tu sais tout. Alors maintenant, à toi de décider.

Regard fixé sur les illuminations de Notre-Dame, elle avait médité longtemps avant de répondre. Ce n'était pas qu'elle hésitait, mais elle voulait se pénétrer du sérieux de la situation. Bien se faire à l'idée que son existence était en train de changer, du tout au tout, irrémédiablement, et qu'elle en était folle de bonheur.

– Oui, j'aimerais bien qu'on fasse le chemin ensemble, et qu'il nous mène loin, très très loin! avait-elle enfin dit.

– Alors, on scelle notre accord?

– Bien sûr.

Et elle s'était jetée dans ses bras sous l'œil amusé des promeneurs qui goûtaient la douceur de cette nuit de juillet et son calme, car déjà Paris était en vacances.

Plus tard, lorsqu'il l'avait raccompagnée rue de l'Ouest, elle avait une nouvelle fois mesuré tout son sérieux, sa solidité, son honnêteté aussi.

– Te voilà chez toi, c'est bien ici? avait-il demandé en arrêtant sa voiture au pied de l'immeuble.

– Oui, je vois que tu connais vraiment mon adresse.

– Tu en doutais?

– Pas une seconde. Bon, voilà... Tu montes?

– Non.

– Pourquoi?

– Tu le sais bien.

Émue, elle avait souri puis insisté :

– Oui, je crois savoir, mais je veux te l'entendre dire. Vas-y, explique-moi pourquoi tu ne veux pas monter! Je suis si moche? Je ne suis pas ton genre? Tu me crois frigide?

– Ouais, autant qu'un brasero chauffé à blanc, avait-il dit en l'attirant contre lui. Moche? Bon Dieu, tu es presque aussi belle que ma dernière conquête! Allons, ne me pince pas si fort ça va me faire des marques! Non, avait-il dit en devenant sérieux, grave, je ne monterai pas ce soir, ni demain. Dans quelque temps sans doute, oui, mais pas ce soir. Ce soir, il faut qu'on marque la différence. Ce n'est pas une aventure que nous commençons. Ou plutôt si, mais alors avec une majuscule. Et celle-là, si on ne veut pas la casser, il ne faut surtout pas la conduire comme les autres. Alors voilà, on s'embrasse gentiment et on se quitte jusqu'à demain, d'accord?

Il lui avait posé un bref baiser sur les lèvres, puis s'était penché pour lui ouvrir la porte.

– Allez, va vite, avant que je change d'avis...

Elle était descendue de la voiture et avait presque couru jusqu'à la porte de son immeuble, pour ne pas être tentée de le faire revenir sur sa décision.

C'est tout cela qu'elle ne pouvait expliquer à sa sœur, c'était son secret, une part immense de son bonheur. Savoir que Christian, contrairement aux gommeux qu'elle avait connus, était capable d'attendre. Capable de patienter, pour lui prouver qu'il l'estimait différente de toutes les autres, qu'elle lui était unique.

Depuis les efforts qu'il avait fournis en luttant contre l'incendie, Jacques ne pouvait plus grimper sur son tracteur ni même s'attaquer à de trop durs travaux manuels, son dos le torturait. Aussi, profitant de la présence de Françoise et de Jean, il tentait de ne pas exacerber ses douleurs de reins et ne s'occupait que de corvées administratives à la mairie et aussi des travaux d'aménagement du château. Et là, tout n'était pas si simple!

Il fallait prévoir un dortoir, un réfectoire et des douches. Mais aussi des chambres pour les moniteurs et une grande cuisine; bref, de quoi recevoir la soixantaine de gosses que l'entreprise Lierson et Meulen enverrait en deux vagues réparties sur juillet et août 77.

Mais parce que le groupe avait aussi annoncé qu'un séminaire de huit jours devait avoir lieu en avril, il était indispensable de veiller à ce que les différents corps de métiers soient présents chaque matin sur le chantier. Ce n'était pas toujours le cas, et comme le maître d'œuvre engagé n'avait pas que le château à surveiller, Jacques devait alors le remplacer. Quelques coups de téléphone suffisaient parfois pour rameuter les absents. Mais il devait aussi très souvent sauter dans sa voiture pour aller quérir tel ou tel artisan, prétendument retenu ailleurs par quelques urgentes réparations.

Néanmoins, malgré ce surcroît de travail, il était heureux de constater à quel point Saint-Libéral revivait par rapport aux années précédentes. Car, non seulement les ouvriers lui donnaient de l'activité, mais encore, nombreux étaient les vacanciers curieux qui venaient jeter un coup d'œil sur ce village dont on parlait dans la région. Et l'incendie avait accru leur nombre.

Maintenant, les puys ravagés étaient devenus un lieu de promenade. Jacques pensait qu'il fallait vraiment avoir des goûts morbides pour aller ainsi contempler une telle désolation. Car, avec la sécheresse qui n'en finissait pas, le plateau était devenu lunaire. Désespérant à un point tel que même Pierre-Édouard ne voulait plus y monter.

– J'y reviendrai quand il aura plu, assurait-il. Et puis, moi, tous ces promeneurs qui viennent voir notre malheur, ça me déplaît; je leur dirais des sottises...

Jacques savait que le vieil homme avait heureusement d'autres sujets de satisfaction. D'abord, en juillet, il avait passé quelques bons moments avec Félix. Maintenant, il attendait avec impatience l'arrivée de Dominique et de Béatrice. Ils avaient confirmé leur passage pour la mi-septembre et tout le monde s'en réjouissait. Mais, dans l'immédiat, il se préparait surtout à accueillir sa petite-fille Josyane et son fiancé. Car c'était la grande nouvelle dans la famille. Depuis douze jours, c'est-à-dire au lendemain de l'incendie, Josyane avait téléphoné pour annoncer ses fiançailles avec un certain Christian Leyrac. Mauricette et Jean-Pierre étaient fous de joie. Il est vrai que leur dernière fille leur avait donné suffisamment de soucis pour qu'ils aient maintenant le droit de souffler un peu. Car, d'après Chantal, le prétendant était vraiment bien, sérieux, exactement ce qu'il fallait à Jo. Seule, Mathilde était un peu inquiète. Jo était sa petite-fille préférée et elle avait froncé les sourcils en apprenant que son fiancé avait presque dix ans de plus qu'elle.

– Alors, là, tu ne manques pas d'audace! s'était exclamé Pierre-Édouard, et nous alors?

– Quoi nous?

– Je n'ai pas onze ans de plus que toi, par hasard?

– Oui. Mais, de notre temps, c'était tout différent! avait-elle coupé d'un ton péremptoire. Et puis tu n'avais que vingt-neuf ans quand tu m'as épousée. Et tu l'aurais fait plus tôt s'il n'y avait pas eu la guerre... Lui, ça lui fera presque trente-six ans! S'il a attendu jusque-là et s'il n'est pas veuf, ce doit être un rude bambocheur!

– C'est gentil pour Léon! avait alors plaisanté Yvette. Lui, il avait quarante-trois ans pour nos noces!

Décontenancée, Mathilde avait rougi puis haussé les épaules. Elle n'avait aucune envie, surtout devant sa belle-sœur, d'étayer ses arguments en évoquant son frère; jusqu'à son mariage, Léon n'avait jamais brigué aucun diplôme de vertu...

– D'accord, je n'ai rien dit, avait-elle tranché, mais il

me tarde de voir ce type. Et si je crois qu'il ne va pas pour ma petite Jo, je le lui ferai savoir; il m'entendra!

— Rien du tout! avait coupé Pierre-Édouard. On sait bien que c'est Jo ta favorite, elle te ressemble tant! Mais ce n'est pas une raison pour te mêler de ses affaires! D'ailleurs, n'oublie pas qu'elle a bien su se débrouiller toute seule pendant les trois ans qu'elle est restée sans venir! Alors va pas jouer les belles-mères, ta fille y suffira!

— C'est parce que je voudrais tant qu'elle soit heureuse...

En fait, sans en parler, Mathilde était toujours marquée par le divorce de Marie et craignait que Josyane n'en arrive un jour à une telle solution si son choix se révélait désastreux, comme celui de sa sœur. Aussi, était-ce avec une certaine anxiété qu'elle attendait la visite de sa petite-fille et de son fiancé. Ils avaient annoncé leur arrivée pour le 28 août. C'était dans deux jours, et elle trouvait que c'était encore bien long!

Trop occupé à scruter un ciel qui n'en finissait pas de réjouir les amoureux du soleil, Jacques prêta peu attention au changement de gouvernement qui marqua la dernière semaine d'août. Il y avait d'ailleurs longtemps que les jeux politiques, de quelque bord qu'ils viennent, ne l'intéressaient guère. Tout au plus, sourit-il en songeant que son père et sa tante Berthe allaient perdre une occasion de commenter perfidement le journal télévisé quand ils y apercevaient l'ancien Premier ministre:

— Quand on a la chance d'avoir fait ses premières armes avec le Général on ne s'acoquine pas avec un Judas! grommelait Pierre-Édouard, qui ne pardonnait pas au chef d'État sa trahison d'avril 69.

— Ça, tu peux le dire, renchérissait Berthe qui n'oubliait pas l'atteinte au 8 Mai. Moi, je ne comprends pas comment cet homme, qui a l'air intelligent, a pu se commettre avec l'autre joueur d'accordéon qui, en plus, joue comme un cochon!

Mais si tout cela n'était que broutille, la sécheresse ne l'était pas. Désormais le mal était fait, le maïs perdu, le tabac sec avant d'être mûr, les pommes de terre si ridiculement petites et racornies que c'était pitié. Le sol était d'ailleurs si dur que leur arrachage était impossible.

Et le pire était maintenant de voir les vaches maigrir de jour en jour. Sous-alimentées, assoiffées, elles avaient déjà pris un vilain poil, raide, terne. Quant à leurs veaux, c'est à peine s'ils parvenaient, à grands coups de tête, à extraire des pis flasques comme des outres vides le quart du lait dont ils auraient eu besoin pour engraisser. Ils avaient des allures d'échalas, et point n'était besoin d'être féru d'élevage pour comprendre qu'ils ne retrouveraient jamais leurs kilos perdus. Comme toute bête de boucherie, ils étaient d'ailleurs invendables car le marché était maintenant surencombré par les sujets dont les éleveurs s'étaient débarrassés en espérant que le sacrifice d'une bête sur trois permettrait d'entretenir les autres. Le calcul aurait pu être valable s'il s'était enfin mis à pleuvoir.

Mais le ciel était toujours superbe, pour les vacanciers et les citadins. Magnifique de pureté, il était plein de promesses pour les baignades des jours à venir, les siestes bienfaisantes, les pique-niques au bord de l'eau, les longues soirées au jardin, douces, charmantes, toutes crissantes d'appels des grillons que ne trouble en rien le chant des glaçons tintant dans les verres embués.

Mais pour qui guettait les nuages, pour qui attendait l'orage bienfaiteur, le ciel apparaissait d'un jour à l'autre si impitoyablement figé dans la sécheresse qu'il en devenait angoissant, faisait presque peur, puisque plus rien ne laissait espérer une quelconque évolution vers un providentiel changement.

A cause de cela aussi, de cette désolation qui frappait la campagne et faisait si peine à voir, Jacques ne se plaignait pas trop d'être contraint de ménager son dos et de ne plus aller aux champs. Mais ce n'était que provisoire, Françoise et Jean allaient repartir avant huit jours. A ce moment-là, valide ou non, il faudrait bien qu'il s'occupe de ses bêtes, qu'il aille chaque jour leur élaguer des chênes et leur amener de l'eau. Et, bon gré mal gré, il faudrait bien que son dos tienne !

— Et vous dites qu'il était de la région de Brive, au sud ? insista Pierre-Édouard.

— Oui, c'est ce qu'on m'a raconté, assura Christian en refusant poliment de reprendre un morceau de confit d'oie aux cèpes et pommes de terre sautées à la graisse que lui proposait Mathilde.

Il n'en pouvait plus de manger! Et surtout, il n'en revenait pas qu'on pût se nourrir avec des denrées aussi luxueuses sans avoir l'air de mesurer la chance qu'on avait de pouvoir ainsi se servir sans retenue de foie gras, de cèpes, de confits d'oie, d'omelettes aux girolles, de pintades et de vrais poulets fermiers!

Depuis trois jours qu'il était à Saint-Libéral, il avait ingurgité plus de foie gras et autres spécialités régionales que durant toute sa vie! Aussi, en venait-il à souhaiter une simple feuille de salade pour tout dîner. Mais c'était impensable. Comme le lui avait dit d'entrée Pierre-Édouard en lui tendant une assiette d'un succulent et parfumé jambon de pays :

— Vous n'êtes pas ici pour crever de faim! Allez-y! Après ça, il n'y a plus grand-chose...

Christian n'en croyait pas un mot, mais avait dû se servir une tranche large comme la main. Ensuite étaient venues les rillettes, puis le rôti de veau aux haricots verts. Et maintenant, il était absolument incapable de reprendre du confit d'oie; c'était au-delà de ses forces.

— Non, vraiment, sans façon. C'est excellent, mais... Je ne suis pas habitué, vous comprenez? dit-il en passant le plat à Josyane.

Elle était assise à côté de lui et lui sourit. Il devina ses pensées et sut qu'elle était heureuse de le voir là, à la table de ses grands-parents, avec Mathilde à sa gauche, Pierre-Édouard en face de lui et les trois tantes qui, elles aussi, l'observaient, le jaugeaient, guettaient ses attitudes, ses réactions, ses propos.

« Si je comprends bien, tu vas me faire passer un sacré examen », avait-il dit à Josyane juste avant d'arriver à Saint-Libéral, trois jours plus tôt. Elle lui avait brossé un portrait détaillé de toute la famille, ce qui ne la rendait pas pour autant très rassurante, car il était manifeste que personne n'y manquait de caractère et qu'on allait s'assurer qu'il en avait aussi...

— Et puis, tu verras, ma grand-mère Mathilde, je l'adore. Il paraît que je lui ressemble.

— Alors, on s'entendra très bien, elle et moi.

— Mais fais attention. Elle aussi a la réplique facile et rapide! Et, en plus, elle a un œil terrible, presque autant que mon grand-père!

— Ils ne vont pas me dévorer tout cru?

— Mais non, et puis tu as du répondant!

Du répondant, sans aucun doute, mais beaucoup moins d'appétit qu'il n'en eût fallu pour faire autant honneur aux repas qu'ils le méritaient.

Mis à part cet handicap, preuve évidente d'un manque d'entraînement, tout s'était passé au mieux. D'abord, parce qu'il s'était tout de suite bien entendu avec ses futurs beaux-parents. Ensuite, parce qu'il avait conquis Mathilde dès le premier jour. Car il était bien vrai que Josyane lui ressemblait beaucoup, qu'elle avait ce même regard noir et perçant, cette même forme du visage, avec un petit nez un peu retroussé et un sourire très doux.

Alors, sans réfléchir, parce qu'il était ému de découvrir chez cette vieille dame un peu intimidée mais souriante, ce que deviendrait sans doute Josyane un jour, il avait retenu sa main dans la sienne et dit juste ce qu'il fallait, comme ça, par sincérité :

— Jo m'a dit qu'elle vous ressemblait beaucoup. C'est vrai, je vous aurais reconnue n'importe où !

Et le sourire et les yeux de la vieille dame lui avaient alors annoncé qu'il était désormais de la famille, le bienvenu.

— Et vous n'avez jamais cherché à en savoir plus ? insista Pierre-Édouard.

Il était très intéressé par ce que leur avait dit Christian sur son arrière-grand-père.

— Non, ce n'était pas facile.

— Je m'en doute, fit Pierre-Édouard à qui Josyane avait parlé de la famille de Christian et surtout de son père résistant, mort dans ce camp où le fiancé de Berthe avait disparu, pendant l'hiver 39.

— Ce qui est amusant, intervint Louise, c'est que sur le chantier du chemin de fer, ici, en 1908, il y avait un vieil homme qui avait lui aussi travaillé à Panama, sur le canal. Oui, je me souviens bien, murmura-t-elle en s'attendrissant, Octave m'en parlait souvent... Tu ne te rappelles pas ? demanda-t-elle à son frère.

Il réfléchit, puis haussa les épaules avec un peu d'agacement. Il n'aimait pas qu'on lui fasse perdre le fil de ses propos.

— Pas tellement, non. Mais c'est égal, c'est quand même amusant que vous ayez du sang corrézien. D'habitude, c'est pas du mauvais. Et vous dites que votre métier c'est de faire de la photo ? Rien que ça ?

— Eh oui.

264

– Et ça nourrit son homme ?

– Ça dépend quel homme ! assura Josyane en posant la main sur celle de Christian.

– Moi, pour l'instant ça me nourrit et j'espère que ça va durer, dit-il en se taillant une minuscule tranche de cantal, pour ne pas vexer la maîtresse de maison.

Il nota que Pierre-Édouard semblait soudain absent, lointain, et sursauta presque lorsqu'il lança à Louise :

– Qu'est-ce que tu racontes, toi, à propos de Panama ?

Elle lui répéta l'histoire, la lui remit en mémoire.

– Miladiou ! Oui ! Tu penses si je me souviens de ce vieux ! dit-il enfin. Si ça se trouve, il a connu votre ancêtre. Ça c'est drôle, alors ! Oui, je m'en souviens, il nous parlait des Amériques, tous les soirs chez les Chanlat. Mon père ne voulait pas trop que j'aille traîner à l'auberge, mais lorsqu'il partait au lit...

Il se tut, redevint songeur, perdu dans ses souvenirs :

– Je vois que vous n'aimez pas le fromage, vous n'avez rien pris ! dit-il soudain à Christian, décontenancé par ses coq-à-l'âne. Et puis, pourquoi vous ne faites pas la tournée des notaires ? Ils vous renseigneraient ! dit-il en revenant à sa première idée. Ben oui, quoi ! insista-t-il en notant que personne ne comprenait : pour savoir où habitait votre ancêtre ! Il a sûrement acheté ou vendu quelque chose cet homme, enfin lui ou son père ! Tout ça, c'est marqué quelque part ! Ou alors sur les registres de baptême...

– Je n'avais pas pensé à ça, reconnut Christian. Eh bien, si j'ai le temps, j'essaierai un jour de savoir de quel village venait Antoine Leyrac.

– Et vous aurez raison, dit Pierre-Édouard, c'est important de savoir d'où on vient, ça donne des racines. Et on dira ce qu'on voudra, les racines, ça permet de bien se tenir fier et de bien résister aux tempêtes, aussi ! Demandez à la petite Jo : si elle a bien retenu la leçon de sa grand-mère, elle peut vous parler des Vialhe jusqu'à mon arrière-grand-père. C'est déjà pas mal, non ?

19

Ce ne fut pas pour retrouver d'éventuelles traces de son ancêtre, mais pour le plaisir que Christian et Josyane se lancèrent à la découverte de la Corrèze. Car, malgré la sécheresse qui la défigurait en donnant à ses collines et ses coteaux des teintes rousses de fin d'automne, elle restait belle dans ses vallées, douce. Enjôleuse aussi avec ses petits villages aux toits bleus nichés dans les châtaigneraies, ses églises romanes aux pierres moussues et ses vestiges de châteaux, mangés de lierre, mais toujours impressionnants, bien agrippés sur leur piton.

Main dans la main, Christian et Josyane partaient chaque matin et ne rentraient qu'à la nuit tombée, fourbus mais heureux, la tête pleine de souvenirs et de paysages.

Mais ce fut en visitant Saint-Libéral, ruelle par ruelle, que Christian eut une idée qu'il estima suffisamment réaliste pour en faire part à Jacques.

La veille, Jacques et Michèle étaient descendus dîner chez les parents de Josyane. Ils étaient un peu moroses car Françoise était repartie le matin même ; quant à Jean, il avait rejoint Paris depuis deux jours. Son absence se faisait déjà ressentir, car, même si Jacques allait plutôt mieux, son dos lui faisait encore des misères. Sans doute un peu découragé de se retrouver seul, il s'était laissé aller jusqu'à douter que la nouvelle utilisation du château soit suffisante pour redonner pleinement vie à Saint-Libéral.

— Faut comprendre : les gosses, c'est formidable, mais, économiquement, je ne pense pas que ce soient eux qui inciteront des commerçants à venir s'installer. Ce qu'il nous faudrait, ce sont des adultes. Même pendant trois mois, ce serait déjà bien. Parce qu'il faut être lucide, ce ne sont plus jamais les agriculteurs qui feront revivre le bourg. Alors, autant chercher tout de suite vers les vacanciers. Mais comment les attirer ?

— Je croyais que tu avais prévu une piscine et même un tennis ! lui avait dit Josyane.

— Oui, mais je doute que ce soit suffisant. Et puis, Dieu soit loué, il y aura aussi des étés pluvieux, alors la piscine et le tennis...

— Ton oncle a raison. Ton village manque d'animation, de vie. Regarde cette auberge fermée, c'est une misère ! Et cette épicerie morte ! C'est un vrai refouloir à touristes ! dit Christian en entraînant Josyane dans la petite rue qui filait vers le Foyer rural.

— Tiens, ils l'ont remis un peu en état, constata Josyane après avoir poussé la porte. Ah, je vois..., dit-elle en lisant les panneaux qui ornaient les murs.

En effet, faute de jeunes pour l'occuper et puisque le château n'était plus disponible, c'était là que se réunissaient les Amitiés Léon-Dupeuch dont aucun des membres n'avait moins de soixante-cinq ans...

— Pas mal cette bâtisse, dit Christian après en avoir fait le tour. Mais, bon sang, c'est sinistre ! Ça sent déjà l'asile de vieux !

— Oui, comme tout le village. Et quand tu le verras en hiver... Ça fait peur, je te jure, c'est lugubre.

— Je te crois. Mais il y a sûrement quelque chose à faire. Dans un pays si beau, si accueillant et où on mange si bien, beaucoup trop mais si bien, il n'est pas possible d'attendre passivement la mort du village.

— Facile à dire ! Si tu crois que mon oncle ne s'est pas répété tout ça bien avant toi !

— Sans doute, mais j'ai quand même une petite idée. Il en fera ce qu'il voudra. On va aller la lui donner tout de suite si tu veux.

— Une idée ? Sérieuse ?

— Je crois...

— Vas-y, raconte !

— Ça ! dit-il en mimant le geste d'un photographe.

Depuis qu'il était en vacances il n'avait pas touché ses appareils, et elle ne comprit pas tout de suite.

— Ça quoi ?

— Eh bien, ici, il y a le local, le paysage, autant de sujets qu'on veut! Moi, je dis qu'il y aurait, en été, une exposition permanente des meilleures photos d'amateurs, ça amènerait un peu de monde. Il faut miser sur les vacanciers. Il y en a partout autour; reste à les attirer ici. Et comme ils se prennent tous pour des champions de la pellicule, il faut les flatter... D'accord, beaucoup sont plutôt purges, mais quoi, on a rien sans rien! Alors, avec un peu de battage, quelques vitrines, un petit labo, plusieurs premiers prix ex æquo, du style panier garni de spécialités locales, ça appâterait du monde. Et, en plus, ça ferait aussi une bonne occupation pour les gosses de la colonie! Viens, on va voir ton oncle. Ton village qui meurt me sape le moral!

— C'est pas idiot, votre truc, dit Jacques, mais l'ennui, c'est que je ne connais rien à la photo, moi, rien du tout!

Christian et Josyane l'avaient trouvé à Coste-Roche en train de remplir la tonne d'eau qu'il destinait aux vaches, encore cantonnées dans les bois de la Brande. Comme il avait toujours beaucoup de difficultés à conduire son tracteur, c'était Michèle qui allait se charger du transport.

Mais en attendant que la tonne se remplisse, Jacques, Christian et Josyane, assis à l'ombre du porche, se rafraîchissaient d'une bière bien glacée. Il n'était que seize heures au soleil, dix-huit à la pendule, et la chaleur était suffocante.

— Oui, redit Jacques, je ne pense pas avoir pris vingt photos dans ma vie!

— Ce n'est pas toi qui les prendras, s'amusa Josyane, alors où est le problème?

— Il faudra quand même juger les meilleures, celles qu'on exposera!

— Si ce n'est que ça, on viendra vous donner un coup de main, promit Christian. Tout ce qu'il faut, au démarrage, c'est lancer l'idée. Après, ça devrait aller tout seul. Mais pour débuter, à mon avis, il faut un sujet précis qui attire les gens ici, sur la commune. Par exemple, les meilleures photos du bourg, de l'église ou des vieilles maisons.

— Pas bête, murmura Jacques, ça obligerait les touristes à venir. Mais il ne faudrait pas non plus qu'ils se croient dans un zoo et qu'ils nous prennent pour des zèbres. J'ai quelques administrés, dont mon père, qui n'apprécieraient pas du tout! Et moi de même!

– Facile, coupa Christian, vous stipulez dans le règlement que toute photo comportant un ou des personnages est éliminée d'office, et on n'en parle plus; vous avez la paix!

– Tu sais, petite Jo, sourit Jacques, j'ai l'impression que tu as trouvé un débrouillard!

– Oui, je crois que ça valait la peine d'aller l'attendre à Tahiti, s'amusa-t-elle.

– Assez de pommade, coupa Christian. Il manque une chose essentielle dans cette histoire.

– Ah, quoi? demanda Jacques.

– L'alimentaire!

– Comment ça?

– Oui, il faut que ceux qui viennent ici trouvent de quoi se nourrir. Je m'étonne que personne n'ait encore pensé à ouvrir une ferme auberge ou un truc dans ce genre. Ça se fait dans d'autres régions.

– Plus facile à dire qu'à mettre en place! On ne s'improvise pas cuisinier! rétorqua Jacques.

– Allons donc! Ça va faire huit jours que nous sommes là et j'ai déjà pris au moins quatre kilos! C'est le genre de cuisine qu'il faut offrir aux estivants, la vraie, la solide, avec de bons produits d'ici. Vous ne vous rendez pas compte, mais je connais des gens qui feraient un détour de cinquante kilomètres pour manger comme on mange chez vous, chez votre sœur, ou chez les grands-parents, alors!

– Vous n'imaginez pas que je vais ouvrir une ferme auberge ici? plaisanta Jacques, déjà que je ne viens pas à bout de tout mon travail!

– Non, mais il y a une auberge au bourg et c'est bien dommage qu'elle soit fermée. C'est là qu'il faudrait organiser quelque chose!

– Et pourquoi pas..., murmura Jacques en réfléchissant. Après tout, la fille de cette pauvre Suzanne serait peut-être contente de trouver à louer cette baraque. Elle est en vente depuis que Suzanne a fermé. C'était en... Je ne sais plus, elle est morte peu après, ça doit faire plus de dix ans... Oui, en vente, mais ça n'intéresse personne. Bon sang, vos idées méritent d'être creusées et je m'en veux de ne pas les avoir eues avant! Je dois être trop vieux...

– Mais non. Vous savez, ce n'est pas toujours quand on est trop près qu'on fait les meilleures photos, dit Christian. On voit trop les détails qui dérangent et pas assez le sujet dans son ensemble. Moi, j'aime bien prendre du recul. Pour votre village, je n'ai aucun mérite, je le vois de l'extérieur, avec toute la distance nécessaire.

— Eh bien, j'espère que vous reviendrez souvent, pour m'aider à prendre du recul, dit Jacques. J'en ai sacrément besoin. Ou alors, je suis trop vieux.

Ce matin-là, 4 septembre, Mathilde profita de ce que Christian était en conversation avec Berthe – ils parlaient du prochain catalogue de la maison Claire Diamond – pour entraîner Josyane jusqu'au potager. Il y avait long-temps qu'elle voulait voir sa petite-fille seule à seule, mais n'avait pas encore trouvé l'occasion.

— Regarde si c'est pas malheureux, tout sèche, tout crève, dit-elle en entrant dans le petit enclos plein de légumes. Quelles misères on a dû faire au bon Dieu pour qu'il nous envoie un tel temps!

— C'est plutôt une question d'anticyclone, sourit Josyane, mais enfin, pourquoi pas aussi le bon Dieu!

— Je voulais te voir seule, dit Mathilde en baissant ins-tinctivement le ton. Tiens, aide-moi à ramasser les tomates, elles au moins profitent du soleil. Oui, je voulais d'abord te dire : je suis très très contente de ton fiancé, il me plaît beaucoup.

— Oui, j'ai énormément de chance...

— Sûrement. Écoute, je ne veux pas savoir comment vous... Enfin, comment vous vivez tous les deux, ce n'est pas mon problème. Il y a longtemps que j'ai compris que vous, les jeunes, vous ne faisiez plus comme de mon temps. Nous, tu sais, avant d'être mariés, eh bien...

— Je sais, coupa Josyane un peu confuse et gênée en entendant sa grand-mère aborder un tel sujet, mais sois sans crainte surtout!

— Je n'ai pas de crainte! Tu sais, petite Jo, je ne t'ai quand même pas attendue pour savoir combien il est bon d'être dans les bras de l'homme qu'on aime! Alors, je te dis, vous faites ce que vous voulez, comme bon vous semble. Je ne sais pas si c'est mieux ou moins bien que jadis, ce n'est pas mon affaire. D'ailleurs, ce n'est pas de ça dont je veux te parler. Je veux simplement que tu me fasses une promesse, une seule.

— Tout de suite, si je peux!

270

– Promets-moi que tu vas te marier. Je ne te demande même pas de te mettre en blanc, parce que... Mais promets-moi de te marier!

– Bien entendu! Christian y tient beaucoup, et moi aussi!

– Non, tu ne me comprends pas. Te marier vraiment, dit Mathilde en baissant la voix. Te marier pour de vrai, pas comme Dominique et Béatrice...

– Mais qu'est-ce que tu racontes! essaya Josyane en devinant qu'elle se préparait à mentir en pure perte. Pourquoi dis-tu ça?

– Allons, ne me prends pas pour une idiote, dit Mathilde avec un peu de tristesse dans la voix. Tu sais, tu es la première et la seule à qui je parle de ça. Et, quand tu m'auras promis de ne pas faire comme ton cousin, je n'en parlerai plus jamais, à personne!

– Alors tu étais au courant pour Dominique?

– Non, j'ai compris après. Mais je n'ai rien dit, à cause de ton grand-père. S'il savait, il serait si malheureux, ça lui ferait tellement dépit... Oui, c'est après que j'ai compris.

– Comment?

– Facile. Quand on se marie à l'église, c'est toujours devant elle qu'on fait les photos, à la sortie, avec toute la famille... Je n'ai pas vu de photos devant l'église, aucune. Il n'y avait que des photos prises chez Guy...

– Et ça t'a suffi pour tout comprendre? demanda Josyane.

Elle était pleine d'admiration. Et surtout débordante de tendresse pour sa grand-mère, maintenant toute menue, mais pourtant si solide, si lucide. Et surtout si discrète et qui souffrait en silence parce que son petit-fils n'avait pas suivi la voie normale pour un Vialhe. Qui souffrait mais se taisait, pour ne pas faire de peine à son vieux compagnon.

– Ça m'a suffi pour comprendre que Berthe mentait mal... Alors, voilà, je veux que tu me promettes que vous vous marierez à l'église, et je veux voir les photos!

– Écoute, bonne-maman, écoute bien, dit Josyane en s'approchant d'elle et en lui posant les mains sur les épaules, tu n'auras pas besoin de photos pour être sûre. On va se marier ici, à Saint-Libéral, et tu seras à la première place, avec grand-père, tous les deux à côté de nous. Voilà, tu es contente?

– Quand? murmura Mathilde dont les yeux venaient de s'embuer un peu.

– Très bientôt, promit Josyane. Nous n'avons pas encore fixé la date, mais très bientôt. Peut-être avant la fin de l'année. Oh, dis, tu ne vas pas pleurer, non?

– C'est rien, ça ne compte pas, dit Mathilde en se détournant, je dirai que j'ai épluché des oignons... Mais pourquoi Dominique a fait ça? insista-t-elle.

– De ne rien dire? C'est à cause de vous deux. Oui, de grand-père et de toi, il ne voulait pas vous faire de la peine. Il vous connaît bien, tu sais. Et puis, on ne peut pas obliger les gens à croire! Et Béatrice ne voulait pas jouer les hypocrites. La preuve, tu as bien vu, elle n'avait pas de robe blanche. Voilà, moi je trouve que ça prouve qu'elle est franche.

– C'est vrai, reconnut Mathilde, elle n'était pas en blanc, elle est honnête. Et tu dis que c'est pour nous éviter de la peine qu'ils n'ont rien dit?

– Oui, uniquement.

– Alors, ils ont eu raison, dit Mathilde après un instant de réflexion. Oui, il ne fallait pas que ton grand-père apprenne ça. Tu as bien vu, il vieillit, le pauvre, il se tasse, il maronne. Quelquefois aussi, il perd un peu la mémoire. Alors, il ne faut surtout pas lui faire de peine, il ne le mérite pas... Bon, alors ne parlons plus de cette histoire, de ce... ce coup monté, plus jamais. Et maintenant, fais-moi une bise. Je suis si contente de ce que tu m'as annoncé, si contente! Je peux le dire à ton grand-père?

– Bien sûr, mais il vaudrait mieux que je prévienne d'abord Christian! dit Josyane en lui posant deux gros baisers sur les joues.

– Il n'est pas au courant? s'inquiéta Mathilde.

– Qu'il va m'épouser? Ah si! C'est lui qui m'en a parlé le premier, il ferait beau voir qu'il ait changé d'avis! Mais nous n'étions pas encore décidés à le faire ici. Maintenant, c'est sûr, tu peux préparer l'église!

– Sûr, vrai de vrai?

– Sûr, Christian n'a aucune raison de me refuser ça. Viens, on va tout de suite aller le lui demander.

Comme ils l'avaient pressenti l'un et l'autre dès le début, ce fut sans préméditation et sans calcul que Christian et Josyane mirent un terme à cette sorte d'épreuve qu'ils s'étaient volontairement imposée au soir de leurs retrouvailles, presque deux mois plus tôt.

Depuis, jamais ils n'avaient été au-delà des limites qu'ils s'étaient fixées. Grâce à quoi, ils avaient découvert les charmes de la tendresse et de la délicatesse, de l'attente. Et c'est avec amusement, au soir de leur arrivée à Saint-Libéral, que Josyane avait observé la mine étonnée de sa mère lorsqu'elle lui avait demandé deux chambres, sans plus d'explication. De toute évidence, sa mère ne s'attendait pas à une telle pruderie de la part d'une fille qui était partie sur un coup de tête pour faire le tour du monde au bras d'un petit ami, qui n'était déjà pas le premier! Mais elle n'avait posé aucune question et avait sorti deux paires de draps de l'armoire.

Depuis, chaque soir, Christian et Josyane se quittaient gentiment sur le pas de leur porte après quelques câlineries qui n'allaient jamais assez loin pour que s'impose la conclusion. Ils l'attendaient pourtant, mais avaient presque fait un jeu de son report chaque jour répété.

Ce fut l'avant-veille de leur retour à Paris que tout s'enchaîna en une tranquille et logique progression. Avant même de se l'avouer, ils devinèrent l'un et l'autre que le moment était venu d'aborder une nouvelle étape, que l'attente imposée n'avait plus sa raison d'être.

Moins d'une heure plus tôt, ni l'un ni l'autre n'avaient prévu que leur promenade les conduirait à l'autre bout du plateau, à l'opposé des puys, là où l'incendie n'avait pu arriver. Et ni lui ni elle n'avaient prévu d'aller s'asseoir à l'ombre du bois de pins qui bordait la terre dite des Lettres de Léon. Un peu essoufflée par la marche, car la chaleur était lourde, Josyane s'allongea en soupirant au pied d'un pin, sur un tapis de mousse tellement sèche qu'elle crissa sous son poids.

– Quelle canicule! Je sue comme une cruche au soleil! dit-elle en décollant de son torse son tee-shirt trempé de sueur.

Il la contempla en souriant, la trouva plus belle que jamais. Il apprécia une fois de plus la fermeté des petits seins ronds dont les mamelons turgescents pointaient sous le tissu, le ventre plat qui fuyait doucement vers la douce colline du pubis que modelait la jupe plaquée par la transpiration. Une jupe suffisamment troussée au-dessus du genou pour découvrir des cuisses couleur de miel, lisses, émouvantes.

Elle s'étira en ronronnant, cala sa tête entre ses mains jointes en conque derrière sa nuque.

— On est rudement bien, ici! Tu vois, expliqua-t-elle, ici, on est chez nous! Enfin chez les Vialhe. Ça s'appelle aux Lettres de Léon, je te raconterai un jour pourquoi. Quand j'étais gamine, pendant les grandes vacances, je venais là avec mes sœurs. On retrouvait souvent Dominique et Françoise, on faisait des cabanes. Qu'est-ce qu'on a pu s'amuser! Et à la saison, de temps en temps, on allait un peu piller les pruniers et même les pommiers des voisins! Les pommes étaient encore acides; j'en grince des dents rien qu'en y pensant!

Il s'assit à ses côtés, l'attira contre lui.

— Moi, ce qui me plairait bien maintenant, c'est de te croquer, dit-il en lui posant la main sur la hanche.

— Croquer pour de bon? chuchota-t-elle.

Il sourit, fit oui et accueillit sa tête au creux de son bras lorsqu'elle se lova contre lui.

— C'est vrai, ça finit par être fatigant d'être sérieux, murmura-t-il.

— Oui, très fatigant.

— Alors on décide qu'on a assez joué au premier qui cède a perdu? insista-t-il.

— Oui. Mais il n'y aura pas de perdant, au contraire, dit-elle. Elle se dépouilla prestement de son tee-shirt puis dégrafa les attaches de sa jupe:

— Et maintenant, viens vite, souffla-t-elle. Et sois très très câlin. Ce soir, je peux te le dire, j'ai envie de toi depuis le premier jour où je t'ai vu à Tahiti, ça fait dix mois que j'attends.

— Moi aussi, et c'est très long.

Le soleil venait de se coucher lorsqu'ils reprirent conscience, mais la luminosité du ciel était toujours éclatante, encore presque éblouissante tant l'azur était profond. Penché sur elle, il vit qu'elle allait parler, lui posa l'index sur les lèvres.

— Chut! sourit-il, tu sais bien qu'on dit: le premier qui parle après l'amour raconte toujours une bêtise!

— C'est pour ça que tu as voulu parler le premier?

— Bien sûr, pour assumer l'intégralité de la bêtise.

— Ça n'en était pas une, dit-elle en lui caressant le torse. Et même si tu m'as fait un beau bébé ce ne sera pas une bêtise! Tiens, j'espère même que tu m'en as fabriqué un! Si, si! J'ai très envie d'avoir un bébé de toi, tout de suite! Enfin dans neuf mois! Après tout, tu as bien tout fait pour ça, je crois?

— Ma foi, je n'ai rien fait contre... Mais tu sais, si ça n'a pas marché, n'en fais pas un drame, je recommencerai volontiers quand tu voudras! Dis, c'est quoi ça? demanda-t-il en posant l'index sur une petite tache brune qui lui ornait le sein gauche. Une petite tache en croissant de lune qui semblait soutenir l'aréole. C'est quoi? insista-t-il. Le cadeau-surprise? C'est mignon tout plein!

— Ah ça? dit-elle en riant, ça c'est la marque de famille, le label de qualité. Si, si, il paraît que bonne-maman a exactement la même au même endroit! C'est elle qui me l'a dit, quand j'étais petite. Et c'est parce que je lui ressemble que j'y ai droit. Mes sœurs n'en ont pas autant. Tu n'as pas idée ce que je les ai fait enrager avec ça, quand on était gamines. J'avais réussi à leur faire croire que c'étaient elles qui n'étaient pas normales! Bon, il faudrait peut-être qu'on songe à rentrer?

— Oui, dit-il.

Il la regarda avec attendrissement, lui posa un baiser sur le bout des seins, puis l'aida à renfiler son tee-shirt et à débarrasser sa jupe de quelques bribes de mousse.

Ils descendirent vers Saint-Libéral, main dans la main. A leur droite, brillante comme un miroir, pas encore pleine mais déjà plantureuse, la lune émergeait de l'horizon bleu.

Jacques tourna si rudement le bouton du poste radio qu'il faillit lui rester entre les doigts. Pour lui, rien n'allait comme il eût fallu.

D'abord, les bulletins météo annonçaient tous la persistance de ce que les ignares qui parlaient dans le poste appelaient le beau temps! Il se sentait prêt à leur en mettre plein la vue d'un beau temps pareil! Prêt à les inviter à venir voir sur place, à quoi ressemblait un verger en train de crever de soif, des vaches qui n'en pouvaient plus de meugler tellement elles avaient faim et soif et un sol maintenant gris, qui se craquelait, se lézardait!

Et, comme si les bulletins météo n'avaient pas suffi pour lui saper le moral, les informations s'en mêlaient. Désormais, c'était à qui glosait le plus sur les agriculteurs.

Sur ces râleurs qui, non contents de ne pas payer d'impôts, allaient en faire payer aux honnêtes contribuables pour les punir d'un beau temps, peut-être un peu trop long, mais sans doute moins catastrophique qu'on ne le disait! Et pour étayer ce genre de perfidie inepte, il s'était même trouvé un pédant pour déclarer tout de go sur les ondes que les jérémiades des paysans étaient sans fondement! La preuve, assurait-il, la France comptait un million trois cent mille agriculteurs qui étaient possesseurs d'un million trois cent mille tracteurs! Alors, quand on connaissait le prix d'un tracteur, n'était-on pas en droit de douter de la prétendue pauvreté des propriétaires terriens?

Là encore, Jacques était prêt à inviter ce bavard, histoire de lui faire voir à quoi ressemblait l'opulence que sa démonstration suggérait. Histoire surtout de lui apprendre que nombre de fermes du nord de la Loire possédaient chacune une demi-douzaine d'engins, ou même plus, ce qui réduisait sa théorie à néant.

Malheureusement, ce beau parleur n'était pas le seul à baver. En fait, c'était à qui ironiserait le plus sur tous ces râleurs de paysans qui se plaignaient toujours de tout et réclamaient sans cesse des subventions!

— Bien entendu, du moment qu'il y avait une connerie à faire, les minus qui nous gouvernent ont sauté dessus à pieds joints! Plus débiles que ces technocrates, c'est pas trouvable! grondait-il, chaque fois que le journal télévisé ou les radios insistaient méchamment sur cet impôt que d'incommensurables et incurables demeurés avaient cru bon de lever et de baptiser impôt sécheresse!

Comme tous ses voisins et amis, comme tous les agriculteurs, il recevait une gifle chaque fois qu'un commentateur réenfourchait ce cheval de bataille en insistant sur ces deux mots : impôt sécheresse.

— Bon Dieu de bon Dieu! déjà que les citadins nous font la gueule et nous méprisent parce que nous sommes paysans, qu'est-ce que ça va être! Mais ils le font exprès, là-haut, c'est pas possible autrement! Et d'abord, ils pouvaient très bien nous aider sans taper les contribuables! A qui ces jean-foutre du gouvernement feront-ils croire qu'ils n'ont plus de sous? Ils savent très bien en trouver quand il s'agit de renflouer la Régie Renault!

Et comme si tout cela n'avait pas suffi pour lui saper le moral, Dominique avait prévenu qu'il différait sa venue d'au moins quinze jours. Avant de venir, il devait en effet accueillir quelques gros pontes de Mondiagri en tournée d'information. Cette défection n'était certes pas dramatique, mais quand même agaçante. Comme était franchement agaçant le fait que Michèle doive s'absenter chaque après-midi pour filer à Perpezac s'occuper de sa mère.

La pauvre femme avait glissé dans une des ruelles du bourg et s'était cassé le col du fémur. Sans penser qu'elle avait fait exprès de mettre le pied sur une peau de banane – il était difficile d'évoquer le verglas! – Jacques ne pouvait s'empêcher de maugréer dès qu'il pensait à elle. Depuis trente ans qu'il la connaissait, il n'avait pas souvenir qu'elle ait passé un mois sans se plaindre de quelques bronchite, grippe, douleurs diverses, maux de tête, de ventre, de dents, d'oreilles, qui obligeaient Michèle à multiplier ses visites à Perpezac.

– Tu verras, lui avait-il souvent dit, tu verras, rien que pour nous emmerder, elle se cassera une jambe un jour ou l'autre!

C'était presque fait! Et, bien entendu, Michèle était de corvée, comme toujours!

Aussi, parce qu'elle n'avait matériellement plus le temps de conduire la tonne jusqu'à la Brande, il avait dû regrimper sur le tracteur, malgré les horribles douleurs que cela lui provoquait. Mais comme il n'était pas question de toujours faire appel aux voisins, et pas question non plus de laisser les vaches crever de soif, il se hissait chaque soir sur son vieux Massey-Ferguson et partait vers les bois de la Brande.

Très soulagé d'être enfin débarrassé de ses visiteurs, Dominique n'attendit même pas que leur avion ait décollé pour s'installer dans sa voiture et prendre la route de Tunis.

Si tout allait bien, une fois la ville traversée, il aurait encore deux bonnes heures de route avant d'atteindre Béja. Une fois là, il prendrait Béatrice à la maternité et rejoindrait avec elle leur villa nichée au milieu des dattiers, des tamaris et des lauriers-roses de Bab el-Raba.

Il se sentait beaucoup mieux depuis qu'il avait vu disparaître ses visiteurs dans la salle d'embarquement. Ce n'était pas que les quatre hommes, un Allemand, un Américain et deux Français, fussent antipathiques, mais ils puaient trop l'avidité, le calcul et l'arrivisme pour qu'il ait eu envie de s'en faire des amis. Très compétents sans doute – autrement ils n'eussent point occupé les places qu'ils détenaient –, ils ne pensaient que rendement, rentabilité, marchés internationaux, cours mondiaux.

Lorsqu'il avait signé son contrat d'embauche avec Mondiagri, Dominique se doutait bien que le mot philanthropie ne faisait pas partie du vocabulaire en grâce dans la multinationale. Le but du groupe n'était pas d'apprendre aux péons du Pérou ou du Mexique à mieux cultiver leurs lopins de maïs. Il n'était pas non plus d'enseigner aux paysans d'Afrique noire à ne pas transformer leur pays en désert de latérite, ni aux fellahs d'Égypte à mieux irriguer, ou aux malheureux qui pataugeaient dans les rizières de l'Inde à protéger leurs faibles récoltes des rats.

Dominique savait tout cela. Mais, tant qu'il était en Guyane, cet état de fait n'était pas gênant car il n'était pas applicable – ou d'une façon moins évidente – sur une terre française.

En revanche, depuis qu'il était en Tunisie, son jugement s'était affiné, son sens critique aussi. Il avait donc de plus en plus de mal à né pas ruer dans les brancards tant lui déplaisait la politique menée par les cerveaux de Mondiagri.

– De deux choses l'une, lui disait Béatrice lorsqu'il abordait ce sujet avec elle, ou tu es d'une incroyable naïveté, ou tu étais au courant et tu t'en moquais quand tu as signé ton contrat avec eux!

– Je ne pensais pas que ça atteigne ces sommets d'hypocrisie. Et puis avoue, en Guyane ce n'était pas tellement visible!

– Non, bien sûr! Il n'empêche que tu travaillais avec un matériel et des techniques propres à toutes les régions de type amazonien! Je veux dire par là que tout ce que tu as fait avancer du point de vue technique sera exporté au nord du Brésil, en Colombie – en Amérique centrale, je ne sais où encore!

– Arrête! J'en viens à regretter mon travail en Algérie. Avec Ali au moins on travaillait vraiment, pour aider ses copains à mieux se nourrir, à progresser! Mais, ici!

En fait, il savait très bien maintenant que le but des requins qui géraient Mondiagri était d'accroître leur emprise sur le tiers monde. D'installer un peu partout des unités de recherches chargées de créer ou de tester de nouvelles variétés de semences, des croisements animaux, des fertilisants, des produits phytosanitaires et même du matériel adapté à chaque terre, à chaque climat.

Ensuite, et le plus rapidement était le mieux, il importait de convaincre les gouvernements de s'orienter vers de nouvelles formes de productions et de cultures. Comme par hasard, Mondiagri proposait alors les semences sélectionnées, les engrais, les aliments du bétail, le matériel et même les techniciens chargés de tout mettre en place. Puis, toujours paternes, les vautours de Mondiagri assuraient aussi l'achat et l'exportation des récoltes, aux prix les plus bas et après déduction des frais divers, naturellement !

Toujours prêts à rendre service, ces mêmes bons apôtres allaient jusqu'à revendre quelques denrées à ces mêmes pays, pour leur permettre de se nourrir un peu...

C'est contre tout cela que Dominique s'insurgeait. Et encore, lui-même n'était-il que l'avant-garde, l'éclaireur de pointe, le poisson pilote, celui qui testait le terrain. Son travail fait, arriverait le gros des troupes, les juteux contrats avec les gouvernements, les promesses multiples, les pots-de-vin aussi. Et toujours la misère. Avec, en prime, pour beaucoup de paysans, l'oubli ou l'abandon – quand ce n'était pas la destruction – de leur agriculture traditionnelle qui, pour faible qu'elle fût, leur permettait quand même de ne crever de faim qu'un jour sur deux.

Et les quatre lansquenets de Mondiagri qu'il venait de raccompagner à l'avion n'étaient venus que pour ça. Prendre des contacts, poser des jalons, démontrer, grâce à la station expérimentale, que telle ou telle culture ou tel fertilisant étaient exactement ce qu'il fallait au pays. Et le comble était qu'on allait sans doute les croire et même les remercier, comme des sauveurs.

Il évita, in extremis, un taxi Peugeot 203 complètement déglingué qui venait de surgir à sa droite. Furieux, il klaxonna, doubla l'épave et lui fit même une sévère queue de poisson. Il n'était pas d'humeur à se laisser agresser par qui que ce soit. Et surtout pas par un taxi en ruine qui fumait autant qu'une batteuse en puant comme un pétrolier.

– Tu as l'air fatiguée, dit Dominique en embrassant sa femme. Il fronça les narines car elle sentait un peu l'éther et la salle d'accouchement : Tu as eu beaucoup de travail ?

— Oui, deux naissances ce matin et cet après-midi une séance de vaccination. Je ne te dis pas la suite, les mères braillaient plus que les gosses ! Et toi, ça y est, tu les as expédiés tes VIP ?

— Ceux-là, qu'ils aillent au diable ! Enfin, ils te remercient encore pour ton accueil si chaleureux, si français, bref, tout le tralala ! Mais quand je pense que tu leur as servi du foie gras de Coste-Roche ! Ces voyous ne méritaient pas ça ! dit-il en s'engageant dans le chemin qui grimpait vers Bab el-Raba.

— J'ai pensé à ton avancement ! plaisanta-t-elle.

— Avec un tel foie gras, il est assuré d'avance ! Tu pourras le dire à ma mère, ça lui fera plaisir.

— Tiens, à propos, le courrier de France est arrivé ce matin, juste après ton départ.

— Et alors ?

— Je te le donne en mille !

Il haussa les épaules, rétrograda car la pente était sévère.

— Dis toujours ?

— Jo va se marier, le 4 décembre, à Saint-Libéral...

— Quoi ? s'exclama-t-il en riant. Jo ? se marier ? C'est une plaisanterie ? Eh bien, si on m'avait dit ! Mais quel est le pauvre bougre qui s'y hasarde ?

— Un photographe, un copain de Chantal.

— C'est pas plus rassurant ! Entre Chantal et Jo, il serait difficile de dire quelle est la plus ravageuse ! Il est courageux, ce gars-là ! Et puis, il a besoin d'avoir la santé, parce que Jo, faut sûrement pas lui en promettre...

— Ne sois pas méchant, elle est très gentille.

— Je ne suis pas méchant. Je l'adore, tu sais bien. Non, mais c'est pas une blague ? Elle se marie pour de bon ?

— Oui.

— Alors c'est vraiment la nouvelle du jour ! Enfin, on aura vite des détails.

— Oui. Tu sais, je suis ravie qu'on puisse enfin partir. Même pour une semaine, ça nous changera les idées. Et puis ça te mettra peut-être de meilleure humeur, ajouta-t-elle en voyant qu'il avait repris son air sombre. Tu penses encore à tes visiteurs ?

— Non. Enfin si, je pense surtout au rapport qu'ils

m'ont demandé; paraît que ça urge. Et comme nous filons dans trois jours...

– Ils attendront! Tu ne vas quand même pas emporter du travail chez toi? Tes parents feraient beau! Et moi aussi, surtout!

– On verra..., éluda-t-il en s'arrêtant devant leur villa.

– Si tu me fais ce coup, je te jure que ça ira mal! prévint-elle en descendant de voiture.

– Ah ouais? Tu feras chambre à part peut-être?

– Chiche!

– Bon, dit-il en s'écartant pour la laisser passer, alors, ce soir, il ne me reste qu'à prendre un peu d'avance. Dans mon boulot, bien sûr! dit-il en lui tapotant les fesses.

Quoique absorbé par son travail – le rapport qu'il devait établir était long et fastidieux –, Dominique leva le nez de sa copie lorsque Béatrice sortit de la salle de bains. Il la détailla en sifflant doucement, hocha la tête.

– Chapeau, ma belle dame! Vous êtes superbe! Si, si! Et je m'y connais...

Encore couverte çà et là de quelques gouttes d'eau, juste ceinte à la taille d'une serviette éponge qui dévoilait une cuisse jusqu'à la hanche, elle était très attirante. Il nota une fois de plus que la semoule, souvent en usage dans leur alimentation, avait tendance à la faire un peu grossir. Mais ce n'était pas encore gênant. Aux femmes maigres et anguleuses, il avait toujours préféré les potelées, aux hanches rondes, douces à la main.

– Tu ne vas pas travailler toute la nuit, j'espère? demanda-t-elle en s'asseyant sur un coin de la table.

– Non, c'est d'ailleurs impossible dans d'aussi déplorables conditions, reconnut-il en lui posant la main sur le genou et en plongeant son regard dans l'entrebâillement de la serviette.

– Alors, viens. Enfin, si tu veux prendre un peu d'avance autrement que dans ton travail... Mais n'attends pas que je sois endormie!

– Je me douche et j'arrive, dit-il en refermant son dossier, et au diable ce rapport!

Il la rejoignit peu après et oublia aussitôt Mondiagri.

C'est alors qu'il reposait toujours sur elle et qu'ils

étaient encore un peu étourdis par leur étreinte qu'elle lui chuchota, bouche à bouche :

— Puisque ton métier semble t'absorber au point de ne rien voir, je te signale que nous venons de faire l'amour à trois...

— Quoi ? sursauta-t-il. Il se recula vivement, l'observa : Tu es certaine ?

— Oui. Maintenant, le retard dépasse vraiment les bornes. Et puis je suis quand même bien placée pour connaître les symptômes.

— Formidable ! dit-il en l'embrassant et en l'enlaçant de nouveau, formidable ! Mais dis, c'est quand même récent ? J'ai beau être distrait et idiot, je ne suis quand même pas aveugle.

— Oui, c'est d'un peu plus d'un mois, le bébé sera là début mai !

— Ça alors..., murmura-t-il encore sous le choc de l'annonce.

Pourtant, depuis trois mois que Béatrice et lui avaient décidé d'agrandir la famille Vialhe, il avait eu le temps de se préparer à la révélation qu'elle venait de lui faire. Malgré cela, il se sentait étrangement différent de ce qu'il était une demi-heure plus tôt, il était autre. Et sa femme aussi lui apparaissait soudain changée, plus grave, plus sérieuse. Beaucoup plus belle aussi, et forte.

— Alors, c'était ça la semoule..., dit-il.

— Qu'est-ce que tu chantes ?

Il lui caressa la hanche, expliqua :

— Oui, je croyais que tu avais pris quelques kilos à cause du couscous, dit-il en riant et en lui pinçant doucement la cuisse. Et eux aussi, c'est pareil..., dit-il en lui passant la main sous les seins. Depuis quelque temps, je leur trouvais un air encore plus triomphants que d'habitude, et c'est pas peu dire !

— Ah ? Tu as vu ça. Naturellement, du moment qu'il s'agit de te rincer l'œil ! Mais tu n'as pas vu que j'étais à ramasser à la petite cuillère tous les matins !

— Euh, non... Mais c'est vrai ? Tu es malade ? Beaucoup ?

— Pas plus qu'il n'est normal, le rassura-t-elle. Et maintenant, il faut vraiment que je dorme, je suis fatiguée. Tu repars travailler ?

— Ah non ! Pas maintenant. Ce soir, je reste avec toi. Avec vous, reprit-il après lui avoir posé un baiser sur le ventre.

Il éteignit la lumière et se pelotonna contre elle.

20

Jacques diminua les gaz, quitta la route goudronnée et s'engagea dans le raidillon qui serpentait vers les bois de la Brande.

Une abondante mais impalpable poussière rouge entoura la tonne et le tracteur lorsque les crampons de ses roues mordirent dans la terre du chemin. Elle était devenue tellement farineuse, légère et pulvérulente qu'elle recouvrait et teintait d'ocre toute l'herbe flétrie et les ronces sèches qui peuplaient les abords du passage; âcre et suffocante, elle rendait encore plus pénible l'haleine brûlante du vent solaire.

Il ralentit encore et se prépara à changer de vitesse. Il approchait d'un dos d'âne qu'il fallait aborder à plein régime mais en seconde lente, faute de quoi, le coup de bélier imposé à la tonne risquait de la déséquilibrer. Aussi était-il prudent de ne pas oublier le poids et surtout la force d'inertie de deux mille litres d'eau trop violemment ballottés.

« Quand il aura enfin plu, que le sol sera moins dur, il faudra que j'arase ce monticule, songea-t-il, mais il est vrai que, lorsqu'il aura plu, je n'aurai pas besoin d'amener de l'eau aux vaches! »

Il commença à débrayer et hurla, traversé soudain par une incoercible douleur qui, partant de sa fesse gauche, lui sciait les lombes, le bloquait.

Paralysé par une griffe de feu qui lui coupait le souffle tant elle était aiguë, incapable de bouger les jambes et, à plus forte raison, d'appuyer sur la pédale, il vit arriver le dos d'âne.

« Trop vite! Je me fous en l'air! » pensa-t-il en un éclair.

Alors, d'instinct, il tira la manette qui étouffait le diesel. Mais le tracteur avait déjà bondi sur l'obstacle. Presque dans le même temps, Jacques entendit dans son dos la formidable claque que fit l'eau en frappant les parois de la tonne. Puis il sentit que le tracteur basculait, entraîné par le poids de la tonne qui glissait vers la gauche, se renversait en tordant l'attelage.

« Foutu! » songea-t-il en voyant la roue avant droite du tracteur déjà dressée à plus d'un mètre de hauteur.

Alors, malgré l'infernale souffrance qui lui bloquait les jambes, il se cramponna aux ailes du tracteur, se hissa hors du siège à la force des bras et se jeta vers la droite en priant que la roue ne l'entraîne pas sous l'engin. Elle le heurta au ventre avec violence, le projeta à gauche.

Il eut juste le temps de se dire que Dominique et Béatrice qui arrivaient le lendemain seraient là pour son enterrement. Un feu d'artifice éclata dans son crâne. Il perdit connaissance.

Michèle ne s'inquiéta pas de l'absence de son époux quand elle revint de Perpezac. Depuis qu'elle était contrainte d'aller tous les après-midi voir sa mère, Jacques était seul pour nourrir les porcs, chaque soir. Mais comme il devait aussi apporter de l'eau aux vaches, il avait avancé l'heure des soins. Malgré cela, il ne partait qu'en fin d'après-midi et ne rentrait qu'au crépuscule.

Une chose était sûre, il ne pouvait attendre que la nuit soit complète, le tracteur n'avait plus d'éclairage depuis deux mois. Et même pour qui connaissait le terrain au mètre près, il n'était pas prudent de conduire en aveugle.

Persuadée que Jacques n'allait pas tarder car le soleil venait de se coucher, c'est en chantonnant qu'elle prépara le repas du soir. Savoir que Dominique serait là le lendemain la remplissait de joie. Il n'était pas revenu en France depuis son mariage et avait certainement beaucoup de choses à raconter, et Béatrice aussi.

Les rapports entre Michèle et sa belle-fille étaient bons, mais un peu ambigus. Sans l'avouer, Michèle était presque intimidée par elle. D'abord, Béatrice était citadine, ce qui lui donnait une aisance et une sûreté parfois un peu déroutantes. De plus, elle apportait beaucoup de soin à sa toilette et à son maquillage. Et, là encore, Michèle se sentait en infériorité lorsqu'elle comparait ses mains abîmées par les travaux à celles de sa belle-fille, son visage buriné et rougi par le grand air à celui de Béatrice, toujours lisse et délicatement fardé.

Enfin, il ne faisait aucun doute que Dominique l'adorait, la cajolait. C'était bien, mais Michèle se sentait un peu reléguée, pas oubliée certes, mais quand même un peu moins choyée que naguère. Elle était assez intelligente pour savoir que tout cela était bien logique et que le plus important était que son fils et sa bru soient pleinement heureux. Malgré cela, même en se raisonnant, elle se sentait toujours un peu gauche en présence de Béatrice. La preuve, elle n'arrivait pas à la tutoyer comme Jacques le faisait depuis le début. Ça simplifiait pourtant bien les rapports, les rendait moins guindés.

« Il faudra que j'essaie, dès demain, se promit-elle, et je lui demanderai de me tutoyer aussi ; enfin, si elle veut bien... »

Elle s'aperçut soudain que la nuit était presque complète et s'étonna du retard de son époux. Pas encore très inquiète mais quand même animée par le besoin de se rassurer, elle sortit sur le pas de la porte et tendit l'oreille, espérant entendre le ronronnement du tracteur. Mais seuls chantaient les grillons et crissaient les chauves-souris en quête de moustiques.

« Mais alors, qu'est-ce qu'il fabrique ? murmura-t-elle à l'adresse du chien étalé dans la poussière de la cour. Tiens, tu es là, toi ? » s'étonna-t-elle.

D'habitude, l'animal, qui n'était pas attaché comme son confrère dit « de chasse », prenait plaisir à trottiner à côté du tracteur ; il suivait Jacques comme son ombre. Mais il faisait encore si chaud quand il partait pour la corvée d'eau qu'on pouvait comprendre la paresse du vieux corniaud.

« S'il attend encore, il en sera quitte pour rentrer à pied », se dit-elle.

La lune n'était qu'à son premier quartier : un croissant infime tout à fait incapable d'éclairer le chemin. Elle fit quelques pas, sortit de la cour, écouta avec encore plus d'attention.

– Non, rien..., fit-elle en se mordant les lèvres.

Maintenant agacée par la petite crainte qui la titillait, elle tenta encore de se rassurer. Puis elle se décida d'un coup, courut vers la voiture et prit la route de la Brande.

Ce fut d'abord l'odeur qui l'indisposa. Encore à moitié assommé, incapable de comprendre pourquoi son lit était si dur, Jacques commença par grogner et fronça les narines. Ces relents de fuel et d'huile chaude étaient insupportables et surtout très déplacés dans la chambre... Ou alors, c'était la vidange qu'il venait de faire qui lui avait sali les mains...

Mais non! Il y avait plus de quinze jours qu'il s'était livré à cette opération, il avait même changé le filtre à gasoil! Alors, pourquoi ça puait autant, là, juste sous son nez, quasiment dans l'oreiller qui craquait comme s'il était bourré de feuilles sèches?

Il essaya de se retourner pour reprendre un sommeil libéré de cet infect cauchemar, hurla de douleur et retrouva alors toute sa conscience. Souffle coupé par les élancements qui fusaient dans son dos, il jugea quand même de sa position en un regard.

Au-dessus de lui, renversé sur le côté, le tracteur dégorgeait son huile de partout. Elle coulait du moteur et du pont, épaisse, chaude, et formait une grosse flaque gluante qui venait maintenant imprégner sa chemise. Et comme le gasoil avait giclé le premier et beaucoup plus vite, il n'y avait rien d'étonnant à ce qu'il empestât.

« Ça doit faire au moins dix minutes que je suis là comme un con! » calcula-t-il en regardant le soleil qui disparaissait derrière les arbres. Puis il mesura soudain sa chance, se sentit pâlir et remercia le Seigneur.

Sans la grosse souche de chêne sur laquelle il avait buté et qui avait stoppé sa pirouette, le tracteur se serait retourné totalement. Or il était placé presque sous lui, poitrine contre la grosse roue gauche dont l'un des crampons lui mâchait les côtes.

« Bon sang, je reviens de loin... », murmura-t-il en palpant doucement son crâne. Il avait un gros hématome au-dessus de la nuque mais n'en souffrait pas trop. « Je me suis assommé en tombant, et si le tracteur avait continué sa roulade, il m'aurait aplati sans que je m'en aperçoive! Il aurait aussi pu cramer si je n'avais pas étouffé le moteur. Faut croire que ce n'était pas mon jour... Bon, faut que je me tire de là. »

C'est alors qu'il réalisa avec angoisse qu'il était incapable de se relever seul. Dès qu'il bougeait, la souffrance était telle qu'elle le portait au bord de l'évanouissement. Il ne pouvait même pas rassembler ses jambes sous lui pour se redresser.

« Bon Dieu, je me suis pété quelque chose dans la colonne vertébrale en tombant... » Puis il se souvint que la crise l'avait paralysé juste avant l'accident : « C'est vrai et c'est même pour ça que... »

Il s'efforça de se raisonner, de se rassurer, tenta prudemment de remuer ses orteils, qui obéirent, puis ses pieds qui eux aussi daignèrent répondre.

« Bon, c'est peut-être moins grave que la colonne... Mais de là à me remettre tout seul debout... »

Ça, c'était impossible, trop torturant, au-delà de ses forces. « Et pourtant, je ne peux pas rester là le nez dans l'huile ! Et puis, bon Dieu ! si jamais les batteries se mettent en contact, je vais griller comme un cochon ! »

Il sentit la peur lui nouer le ventre à cette idée et commença à ramper, coude après coude, en souffrant comme un damné. Il avait tellement mal qu'il en pleurait. C'est en geignant et en traînant ses jambes qu'il s'éloigna du tracteur, se glissa dans les feuilles sèches.

Épuisé, recroquevillé comme un fœtus pour tenter d'apaiser les ondes acides qui lui dévoraient le dos, il se lova au pied d'un châtaignier. C'est en voulant resserrer d'un cran sa ceinture pour essayer de bloquer le mal à sa source, là, dans les vertèbres lombaires, qu'il fit un mouvement de trop. Submergé par la douleur, il vit le ciel tournoyer au-dessus de lui et basculer les énormes branches du châtaignier. Il pensa qu'elles allaient l'écraser et s'évanouit.

— Oh mon Dieu ! Non ! Non ! hurla Michèle lorsque les phares de l'Ami 6 se posèrent sur la tonne et le tracteur renversés. Son coup de frein leva un nuage de poussière qui tourbillonna dans le pinceau des phares.

Cœur serré par une insupportable poigne, elle bondit hors de la voiture, se précipita vers le tracteur et éclata soudain en sanglots, persuadée que Jacques ne pouvait être que sous l'engin, puisqu'il était invisible. Et son soulagement fut tel quand elle entendit sa voix qui venait de la nuit, dans son dos, que ses pleurs redoublèrent avant de finir dans un rire nerveux quand elle comprit qu'il était vivant.

— Tu es là! Tu es là! fit-elle en s'agenouillant près de lui.

Elle le palpa, lui caressa le visage, l'embrassa, l'étreignit.

— Va doucement, doucement, recommanda-t-il. Je ne peux plus bouger, va falloir que tu ailles chercher de l'aide!

— Mais non, je ne peux pas te laisser!

— Va chercher de l'aide! Téléphone à Brousse et surtout au docteur Martel. Et comme elle semblait hésitante, il insista : Je te dis que je ne peux plus bouger. Tu ne vas quand même pas me porter jusqu'à la voiture!

— Et si je te soutiens?

— Non. Je dois avoir je ne sais quelle saloperie qui est coincée dans les vertèbres, ça me fait un mal de chien! Va vite chercher de l'aide. Tu sais, ça fait plus d'une heure que je suis là, je peux patienter encore un peu plus...

— Je vais appeler le SAMU.

— Surtout pas! Ça va tout compliquer! Et puis avant que l'ambulance arrive de Brive! Non, non. D'ailleurs, je ne veux pas aller à l'hôpital.

— Mais si tu as quelque chose de cassé?

— Le docteur Martel me le dira. Allez, va vite. Ah oui, préviens aussi Valade : il faudrait qu'il apporte à boire à nos bêtes, elles vont tout casser autrement, déjà qu'on les entend gueuler d'ici...

— Il ne manquerait plus qu'elles s'échappent! dit-elle.

— Oui, va vite. Tu feras pour le mieux, je sais. Mais arrange-toi pour ne pas affoler les parents.

— Bien sûr, dit-elle en se penchant vers lui pour l'embrasser.

Il sentit qu'elle pleurait, la retint.

— Dis-toi bien que j'ai eu beaucoup de chance. Beaucoup, insista-t-il. Comme dirait ma mère, le bon Dieu était avec moi. A cette heure, tu devrais être veuve! Alors, sauf si c'est de ne pas l'être qui te fait pleurer, arrête et va chercher de l'aide.

— Tu as raison.

Elle lui donna un dernier baiser et courut vers la voiture dont le moteur ronronnait toujours.

Immobile dans l'obscurité, attentif surtout à ne pas bouger pour ne pas exciter la sourde douleur qui le para-

288

lysait, Jacques fixait les quelques étoiles qu'il apercevait entre les feuilles. L'une d'elles, énorme, scintillait juste au-dessus de lui.

« Ce doit être elle, ma bonne étoile... », songea-t-il avec amertume.

Il aurait voulu ne pas céder au découragement, encore moins au désespoir. Pourtant, même s'il avait échappé à la mort, presque par miracle – il savait que les accidents de tracteur étaient généralement mortels –, il n'arrivait pas à se réjouir autant qu'il l'eût dû d'être indemne.

« Et d'abord, je ne suis pas indemne. Je suis là comme un con, incapable de bouger, bloqué. Et jusqu'à quand ? »

Là était son principal souci, sa hantise. Tout allait dépendre de l'état de son dos. Ou il était réparable, et l'accident ne deviendrait qu'un mauvais souvenir de plus, ou les dégâts étaient irréversibles et interdiraient tout effort. Et alors la ferme partirait à vau-l'eau, car il était impossible que Michèle s'en occupe seule. Et quant à prendre un salarié, autant mettre tout de suite la clé sous la porte. Le troupeau, les porcs et les terres ne rapportaient pas assez pour s'offrir un tel luxe.

« Il sera dit que j'aurai vraiment tout raté... », murmura-t-il en se reprochant de formuler une fois de plus ce méchant refrain.

Il l'avait en tête depuis plus de trente ans et s'il s'efforçait de le chasser, de l'oublier quand il se sentait physiquement et moralement fort, il avait tendance à y céder lorsque la fatigue et les soucis l'assaillaient.

« C'est vrai, ça ! Moi qui voulais et devais être vétérinaire ! Il a fallu que cette putain de guerre casse tout ! Six ans de perdus, foutus ! Et l'autre qui en profite pour épouser le premier petit sauteur venu... »

C'était là une de ses secrètes et mauvaises échardes, installée pour toujours dans un petit coin de sa mémoire et qui se rappelait parfois à lui...

Elle s'appelait Marie-Louise et lui avait promis de l'attendre, de l'épouser. Et il y avait cru. Elle aussi, sans doute. Mais, là encore, la guerre était venue tout jeter bas. Adieu Marie-Louise et les illusions ! C'était aussi mélo qu'un roman-photo !

« Bah ! Elle n'arrivait pas à la cheville de Michèle », se disait-il pour chasser l'image, un peu floue, mais toujours attendrissante d'une jeune fille d'avant-guerre.

C'était vrai. Mais pour autant que Michèle ait toujours

été une excellente épouse, une bonne mère et une solide compagne de route, elle n'avait pas le pouvoir d'étouffer à jamais les rêves perdus.

Pas plus que les succès de Françoise ne pouvaient lui faire oublier que lui aussi, un jour, quarante ans plus tôt, avait décidé de suivre la même voie. Et, là encore, adieu les beaux projets d'avenir!

« Et maintenant, je vais finir comme un âne confirmé. Tout ça, parce que cette putain de guerre m'a contraint à reprendre une ferme qui marchait déjà vers son déclin... »

Sur ce sujet aussi il savait qu'il n'était pas objectif, qu'il noircissait le tableau. En fait, il avait très bien fait fructifier la ferme Vialhe et avait pu en vivre et y élever sa famille. Mais ce qui le rendait amer, c'était d'avoir toujours vécu à la lisière de la pauvreté, de la chute même. De s'être battu à perte, d'avoir encore, malgré son âge, des annuités d'emprunts qui faisaient peur. D'avoir dû, sans cesse, ramer à contre-courant, pour ne pas être emporté, englouti comme tant d'autres; c'était usant, épuisant.

« Et maintenant que Michèle et moi allions enfin un peu mieux respirer, puisque les enfants n'ont plus besoin de nous, voilà que ma carcasse me lâche! Mon Dieu, j'en ai marre de devoir toujours faire le coup de poing, marre de me battre... »

Il voulut se retourner un peu car l'ankylose gagnait ses jambes, mais gémit de douleur dès qu'il essaya de bouger.

« Rien à faire, c'est le blocage... Et en plus, maintenant, j'ai envie de pisser! Vais quand même pas me mouiller comme un gosse! Déjà que je pue le fuel et l'huile... »

Il parvint à se déboutonner, se tourna un peu sur le côté et se soulagea. Mais la proximité des feuilles et de la mousse souillées le gêna aussitôt. Alors, une fois de plus, malgré la douleur et le poids des jambes qui traînaient, il rampa un peu plus loin.

« Mais qu'est-ce qu'ils attendent pour arriver? Qu'est-ce qu'ils font? » Il ne savait plus depuis combien de temps il était là, dos contre la terre tiède.

Il sentit revenir ses idées noires, toutes ces sombres ruminations qu'il détestait. Alors, pour les fuir, il essaya de se distraire en contemplant le ciel. Il se hasarda même à compter les étoiles qu'il devinait dans les trouées du feuillage. Il pensait en avoir recensé soixante-trois lorsqu'il entendit enfin le bruit que faisaient les voitures en grimpant dans le chemin de terre.

– Ben, mon salaud, t'as un sacré pot de cocu! souffla Delpeyroux en éclairant le tracteur avec sa torche.

– Ah, c'est toi? fit Jacques. Tu es là? Et vous aussi! dit-il en reconnaissant Brousse, Coste et même Peyrafaure qu'éclairaient les phares des voitures.

– Ben oui, on est là, cette blague! Tu serais pas venu, toi, si l'un de nous était à ta place? dit Brousse. C'est le toubib qui nous a dit de monter à plusieurs, pour te déplacer plus facilement. On a même prévu une échelle, comme civière!

– Où est-il le docteur? demanda Jacques.

– Il ne va pas tarder, assura Brousse. Tu parles d'un coup de chance, il était au bourg!

– Chez qui? demanda Jacques en pensant aussitôt à son père.

– Chez l'Antoinette! Paraît qu'elle a ramassé une insolation en revenant du cimetière, ça lui apprendra! C'est vrai, avec cette chaleur, c'est des coups à se retrouver vite fait avec l'autre affreux qu'elle va y voir!

Jacques ébaucha un pâle sourire. L'Antoinette faisait partie des figures un peu bizarres mais pittoresques dont tout Saint-Libéral s'amusait gentiment. Veuve depuis plus de quinze ans d'un ivrogne paillard, aussi méchant qu'un cochon malade, qui la battait comme un tapis presque chaque soir, elle ne passait pas un seul jour sans aller s'incliner sur la tombe de son défunt. Là, après avoir un peu gratté la terre, arraché quelques herbes et remué le vase de fleurs artificielles, elle marmonnait quelques Ave, puis repartait, sereine. C'était du moins ce qu'assuraient les âmes charitables...

Celles qui l'étaient moins, et elles étaient plus nombreuses, juraient que les chuchotements de la vieille n'avaient aucun rapport avec les « Je vous salue Marie » ou autres pieuses récitations. En fait, si l'Antoinette s'astreignait à trottiner jusqu'au cimetière par tous les temps, c'était pour le plaisir de pouvoir chuchoter au-dessus de la tombe : « Eh bien, tu vois, vieux salaud, toi tu es là, juste dessous, et moi, je suis toujours ici, bien vivante! Et je te piétine! »

– Et Michèle, que fait-elle? demanda soudain Jacques.

– Elle arrive. Elle est passée prévenir ta sœur et ton beau-frère, dit Brousse. Ah, ne t'inquiète pas pour tes vaches! Valade finit de remplir sa tonne et il leur porte à boire. C'est elles qu'on entend gueuler comme ça ?

— Oui, elles attendent l'eau, dit Jacques, faudrait pas qu'elles cassent la clôture...

— Mais non, ne t'inquiète pas, le rassura Delpeyroux, on s'occupe de tout. Et demain, on viendra récupérer ton tracteur. Mais, bon sang, quelle chance tu as eue !

— Oui, tu peux le dire, reconnut Jacques. Vous savez, les gars, vous êtes des potes, de vrais potes.

Il était très touché de voir ses voisins et amis autour de lui. Ému en découvrant que même Peyrafaure avait pris la peine de venir. Et pourtant, avec lui, les rapports n'étaient pas toujours au beau fixe.

— Comment avez-vous su ? lui demanda-t-il.

— C'est Brousse qui m'a prévenu en passant devant chez moi, expliqua Peyrafaure. Mais ne vous en faites pas, ajouta-t-il en devinant l'inquiétude de Jacques, on n'a pas battu le rappel. Vos parents ne savent sûrement rien. Il sera bien temps de les avertir demain, quand tout sera arrangé !

— C'est ça, demain, et surtout doucement, dit Jacques.

Entouré par sa sœur et son beau-frère, allongé bien à plat dans son lit, lavé, propre, presque débarrassé de l'odeur d'huile et surtout soulagé par les injections du docteur Martel, Jacques se remit à voir la vie d'un œil plus serein. Mais cela ne dura pas.

— Bon, cette fois, vous n'y coupez pas, lui dit le docteur en revenant après avoir discuté avec Michèle.

— A quoi ? demanda-t-il un peu sèchement car il pressentait la réponse.

— C'est l'opération ou le fauteuil roulant à plus ou moins brève échéance. Ce coup-ci, vous avez failli vous tuer. Le coup prochain, ça peut vous prendre en voiture. Et alors tant pis si c'est un gosse qui traverse lorsque vous ne pourrez plus freiner...

— Oh ! Arrêtez avec ce genre d'argument, il relève du chantage ! Bon, je le sais que mon dos est en miettes mais...

— Il n'y a pas de mais, coupa le docteur Martel, il faut vous faire opérer au plus tôt. Et, au plus tôt, ça ne signifie pas dans quinze jours ! C'est dire si ça presse ! Eh oui, attendez un peu que l'effet des piqûres s'estompe...

– Je sais, dit Jacques avec lassitude, vous n'allez quand
même pas m'expliquer que ça me fera mal! Bon, soupira-
t-il en ébauchant un sourire en direction de Michèle,
comment va-t-on faire? Je veux dire pour la ferme, les
vaches, tout quoi!

– Je me débrouillerai, assura-t-elle.

– Allons, tu sais très bien que tu n'y arriveras pas toute
seule!

– Je te dis que je me débrouillerai! Les voisins ont promis de venir. Et Mauricette m'aidera, Jean-Pierre aussi!

– Mais oui, confirma Mauricette, on viendra.

– Vous vous lasserez vite! Au fait, docteur, j'en ai pour
combien de temps après l'opération?

– Ben... Quelque temps, oui... Je ne suis pas chirurgien
et...

– Et sacrément tartufe en revanche! lança Jacques.
Allons, annoncez la couleur, quoi! Un mois? Six mois?
Combien?

– Il faudra sûrement éviter les gros travaux pendant
quelques mois, oui; mais je dis bien : les gros travaux.

– Comme le tracteur?

– Ah ça! C'est ce qu'on fait de pire pour les vertèbres.
Alors, si vous voulez refaire comme ce soir...

– Bon, soupira Jacques. Il réfléchit, puis se décida. Et
où faut-il que je me fasse opérer? Tant qu'à faire, je pré-
férerais que ce soit par un bon charcutier, pas par un type
qui fait ça au silex taillé!

– J'en connais un. Oh pardon! se reprit le docteur
Martel en souriant. Oui, je connais un bon spécialiste à
Bordeaux. C'est un vieil ami, un camarade de fac. Si vous
voulez, je le contacte ce soir. Tout de suite même, à vous
de choisir.

– Comme si j'avais le choix! grommela Jacques. Allez,
vous avez carte blanche. Mais à partir de maintenant, plus
ça ira vite, mieux ça vaudra! Et ne vous croyez pas obligé
de me dire que nous n'en serions pas là si j'avais accepté
de me faire opérer plus tôt, je le sais! Alors n'en rajoutez
pas!

– Mais je ne dis rien, moi! se défendit le docteur. Ou
plutôt si : où est votre téléphone?

Prévenu avec beaucoup de ménagement par Mauricette, Pierre-Édouard accueillit quand même très mal
l'annonce de l'accident de son fils.

Il est vrai qu'il était jusque-là tellement heureux de revoir Dominique – Béatrice et lui devaient arriver le soir même – qu'il n'était pas du tout préparé à entendre une mauvaise nouvelle. Elle le choqua, le laissa sans voix pendant plusieurs secondes.

– Et c'est très grave? demanda-t-il enfin.

– Mais je t'ai dit que non! Il n'a même pas une égratignure! assura Mauricette. Malgré cela, il faut quand même qu'il se fasse opérer.

– Et c'est ça que tu appelles rien?

– Mais écoute, intervint Mathilde, tu sais bien qu'il aurait dû le faire depuis longtemps! Alors, maintenant, il faut qu'il y aille. Mais tout ira bien!

Elle se voulait rassurante, calme, mais cachait mal son inquiétude. Elle n'avait jamais subi une seule opération et voyait les cliniques et les hôpitaux comme des lieux tout à fait malsains, sournois. On savait quand on y entrait, et comment, mais de là à savoir quand on ressortait et en quel état...

– Et toutes ses bêtes, alors, qui va les soigner? questionna-t-il.

– Les voisins ont promis de nous aider, assura Mauricette. J'irai aussi donner un coup de main à Michèle. Et même Jean-Pierre viendra, le soir après la classe.

– Ton mari? fit-il en haussant les épaules. Il n'a jamais soigné une bête de sa vie. Alors, qu'est-ce que tu me chantes là!

– Et alors? Il peut quand même aider! intervint soudain Berthe, qui estimait qu'on noircissait beaucoup trop le tableau. C'est pas très difficile de donner à manger aux cochons! Surtout avec les installations modernes!

– Je voudrais t'y voir! grogna-t-il.

– Oh dis! Tu perds la tête ou quoi? Je les ai soignés plus souvent que toi, les cochons! rappela-t-elle. Oui, monsieur! Pendant que tu faisais le joli cœur du côté de Paris, dans les années 10, moi je portais la baccade matin et soir! Alors, si un instituteur n'est pas capable d'en faire autant, où allons-nous!

– Allons, allons, intervint Mathilde, calmez-vous tous les deux; Mauricette a raison, on se débrouillera.

– Toi, je te défends bien de monter travailler à Coste-Roche! Pour m'y prendre du mal! coupa-t-il.

– Mais ne t'inquiète pas tant! On n'a pas besoin de maman, rassure-toi! dit Mauricette. Tout ira bien. Et puis

Dominique arrive ce soir. Il est capable d'aider, lui aussi, non ?

— Sans doute, fit-il. Mais il ne reste pas longtemps. Alors, après, qui s'occupera de tout ? Et, en plus, avec cette sécheresse qui oblige à porter à boire aux bêtes ! Et puis si Jacques a versé, son tracteur est foutu ! Ah, miladiou, tout s'en mêle !

Il soupira et dut s'asseoir car il était soudain très fatigué et très las. Et son cœur cognait beaucoup trop fort et trop vite.

— Tu vois, il ne faut pas te mettre dans ces états, lui reprocha Mathilde. Dis, tu ne crois pas qu'il y a assez d'ennuis comme ça ?

— Tu as raison, avoua-t-il. Jacques part quand ?

— C'est fait, expliqua Mauricette un peu gênée. Oui, l'ambulance était à Coste-Roche à sept heures ce matin. Alors, on a pensé que ça pourrait te faire peur de la voir s'arrêter ici... Jacques a préféré partir sans rien dire...

— Bien sûr, je comprends, murmura-t-il. On veut tout me cacher, comme d'habitude, quoi ! Mais alors, qui est à Coste-Roche pour les bêtes ?

— Brousse et Valade, assura Mauricette.

— Ah bien, très bien... Alors je ne peux servir à rien ? demanda-t-il.

— Tu nous rendras service en ne tombant pas malade, c'est déjà beaucoup, dit Mathilde. Allez, ne t'inquiète plus, et surtout pense à ce soir. Il faut que Dominique et sa femme aient au moins le plaisir de te retrouver en pleine forme. Parce que si, en plus de leur père en clinique, ils te voient avec cette mauvaise mine, ils vont regretter d'être venus.

— Et tu dis que Félix a décidé de descendre ? Ça alors ! fit Jacques.

Opéré la veille et après un réveil assez pénible, il retrouvait maintenant toute sa lucidité et même ses forces. Il se sentait surtout de bonne humeur, soulagé. Ce qui était fait n'était plus à faire et si, comme l'assurait le chirurgien, tout s'était passé au mieux, il serait vite sur pied. Bien sûr, il allait devoir ménager son dos pendant un certain temps, mais ça, il ne voulait pas encore y penser. Il préférait ne pas trop savoir comment il allait pouvoir s'organiser pour effectuer tout le travail demandé par les terres...

Pour l'heure, il voulait être heureux et offrir un bon visage à son fils. Car Dominique était là, à ses côtés, solide, apaisant. Il était arrivé depuis une heure et Jacques se sentait déjà tout ragaillardi par sa présence.

— Oui, redit Dominique, d'après bonne-maman, Félix arrivera demain. Mais tu sais, je ne voudrais pas te vexer, je crois qu'il vient surtout pour grand-père, ton histoire lui a porté un mauvais coup. Je l'ai trouvé bien morose, inquiet. Félix lui changera les idées. Et puis, ensemble, ils pourront superviser ce qui se passe à Coste-Roche.

— Mais qui l'a prévenu? demanda Michèle.

Elle aussi était maintenant détendue, calme. Elle avait eu tellement peur qu'elle avait encore peine à croire que tout était fini, ou presque.

— Il paraît que c'est Jean, expliqua Dominique. A en croire son père, dès qu'il a appris ton accident, il était prêt à sécher ses cours pour venir s'occuper de tes bêtes. Heureusement qu'il n'en a rien fait! Mais d'ici à ce qu'il ait suggéré à Félix de faire un saut à Saint-Libéral...

— Sûrement, sourit Jacques. Tu sais, il est bien, ce petit. Il est mordu, il y croit à la terre, il en faudrait beaucoup comme lui. A propos, tu restes longtemps?

— Où? Ici avec toi, ou en France?

— En France.

— Toute la semaine.

— Alors, je ne verrai pas ta femme, dit Jacques : moi, je suis coincé ici pour plus longtemps que ça...

— Mais si, tu la verras, assura Dominique. J'ai préféré la laisser à Saint-Libéral, elle était un peu fatiguée par l'avion, on a été pas mal secoués et elle a toujours aussi peur! expliqua-t-il d'un ton convaincant.

Il ne voulait pas annoncer la prochaine naissance sans Béatrice et tenait à trouver un alibi valable pour son absence.

— Elle viendra?

— Mais oui! Nous viendrons ensemble mercredi prochain, avant de reprendre l'avion.

— Ah, très bien. Ça me fera grand plaisir.

— J'espère! sourit Dominique. Bon, tu vas maintenant m'expliquer ce qu'il y a à faire à Coste-Roche, demanda-t-il à sa mère, je m'en chargerai, ces jours-ci. Avec Brousse, ça ne posera pas de problème.

— Mais je vais y aller! protesta-t-elle avec vigueur. Moi, tout à l'heure, je rentre avec toi!

— Il n'en est pas question! coupa-t-il. Tu vas rester ici avec papa. Il a besoin de toi, et puis tu en profiteras pour te reposer, ça te fera le plus grand bien, tu as une mine affreuse. D'ailleurs tu ne peux pas partir, Françoise doit faire un saut ici pendant le week-end, je l'ai eue hier au téléphone.

— Ah bon? fit Michèle, ravie à l'idée de revoir sa fille. Mais pour Coste-Roche, tu ne pourras jamais tout faire!

— C'est ça, dis tout de suite que je suis un incapable et n'en parlons plus. Bon, je t'écoute, passe les consignes!

CINQUIÈME PARTIE

UN JOUR DE MAI

21

Épaulé par Brousse le premier jour, Dominique n'eut par la suite aucun problème pour soigner les bêtes. Ce travail le rajeunit même de quelques années et lui rappela toutes les vacances jadis passées à aider son père sur l'exploitation.

De plus, à cause des événements exceptionnels qui les rendaient seuls occupants de la maison, Béatrice et lui passèrent une merveilleuse semaine à Coste-Roche. Tranquilles, ils coulèrent une sorte de lune de miel qui ne leur laissa que de bons souvenirs et leur fit mieux comprendre pourquoi Pierre-Édouard et Mathilde parlaient toujours de Coste-Roche avec émotion.

Il est vrai que la maison isolée et loin du bourg était un havre de calme, un îlot dans lequel on pouvait se donner l'illusion d'être au bout du monde, loin des contraintes, libres. De plus, comme Dominique le fit remarquer à sa femme toute prête à rêver d'une existence aussi idyllique, la sécheresse rendait impossibles tous les travaux des champs et donnait ainsi l'impression d'un emploi du temps journalier très peu chargé.

En effet, avec un rien de savoir-faire, les porcs étaient vite soignés. Cela fait, restait l'élagage des chênes pour les vaches. Dominique y passait moins d'une heure chaque matin. Il y partait à la fraîche, avant le lever du soleil, et revenait pour trouver son épouse encore au lit, toute somnolente et alanguie, mais déjà heureuse en pensant à la belle journée ensoleillée qui s'annonçait.

Quant à la corvée d'eau, Félix s'en chargeait, content de pouvoir se rendre un peu utile. Le tracteur de

Jacques n'avait que de minimes dégâts. Une fois redressé, ses pleins refaits et ses batteries rechargées, il avait aussitôt démarré. Prudent et surtout disposant de tout son temps, Félix le pilotait avec une lenteur de tortue, ce qui ne manquait pas de déclencher les plaisanteries de Dominique.

– A te voir, on jurerait que tu mènes une paire de bœufs! lui lança-t-il ce soir-là lorsqu'il le vit revenir de la Brande.

– Cause toujours, gamin, j'ai le temps! D'ailleurs, si ton père avait encore des bœufs...

– Allez, arrête cet engin et viens prendre un verre, c'est l'heure de l'apéro!

Le soleil plongeait dans le rouge du couchant et annonçait déjà que la journée du lendemain serait aussi belle et chaude que toutes les précédentes, depuis quatre mois...

– Alors, on est sur le départ? demanda Félix en revenant du hangar et en voyant Béatrice en train de remplir sa valise.

– Eh oui, fit-elle, c'est vite passé une semaine, surtout dans ces conditions.

– En effet, drôles de vacances! Ta mère revient demain? demanda-t-il à Dominique.

– Oui, et papa la semaine prochaine. J'ai demandé à Brousse et à Valade s'ils pouvaient venir aider maman pour les bêtes.

– Je serai là, moi, dit Félix en noyant l'anisette que Dominique venait de lui servir.

– Tu ne vas quand même pas t'éterniser ici, non?

– Sûrement pas! Enfin, va savoir...

– Qu'est-ce qui ne tourne pas rond?

– D'abord ton grand-père. Il n'a pas du tout la forme. Je te l'ai déjà dit, je l'ai trouvé très vieilli. Et puis il se ronge les sangs pour ici, pour la ferme...

– Ça, il a quelques bonnes raisons... Moi aussi, ça me soucie. Je ne vois pas trop comment papa va s'en sortir. Ou plutôt si, je sais comment il pourrait, mais pour le décider... Et qu'est-ce qui ne va pas en plus de tout ça?

– Ma mère. Elle aussi prend de sacrés coups de vieux! Elle ne s'intéresse plus à grand-chose, ne parle plus beaucoup, comme si ça la fatiguait de prendre part aux conversations. Il est vrai qu'elle devient de plus en plus sourde. Enfin, c'est l'impression qu'elle donne.

Mais qu'est-ce que tu veux, elle va sur quatre-vingt-sept ans et elle en a tellement vu dans sa pauvre vie... Alors, comme je sais qu'elle est contente de me savoir là, je vais peut-être rester un peu plus que prévu. Et puis ça donnera à ton père le temps de mieux se remettre.

– Ça serait vraiment sympa si tu faisais ça, je m'en irais plus tranquille. De toute façon, on ne te remerciera jamais assez d'être venu tout de suite!

– Bah! Tu parles d'une affaire! Mais je ne viendrai jamais aussi vite que ton grand-père est venu un jour nous aider, ta tante et moi, en octobre 37..., murmura Félix soudain songeur. Bon, et puis je suis à la retraite, hein, dit-il en redevenant enjoué. Faut dire aussi que ton cousin était tellement malheureux de ne pouvoir venir.

– Jean?

– Oui, c'est un rude fonceur, il ira loin!

– Je le lui souhaite. Mais j'espère surtout qu'oncle Guy va enfin se faire à l'idée d'avoir un fils ingénieur agro!

– Oui, ça s'arrange déjà. Je crois qu'il a fait son deuil de voir Jean prendre sa succession au Barreau. Mais ça n'a pas toujours été facile! Et toi, ton boulot, ça va?

– Mon travail sur le terrain, oui, mais le reste..., fit Dominique avec une petite moue qui n'échappa point à son cousin.

– Ouais, t'as l'air fou d'enthousiasme!

– Je t'expliquerai ça un jour, promit Dominique. De toute façon, pour l'instant, je suis sous contrat avec Mondiagri, alors faut faire avec. Mais je ne suis quand même pas marié avec eux pour la vie! Voilà. Mais surtout, ne parle pas de tout ça aux parents, ils sont si contents que j'aie une belle situation! Dis, tu es prête? demanda-t-il à Béatrice. Oui, expliqua-t-il, on dîne chez les grands-parents ce soir.

– Je sais, moi aussi, et crois-moi, connaissant les repas de ta grand-mère, je jeûne depuis hier! Enfin presque.

La nuit était tellement belle, douce et lumineuse que Dominique et Béatrice, accoudés à l'appui de leur fenêtre, ne pouvaient se décider à rejoindre leur lit.

Il faisait si bon se rafraîchir de ce léger courant d'air

qui venait du nord. Si bon aussi écouter chanter la nuit, toute fredonnante de feuillages crissant sous la brise, de trottinements de rongeurs zigzaguant dans les herbes sèches, d'appels de hulottes et de chevêches, lancinants comme des sanglots; avec, parfois, venant d'une invisible et lointaine ferme, les pleurs un peu angoissants et poignants d'un chien à l'attache, se plaignant de sa chaîne à la lune.

— C'est beau, avoue, chuchota Dominique.

Il parlait bas, pour ne pas rompre le charme et le calme de la nuit.

Il sentit que Béatrice acquiesçait, l'attira contre lui.

— Je crois qu'on a bien fait de parler, ça leur a fait vraiment plaisir, reprit-il.

Elle fit oui de la tête et il vit qu'elle souriait.

— Tu vois, dit-elle enfin, si tu ne m'avais pas encore fabriqué le bébé, c'est ici, dans cette maison et cette semaine, que j'aurais aimé qu'on le fasse.

— Je m'en suis rendu compte, dit-il, mais c'est vrai qu'on a passé une bien belle semaine.

Il en était presque confus car il ne pouvait oublier que le calme, la liberté et l'intimité dont Béatrice et lui avaient joui n'étaient dus qu'à l'accident de son père, à l'absence de sa mère.

— Ça prouve qu'il ne faut jamais vivre en cohabitation, dit-il pour répondre à sa méditation.

— On recommencera? demanda-t-elle.

— Quoi donc? A fabriquer un bébé?

— Obsédé! Des vacances comme celles-ci, tout seuls ici.

— Oui, on essaiera, on enverra les parents en vacances, ça sera bien la première fois qu'ils en prendront. Mais nous, on ne sera plus seuls, ajouta-t-il en lui caressant doucement le ventre.

— C'est vrai, sourit-elle.

— Tu sais, je crois qu'on leur a rudement fait plaisir! redit-il.

— Sûrement.

Ils ne s'étaient pourtant pas concertés avant ce dîner chez les grands-parents. Mais ils avaient soudain tellement mesuré la morosité et la fatigue de Pierre-Édouard et l'inquiétude de Mathilde qu'un regard leur avait suffi pour se comprendre. Dominique avait alors lancé :

– On voulait prévenir les parents avant vous, on le fera demain. Mais voilà, vous allez être arrière-grands-parents. Le prochain Vialhe sera pour mai!

Et ces quelques mots qui avaient soudain estompé toutes les rides de Mathilde, fait trembler les lèvres de Pierre-Édouard et un peu mouillé son regard leur avaient prouvé que cette annonce emportait tout le reste. Qu'elle balayait l'accident de Jacques, tous les soucis et cette tristesse voilée contre laquelle Pierre-Édouard luttait de moins en moins bien.

– Ça oui, ça, c'est une nouvelle, une vraie bonne nouvelle, avait-il enfin murmuré en tripotant son verre. Tu vois, avait-il dit en souriant à Mathilde, ça, oui, ça me donne envie de vivre encore un peu...

Il s'était levé, avait marché jusqu'à Béatrice, un peu intimidée et qui ne savait quelle attitude prendre, et s'était penché vers elle pour l'embrasser :

– Et surtout, ne bouge pas petite, avait-il dit en l'étreignant, ne bouge pas, dans ton état tu as le droit de rester assise devant un vieux croûton comme moi!

Et, tout de suite, le plantureux repas avait été embelli par les sourires qui volaient de Pierre-Édouard à Mathilde, de Mathilde à Béatrice, déjà complices. Par les plaisanteries de Berthe annonçant que les Taureau, comme les Gémeaux, étaient de redoutables casse-pieds, que Dominique en était la preuve et que le prochain Vialhe d'un de ces signes battrait sûrement tous les records! Par le rire de Félix, la joie retrouvée de Louise et cette bouteille de champagne qu'Yvette était allée discrètement chercher.

En venant habiter chez les Vialhe, outre quelques meubles, elle avait apporté la cave patiemment constituée par Léon; Léon dont le souvenir avait soudain flotté dans la pièce.

– Faudrait peut-être qu'on se décide à aller au lit, proposa Béatrice dans un bâillement.

– Tu as raison. On doit se lever très tôt demain et la journée sera longue, surtout pour toi, plaisanta-t-il. Quand on sait à quel point tu aimes l'avion! Enfin, elle ne sera pas facile pour moi non plus, je ne suis pas certain que mon père apprécie ce que je vais lui dire! Espérons que le futur bébé le calmera...

– Ça y est! Tu peux regarder, nous sommes vivants! Et ne te crois pas obligée de continuer à m'arracher le bras! plaisanta Dominique en se penchant vers Béatrice pour l'embrasser.

Elle le pinça un peu plus, histoire de lui apprendre à se moquer d'elle, puis se décida à ouvrir les yeux. L'avion était déjà à plus de mille mètres et grimpait toujours.

– Tu veux une revue? lui proposa-t-il.

– Non, je crois que je vais dormir jusqu'à Tunis.

– Tu as bien raison. Comme ça, si on explose en plein vol, tu te retrouveras au paradis sans la moindre appréhension!

– Arrête un peu!

– D'accord, dors, repose-toi, dit-il en ouvrant son journal. Il le parcourut distraitement, le jugea sans intérêt, le referma et se demanda une nouvelle fois comment son père allait maintenant réagir.

Béatrice et lui avaient été agréablement surpris en le retrouvant. Il avait une mine excellente, un très bon moral, commençait à marcher et refaisait des projets. Michèle aussi leur avait paru en bien meilleure forme, reposée, détendue. Comme prévu, l'un et l'autre avaient été fous de joie et de fierté en apprenant qu'ils allaient être grands-parents. Déjà Michèle parlait de tricoter la layette; quant à Jacques, il se voyait promenant le bébé dans toute la commune, pour que nul n'ignore que la relève Vialhe était assurée.

C'est un peu plus tard, alors que Michèle et Béatrice étaient parties acheter quelques bricoles dont Jacques avait besoin, que Dominique avait amorcé la conversation.

– Je pense, je suis même sûr que tu retrouveras la ferme, les porcs et les vaches en bon état. Tu pourras remercier les voisins, ce sont de vrais amis. Et aussi Félix. Il ne partira pas avant que tu reviennes. Mais ensuite, comment vas-tu faire?

– Je ne sais pas, faudra que je me débrouille...

– Écoute p'pa, tu devrais profiter de cet accident pour changer de cap, complètement. C'est le moment ou jamais de faire le grand saut.

– Eh! J'ai failli le faire l'autre jour! Une fois suffit, laisse-moi souffler, tu veux?

– Non. Je ne plaisante pas. Je sais bien que la sécheresse donne une sale allure à tous les champs, aux prairies et aux vergers, mais quand même, on voit bien que tu ne pouvais déjà plus tout faire comme il l'aurait fallu.

– Ah... Ça se voit donc tant que ça?

– Oui, ça se voit. Les trois quarts de tes artificielles sont trop vieilles, usées, foutues, à refaire. Tes pruniers sont en ruine. Il y a des ronces en bordure des terres et elles gagnent. Les noyers sont pleins de bois mort, le...

– Arrête! Je le sais, merde! Mais je voudrais t'y voir! Tu crois que ça m'amuse? Essaie donc de travailler avec un dos en compote! Tu as vu comment ça finit?

– ... Et il y a beaucoup trop de vaches à réformer dans ton troupeau, avait poursuivi Dominique.

Il savait bien qu'il peinait son père, le vexait même, mais rien de ce qu'il avait dit n'était exagéré. Il n'avait même pas tout dit! La ferme allait mal, encore quelques années et elle croulerait, par manque de poigne, d'initiative, de force, de soins efficaces. Or, si elle sombrait, Jacques et Michèle s'abîmeraient avec elle, s'aigriraient, plongeraient dans une misère pleine de rancœur, d'espoirs et de rêves détruits à jamais.

Dominique refusait cette fin et Françoise aussi. Le frère et la sœur avaient réglé ça par téléphone. Ni l'un ni l'autre ne voulaient voir leur père vieillard avant l'âge et leur mère racornie, éteinte, cassée par le travail. Dominique avait alors décidé de dire tout ce qu'il avait sur le cœur depuis des années, mais qu'il avait jusque-là plus ou moins tu, pour ne pas se brouiller avec son père.

Mais, désormais, se taire confinait à la lâcheté, relevait presque de non-assistance à personne en danger, c'est du moins ce qu'avait dit Françoise. Alors, au risque de déclencher la colère paternelle, il avait décidé de parler, de mettre les choses au point.

– Donc ça te tient toujours de vouloir me faire la leçon? avait enfin lâché Jacques. C'est ton diplôme d'ingénieur qui te donne ce culot?

– Oh dis! arrête avec ça! Je n'ai aucune envie de te donner des leçons. Je dis simplement que si tu persistes comme ça tu n'arriveras même pas à la retraite, ou alors dans quel état! Quant à maman, si tu lui fais continuer cette vie, c'est elle que tu enverras à l'hôpital! Et ça, je ne suis pas d'accord!

– Si tu crois que ça m'amuse de la voir se crever à ma place!

– Bon, alors envisage autre chose, pour elle et pour toi. Écoute; tu te tiens autant sinon plus que moi au courant de ce qui se passe en Europe! Bon Dieu! Dès l'instant où non seulement on ne fait pas taire, mais au contraire on approuve les affreux dont le seul but est de faire disparaître les deux tiers de l'agriculture, celle que tu pratiques est foutue, terminée! Et je prends tous les paris que tu veux : un jour où l'autre, ces salauds ou leurs successeurs imposeront le gel des terres, la jachère! Ils en parlent déjà, ils y préparent l'opinion! Et déjà ils font abattre les vaches laitières. Alors tu as bonne mine avec ta petite ferme, tes petites productions. Déjà, plus personne n'en veut!

– Dis, je ne t'ai pas attendu pour savoir tout ça!

– Sûrement. Mais tu n'en as pas tiré les conséquences! Tu vois, en arrivant en France, je me suis demandé comment nos politiques avaient été assez bêtes pour lancer l'idée de l'impôt sécheresse. J'ai cru que c'était une de ces conneries qu'ils affectionnent, une de plus! Eh bien, zéro, je crois maintenant que tout cela était voulu, calculé.

– Peut-être pas, quand même...

– Mais si! Il faut casser l'image de l'agriculteur nourrisseur et indispensable. Il faut faire oublier qu'il est là pour produire. Il faut faire entrer dans la tête des consommateurs que ça leur reviendrait moins cher si on achetait tout notre casse-croûte ailleurs, aux Américains, par exemple.

– Oui, ça se raconte déjà, et depuis un bout de temps!

– Ce n'est qu'un début. Mais bientôt, toi, oui toi, petit producteur, on va te traiter d'affreux, de subventionné à outrance! On te reprochera même les excédents que nos minables gestionnaires ne sont pas foutus d'écouler. Ensuite, on te cassera les reins, au nom du beau rêve européen. Oui, beau rêve que des incapables sont en train de transformer en cauchemar, et surtout en un sinistre bordel! L'Europe des bureaucrates, mais surtout l'Europe du désert français, des régions sacrifiées, de toute l'agriculture familiale assassinée! Et tout ça pour que triomphe la pernicieuse idée que quelques cerveaux obtus se font de l'agriculture de l'an 2000! Et l'autre barbu aura raison : un jour, en France, il n'y aura plus d'agriculture au sud de la Loire ! Alors, Coste-Roche...

— Et c'est après m'avoir dit tout ça, qui ne m'apprend rien, que tu veux que je change de cap ? Que j'aie le moral ? Dis, tu connais mon âge ?

— Cinquante-six ans ! Grand-père en avait plus de soixante quand tu l'as décidé à acheter un tracteur et qu'il a quasiment tout changé sur la ferme...

— D'accord. Tu marques un point, et ensuite ?

— Ensuite ? Étant donné que tous nos spécialistes à la gomme et autres futurologues myopes, sans oublier les politiques de tout poil, sauf peut-être les rouges, c'est un comble, ont décidé d'avoir notre peau, il faut les prendre à contre-pied et ne pas entrer dans leur jeu.

— Facile à dire ! Et c'est quoi leur jeu, à ton avis ?

— Que le plus petit nombre produise le maximum, le meilleur marché possible ! Alors il faut faire l'inverse : rester dans le dernier carré à produire moins, le plus cher possible !

— Tu dis vraiment n'importe quoi, hein ?

— Non. On marche tout droit vers la planification des produits, ce qui veut dire leur médiocrité du point de vue gustatif. Déjà, tes veaux de lait, qui te donnent tant de travail et qui sont pourtant les meilleurs, sont concurrencés par ceux qui sortent des élevages industriels. Et comme ceux-là sont moins chers que les tiens et que les clients ont déjà perdu le goût du bon produit, tu es foutu d'avance si tu ne passes pas à la vitesse supérieure. Et c'est pareil pour tout ! Les légumes, les poulets, les œufs ! Et, tiens, un jour viendra où même le foie gras sera dégueulasse, comme tout le reste. Dégueulasse pour tous ceux qui auront encore du goût. Et ceux-là te sauveront, car ils seront prêts à payer très cher la qualité.

— Faudrait que tu sois un peu plus logique, mon petit ! D'un côté tu me dis c'est foutu, de l'autre tu m'assures que ça ira !

— Tu n'as pas très bien compris. Il faut que tu élimines impitoyablement toutes les productions qui ne seront pas de haut luxe ! Tes porcs, par exemple, si ça se trouve, ils te coûtent plus qu'ils ne te rapportent. C'est normal, ta petite porcherie ne fait pas le poids en face des industrielles, mais comme tu fabriques la même saloperie qu'elles, on te paie ce que ça vaut! Alors, il faut que tu te marginalises, que tu vises le haut de gamme, que tu te spécialises. Pour l'instant, tu fais trop de tout!

— Oui, je sais, et je le fais mal. C'est ça? Vas-y, dis-le.

— Tu ne vas pas te vexer en plus? Bon, on ne va pas discuter de ça toute la journée, j'ai un avion à prendre. Alors voilà à quoi on a pensé avec Françoise.

— Ah? Ta sœur est dans le coup, elle aussi, ça ne m'étonne pas!

— Tu me laisses parler, dis? Bon, premièrement, dès maintenant, Françoise et moi on t'enverra chaque mois un chèque. Laisse-moi parler, je te dis! Après tout, on ne fait que rembourser nos études. Cet argent vous permettra, à maman et à toi, de voir un peu venir. Et surtout pour toi de ne pas regrimper trop tôt sur ton tracteur. Deuxièmement, j'ai demandé à Brousse et à Valade, ils sont prêts à labourer partout où tu le leur diras.

— Dis, tu n'as pas l'impression d'envoyer le bouchon un peu loin? Je trouve qu'on a suffisamment abusé des voisins, non?

— C'est à toi de voir, moi, je te dis ce que je sais. Tertio, et ne saute pas au plafond, tu devrais abandonner les porcs, c'est du travail pour presque rien, une perte de temps. Tu ferais mieux de dire à maman de se remettre à gaver des oies, comme dans le temps, pas plus qu'elle ne peut en gaver seule et à la main, pour produire du vrai foie de luxe; celui-là se vendra toujours très cher, car il aura le goût de foie gras et non de poisson surgelé! Attends, c'est pas fini! Quarto, que ça te plaise ou non, tes rendements en céréales et en maïs grains sont trop faibles et ils te coûtent trop cher. Laisse tomber tout ça. Et pour tes bêtes, démarre dans l'ensilage. Enfin, tu devrais liquider la moitié de tes vaches et commencer à te lancer dans le sérieux, la sélection, le herd-book, oui...

— Allons bon! Tu as pris la relève de ton cousin, ma parole! Lui aussi rêve de faire un jour de la bête de concours, pour l'exportation qu'il dit!

— Il a raison, c'est moi qui lui ai donné l'idée! Voilà, c'est tout. Ne réponds pas maintenant, mais penses-y à tête reposée. Vois tout ça avec maman. Ah! En plus, j'ai aussi demandé à tante Yvette de ne pas vendre ni relouer ses terres sans t'en parler...

— Tu es fou, non ? Déjà que je ne fournis pas au travail et que je n'ai même pas fini de payer la Brande ! J'en ai encore pour quatre ans !

— Qui t'a dit que ce serait toi qui achèterais ? Est-ce que par hasard je n'aurais pas le droit de le faire, moi ? Ou même ton frère, oui, Guy, pour Jean un jour...

— Sans blague ? avait murmuré Jacques après quelques secondes de silence, Guy, à la rigueur, mais toi ? Pourquoi ? Ne me raconte pas que tu veux reprendre Coste-Roche ? Ce serait une belle connerie, permets-moi de te le dire !

— Dans les années à venir, sans aucun doute. Tu sais, je ne me vois pas travaillant avec toi. Mais dans quinze ou vingt ans, qui sait ? J'aurai peut-être envie de poser mon sac sur une terre à moi et de jouer les engoulevents ! Oui, tu demanderas l'explication à Jean, il a toute une théorie assez drôle là-dessus ! Mais, blague à part, peut-être que j'aurai un jour envie de me lancer dans l'élevage, celui dont je t'ai parlé, bien sûr ! Alors je ne serai pas mécontent d'avoir un point de chute du côté de Saint-Libéral...

— Eh bien, si on m'avait dit ça... Mais c'est sérieux ?

— Oui. Mais n'oublie pas : j'ai dit dans quinze ou vingt ans, peut-être plus même. Alors tu as intérêt à prendre soin de toi si tu veux tenir jusque-là ! Cela dit, pense à mettre sur pied un élevage qui sorte de l'ordinaire. Un de ceux qui font référence et que l'on cite quand on parle de reproducteurs. C'est ça le luxe que tu dois produire, et tu peux le faire parce que tu as la formation, la technique. Parce que tu es un bon éleveur, parce que tu sais. Voilà, réfléchis à tout ça, au calme. Et maintenant, je voudrais bien que Béatrice revienne parce qu'on va finir par louper notre avion.

— Dis, une question : est-ce que tu m'aurais dit tout ça sans ce fichu accident ?

— Je ne sais pas. Mais il y a longtemps que j'ai ça dans la tête. De toute façon, ce serait sorti un jour. C'est fait. Alors à toi de juger. Mais rappelle-toi que j'aimerais mieux trouver quelque chose qui fonctionne bien plutôt qu'une terre en friche, si un jour Béatrice et moi nous nous installons là-haut.

— C'est quasiment du chantage ! C'est juste pour m'obliger à changer mon fusil d'épaule !

– Baptise ça comme tu veux, mais n'oublie rien de ce que je t'ai dit. Bon sang, tu paries que nos femmes sont en train de blaguasser dans un coin! Et l'heure tourne!

– Vous revenez pour le mariage de Jo?

– Non.

– Dommage, ça va être une belle fête. Pourquoi ne revenez-vous pas? Juste un saut, pour le week-end?

– Parce que je veux garder tous nos jours de congé pour le mois de mai. Béatrice préfère accoucher en France et je la comprends. Alors, puisque sa mère n'a pas l'air pressée de nous voir ni de me connaître, on a pensé venir à Coste-Roche dès la fin avril, si ça ne vous dérange pas trop...

– Salaud, avait souri Jacques, petit salaud! Ta femme et toi, vous faites vraiment tout pour nous entortiller! Ah, tiens! Voilà nos épouses.

– Tu ne sais pas? avait lancé Michèle en entrant. Eh bien, Béatrice et moi, nous avons décidé de nous tutoyer, c'est plus simple, non? Eh bien, quoi, qu'est-ce que ça a de si drôle?

Après avoir brouillé le ciel pendant quelques jours, hésité et même tenté de petites offensives qui tournèrent court, la pluie se décida enfin à revenir, à s'installer.

Poussée par un vent d'ouest qui semblait vouloir tenir, elle commença à tomber doucement, fine, régulière et chaude. Toute la campagne changea alors d'odeur.

Se débarrassant d'abord des fumets écœurants, générés par une poussière de quatre mois, elle exhala bientôt le parfum un peu acide et âcre de l'humus qui se gorge d'eau et celui, plus lourd et presque charnel, de la terre qui boit, s'imbibe, retrouve sa souplesse, sa vie.

De tous les bois montèrent bientôt de lourds arômes d'écorce mouillée qui s'assouplit, se lave enfin et dispense ses senteurs de tan, de résine, de sève et de feuillage enfin abreuvé qui reprend vie, respire. Très vite, comme pressée d'effacer les désolantes et vastes marbrures grises et rousses qui étalaient partout leur lèpre, rongeaient les prés et les champs, gangrenaient les bois, la nature s'éveilla en un soudain verdissement qui la transforma en quelques heures.

Naissant de chaque averse, un vert tendre, fin comme un pastel, gagna de place en place, déborda les vallées, moucheta les prairies, effaça la triste et terreuse teinte des collines et des horizons. Débarrassés par les premières gouttes de la cendre qui les endeuillait, le plateau et les puys ravagés par le feu furent les premiers à renaître, à réagir en se couvrant d'un tapis de minuscules graminées, douces comme un duvet.

Rassurante, régulière, la pluie tomba pendant plusieurs jours. Denses mais sans violence, les ondées succédèrent aux ondées et l'automne prit des couleurs de printemps.

Comblé par l'annonce de la proche naissance d'un ou d'une Vialhe, rassuré aussi par le retour de Jacques à Coste-Roche et aussi par un temps redevenu normal, Pierre-Édouard se sentit presque rajeunir, gaillard. Alors, malgré les protestations de Mathilde, il retrouva l'habitude d'aller faire sa petite marche chaque jour.

Il n'était pas remonté sur le plateau depuis l'incendie. L'idée de voir les terrains brûlés, tant par les flammes que par la sécheresse, le rebutait, le mettait de méchante humeur. Aussi attendit-il, pour reprendre le chemin des puys, que le paysage reverdisse un peu, redevienne avenant, doux au regard. Et sans doute aussi ne se serait-il pas lancé dans une telle promenade si Félix n'avait pu l'accompagner. Il se sentait en sécurité avec lui, savait bien que son neveu, malgré ses soixante-six ans, était encore solide, costaud, prêt à l'aider à se relever si besoin était, à le soutenir si la marche devenait trop pénible.

Ce n'était plus le cas avec Berthe car, pour optimiste et enjouée qu'elle fût, elle n'avait plus la force de l'épauler. Elle semblait se ratatiner de plus en plus, comme une pomme qui a fondu et s'est ridée après un hiver sur la paille. Elle était donc incapable de le retenir s'il trébuchait, ou même de lui permettre de se redresser s'il lui prenait l'envie de s'asseoir un instant sur l'une des souches qui jalonnaient son parcours.

Aussi, avec elle, ne dépassait-il plus les dernières maisons du bourg et parfois, lorsqu'il se sentait vraiment en forme, les deux cents premiers mètres du chemin des puys. Mais avec Félix, c'était différent. Sa présence était presque une invitation à l'escapade, à la fantaisie.

– Eh bien, tu vois, c'est pas les jambes qui me trahissent, c'est le souffle, lui dit-il ce matin-là lorsqu'ils débouchèrent sur le plateau.

Ils avaient pourtant grimpé bien doucement, sans hâte, en s'arrêtant souvent pour se reposer; et surtout, pour Pierre-Édouard, reprendre une respiration moins saccadée, moins sifflante.

– Ça ira quand même? lui demanda Félix. Tu sais, n'hésite pas à le dire si tu te sens trop fatigué. On attend ici, tranquilles, et si on n'est pas à la maison à midi moins le quart, Yvette montera à notre rencontre en voiture, je le lui ai demandé.

– Tu as fait ça? Tu ne manques pas de culot, fit Pierre-Édouard. Vous me prenez vraiment tous pour une épave, hein? Bah, dans le fond, vous n'avez pas tort... Parce que franchement, c'est vrai que, là, ça cogne un peu trop, ajouta-t-il en se tapotant la région du cœur du plat de la main. Et ne m'emmerde pas en me demandant si je prends mes médicaments, je les prends!

– Je n'ai rien dit, se défendit Félix.

– Ouais... Mais ne va pas te croire obligé de répéter tout ça à ta tante, la pauvre petite se fait déjà bien assez de souci pour moi. Bon sang, quel gâchis a fait cet incendie! s'exclama-t-il en contemplant le paysage.

– Oui, il faudra attendre le printemps pour que ça reprenne meilleure allure.

– Le printemps... C'est ça, le printemps..., murmura Pierre-Édouard. Il se passa lentement la main sur le visage, puis sur les yeux qu'il massa longuement du bout des doigts, comme pour en chasser quelques douloureuses et agaçantes poussières. Tiens, trouve-moi une pierre pour me poser; je fatigue, dit-il enfin.

– Ici, dit Félix en le soutenant jusqu'à un gros rocher.

Il l'aida à s'asseoir, nota une fois de plus, avec tristesse, son air épuisé, son visage creusé et sec et surtout son regard qui, parfois, semblait s'absenter, fuir au loin, très très au-delà des horizons.

– Je ne suis pas sûr qu'on ait eu une bonne idée de monter jusque-là, ça fait une trop longue course pour toi, dit-il.

– Mais non, ne t'inquiète pas! Et puis si je n'en profite pas tant que tu es là pour m'aider! Ce n'est pas cette pauvre Berthe... Dis, tu ne trouves pas qu'elle baisse beaucoup?

– Berthe? Oh non, elle me semble en pleine forme.

– C'est vrai qu'elle est encore jeune, murmura Pierre-Édouard. Ça ne lui fait jamais que... attends... Soixante-treize? Non, quatre-vingt-trois... Ah, quand même... Alors, toi, tu repars demain?

– Oui.

– Tu aurais bien pu rester quelques jours de plus, ta mère va te regretter.

– Je reviendrai pour le mariage de la petite Jo et aussi au printemps, promit Félix.

– C'est bien, fit Pierre-Édouard en hochant la tête, mais le printemps, c'est loin... Enfin, pour moi... Écoute, mais ne le répète pas à ta tante, je me dis quelquefois que je connaîtrai même pas le petit de Dominique... C'est si loin le mois de mai, si loin! Tu vois, j'ai peur de l'hiver qui approche, si si...

– Allons donc! Qu'est-ce que tu vas te mettre en tête! Des hivers tu en verras d'autres!

– Pas beaucoup... Tu sais, dans le temps, j'aimais bien les hivers, poursuivit Pierre-Édouard. Tiens, surtout quand il y avait de la neige. Ah oui, figure-toi, une année, on était montés là-haut sur le puy Blanc, avec Louise et ce pauvre Léon et...

– Je sais, coupa Félix, c'était en 99, pour la Noël! Et, au retour, vous avez eu peur des loups qui rôdaient dans le coin, vous avez jeté vos grives...

– Ah? Je t'ai déjà raconté cette histoire? Ah bon, je croyais pas... Qu'est-ce que je disais avant? Je sais plus... Ah oui, le mois de mai, c'est ça, c'est loin le mois de mai, très loin...

– Allons, ne dis pas de sottises, ce n'est pas parce que tu viens de marcher plus que d'habitude et que tu es fatigué qu'il faut raconter n'importe quoi! Tu n'as plus l'âge de dire des bêtises!

– C'est pas une bêtise de dire qu'on n'est pas éternel...

– D'accord, mais parle d'autre chose, tu veux?

– Bah, si à mon âge on ne peut plus parler du lendemain, déjà qu'il est pas assuré..., dit Pierre-Édouard.

Il soupira, pressa la main sur son côté, puis se frotta

de nouveau les yeux, cligna des paupières et fixa soudain l'horizon est.

— Miladiou! Regarde, petit, regarde! dit-il soudain avec une excitation d'enfant et en tendant le bras vers les collines, regarde derrière Yssandon! Vois-les comme elles filent vers Perpezac, vois-les! Bon Dieu! Quelle flopée! Tu les vois, dis? Ah miladiou! Ça fait des années que je n'avais pas vu un aussi gros vol de palombes! Et regarde, regarde celui qui vient derrière! Tu vois? Et l'autre après, tu vois?

— Bien sûr, murmura Félix après quelques secondes d'observation, elles sont belles, et nombreuses... Et puis c'est la saison, c'est bientôt la Saint-Luc! Oui, elles sont très belles, redit-il en comprenant soudain pourquoi Pierre-Édouard s'inquiétait de l'approche de l'hiver et doutait de jamais revoir le mois de mai.

Car dans le ciel gris, aux nuages bas et lourds qui annonçaient d'autres averses, il n'y avait pas l'ombre d'une palombe, pas même un petit vol d'étourneaux, rien. Et déjà, le regard de Pierre-Édouard semblait avoir oublié ce qu'il avait cru voir.

22

Pour ne pas céder à la tentation de remonter trop tôt sur son tracteur, Jacques préféra se consacrer à sa tâche de maire. Il savait que s'il restait à Coste-Roche les travaux accumulés par la sécheresse le pousseraient à quelques imprudences, par exemple atteler son brabant et partir labourer.

Aussi, au lieu de se ronger les sangs, s'occupa-t-il plus que jamais des problèmes communaux et surtout des aménagements du château. Ils avaient bien progressé pendant son absence et tout laissait maintenant à penser que le bâtiment serait prêt aux dates prévues. Outre tous les corps de métiers qui œuvraient à l'intérieur, un entrepreneur était déjà en train de niveler le terrain de tennis si cher à Peyrafaure. Cela fait, il s'attaquerait au creusement de la piscine, puis à sa construction.

Mais la surveillance de ces différents chantiers et tous les détails qu'il devait régler çà et là ne suffisaient pas à occulter tous les soucis qui accablaient Jacques. Son père n'était pas le dernier à lui en donner! Ce n'était pas qu'il aille mal, il se tenait encore droit et faisait sa petite promenade quotidienne en compagnie de Berthe. Mais il avait de plus en plus tendance à s'isoler dans une lointaine et profonde intériorité qui le coupait du monde. Et si Jacques, contrairement à Félix, n'avait pas encore été témoin de ses visions un peu délirantes qui l'assaillaient parfois, cela ne l'empêchait pas de les redouter. Il s'était trop habitué à ce que son père soit toujours d'une parfaite lucidité pour ne pas envisager avec horreur de le voir sombrer dans une sorte d'absence chronique ou, pis, dans la sénilité.

Il avait encore en mémoire les derniers pitoyables mois vécus par son grand-père Jean-Édouard et craignait de plus en plus que son père finisse aussi lamentablement. Et les propos un peu blasés du docteur Martel qui attribuait tout cela, et en gros, aux médicaments, à quelques sautes passagères de tension ou d'urée, à la faiblesse d'un cœur usé et surtout aux quatre-vingt-huit ans vers lesquels se dirigeait le vieillard ne le rassuraient pas.

Aussi, puisque ses principales occupations le cantonnaient dans le bourg, passait-il chaque jour – et plutôt deux fois qu'une – à la maison mère. Ce n'était pas pour autant très réconfortant car, par malheur, lorsque son père semblait au mieux de sa forme, c'était sa tante Louise qui donnait l'impression de perdre pied! Elle n'était pourtant pas malade, dormait bien et s'occupait encore au tricot et à la couture. Mais elle se désintéressait de tout, n'avait plus goût à rien. Et, comme son frère, elle donnait souvent l'impression d'être fatiguée de se retrouver chaque matin devant une journée qu'il fallait subir sans en avoir envie, comme un fardeau, une corvée presque.

Par chance, Yvette, Berthe et Mathilde étaient encore là pour l'aider à réagir et même pour la gourmander. Mais Jacques préférait ne pas trop imaginer ce qui risquait d'arriver si sa mère baissait à son tour les bras et si Berthe tombait malade. Jamais Yvette ne pourrait faire face à elle seule. Elle avait beau être en bonne santé, elle avait quand même soixante-neuf ans révolus.

« Et quand on sait que sept maisons sur dix dans le bourg sont, à peu de chose près, dans la même situation, c'est vraiment à désespérer de l'avenir de Saint-Libéral! » songeait-il.

C'est alors qu'il s'appliquait à espérer une sorte de renaissance de la commune grâce à la transformation du château. De même n'oubliait-il pas les suggestions de Christian. A cause de son hospitalisation, il n'avait pas encore eu l'occasion d'en parler au conseil municipal, mais il y pensait souvent.

« Après tout, les gens de Saint-Robert organisent bien des concerts, et ça attire du monde. Alors pourquoi pas une animation par les photos? »

318

De même était-il de plus en plus persuadé que l'ouverture d'une sorte de ferme auberge pourrait être bénéfique pour tout le bourg. Mais là, il se heurtait à sa mise en place.

« Il faudra aussi discuter de tout ça au prochain conseil. Après tout, Coste, qui parle de monter un ranch, pourrait bien mettre sa femme aux fourneaux! Je demanderai à Michèle ce qu'elle en pense. De ça et du reste, surtout du reste... »

Le reste, c'était ce que son fils lui avait dit à propos de la ferme. Il n'en avait encore touché mot à personne. Et pourtant il ne se passait de jour sans que les arguments de Dominique ne lui reviennent en mémoire. Et chaque jour écoulé le renforçait dans l'idée que son fils voyait juste, qu'il avait raison et que l'existence de Coste-Roche allait dépendre de toutes les décisions qu'il devrait prendre. Et prendre vite.

Heureux de poursuivre des expériences qui l'intéressaient, ce fut avec plaisir que Dominique retrouva la ferme d'essais de Bab el-Raba. Cela étant, il lui fallut peu de temps pour savoir qu'il ne resterait pas au service de Mondiagri.

— Tu vas penser que je ne sais trop ce que je veux, que je suis instable et que je cultive autant le paradoxe que le maïs hybride, mais je ne ferai pas ma carrière au service de Mondiagri, dit-il un soir à Béatrice.

Elle était déjà couchée et occupée à lire. Elle posa son livre et sourit :

— Tu oublies que tu m'as déjà dit tout ça! La dernière fois, c'était il y a deux mois, juste après le passage de tes inspecteurs, lui rappela-t-elle. Mais pourquoi parles-tu de paradoxe ?

— Parce qu'il est certain que mon boulot m'intéresse, parce que tout ce que je fais sur le terrain me plaît. C'est après que ça foire! Voilà, si tu préfères, tout irait très bien si mon travail servait à autre chose qu'à engraisser les actionnaires de Mondiagri, dit-il en venant s'asseoir au bord du lit.

— Et à nourrir ta femme et aussi ton futur descendant! plaisanta-t-elle.

— Je sais, dit-il en lui caressant le visage. Non, blague à part, j'aimerais que tu comprennes.

— Allons, ne me prends quand même pas pour une idiote! Tu sais, j'ai l'œil! Que ce soit en Guyane, ici, ou à plus forte raison à Coste-Roche, tu n'es vraiment toi-même que sur le terrain. Tu as besoin de concret, d'action. D'ailleurs, je te l'ai déjà dit. Alors, bien sûr, quand tout se réduit à de simples expériences sur des petites parcelles...

— Quand ce n'est pas dans des bacs ou des éprouvettes...

— Exactement. Dans le fond, ce qui te manque, c'est une vraie ferme, de la terre, de l'espace, c'est ça?

— Sans doute, mais je n'ai pas la naïveté de rêver à l'impossible, l'utopie n'a jamais été mon fort, alors...

— Alors? insista-t-elle.

— Alors, puisque nous sommes très loin d'avoir les moyens de nous installer sur une ferme, mais que je ne veux pas m'aigrir à travailler pendant vingt-cinq ans pour des gens dont je n'aime pas la mentalité, je pense que je ne renouvellerai pas mon contrat avec Mondiagri...

— Ce qui veut dire que tu arrêteras avec eux quand nous aurons fini nos trois ans ici? Dans deux ans, quoi?

— Oui.

— Et après?

— J'aimerais bien me consacrer à un boulot qui soit vraiment utile et en rapport avec ma formation. Tiens, par exemple, un travail comme celui que j'ai fait en Algérie, avec Ali. Là au moins on apprenait aux gens à mieux cultiver pour mieux se nourrir! C'était quand même plus passionnant que de ramer pour engraisser Mondiagri. D'accord, c'est moins bien payé et il y a peu de chance d'y faire carrière, mais...

— Mais ça te gênerait moins, n'est-ce pas?

— Oui.

— Eh bien, moi aussi.

— C'est vrai?

— Oui, je n'aime pas te voir râler sans arrêt contre tes employeurs, c'est malsain. Alors puisque ça ne va pas avec eux, quitte-les et n'en parlons plus! Mais ne va pas pour autant t'embarquer pour je ne sais quel pays du bout du monde! Pense que nous serons trois l'année prochaine, ou plus, si tu m'as fait des jumeaux!

— Promis. Au fait, je ne te l'ai pas encore dit, mais je

crois bien que d'ici une vingtaine d'années je rentrerai tenter ma chance à Saint-Libéral. Oui, chez nous, sur les terres de Coste-Roche. Ça t'irait ? Tu m'as dit que tu t'y plaisais beaucoup.

— Ça m'irait très bien, sourit-elle, et d'autant mieux que si c'est dans vingt ans, ça me laisse quand même un peu de temps pour choisir la couleur des rideaux, non ?

— Mais je ne plaisante pas! dit-il en se penchant pour l'embrasser.

— Moi non plus, assura-t-elle avec sérieux. Et tu vois, pour être franche, je ne jurerais pas que tu patienteras vingt ans...

Si l'idée d'organiser, dès le prochain été, un concours et une exposition photos fut reçue avec un intérêt poli, mais sans beaucoup de passion par l'ensemble des conseillers municipaux, celle d'essayer de redonner vie à l'auberge fut en revanche accueillie dans l'enthousiasme.

— Je dirais même qu'on est bien couillons de ne pas y avoir pensé plus tôt! C'est vrai, c'était quand même mieux lorsqu'on pouvait encore aller chez la Suzanne! soupira Delpeyroux avec nostalgie.

— Tu peux le dire! C'était le bon temps, renchérit Duverger en se prenant lui aussi à rêver de la belle époque d'avant-guerre où, non contente de servir l'apéritif, l'accorte Suzanne permettait aux jeunes du bourg de lorgner dans son généreux corsage. Parfois même, lorsque le curaçao se révélait insuffisant pour apaiser les crises de cafard que provoquait le souvenir de ses défunts et glorieux maris, elle permettait même beaucoup plus. Et Duverger était maintenant tout attendri en songeant avec quelle générosité, délicatesse et savoir-faire elle faisait alors partager son chagrin...

— C'est vrai, vous pouvez pas comprendre, vous! dit Coste avec une certaine commisération à l'adresse des nouveaux venus dans la commune, les Martin, Lacombe, Peyrafaure et autres qui avaient toujours vu l'auberge fermée. Oui, insista-t-il, quand Suzanne était là, le village avait une autre allure!

Lui aussi avait été jeune à Saint-Libéral et, s'il ajoutait son témoignage au panégyrique de Suzanne, c'est qu'il lui devait beaucoup. C'était elle qui, un soir d'août 45, l'avait tendrement aidé à vieillir, à franchir le pas. Elle avait alors quarante-neuf ans, mais une immense pratique et une tendresse sans borne, et lui, dix-huit ans, beaucoup de fougue et d'imagination mais aucune expérience. Il lui était encore reconnaissant de sa générosité d'alors.

– Faut bien dire que Suzanne était...

– Eh! Doucement, doucement, coupa Jacques en voyant que Delpeyroux se préparait à égrener ses souvenirs, il ne s'agit pas de ressusciter Suzanne ou de la remplacer, mais de savoir s'il est possible de se servir de l'auberge pour y installer une sorte de table d'hôtes, c'est tout! Sauf si vous connaissez quelqu'un qui veuille tout reprendre, tout remettre sur pied, avec restaurant et chambres. Cela étant, n'oubliez pas que lorsque Suzanne a fermé elle n'avait déjà plus de clients depuis longtemps, je veux dire de clients pour l'auberge...

Il n'avait, quant à lui, jamais aidé Suzanne à juguler ses poussées de vague à l'âme, mais savait que nombre d'hommes de la commune, entre dix-sept et soixante-dix ans, avaient estimé de leur devoir de ne pas la laisser seule dans ses pénibles et douloureuses phases de tristesse. Il était donc bien normal que son souvenir soit encore si vivace et que certains l'évoquent avec un petit tremblement dans la voix!

– Bon, alors, explique! dit Coste.

– Tu as toujours envie d'investir dans l'achat de quelques poneys et chevaux? lui demanda Jacques.

– Oui. Ça fera des sous à sortir, mais ça devrait rapporter un peu quand même. D'autant que si ça ne marche pas, on peut toujours revendre pour la boucherie, paraît qu'on en manque en France de cette viande. Moi, j'aime pas, mais si ça se vend...

– Justement. Tu as pensé à nourrir les gens qui viendront jouer les cow-boys?

– Ah, ça non! Je ne suis pas restaurateur, moi!

– D'accord, mais ta femme sait faire une omelette? Ou réchauffer un bocal de confit d'oie, non? Tu devrais réfléchir à ça!

– Non, sûrement pas! bougonna Coste. D'abord Paulette ne voudra pas. Déjà qu'elle voit pas les chevaux d'un très bon œil... Et ensuite, si elle fait la cuisine, sûr que je perds tous mes clients! Ils reviendront pas deux fois! Ben oui, quoi! protesta-t-il en élevant le ton pour couvrir les rires de ses voisins, la tambouille, c'est pas son fort! A la maison, c'est la belle-mère qui fait la cuisine et déjà qu'elle maronne alors qu'on est que trois! Tu parles comme elle va me recevoir si je lui dis qu'il faut qu'elle travaille pour dix ou quinze! L'est trop feignante, cette vieille! Non, non, le ranch d'accord, le casse-croûte zéro!

— Eh bien, n'en parlons plus, dit Jacques. Moi, je disais ça pour animer un peu le bourg, attirer des visiteurs, c'est tout. Bon, passons à autre chose, sauf si quelqu'un a des idées qui aillent dans ce sens?

— Ça se pourrait. Enfin faudrait voir..., dit Lacombe. Il intervenait rarement dans les débats, aussi tous se turent dans l'attente de ses explications.

— Vous avez des suggestions à faire? insista Jacques.

— Peut-être... Mais avant, faudrait être sûr qu'il est possible de louer l'auberge.

— Pour ça il suffirait de demander à la fille de Suzanne. Mais pourquoi? demanda Jacques.

— Parce que mon beau-frère prend sa retraite l'an prochain, expliqua Lacombe. Oui, fit-il avec un petit sourire d'excuse, il aura un traitement d'adjudant-chef, c'est pas mal, vous savez. Et puis, il n'est pas vieux encore. Mais faut dire que l'Indo plus l'Algérie, ça fait de sacrées campagnes doubles et de bonnes fins de mois!

— D'accord, d'accord, mais ça nous donne quoi, tout ça? coupa Peyrafaure un peu sèchement.

En tant que retraité de la SNCF, il ne tenait guère à ce que la conversation glisse vers les avantages dont bénéficiaient les anciens serviteurs de la nation. Il savait depuis longtemps que sa situation levait quelques jalousies et ne tenait pas à servir de bouc émissaire pour peu qu'un des membres du conseil enfourche l'éternelle rengaine. Celle qui disait que les fonctionnaires, non contents de ne rien foutre, étaient en plus scandaleusement trop payés. Et il ne fallait pas beaucoup pousser un méchant réactionnaire comme Delpeyroux pour lui faire dire que les fonctionnaires ne devraient même pas avoir le droit de vote puisque aucun changement de régime ne remettait leur situation en cause! De plus, ils étaient tous irresponsables! Enfin, Peyrafaure n'ignorait pas, lorsqu'il travaillait son potager, qu'on chuchotait même dans son dos qu'il avait dû attendre sa retraite pour découvrir la fatigue générée par le travail.

– Oui, où tu veux en venir avec ton juteux? insista Martin.

Il était un peu vexé que Lacombe, qu'il tenait pour un bon camarade, ne lui ait jamais parlé de ce beau-frère militaire.

– Oh! c'est simple. Ma sœur veut revenir au pays, expliqua Lacombe. Oui, elle est comme moi native de Terrasson. Alors, elle m'a dit de chercher une location dans la région. Et comme je sais que mon beau-frère aimerait bien arrondir un peu sa retraite sans trop se forcer...

– Cette blague! gouailla Martin, s'il aimait le boulot il ne serait pas militaire!

– Vous voulez dire qu'il serait prêt à reprendre l'auberge? intervint Jacques.

– Non, pas tout! Sûrement pas les chambres, enfin sauf pour lui. Mais un peu la cuisine à la belle saison. Ça oui, il sait faire, et même bien...

– Eh! Il est sous-off de carrière ou cuistot, ton beau-frère? lança Martin.

– Les deux. Oui, depuis dix ans il a fait son temps dans les mess officiers. Ben oui, il faut bien un patron dans les cuisines!

– Tu m'en diras tant! fit Martin.

– Et vous pensez que ça pourrait l'intéresser? insista Jacques.

– Je crois que oui. Enfin s'il peut louer l'auberge. Il pourrait y loger avec sa famille et en même temps ouvrir une espèce de table haute, ou je ne sais quoi... Enfin, ce que vous avez dit tout à l'heure.

– Une table d'hôtes, ce serait rudement bien, dit Jacques, n'est-ce pas? insista-t-il en interrogeant ses voisins du regard.

Ils opinèrent tous, surtout les natifs de Saint-Libéral, déjà heureux à l'idée de réentendre le tintement cristallin que faisait la petite clochette suspendue au-dessus de la porte de l'auberge, du temps de Suzanne.

– Et puis ça ferait un peu de monde aussi..., ajouta Lacombe.

– Comment ça? demanda Jacques en devinant qu'il n'avait pas tout dit.

– Ben oui, ils ont des petits... Enfin, je veux dire leurs enfants! Six! Ce serait bien pour l'école, non?

– Quoi? Six gamins? souffla Castellac.

Il en avait élevé un à grand-peine et en était encore épuisé, alors six!

– Mais quel âge ont-ils vos neveux? demanda Jacques qui perdait un peu pied lui aussi.

– Ben... Ça va de douze, non onze ans à... Je ne sais pas, le dernier ne marche pas encore, ça doit lui faire dans les sept ou huit mois.

– Ben, mon salaud! fit Martin. Dis, c'est pas ton beau-frère qui a besoin de la retraite, c'est ta sœur! Je comprends qu'elle veuille revenir se faire une santé chez nous! Mais avec sa retraite, plus les allocations, ton beau-frère n'a pas besoin de se péter les varices pour gagner sa soupe! C'est déjà fait quand il enfile son pantalon, au saut du lit!

– Non, blague à part, c'est sérieux tout ça? intervint Jean-Pierre Fleyssac.

En tant que secrétaire de mairie et beau-frère du maire, il s'était fixé pour principe de ne jamais parler pendant les débats du conseil. Son rôle était de prendre des notes, pas plus. Mais là, six gamins d'un coup, c'était une bénédiction, pour l'école, le report de sa fermeture dont on reparlait chaque année. Et pour lui, instituteur, son avenir assuré à Saint-Libéral jusqu'à sa retraite. Là, il fallait qu'il sache!

– Oui, c'est sérieux, ma sœur a six gosses, dit Lacombe. Et elle peut encore en avoir d'autres! Après tout, elle n'a que trente-quatre ans! Et elle aime ça. Enfin, je veux dire les enfants...

– Doit quand même pas trop rechigner sur leur fabrication..., plaisanta Martin.

– Six! Eh ben, dis donc, reprit Castellac.

– Mais il y a quand même peut-être un problème..., poursuivit Lacombe avec un peu de gêne.

– Ah, ça m'aurait étonné, c'était trop beau! grinça Peyrafaure.

– Et c'est quoi, le problème? insista Jacques.

– Bah..., fit Lacombe. Il hésita, puis se décida : Faut dire, moi ça me dérange pas du tout, mais je sais que pour certains... Enfin, ça peut surprendre quoi, surtout chez nous, hein? Faut bien reconnaître que ça fait pas très corrézien...

– Dis, tu accouches, oui? On va pas passer la nuit ici! le pressa Martin.

– Mais ne vous trompez pas, par son père il est français comme vous et moi, hein! dit Lacombe. Oui, il est français. Mais il est de Phnom Penh..., lâcha-t-il enfin en quémandant du regard l'aide de Jacques et de Jean-Pierre.

– C'est quoi comme pays, l'Afrique, non? demanda discrètement Duverger à Delmond qui se contenta d'une prudente moue évasive.

– Vous voulez dire qu'il est cambodgien, c'est ça? Où est le problème? dit Jacques.

– Ben, il est quand même un peu jaune sur les bords. Et les petits aussi... Enfin, moins que lui. Mais ça se voit quand même qu'ils ne sont pas de Terrasson, ni de Brive!

– Ah! C'est pour ça que tu ne m'as jamais parlé de lui? fit Martin, vexé.

– Non, c'est pas pour ça! Ça s'est pas trouvé, c'est tout! Et puis, quoi, si t'aimes pas les gens de couleur, dis-le!

– M'en fous, moi! jeta Martin, et puis je suis pas ta sœur!

– S'il vous plaît, messieurs! intervint Jacques. Bon, dans l'éventualité où cette affaire marcherait, ce que je souhaite de tout cœur, j'ose espérer que nul n'aura le mauvais goût de faire grief de ses origines à M... M... comment au fait?

– Defort, Pierre, dit Lacombe.

– C'est pas un nom de « Niaquoué » ça! dit Peyrafaure heureux d'étaler son érudition.

– Je vous ai dit que son père était français! lança Lacombe qui commençait à perdre patience.

– Mais alors, il n'est que moitié jaune ton beau-frère? dit Martin.

– Oui! Et merde!

– Faut pas t'emporter! Après tout, c'est pas ta faute! Et puis ça déteint pas, enfin, j'espère pour ta sœur!

– Messieurs, s'il vous plaît, redit Jacques. Bon, tout ça pour dire qu'il va de soi que nous saurons recevoir au mieux M. Defort, sa femme et ses six enfants et...

– Seront bien sept ou huit l'année prochaine..., chuchota Martin.

– Silence, s'il vous plaît! fit Jacques avec agacement. Ce qu'il faut maintenant, c'est se renseigner pour savoir si l'auberge peut être louée. Vous vous en chargez, monsieur Peyrafaure? Oui, vous saurez négocier tout ça au mieux, avec tact. Nous comptons sur vous. Et si d'aventure la fille de Suzanne ne voulait pas louer, il y a d'autres maisons vides à Saint-Libéral et nous en trouverons une! La séance est levée. Bonne nuit, messieurs!

Michèle n'était pas couchée lorsque Jacques regagna Coste-Roche, elle tricotait en regardant la télé. Il sourit en voyant la petite brassière blanche qu'elle élevait souvent devant elle, à bout de bras, pour en apprécier l'allure et l'avancement.

— Tu ne prends pas de risques, hein? s'amusa-t-il, ni bleu ni rose!

— Exactement, sourit-elle, mais blanc, c'est quand même mignon, non?

— Très.

— Ça y est? Tu leur as parlé de ce concours photos et de cette exposition?

— Oui, oui, fit-il distraitement en décapsulant une canette de bière.

— Ça ne leur a pas plu?

— Si, je pense; mais, pour être honnête, je crois que ça semble un peu hermétique à certains. Enfin, le principal c'est qu'on mette ça aussi sur pied. Mais, en revanche, si tu les avais vus quand j'ai parlé de l'auberge!

Il emplit son verre et raconta sa soirée pendant que Michèle se préparait pour la nuit.

— Et voilà, conclut-il, il y a huit ans ce sont les Portugais qui ont un peu rajeuni la population de Saint-Libéral et empêché que l'école ne ferme. Et encore, tu te souviens, ils sont venus moins nombreux qu'on ne l'espérait : on attendait quatre ménages et treize gosses, il n'en est arrivé que deux et cinq gamins. Je me souviens encore de la déception de ce pauvre Jean-Pierre. Si je n'avais pas encore été conseiller général, je suis sûr qu'ils nous auraient fermé l'école. Enfin, si tout va bien, l'an prochain nous aurons sept Cambodgiens et une Terrassonnaise! Et eux aussi vont sauver l'école; enfin, j'espère. Avec un peu de chance, ils feront aussi revivre l'auberge et mettront un peu de vie. Mais va savoir qui viendra ensuite? Des Turcs? Des Arabes? Des Noirs?

327

– Et ça t'inquiète?

– Non, ça me paraît même logique, très logique. Saint-Libéral se vide, les vieux disparaissent et il n'y a pas de naissances pour les remplacer. Alors, comme dans les champs qu'on laisse en friche, le vent apporte des graines de partout, et nous, on récupère des Cambodgiens. C'est normal. Tu sais très bien que la nature a horreur du vide. Alors, vive M. Pierre Defort, sa femme et ses six enfants... pour l'instant, comme dit ce farceur de Martin!

Josyane virevolta gracieusement devant le miroir, prit quelques poses volontairement provocantes, puis tira la langue à son image et haussa les épaules.

– Grotesque! dit-elle en dégrafant la robe, avec ça sur le dos j'ai l'air d'un sac de patates! Je me demande comment vous pouvez trouver des cloches pour vous acheter ce genre de pelure! C'est d'un ringard!

– Que veux-tu, soupira Chantal, les clientes de Claire Diamond n'ont pas tes goûts. Et heureusement! On pourrait fermer boutique! Bon, essaie celle-là; de toute façon, tu ne partiras pas d'ici sans avoir choisi ta robe de mariage! Je ne tiens pas à me brouiller avec mon futur beau-frère!

– Je sais, s'amusa Josyane, il m'a prévenue qu'il ne me voulait pas en jeans pour notre mariage. Mais de là à insister pour que je vienne me ruiner dans une des boutiques les plus snobs de Paris!

– Si tante Berthe t'entendait!

Prudente et connaissant bien sa sœur, Chantal avait attendu que toutes les vendeuses soient parties et les portes verrouillées pour commencer à lui proposer des modèles. Mais la soirée s'annonçait difficile, Josyane ne voulant pas de la classique robe de mariée.

– Si j'ose porter même une pochette blanche, bonne-maman va me faire la tête!

Et elle refusait aussi une de ces toilettes trop guindées et habillées qui faisaient la réputation de la maison.

– Tiens, essaie quand même celle-là, proposa Chantal. Au fait, tu as pu joindre Marie?

– Oui, elle n'est pas très décidée à venir, dit Josyane en regardant la robe d'un œil critique.

– Elle est idiote!

– C'est bien mon avis. Bon, d'accord, d'après ce que tu m'as dit, elle avait épousé un crétin, mais quoi, tout le monde peut se tromper! Mais je crois surtout qu'elle se sent un peu gênée de revenir à Saint-Libéral sans lui.

– C'est vrai. Elle n'a pas revu les parents ni les grands-parents depuis son divorce...

– Eh bien, justement! Elle devrait profiter de notre mariage pour faire un saut là-bas! C'est ce que je lui ai dit. Mais tu devrais lui téléphoner, toi aussi, pour insister, quoi! Je suis sûre que ça ferait grand plaisir aux parents.

– Tu as raison, je lui passerai un coup de fil. Bon, tu l'essaies cette robe, oui?

– Avec ça, je vais avoir l'air d'une vieille peau et Christian sera furieux! décida Josyane.

– Essaie quand même, il sera surtout furieux si je ne te trouve rien! Non! Arrête! La manche est ici! Ici! Mais attention quoi, ne tire pas comme une folle! Ça s'attache dans le dos, voilà... Eh bien, tu es superbe!

– Tu parles! dit Josyane en se regardant dans la psyché. Elle tourna, fit quelques pas : Oui, tout compte fait, celle-là irait peut-être..., reconnut-elle après quelques instants. Oui, elle irait peut-être, redit-elle en esquissant un pas de danse, mais combien ça coûte un pétassou pareil?

– T'occupe! J'ai des ordres, c'est la maison qui offre!

– Des ordres de qui?

– De tante Berthe, naturellement.

– Ça ne m'étonne pas d'elle, sourit Josyane, c'est vraiment quelqu'un, tante Berthe.

– A qui le dis-tu! Bon, dépêche-toi d'enlever ça. Tu m'as bien dit que Christian passait te prendre ici? Alors, s'il arrive maintenant, ce sera la catastrophe! Eh oui, plaisanta Chantal, tu sais bien que le fiancé ne doit pas connaître la toilette de sa femme avant le jour du mariage! Mais, blague à part, tu reviens demain pour les retouches. Oui, moi ce n'est pas mon travail, je n'y connais rien.

– Tu crois qu'il faut la retoucher?

– Oui, sûrement, tu es quand même un peu plus enveloppée que nos mannequins habituels. Qu'est-ce qui te fait rire?

– Oh rien, s'amusa Josyane. Enfin si, je peux bien te le dire, tes retouches risquent de ne pas être valables très longtemps... Heureusement qu'on se marie dans huit jours!

– Sans blague? dit Chantal qui comprit tout de suite. Puis elle éclata de rire. Et il est pour quand le petit Leyrac?

– Juin.

– Vous n'avez pas traîné! fit Chantal après un rapide calcul.

– Si, si, plus que tu ne crois! Enfin voilà, tout ça pour dire que cette robe aura besoin d'être extensible si je veux en faire usage quelque temps.

– Et, bien sûr, les parents ne sont pas au courant?

– Ah non, pas encore. Et ne va pas gaffer, on leur annoncera ça en cadeau de Noël. Oui, je sais, dans le temps, ça aurait fait un drame; enfin, un petit prématuré de huit livres! Mais là, je suis sûre qu'ils vont être fous de joie. Et tiens, je parie même que bonne-maman en sera toute contente quand on le lui dira! assura Josyane. Puis elle médita un instant, sourit : mais si ça se trouve, je n'aurai rien à dire. Elle va s'en apercevoir dès qu'elle me verra la semaine prochaine!

23

Noyé dans un glacial brouillard qui absorbait le moindre bruit, masquait tout au-delà de dix mètres, étouffait les quelques rais de lumière filtrant par le cœur des volets, Saint-Libéral semblait désert comme un village fantôme, mort.

Et la petite silhouette noire qui trottinait dans la grand-rue comme une souris égarée était si frêle, discrète et seule, qu'elle rendait encore plus poignants et tristes le silence et le vide qui écrasaient le village, le paralysaient.

Même les chiens se taisaient. Tapis au fond des niches ou dans les étables, ils avaient commencé leur somme. Car, en dépit des trois coups qui venaient de tinter au clocher, la nuit était proche, déjà portée par le brouillard qui noyait tout dans un coton sale, sombre comme un lavis ténébreux.

Et pourtant, malgré l'angoissante solitude qui suintait de toute part, le silence épais et les façades de cauchemar des maisons déformées par la brume, Mathilde était heureuse. Heureuse car toute la famille serait là, avant la fin de la soirée; sauf Dominique et Béatrice. Mais déjà, Josyane et son fiancé étaient arrivés depuis la veille. Et leur bonheur commun faisait tellement plaisir à voir que personne ne pouvait résister à cette joie qui irradiait d'eux.

Marie aussi était là, un peu embarrassée d'abord, car soudain consciente que l'absence de Patrick était encore incongrue pour ses parents, sa famille. Mais l'entrain de Jo était si communicatif que la gêne de tous avait vite disparu, fondue, happée par l'enthousiasme des retrouvailles.

D'ailleurs, s'il avait fallu faire la soupe à la grimace à celles qui avaient fait faire des cheveux blancs à leurs parents, Chantal aussi aurait eu droit aux faces de carême! Elle n'était pas revenue à Saint-Libéral depuis trois ans et elle avait tellement changé, était si distinguée et soignée que Pierre-Édouard ne l'avait pas tout de suite reconnue; il avait même semblé un peu gauche en l'embrassant.

Enfin, pour le plus grand bonheur de sa mère et de Pierre-Édouard qui semblait rajeunir chaque fois qu'il le retrouvait, Félix aussi était là. Quant aux autres, Françoise, Guy et Colette, Jean, Marc, Évelyne et Renaud, ils étaient déjà dans le train, celui qui arrivait à dix-huit heures à Brive. Bien sûr, pour aller les chercher avec ce brouillard, Yvette et Jacques avaient intérêt à être prudents : la route de Brive n'allait pas être facile, surtout à la nuit noire.

« Bah, ils rouleront doucement, voilà tout », pensa Mathilde.

C'est d'une main ferme qu'elle poussa la lourde porte de l'église. Le grincement des gonds un peu rouillés résonna sur la place comme un miaulement de chat-huant.

Mathilde frissonna, surprise par le froid humide et gluant qui régnait dans l'église. Malgré le besoin de se réchauffer au plus vite en balayant et en mettant la dernière main aux rangements avant la cérémonie du lendemain – elle était surtout venue pour ça –, par habitude et politesse elle s'agenouilla devant la niche où, jadis, souriait saint Eutrope. Un saint Eutrope sans doute à jamais disparu, maintenant vendu à quelques impies sans scrupule pour qui l'enfer serait trop tiède. A sa place, car la niche vide était trop sinistre, désolante, Mathilde et Louise avaient installé un saint Joseph jusque-là relégué dans un coin, sur un tabouret bancal, à côté du placard à balais.

Il est vrai qu'il n'était pas bien beau, le pauvre homme, et que les ans n'avaient rien valu à son plâtre ni à ses couleurs, si vivaces et triomphantes dans les années 10, quand il était jeune! Rongé par l'humidité, ébréché çà et là, il était misérable, car son nez, un peu cassé en son milieu, lui donnait un étrange faciès de boxeur barbu.

Mais tel qu'il était, Mathilde l'aimait bien quand même. Et puisque saint Eutrope n'était plus là pour écouter ses confidences, ses demandes, ses Ave et aussi ses remerciements, c'était lui qui les recevait. Et aujourd'hui, en ce vendredi 3 décembre, il devait être spécialement remercié.

D'abord, parce que toute la famille ou presque était réunie, que c'était un grand bonheur et un don du ciel. Ensuite, parce que depuis quelques semaines Pierre-Édouard allait bien. Il est vrai qu'il acceptait sans trop rechigner de prendre les nouveaux médicaments prescrits par le docteur. Certes, sa santé était toujours chancelante, soumise à des hauts et des bas dont la succession n'était plus équilibrée depuis longtemps. Malgré cela, il était de bonne humeur, participait aux conversations avec vivacité et à propos. De plus, il se réjouissait de marier sa petite-fille le lendemain.

Et, pour elle aussi, il importait de dire merci ! Elle revenait de si loin la petite Jo ! Et elle avait eu tellement de chance de trouver un homme comme le sien, solide, capable de l'aider, de la soutenir quand il le faudrait.

Naturellement, tant qu'elle avait décidé de ne pas en parler, il fallait fermer les yeux sur son état... Ne pas trop s'attarder sur ses hanches indiscutablement plus épanouies que l'été précédent, son corsage beaucoup plus lourd, déjà presque maternel, et son visage, toujours souriant et jeune mais désormais plus grave, plus sérieux. Bon, c'était comme ça, elle attendait un bébé avant l'heure...

Et, tout compte fait, pour lui aussi, il fallait dire merci. Car au dire des journaux, de la radio et même de la télé – mais fallait-il les croire tant c'était stupéfiant, terrifiant ! – plus rien n'obligeait la petite Jo à le garder, ce poussin ! La loi l'autorisait à le jeter si elle en avait envie. Et Mathilde frémissait à l'idée qu'elle ait pu s'en séparer, le tuer !

Alors, oui, merci ! Et tant pis si quelques voisines s'avisaient de décompter les mois... D'ailleurs, qui maintenant prêtait attention à cela au village ? Les naissances étaient tellement rares et c'était un tel événement qu'il ne venait plus à l'idée de personne de vérifier quoi que ce soit, pas même si le père était le bon !

Son action de grâce faite, elle se signa et se releva. Elle était de plus en plus frigorifiée et décida de donner un bon coup de balai pour se réchauffer. Ensuite, elle vérifierait que tout était bien en place, sur l'autel et dans la nef, et surtout que le gros poêle à butane fonctionnait bien. Par économie, on ne l'utilisait jamais en dehors des offices. Mais elle se promettait bien, pour le lendemain, d'envoyer Félix l'allumer une bonne heure avant la messe, pour chauffer un peu l'église et en chasser cette glaciale et pénétrante humidité.

« Et on installera Pierre à côté du poêle, calcula-t-elle, et aussi Louise et Berthe ; il ne faudrait pas qu'ils m'attrapent du mal en un si beau jour ! »

Pierre-Édouard tapota sa pipe éteinte dans sa paume, sourit en regardant les couples qui dansaient, se pencha vers Félix.

– Tu pourras me ramener à la maison ? lui demanda-t-il discrètement.

– Oui, quand tu voudras. Mais ça ne va pas ?

– Si, si, mais je fatigue quand même un peu. Et puis toute cette musique de sauvage fait trop de bruit, ça m'assomme !

Il avait eu une rude journée. Elle avait débuté à dix heures par le mariage civil au cours duquel Jacques avait fait un très beau et émouvant discours. Rappelant d'abord au jeune couple que si le mariage – un peu déprécié depuis quelque temps – avait beaucoup d'attraits, de charmes et de vertus, il avait aussi ses devoirs et ses contraintes. Il importait de respecter les uns et les autres si l'on voulait avoir quelque chance de fêter un jour ses noces de diamant comme se préparait à le faire le couple exemplaire qui était là, fort de ses cinquante-huit ans de mariage ! Il avait ensuite évoqué les mérites des parents de Josyane et il avait insisté sur l'engagement, en 1944, de son père dans les armées de libération.

Ensuite, se tournant vers Christian, il avait aussi rappelé le sacrifice de son père dont il pouvait être légitimement fier. Car son combat, comme celui des hommes et des femmes qui avaient choisi la lutte et non la passivité, leur permettait à tous, aujourd'hui, d'être là, heureux et libres, dans cette mairie de Saint-Libéral qui avait vu se succéder tant de générations de Vialhe et qui, c'était à souhaiter, en verrait tant d'autres !

Puis, taquin, il avait aussi chaudement félicité Josyane

d'avoir eu la prudence, le bon sens, le bon goût et l'intelligence de choisir un homme qui, tout en étant natif de Paris, possédait des racines corréziennes, gage d'endurance, de solidité, de courage et de patience!

– Et avec Jo, mon cher Christian, je t'annonce que tu en auras grand besoin! Crois-en son vieil oncle! avait-il conclu dans les rires.

Tout le monde était alors parti vers l'église où s'était déroulée une belle et sobre cérémonie. Un peu rapide, bien sûr, car l'abbé Soliers avait ensuite un enterrement à Yssandon. Et quand on savait qu'il avait pour l'après-midi un autre mariage à Perpezac, on comprenait que son homélie soit sympathique, mais brève, sa bénédiction sans fioritures et sa messe vite expédiée.

Pierre-Édouard ne s'en était pas plaint car, malgré le poêle qui lui soufflait son haleine chaude dans le dos, il était à la limite de ramasser un méchant coup de froid sur la poitrine; l'église était froide comme un caveau. Heureusement, la salle des fêtes était très bien chauffée, le repas et les vins excellents et la bonne humeur générale.

Mais maintenant, Pierre-Édouard se sentait las. Il n'avait pas touché au solide buffet froid sur lequel s'étaient jetés les jeunes vers dix-neuf heures, ni au champagne. Il n'avait plus envie de rien, sauf d'aller se reposer chez lui, au calme dans le cantou, les pieds au ras des cendres chaudes.

– Je vais aussi proposer à ma mère de la raccompagner, dit Félix; regarde-la, j'ai l'impression qu'elle aussi a hâte de rentrer.

En effet, Louise, qu'entouraient Michèle et Mauricette, semblait absente, lointaine, perdue dans quelque méditation qui lui faisait parfois hocher la tête, ou sourire, comme si elle répondait en silence à un invisible interlocuteur.

– Bon, alors on va y aller, dit Pierre-Édouard. Mais surtout, il ne faut pas inquiéter Mathilde, il faut qu'elle profite de la fête. Regarde comme elle est heureuse avec ses petits-enfants! Et tu l'as vue danser tout à l'heure avec Jacques et avec Christian? Une vraie gamine! Alors, on ne va pas lui gâcher sa soirée. Dis-lui simplement que je rentre parce que j'ai envie de faire chabrol! C'est vrai, mon bouillon me manque. Et dis-lui surtout que je n'ai pas besoin d'elle et qu'elle ne bouge pas d'ici. Ou alors, je fais une grosse colère!

— D'accord, sourit Félix en se levant.

— Eh! fit Pierre-Édouard en le retenant par le bras, dis aussi à la petite Jo et à son mari de venir me dire au revoir. Ils vont sûrement partir en voyage de noces tout à l'heure, alors d'ici à ce que je les revoie tous les deux...

Un peu essoufflé par le dernier rock qu'il avait exécuté avec sa cousine Françoise – elle dansait comme une championne! –, Jean se servit une coupe de champagne et alla s'asseoir à côté de son oncle Jacques, en discussion avec son père.

— Tiens, quand on parle du loup..., dit Guy.

— Ah oui? dit Jean avec circonspection.

Ses rapports avec son père s'étaient bien améliorés, mais il avait la prudence de ne plus faire de provocation. Ainsi, puisque son père admettait maintenant qu'il suive la même voie que Dominique, il était bien inutile de l'agacer en lui parlant de cette ferme d'élevage qu'il espérait posséder un jour, plus tard, dans quelques années; il serait bien temps d'aborder ce projet lorsqu'il faudrait le financer...

— Vous parliez de moi? insista-t-il.

— Non, ton père plaisante, je lui donnais des nouvelles de Saint-Libéral et aussi de Coste-Roche.

— Ah oui, ça c'est chouette! Christian m'a dit que tu allais lancer un concours et une exposition photos! Je suis partant, hein? Même pour l'animation s'il faut!

— Allons bon, tu ne perds pas une occasion de passer tes étés ici, toi!

— Ben, tiens! La photo, j'adore. Je te ferai voir celles que j'ai faites avec Félix, chez lui, super! Et puis écoute, je te parie même que si tu organisais des stages photos, genre atelier de perfectionnement, avec développement et tout, tu aurais du monde. Moi, j'ai des copains et des copines qui ne demanderaient pas mieux que de venir passer huit ou quinze jours ici! Surtout avec la piscine et le tennis... Et si, en plus, tu leur trouves un pré pour planter leurs tentes...

— Alors, adieu les coups de main à ton oncle! plaisanta Jacques. Eh bien, tant pis, je ferai sans toi!

— Eh oui, renchérit Guy en entrant dans le jeu, adieu les vaches, place aux cartes postales!

— Sans plaisanter, dit Jacques, Dominique m'a donné

des idées au sujet de Coste-Roche, il se trouve que ce sont les mêmes que les tiennes...

– Comme par hasard, s'amusa Guy. Oui, ton oncle va te couper l'herbe sous les pieds, un comble pour un éleveur! Il envisage de se lancer dans la bête sélectionnée, mais tu connais ça mieux que lui, non?

– Sans blague? dit Jean en se gardant bien de relever la dernière allusion.

– Oui, dit Jacques; enfin, je pense faire ça petit à petit. Avec ta tante, il est grand temps qu'on s'organise un peu mieux à Coste-Roche. Et comme, depuis mon opération, je ne sais même plus à quoi ressemble une sciatique, autant en profiter. Tiens, va nous chercher de quoi boire, on meurt de soif, ici!

– Non mais, c'est pas une blague? insista Jean. C'est vrai, Dominique a réussi à te convaincre? Chapeau! Quand on s'est vus, juste avant son mariage, tiens, ça fait juste un an, il m'avait dit que ton problème c'était pas tant d'avoir mal aux reins que d'être plus têtu qu'une douzaine de mules arabes!

– Bravo pour le respect! s'amusa Jacques. Allez, voyou, va nous chercher à boire, on reparlera de tout ça demain avant ton départ.

– Ces jeunes ont un de ces culots! dit Guy en regardant s'éloigner son fils.

– Bah! On n'en manquait pas trop non plus de notre temps. Tiens, souviens-toi de Paul...

– C'est vrai, soupira Guy, quand on se rappelle qu'il n'était guère plus âgé que Jean lorsqu'il a filé en Angleterre!

– Eh oui! Et si tu crois que tante Berthe manquait d'audace, elle aussi. Et tante Louise, c'était pas mal non plus dans son genre. Alors, ils ont de qui tenir, nos gamins!

– C'est sûr, reconnut Guy. Donc, tu disais que vous alliez peut-être accueillir des Cambodgiens? dit-il en reprenant la conversation interrompue par Jean.

– C'est possible. Faute de pouvoir la vendre, la fille de Suzanne veut bien louer l'auberge. Alors si notre sous-officier est toujours d'accord, l'année prochaine Jean-Pierre aura en classe des petits élèves aux yeux un peu bridés...

– Incroyable, murmura Guy. Mais au fait, qu'en a dit papa?

– Tu vas rire, il trouve ça formidable ! « Moi, m'a-t-il dit, les Annamites – oui, il en est resté là ! –, les Annamites, j'en ai vu pendant la guerre, la grande. C'étaient pas des feignants, ni des méchants. Alors je vois pas pourquoi ils auraient changé ! »

– Incroyable, répéta Guy. Mais il est en forme, papa, non ? Enfin, c'est ce qu'il me semble.

– Oui, en ce moment, ça va. Il accepte de voir le toubib de temps en temps et il prend bien ses médicaments. Et maman aussi va bien, alors que demander de mieux ? Tu sais, j'ai calculé que la moyenne d'âge à la maison mère, Yvette comprise et elle fait baisser la moyenne, était de quatre-vingts ans révolus ! Alors crois-moi, quand j'y descends, chaque matin, je me demande toujours si personne ne va manquer à l'appel. Parce que je sais très bien que tout va s'écrouler d'un jour à l'autre, sans prévenir. Comme ces vieux châtaigniers qui ont résisté aux pires tempêtes, pendant deux ou trois siècles, et qui s'effondrent un jour, poussés par un courant d'air...

Malgré le froid, le brouillard et surtout la nuit qui rendait leur escapade presque périlleuse, Christian et Josyane s'esquivèrent discrètement de la salle des fêtes et s'éloignèrent sur la route qui montait vers Coste-Roche.

Ils avaient eu soudain besoin de calme, d'intimité. Besoin de se retrouver tous les deux quelques instants, histoire d'échanger leurs impressions de la journée, d'échapper à la sono un peu trop puissante, de s'aérer avant de replonger dans la fête pour quelques heures encore.

Plus tard, vers minuit, ils s'esquiveraient et fileraient jusqu'à l'hôtel de la Truffe Noire, à Brive, où Christian avait retenu une chambre. Puis, pour une douzaine de jours, ils sacrifieraient à la tradition du voyage de noces en Italie.

– D'accord, avait dit Christian au moment de retenir les billets d'avion, je te concède que ça fait très petits-bourgeois sans imagination, mais tant pis, ça mérite le déplacement. Surtout en cette saison, où il y a moins de touristes.

– Tu sais, les touristes, du moment que je ne suis pas chargée de les piloter ! Alors vive le pont des Soupirs et les gondoles !

Mais en attendant, ils étaient là, marchant lentement, serrés l'un contre l'autre pour résister au froid humide qui noyait le village. Christian s'arrêta, l'attira et l'embrassa. Elle avait les lèvres délicieusement fraîches.

— Tu vois, murmura-t-il, si je croyais aux chiffres et si je jouais au tiercé, il en est deux que je cocherais, le 4 et le 12...

— Banal, tout un tas de gugusses jouent aussi leur date de mariage!

— Je sais. Mais, toi, tu as la mémoire courte! dit-il en lui caressant les joues du revers des doigts. Elles étaient tout humides de brouillard, veloutées comme une pêche de vigne emperlée de rosée. Oui, tu as la mémoire courte, insista-t-il. Il y a un an aujourd'hui que je t'ai passé quelques colliers de coquillages autour du cou et que je t'ai vue partir vers ton avion. Je m'ennuyais déjà!

— Tu es sûr? C'était le 4 décembre, comme aujourd'hui?

— Certain.

— Eh bien, tu en as mis du temps pour te décider à m'épouser! plaisanta-t-elle.

— Il y a aussi une chose que je veux que tu saches. Et je te dispense de me dire, selon ton habitude, que je verse dans le romantisme cucul! Si, tu me l'as déjà dit! Bon, alors voilà, j'aime beaucoup ta famille, beaucoup. Moi, jusque-là, je n'ai jamais trop su ce qu'était une famille. C'est vrai, pour un fils unique ce n'est pas facile à imaginer. Alors voilà, je veux que tu saches que la tienne me plaît beaucoup. Et maintenant, il faut rentrer, autrement on va se faire siffler au retour!

— Ça ne fait rien, décida-t-elle, marchons encore un peu. On est bien tout seuls. Mais avant, embrasse-moi très très fort, comme j'aurais aimé que tu le fasses il y a un an aujourd'hui! Et tu vois, ce soir, c'est moi la romantique.

Adoucis par le brouillard de plus en plus opaque, les sons allègres qui s'échappaient de la salle des fêtes résonnaient dans Saint-Libéral. Ils rappelaient aux plus anciens l'époque où, presque chaque samedi soir, les airs de valse chantaient dans les ruelles.

Parfois, portés par le folâtre courant d'air qui naissait sur la place de l'église et voletait dans la grand-rue, des flonflons étouffés arrivaient jusqu'à la maison Vialhe, tout au bout du village.

– Je n'ai plus besoin de rien, moi; tu peux aller les rejoindre si tu veux, proposa Pierre-Édouard à Félix.

Installé à sa place habituelle, dans le cantou de droite, le vieil homme, penché vers le foyer, attisait doucement les braises à petits coups du vieux soufflet, au cuir craquelé et à la tuyère cabossée par les ans.

– Tu ne veux pas y revenir? Maintenant que ta mère est couchée et que j'ai fait mon chabrol, tu peux partir! insista-t-il en posant quelques brindilles dans les flammèches encore hésitantes.

– Plus tard, peut-être, dit Félix. Berthe m'a dit qu'elle n'allait pas tarder à rentrer, alors je vais l'attendre.

– Je vois, vous avez peur de me laisser seul avec ta mère? C'est vrai qu'elle n'est pas bien fière depuis quelque temps et que moi... Enfin, si tu préfères tenir compagnie à un vieux plutôt que d'aller avec les jeunes...

– Tu sais, moi aussi toute leur musique finit par me fatiguer. Je n'ai plus l'âge de supporter tout ce bruit.

– Allons donc! fit Pierre-Édouard en haussant les épaules.

Il sortit sa pipe de sa poche, y tassa une pincée de tabac qu'il alluma d'un tison:

– Et qu'est-ce que tu penses du nouveau? demanda-t-il soudain.

– Quel nouveau?

– Le mari de la petite Jo, je n'arrive pas à me souvenir de son nom.

– Christian.

– Non, ça je sais! Son nom! Il est d'ici!

– Leyrac.

– C'est ça, c'est un nom d'en par ici. Qu'est-ce que tu en penses de ce jeune?

– Je crois qu'il est très bien, solide, juste ce qu'il faut à la petite.

– Tu as vu comme elle est belle? On jurerait sa grand-mère quand je l'ai épousée! sourit Pierre-Édouard. Il se perdit quelques instants dans ses souvenirs avant de lancer: Mais il n'a pas intérêt à lui faire des misères, comme l'autre avec Marie... Eh quoi, qu'est ce que tu crois, que je ne suis pas au courant? insista-t-il.

– Ma foi..., éluda Félix.

Il ne savait pas exactement ce que le vieil homme connaissait à propos du divorce de sa petite-fille et ne voulait surtout pas avoir à donner quelques explications.

– Ils ont voulu me faire croire qu'il avait trop de travail pour venir au mariage, ricana Pierre-Édouard. Un professeur, trop de travail! Des examens, ou je ne sais quoi, qu'ils m'ont dit! Me prennent pour un âne! Enfin, c'est pas ça qui est grave, soupira-t-il. Mais moi, je fais semblant de gober leurs histoires, parce que je ne crois pas que Mathilde sache tout ça, alors je ne dis rien... Tu comprends bien que ce n'est pas moi qui vais l'avertir, la pauvre, ça la dépiterait tellement!

– Tu as raison, approuva Félix.

Il avait toujours pensé que vouloir cacher quoi que ce soit à Pierre-Édouard ou à Mathilde était une monumentale erreur, un piège même pour ceux qui avaient choisi, par délicatesse et prudence, de taire certaines choses. Cela avait engendré un imbroglio qui n'était pas à la veille de se dénouer. Surtout avec Pierre-Édouard qui prenait manifestement un malin plaisir à voir s'enferrer son entourage.

– Et de Jacques, qu'est-ce que tu en penses? demanda soudain Pierre-Édouard.

– Il semble en pleine forme. Ça fait plaisir, son opération a vraiment bien réussi.

– Ouais, sans doute..., murmura Pierre-Édouard soudain pensif. Il fuma en silence, cracha dans les braises qui crépitèrent. Il t'a parlé de ses projets?

– Oui.

– Lesquels? Pour Coste-Roche ou pour le bourg?

– Les deux.

– Et alors? Tu y crois, toi, à tous ces changements qu'il veut faire?

– Oui, pourquoi pas?

– Bah... Moi, je doute, grogna Pierre-Édouard. Veut plus faire de cochons, paraît que ça ne paie plus! Ni de céréales, trop de boulot pour pas grand-chose! Veut aussi arracher les pruniers et les pommiers, là aussi, paraît que ça vaut plus rien! Mais alors, qu'est-ce qui vaut quelque chose? Paraît aussi qu'il veut vendre plus de la moitié de ses bêtes pour les remplacer par de plus belles, tu parles d'un calcul! Et il faut aussi qu'il change de tracteur, tu me diras, avec la pirouette de l'autre... Et puis ça fait plus de douze ans qu'il lui en demande au Massey, alors! N'empêche, tout ça c'est des sous qui partent et qui ne rentrent pas!

– Il a sûrement pensé à tout avant de se décider, dit Félix.

– Et il paraît que c'est Dominique qui lui a mis ça en tête, poursuivit Pierre-Édouard sans écouter Félix. Moi je l'aime bien, le gamin, mais je vais te dire : à trop faire d'études ces petits finissent par dire n'importe quoi! C'est bien, les études, je suis pour, on en a même payé à Jacques, et si Paul avait voulu... Et puis, regarde Guy, et même Mauricette, on ne peut pas regretter. C'est bien les études, mais faut savoir s'arrêter d'en faire avant de devenir un peu tabanard! Dominique a dû aller trop loin!

– Mais non, je suis sûr que c'est lui qui a raison! protesta Félix.

– Taratata! Ça fait trop de changements d'un coup, tout ça! Et puis Dominique, c'est pas lui qui en est de sa poche!

– Là, tu es de mauvaise foi! Tu sais très bien qu'il envoie tous les mois un chèque à ses parents!

– Possible. Mais il est loin du sol. Lui, il cause et son père se casse le dos! Et puis tous ces projets, c'est bien joli, mais tu as vu comment une foutue sécheresse te met tous tes beaux plans en l'air, tu as vu?

– Écoute, tu ne vas pas te rendre malade pour ça! coupa Félix. Dis, tu ne crois pas que Jacques a l'âge de savoir ce qu'il doit faire? Tu oublies qu'il va être grand-père!

– Je sais bien! Mais quand même, tous ces changements m'inquiètent. Parce que, tu vois, je sais bien que quelquefois je suis un peu gâteux, mais si! Ne dis pas le contraire, je le sais! Mais quand même, quand ça va, que ma mémoire est là, je repense à tout. Alors, je te dis, depuis que Jacques est sur la ferme, je l'ai toujours vu courir après je ne sais trop quoi! Il aura passé sa vie à galoper, ce pauvre... Enfin, si c'est toi qui me dis qu'il ne faut pas que je m'inquiète...

– Mais oui, je te le dis, tout ira très bien.

Pierre-Édouard téta sa pipe et s'absorba dans la contemplation du feu qui ronronnait maintenant devant lui en attaquant une grosse souche de chêne.

– Et pour la commune? demanda-t-il soudain.

– Et alors, où est le problème?

– Tu crois que c'est bon tout ce qu'il veut monter? Le château, la piscine, les Annamites à la place de Suzanne, je ne sais trop quoi encore? Ah oui, il y a aussi l'autre qui veut faire une espèce de ranch! Tu crois que c'est bon?

– Ah, ça oui! J'en suis sûr, ça va faire revivre le bourg!

– Mmouais..., fit Pierre-Édouard sceptique. Revivre, tu dis! On m'a déjà dit ça... Oui, quand ce pauvre Louis a commencé à vendre des lopins pour bâtir. Oui, sur le chemin qui monte au plateau. Eh bien, à l'époque, Jacques m'a dit: «Ça fera revivre Saint-Libéral!» Ah ouiche! Aujourd'hui, ça fait des gens qu'on ne connaît même pas! Et qui ne veulent pas qu'on les connaisse. La preuve, il y en a qui ne disent même pas bonjour! Alors si c'est ça, faire revivre!

– Ne t'inquiète donc pas pour ça non plus! Tiens, je parie que Jacques va encore passer au premier tour avec soixante-quinze pour cent des voix!

– Pourquoi parles-tu de ça maintenant?

– Dame, on vote dans trois mois!

– Pour les municipales? fit Pierre-Édouard surpris.

– Ben oui pardi! Tu sais bien!

– Déjà les municipales? Ah, miladiou! Pourquoi on ne me l'a pas dit? On ne me dit jamais rien ici!

– On en parle encore très peu, c'est pour ça, mentit Félix en réalisant qu'il avait vexé le vieil homme en le prenant en défaut de mémoire et d'attention. Mais je te dis, insista-t-il, Jacques passera au premier tour, comme d'habitude, quoi!

– Ah bon, alors c'est que les gens l'aiment bien, que c'est un bon maire, dit Pierre-Édouard un peu distraitement.

Il était soudain fatigué, lointain, et Félix comprit que l'heure des propos raisonnés, voire passionnés, était passée.

– Tu ne veux pas aller au lit? lui proposa-t-il.

– Non pas! Je n'ai pas sommeil. Et puis si je me couche à cette heure, je ne dors plus à partir de trois heures, merci bien. D'ailleurs, je veux attendre Mathilde. Mais allume-moi la télé. Ce n'est pas que je la regarde, mais elle me tient compagnie. Et puis c'est pas fatigant!

Après les trois jours d'animation et de gaieté qu'avait connus Saint-Libéral, grâce au mariage, le bourg retomba dans sa torpeur habituelle, son apathie, son silence.

Au brouillard succéda un crachin proche du grésil, glissant, désagréable, qui poussa les gens à se calfeutrer chez eux, à se tapir au coin du feu. Et lorsque le fourgon de l'épicier arriva le mercredi, rares furent les clientes assez courageuses pour sortir dans le froid et affronter les rafales d'un vent d'est coupant comme un rasoir.

Aussi, selon ses habitudes, Pierre-Édouard protesta-t-il lorsqu'il vit que Mathilde enfilait son manteau. Il savait bien qu'elle n'en ferait qu'à sa tête, quoi qu'il dise, mais se serait senti coupable de ne pas la mettre en garde.

– Tu ne vas pas sortir par ce temps ? C'est juste bon pour prendre du mal ! lança-t-il.

– Mais non ! D'ailleurs je suis déjà sortie ce matin pour soigner les bêtes. Il fait moins froid qu'il n'y paraît. Et puis la météo annonce un radoucissement.

– Pouh ? La météo ! Avec eux, on est au courant ! Doivent jamais mettre le nez dehors ces bavards ! ronchonna-t-il.

– Bon, personne n'a besoin de rien ? demanda-t-elle.

– Non, non, firent Louise et Yvette sans lever la tête de leurs tricots.

– Moi non plus, dit Berthe, mais j'aimerais savoir ce que tu vas y chercher, à part un coup de froid ! Yvette a fait toutes nos courses avant-hier à Objat ! On a de quoi tenir quinze jours !

– Je sais, reconnut Mathilde en nouant son gros cache-nez de laine.

– Bon, alors dis-le que c'est pour t'amuser que tu sors ! dit Pierre-Édouard en sautant sur l'aubaine.

Il était d'humeur bougonne car il s'ennuyait depuis que Félix était reparti. Aussi, sans aller jusqu'à vouloir chercher une mauvaise querelle à son épouse, se sentait-il quand même prêt à croiser un peu le fer, pour s'occuper !

– Eh ! Arrêtez tous les deux ! lança Mathilde. Je vais à l'épicier, un point c'est tout ! Parce que si personne n'y va quand il fait un peu frais, il finira par ne plus vouloir venir et il aura raison !

– Ça ne sera pas une grosse perte, décida Pierre-Édouard avec une mauvaise foi sans appel, il vend dix fois plus cher qu'ailleurs !

– D'accord, coupa-t-elle, mais tu ne dis pas ça quand il te dépanne en tabac ! De toute façon, j'ai vraiment besoin d'y aller. Je n'ai plus aucune épice et on a oublié d'en acheter avant-hier. Alors, si vous voulez que les boudins et les grillades soient mangeables, ne me faites plus perdre mon temps ! Et toi, lança-t-elle à l'adresse de

344

Pierre-Édouard, sauf si ça te fatigue trop, ou si tu ne sais plus le faire, au lieu de marmonner, tu ferais mieux d'affûter les couteaux! C'est pas demain, quand on en aura besoin, qu'il faudra y penser!

Elle lui fit une impertinente grimace et sortit, pas mécontente d'avoir marqué le dernier point.

24

En dépit des adjurations de ses proches, qui ne manquaient pas de lui rappeler que sa santé pouvait de nouveau lui jouer des tours, Mathilde n'avait pas renoncé à engraisser deux porcs. Elle continuait aussi à gaver quelque quinze à vingt canards et oies, à élever une demi-douzaine de lapins et à nourrir plus de trente poules et poulets.

Et si, d'aventure, Jacques lui reprochait de se créer beaucoup de travail, alors qu'il eût très bien pu l'approvisionner en œufs, poulets, canards et porcs, fusait la réponse, immuable :

— Tous tes bestiaux élevés à la farine de je ne sais quoi, ça ne vaut rien! C'est juste bon pour les citadins qui n'y connaissent rien! Ton père est bien trop maniaque pour manger n'importe quoi! Et moi aussi! Et même tes tantes. Tiens, va demander à Berthe ce qu'elle pense de tes produits de farinade! Alors laisse-moi m'occuper comme je l'entends!

Et, de fait, sa façon d'engraisser les deux cochons destinés à la consommation familiale – et tout le monde en profitait, même les Parisiens – n'avait qu'un très lointain rapport avec la méthode en vigueur à Coste-Roche. Pour des raisons économiques, donc obligatoires, Jacques était contraint de miser sur une croissance rapide. Les granulés, farines, vitamines et autres antibiotiques qu'il distribuait à ses nourrains avaient pour seul but de leur faire atteindre un poids optimal en un minimum de temps. Et peu importait l'insipidité de la viande ainsi obtenue. Il y avait beau temps que les consommateurs étaient habitués à manger n'importe quoi! Ils ingurgitaient sans frémir du poulet qui ressemblait à du veau, du veau qu'on prenait pour du porc, du porc souvent confondu avec du rôti de dindonneau. Sans oublier des œufs neutres et des fruits et légumes sans parfum ni saveur.

Mathilde avait beau jeu d'ironiser sur ce genre de denrée. Ce qu'elle produisait était d'une autre veine. Aussi, même si cela lui donnait beaucoup de travail, poursuivait-elle ses divers élevages.

– De toute façon, ça m'occupe! assurait-elle.

Patiemment engraissés – en deux fois plus de temps qu'il n'en fallait à Jacques pour conduire au même poids ses porcs de batterie –, les cochons qu'elle soignait avaient droit à une alimentation de premier choix. Un subtil mélange de pommes de terre à la vapeur, de farine d'orge et de tourteaux d'arachides, avec une légère pointe de farine de maïs. Sans oublier bien sûr les choux et les navets rafraîchissants relevés d'un zeste de topinambour. Enfin, quand la saison était là, les heureux goinfres, déjà bien en chair, avaient droit à de succulents desserts de châtaignes, de pommes, de betteraves et de carottes fourragères.

Avec un régime de cette qualité deux fois par jour, de longues et bienfaisantes siestes et des nuits paisibles dans une épaisse et douce litière de paille d'orge, les pensionnaires développaient, semaine après semaine, une viande succulente. Une chair qui, les temps venus, serait parfumée, ferme sans être coriace, sans graisse excessive, juste suffisamment persillée. Une viande qui embaumerait à la cuisson, s'affinerait, se nimberait de fumets, serait un délice, une gourmandise.

Et les jambons, filets, côtes, épaules et rôtis, sans oublier les boudins – aux châtaignes, aux pommes ou nature –, saucisses, crépinettes, rillettes et grillons, le pâté de tête, le petit salé et les pieds seraient d'une telle qualité, et le plaisir de ceux qui y goûteraient si grand, qu'il ferait oublier à Mathilde toutes ses heures de travail. Et parce qu'il en allait de même pour tout ce qu'elle produisait, qu'elle était heureuse et fière d'offrir aux siens des denrées de cette valeur, elle n'était pas à la veille de s'arrêter, malgré les remontrances et les conseils de son entourage.

– Et puis, lançait-elle en riant et pour clore les débats, si je vous prenais au mot, vous seriez les pre-

miers punis! Dans le fond, vous n'avez pas du tout
envie que je m'arrête!

Il y avait bien longtemps maintenant que Pierre-
Édouard était incapable d'aider à tuer le cochon. Les
efforts à fournir pour maintenir la bête, qui semblait
toujours pressentir la suite des événements, étaient trop
durs. Ils demandaient trop de force et de résistance.
Aussi préférait-il se tenir à distance du sacrifice. Il
n'était pas le seul.

A preuve, cette année, même Jacques refusait de
prendre le risque d'agripper une des pattes de l'animal
et de s'y cramponner. Ensuite, même aidé par trois
autres solides gaillards, Delmond, Coste et Brousse, il
ne se sentait pas de taille à basculer la bête hurlante sur
l'échelle couchée sur des parpaings et de la maintenir
jusqu'à ce que Delpeyroux plonge son couteau dans la
gorge et tranche la carotide.

Et là, tout n'était pas fini; car malgré le flot de sang
qui giclait dans la bassine, et que touillait Mathilde
après l'avoir salé pour l'empêcher de cailler, la bête
avait encore des soubresauts terribles, des spasmes, des
furieux coups de mâchoires qui claquaient, prêtes à
happer une main pour la broyer.

Ce n'était que peu à peu que les râles et les ruades
diminuaient, se faisaient plus faibles, plus rares. Puis,
tandis que les muscles frémissaient en d'ultimes fibrilla-
tions et que des bulles d'air, rouges et mousseuses, gonflaient et explosaient au bord de la plaie, montait le
dernier borborygme. Alors les hommes pouvaient relâ-
cher leurs efforts, s'essuyer les mains et le front, puis
rouler une cigarette.

A partir de cet instant, Pierre-Édouard savait se
rendre utile. Point n'était besoin d'une grande force
pour promener sur la bête, étalée dans un fugitif et crépitant brasier de paille, le brandon qui allait rôtir les
soies les plus raides, celles du dos, des pattes et des
oreilles. Ensuite, quand la peau rose se marbrerait çà et
là de taches charbonneuses et que le feu deviendrait
plus nuisible qu'utile, Pierre-Édouard pouvait encore
gratter au couteau la couenne sur laquelle ruisselait
l'eau versée par Yvette.

– Sacrée belle bête, doit faire dans les cent trente kilos! commenta Delpeyroux en passant sa pierre à affûter sur son couteau d'égorgeur.

Même s'il le faisait bien, avec une précision toujours parfaite, il n'aimait pas beaucoup ce travail de tueur. Mais la tradition était là, qui, un jour, l'avait presque contraint à prendre la relève de son père trop âgé, trop diminué pour avoir la main sûre. Comme il l'assistait depuis des années, qu'il maîtrisait la technique, il avait accepté de le remplacer, pour rendre service. Et depuis, l'hiver venu, quand le froid vif aidait la viande à prendre, que la lune était vieille, donc propice aux conserves, il tuait les porcs, sans plaisir, mais vite et bien.

– Tu dis cent trente? Un peu mieux, je pense, estima Pierre-Édouard : doit dépasser les cent trente-cinq. Il est plus lourd que son copain. Mais l'autre est beau aussi, plus long, plus viandeux peut-être.

Celui-ci était destiné à Mauricette et Jean-Pierre, mais leurs filles en auraient leur part. Et aussi Guy et Colette, trop heureux de se régaler d'un jambon incomparable.

– A propos, je le fais tout de suite ou je commence la découpe ?

– Tout de suite, intervint Jacques. Tu sais bien, si on attend, il va s'énerver, s'affoler, s'exciter, c'est pas bon pour la viande.

– Sûr qu'il doit déjà s'inquiéter, approuva Pierre-Édouard. Il a entendu gueuler, et puis l'odeur du sang... Allez le chercher, moi je continue à gratter celui-là ; tranquille, c'est pas pénible.

Il vit que Mathilde revenait avec sa bassine, vide mais encore rougeâtre.

– Ils le font maintenant, j'espère ? demanda-t-elle.

– Bien sûr.

– Le pauvre..., murmura-t-elle, car déjà les hommes ressortaient de l'étable, traînant et maîtrisant tant bien que mal la victime.

Prudent, Delpeyroux lui avait muselé la gueule d'un licol. Malgré cela la bête braillait, se défendait, cherchait à mordre, luttait pour sa vie.

– Le pauvre, redit-elle.

– Eh ! Faudrait savoir, dit Pierre-Édouard, tu ne veux pas le garder jusqu'à ce qu'il meure de vieillesse !

Il plaisantait, mais comprenait très bien les sentiments de son épouse. Ce cochon, elle s'en occupait et
le nourrissait depuis des mois, le bichonnait chaque
jour, lui parlait. Aussi, était-il bien normal qu'elle le
plaigne un peu. On pouvait aimer les boudins sans pour
autant apprécier l'indispensable et la seule façon de les
fabriquer...

Devant eux, les cris redoublèrent lorsque les hommes
couchèrent la bête sur l'échelle. Delpeyroux s'approcha,
Mathilde aussi. Le sang fusa.

Malgré un appétit encore solide, ce n'était pas le
menu que Pierre-Édouard appréciait le plus, lors du
repas qui suivait l'immolation des porcs, c'étaient les
retrouvailles avec les voisins. Avec ceux qui étaient
venus aider et qu'on invitait à sa table pour les remercier. Et s'il se réjouissait d'avoir à ses côtés les Delmond, Coste, Brousse et Delpeyroux – dont il avait
connu les pères et grands-pères –, c'est qu'ils lui rappelaient l'époque où l'entraide était si fréquente, si
banale, qu'il ne se passait pas de mois et, suivant la saison, de semaines, sans que de grandes et joyeuses
tablées réunissent ainsi les amis après le travail.

C'était le temps où il ne serait pas venu à l'idée d'un
voisin de refuser le service demandé, à charge de
revanche, bien sûr. Le temps où, selon l'expression, on
faisait un « troupeau »; six à huit hommes solides, courageux, avec qui on entreprenait les gros travaux. Grâce
à eux, et à moindres frais, il devenait possible de s'attaquer au défonçage d'une friche, au sous-solage d'une
future vigne, aux fouilles et aux fondations d'une maison ou d'une étable, au levage de leur charpente; et,
dans les pentes inaccessibles aux machines, à la coupe à
la faux, voire à la faucille. Et toujours, surtout, ponc-
tuant les saisons, la batteuse, les vendanges et le
cochon.

Mais tous ces jours de travaux et de solidarité qui
entretenaient les liens amicaux et unissaient les voisins
étaient révolus, disparus, oubliés même, sauf des vieux.

Certes, et l'accident de Jacques en avait apporté la
preuve, les voisins savaient encore donner la main à
celui qui en avait besoin. Mais c'étaient des démarches
individuelles qui demandaient presque des circonstances
exceptionnelles pour se révéler.

En fait, parce que les tracteurs avaient apporté à chacun la possibilité de diminuer la main-d'œuvre, la notion d'entraide s'était érodée, faute d'être entretenue. Désormais, seul le jour du cochon pouvait encore réunir quatre à cinq hommes et leurs femmes autour de la même table.

Ce jour-là, la maison revivait comme jadis. Elle résonnait gaiement du papotage des femmes préparant les rillettes et les pâtés, faisant cuire les boudins, découpant les jambons et les épaules ou veillant à ce que ne s'enflamment les lourdes bassines pleines de graisse, posées sur la cuisinière.

La maison riait aussi avec les hommes qui, vers midi, entraient dans la grande salle en portant sur leurs velours une odeur de paille brûlée et de couenne un peu grillée, ramassée autour du brasier. Et, des tablées qui réunissaient tout le monde, fusaient vite les rires et les blagues, ressortaient les vieilles histoires, cent fois entendues mais pas dépréciées pour autant, s'animait le passé. C'était là, aussi, que se commentaient les nouvelles de la commune, que s'échangeaient les idées, les impressions sur tel ou tel événement. Tout cela était désormais fini, sauf une fois l'an.

Aussi, ce jour-là, Pierre-Édouard avait à cœur de tenir à table son rôle de patriarche, et il en était très heureux. Heureux de voir les voisins qu'il rencontrait presque chaque jour, mais trop rapidement, lors de sa promenade dans le bourg. Car si lui n'avait rien à faire, ce n'était pas le cas de ses interlocuteurs; il était donc impossible d'ouvrir une vraie et bonne discussion avec eux. Tout allait trop vite :

– Bonjour, père Vialhe. Beau temps, ça ne va pas durer! Bon, c'est pas que je m'ennuie avec vous, mais le boulot m'attend. Salut, père Vialhe. Et surtout, tenez-vous fier!

Là, à table, c'était différent, on pouvait oublier l'heure. On pouvait même s'offrir le luxe de la gentille taquinerie, et ça Pierre-Édouard aimait aussi, beaucoup.

C'est après avoir fait un solide chabrol dans un bouillon gras à souhait, enrichi de vermicelle, qu'il se tourna, badin, vers son voisin de table, Pierre Coste.

– Alors comme ça, lui dit-il, d'après ce que m'a raconté Jacques, tu veux monter un ranch?

– Oh, un ranch! Faut quand même pas exagérer, on

n'est pas à Pompadour, hein? Moi, ce que je veux, c'est juste tenir des poneys pour les gosses qui viendront au château. Et aussi quelques chevaux, pour les plus grands.

– Je vois..., fit Pierre-Édouard. Tiens, sers-toi, dit-il en lui passant le plat de pot-au-feu. Des poneys et des chevaux, reprit-il, mais tu t'y connais dans ces bêtes?

– Non, pas trop, reconnut Coste. Moi, c'est plutôt les vaches, vous savez bien, quoi...

– Je vois, redit Pierre-Édouard en se servant à son tour. Mais tu sais au moins que ça donne des coups de pied terribles, ces bêtes? dit-il en contemplant pensivement un cornichon piqué au bout de sa fourchette. Des coups de pied qui te tuent net! insista-t-il.

– Mon père exagère toujours, intervint Jacques en riant.

– Comment ça, j'exagère? Dis tout de suite que je n'y connais rien en chevaux!

– Ah non! Personne n'oserait dire ça, père Vialhe, assura Delpeyroux, on sait bien que vous étiez spécialiste!

Il avait l'âge de se souvenir de l'époque où Pierre-Édouard avait son cheval et sa carriole. Il savait aussi à quel point le vieil homme aimait plaisanter et, là, son ton et son regard annonçaient la farce.

– Jacques dit pourtant que je n'y connais rien! dit Pierre-Édouard. Et pourtant, mon petit, j'ai eu jusqu'à soixante chevaux à soigner soir et matin, oui, quand j'ai fait mon service, parfaitement! Et je ne te parle pas des percherons que j'ai eus quand je travaillais dans la Brie! Car j'ai labouré avec des chevaux, moi! Et je ne te parle pas non plus de ceux qui tiraient nos batteries de 75 pendant la guerre! Alors d'entendre dire que je n'y connais rien, et par mon fils encore!

– On est toujours trahi par les siens, dit Jacques.

Il connaissait bien son père et sans en deviner tous les contours voyait s'échafauder le canular.

– Alors, si je te dis qu'un coup de pied de cheval ça te coupe en deux, c'est vrai, dit Pierre-Édouard, et pareil d'un coup de dents! Ça mord, ces bêtes, t'as pas idée, pire que des chiens! C'est d'ailleurs uniquement pour ça qu'on leur met un mors dans la bouche... Tant qu'ils le mâchouillent, ils ne pensent pas à t'attraper le bras!

352

– Allons donc, c'est quand même pas méchant à ce point! fit Coste en haussant les épaules. Mais il était quand même un peu ébranlé.

– Enfin, fais-y quand même bien attention. Et si tu passes derrière eux, compte au moins... Oh! trois bons mètres! Ça a des ruades qui portent aussi loin, assura Pierre-Édouard.

– Oh non! Là, je vous crois pas, c'est une blague! dit Coste en riant. Il était soulagé d'avoir décelé la plaisanterie à temps.

– D'accord, avoua Pierre-Édouard, j'exagère un peu, mais c'est juste pour te rendre prudent. Il but quelques gorgées de vin, s'essuya la bouche avant de poursuivre : De toute façon, tu feras bien ce que tu voudras, mais en promenade, n'amène jamais tes bêtes du côté de chez Delpy, oui, dans la vallée.

– Faudra pourtant bien que j'y descende, le chemin communal y passe et ça fait une très belle promenade, vous savez bien! dit Coste. Et puis, pourquoi il ne faudrait pas que j'y aille?

– Tu as pensé à l'étang?

– Celui que Delpy a fait creuser il y a trois ans? Oui, et alors?

– On voit vraiment que tu n'y connais rien en chevaux, reprocha Pierre-Édouard. Si tu ne te renseignes pas mieux, tu en auras vite perdu la moitié...

– Quoi?

– Tiens, pardi! On ne t'a jamais dit que ça adorait se baigner, ces bêtes?

– Ah non! Mais enfin, quand bien même... Je ne vois pas pourquoi...

– Et on ne t'a jamais dit non plus que les juments ne devaient pas se baigner? Alors ça ira si tu n'as que des hongres, mais si tu as des juments...

– Ah ça! C'est vrai, ça ne pardonne pas! commenta Delpeyroux. C'est bien connu, insista-t-il, il ne faut jamais qu'une jument se baigne, jamais!

– Ben, qu'est-ce que ça peut foutre? demanda Coste de plus en plus dérouté.

– Mais parce qu'elle prend l'eau, mon petit! Tout le monde sait ça. Toutes les juments prennent l'eau! dit Pierre-Édouard d'un ton sans réplique.

– Et même que ça ne sert à rien de leur tenir la tête hors de la flotte, renchérit Delpeyroux, parce que c'est pas par là qu'elles se remplissent...

– Oh! Là, vous vous foutez de moi, hein? fit Coste. Mais il n'était vraiment sûr de rien et crut bon d'insister : Et puis, par où elle entre l'eau?

– Tss, tss..., soupira Pierre-Édouard en jetant un coup d'œil en direction des femmes installées à l'autre table pour s'assurer qu'elles n'écoutaient pas. Réfléchis un peu, mon petit, expliqua-t-il en baissant le ton, Delpeyroux t'a dit que l'eau n'entrait ni par la bouche, ni par les oreilles, hein? Alors...

– Merde..., murmura Coste après un instant de réflexion et un effort d'imagination, merde, j'aurais jamais cru! Vous faites bien de me prévenir! Ah ça, j'aurais jamais cru! redit-il.

– Et pourtant, il faut le savoir, dit Pierre-Édouard en voyant que Jacques, Delpeyroux et Delmond allaient exploser de rire. Eh oui, mon petit, mais je vais aussi te dire : moi, je n'aurais jamais cru que cette blague pouvait prendre encore!

Il dut élever le ton pour se faire entendre, malgré Delmond qui, les yeux pleins de larmes, hurlait de rire en s'envoyant de grandes claques sur les cuisses.

– Tu veux savoir? reprit Pierre-Édouard, cette blague, on la faisait déjà aux bleus qui venaient de la ville, quand je n'étais que deuxième canonnier servant tireur au 5e régiment d'artillerie de Besançon, en 1909!

– Ce sacré Coste! « J'aurais jamais cru! », qu'il dit! Ah le con! Ah le con! s'étrangla Delpeyroux en hoquetant.

Et son fou rire était si communicatif, faisait si chaud au cœur qu'il gagna toute la table.

Aussi, nul ne remarqua que ce n'était pas le rire mais les souvenirs de ses vingt ans qui poussaient maintenant quelques larmes au bord des yeux de Pierre-Édouard.

Selon une tradition qui remontait à près de trente ans, Mathilde et Pierre-Édouard invitaient leurs enfants à partager leur repas de midi le jour de Noël. Et s'il était exceptionnel que les Parisiens, Guy et Colette, soient là, Jacques et Michèle, Mauricette et Jean-Pierre étaient toujours fidèles au rendez-vous.

Certes, l'absence de jeunes enfants rendait la fête moins exubérante, moins bruyante et joyeuse, mais chacun avait quand même à cœur d'oublier pour un jour ses soucis, ses petites misères physiques, son travail.

Et en ce 25 décembre 1976, nul n'eut besoin de forcer son entrain pour mettre un peu de gaieté dans la maison Vialhe. Mauricette se chargea, pendant l'apéritif, d'apporter la joie avec cette nouvelle toute fraîche que Josyane et Christian venaient de téléphoner : un bébé était en route chez eux, il était prévu pour juin... Voilà...

— Je le savais, dit Mathilde. Si, si, elle a trop changé d'un coup, la petite Jo! Enfin, c'est pour juin? Bon... C'est comme ça...

— Tiens donc! sourit Pierre-Édouard en tendant son verre à Jacques pour une nouvelle goutte de banyuls. Et, taquin, il ne put s'empêcher de lancer : De notre temps, on était quand même moins dégourdis que les jeunes de maintenant. Si je me souviens bien, fallait compter au moins neuf mois après les noces pour faire un beau petit... Mais, dame, avec le progrès, tout va si vite maintenant...

— Arrête, veux-tu? lui dit Mathilde qui, malgré son bonheur, était un peu gênée que tout ne soit pas dans les normes. Et qui, surtout, n'oubliait pas que Jacques et Michèle déjà, de leur temps...

— Eh quoi! insista Pierre-Édouard, pourquoi je me priverais de dire qu'ils ont fait Pâques avant les Rameaux? C'est comme ça, on ne va pas faire semblant de croire autre chose! De toute façon, c'est une très bonne nouvelle : des petits, il n'y en a jamais assez!

— Très bonne, renchérit Jean-Pierre qui éclatait de fierté à l'idée d'être bientôt grand-père, dommage que le petit ne naisse pas ici, avec celui de Dominique, ça aurait fait deux naissances de plus dans la commune!

— Oui, cent pour cent de mieux par rapport à cette année... Une prouesse! dit Jacques.

— On parlera de tout ça à table, proposa Mathilde, parce que si vous attendez, la dinde sera trop sèche.

C'est pendant qu'ils attaquaient le hors-d'œuvre – un succulent foie gras maison –, la bonne humeur et un peu plus de bon vin que d'habitude faisant briller les yeux, que Mauricette lança la deuxième nouvelle :

— D'accord, Jo et Christian n'auront pas leur bébé ici, mais ils y auront quand même une maison!

— Une maison? Comment ça? Ils veulent faire bâtir? demanda Jacques.

— Ils ne vont quand même pas venir habiter ici? fit Mathilde.

– Mais non, intervint Berthe qui pensait avoir compris, ils veulent juste une maison de vacances, c'est bien ça?

– Oui, approuva Jean-Pierre, ils nous ont demandé tout à l'heure d'en chercher une; il paraît que Christian se sent plus corrézien que jamais!

– Ils en veulent une dans le bourg ou dans la commune? demanda Jacques ravi à l'idée de voir revenir un peu de jeunesse à Saint-Libéral, ne serait-ce que quelques semaines par an.

– Ça ne les gêne pas. Mais Jo aimerait quand même que ce soit du côté du plateau, enfin pas trop loin du bourg, dit Mauricette.

– Vous allez m'expliquer, oui? Je ne comprends rien! s'impatienta soudain Pierre-Édouard avec une brusquerie qui surprit tout le monde.

Il avait confusément conscience de n'avoir prêté aucune attention au début de la conversation et s'en voulait un peu. Mais, d'autre part, c'était parfois si fatigant, si épuisant même de rester aux aguets de tout ce qui se disait! Surtout quand il y avait tant de monde et que tous parlaient en même temps! Ça donnait presque envie de faire comme Louise qui ne prenait plus la peine de chercher à entendre ce qui se racontait autour d'elle. Il est vrai que c'était souvent si peu intéressant...

D'autre part, ne pas savoir de quoi parlaient les gens, c'était agaçant. Surtout quand on avait le sentiment qu'ils ne faisaient rien pour vous aider à suivre leur discussion! Il y avait même de quoi se mettre en colère!

Quoique, là encore, c'était bien fatigant, on en ressortait toujours avec la sale impression de s'être battu pour pas grand-chose. Car, dans le fond, ce qu'on avait fini par vous expliquer, pour vous calmer, n'avait rigoureusement aucune importance, aucun intérêt!

Mais ce n'était quand même pas une raison pour qu'on fasse exprès de vous laisser dans l'ignorance de ce qui se disait. Parce que, bien sûr, tout le monde faisait exprès de parler bas, de chuchoter, pour qu'il n'entende rien!

– C'est vrai, quoi! On ne me dit jamais rien, ici! lança-t-il d'une voix pleine de colère.

– Mais si, mais si, fit doucement Berthe en lui posant la main sur le bras pour en calmer le tremblement. Bon, que veux-tu savoir?

– Berthe a raison, on va tout t'expliquer, dit Mathilde d'un ton qui cachait mal la soudaine inquiétude que lui donnait Pierre-Édouard.

Il semblait à la fois excédé et lointain, la fatigue qui s'était abattue sur lui en quelques instants creusait ses traits, les déformait. Et au bout de ses doigts noueux, tout tavelés de taches brunes, les ongles viraient au violet.

– Écoute au moins! dit Berthe. Jo et Christian veulent acheter une maison dans la commune, pour venir y passer leurs vacances. Voilà, c'est simple, non?

– Qui veut passer des vacances? demanda-t-il.

– La petite Jo et son mari, expliqua Mathilde.

– Ah? Eh bien, vous ne pouviez pas le dire tout de suite, non? Et puis où est le problème? dit-il en se remettant à manger.

– Il n'y a pas de problème, dit Jacques en notant avec soulagement que son père semblait reprendre pied. Et puis, tu sais bien que les maisons à vendre ne manquent pas dans la région, hélas!

– Ah ça..., fit Pierre-Édouard.

– Et puis, il faudrait savoir ce qu'ils veulent y mettre avant de chercher sérieusement, poursuivit Jacques.

– Pas trop cher quand même, dit Mauricette.

– Alors, ça veut dire qu'ils viendront ici plus souvent? intervint de nouveau Pierre-Édouard.

– Bien sûr, dit Mathilde, c'est une bonne nouvelle, tu ne trouves pas?

– Oui, oui, fit-il distraitement, comme si tout cela n'avait plus aucun intérêt. Oui, oui, répéta-t-il. Et il s'absorba dans la contemplation de son assiette vide.

– Tu ne veux pas aller te reposer un peu, faire une petite sieste? proposa Mathilde pour tenter de dissiper la gêne qui frappait toute la tablée.

– La sieste?... Il réfléchit un instant, se passa la main sur le visage, puis fronça les sourcils. La sieste? Non c'est pas l'heure! Et puis j'ai envie de dinde! dit-il d'une voix redevenue soudain normale, ferme. Il sourit à Mathilde, reprit : Dis donc, si la petite Jo revient plus souvent, c'est toi qui seras heureuse, hein?

– Bien sûr, approuva-t-elle en s'efforçant de lui rendre son sourire. Mais l'inquiétude lui mangeait le regard.

– Non, je vous assure, il n'est pas en mauvaise forme. Enfin, je veux dire, pas plus mauvaise que d'habitude, dit le docteur Martel à Jacques après la visite qu'il fit le lendemain.

A la demande de Mathilde, et bien qu'on fût dimanche, Jacques avait téléphoné au docteur. Mais avant, il avait prévenu sa mère qu'il risquait de tomber sur un remplaçant; sur un homme que Pierre-Édouard ne connaîtrait pas et avec qui il aurait des mots. Car il était de nouveau très lucide et peu enclin aux concessions, surtout avec un inconnu.

Par chance, le docteur Martel était de service et était venu au plus vite. Et si Pierre-Édouard n'avait pas manqué de grommeler qu'on faisait vraiment tout pour l'emmerder, qu'il ne demandait pourtant qu'une chose, qu'on lui foute la paix, il s'était laissé ausculter.

– Bon, alors, admettons qu'il n'aille pas plus mal, mais que faire lorsqu'il semble... comment dire?... Oui, lorsqu'il décroche? demanda Jacques.

– Ah ça! Bien malin qui pourrait vous répondre! L'âge est là, et ça... Mais je pense que son cœur a des ratés de temps à autre, alors le cerveau s'irrigue mal, ça peut expliquer ses absences. Cela dit, comme vous l'avez demandé, j'ai profité de ma visite pour examiner votre tante, et là...

– Allez-y! J'en ai entendu d'autres! insista Jacques.

– Elle décline vite, presque plus vite que votre père. Et, en plus de sa tête qui ne va pas très fort, elle doit nous couver quelque mauvaise surprise du côté de l'estomac... Vous me direz, à son âge, ça peut traîner des années... Tout ça pour vous dire de faire attention à ce que votre mère n'en fasse pas plus qu'elle ne doit; elle a l'air d'aller bien, mais...

– Je sais, soupira Jacques, mais que faire? Et puis ce n'est pas à moi que vous apprendrez que ma sœur et moi risquons de nous retrouver avec quatre vieillards sur les bras! Car ma tante Berthe aussi peut chuter d'un coup! Et même ma tante Yvette n'est pas à l'abri d'un coup dur!

– Et vous non plus, rappela le docteur Martel.

– Je n'oublie pas. Mais bon, c'est comme ça. Les

parents sont dans l'état où ils sont, on fera avec. Et ça durera ce que ça durera. Et puis, comme me l'a mille fois répété mon père, il faut laisser faire le temps c'est lui qui décide, toujours.

25

Avec un bilan dont il n'avait pas à rougir, et surtout d'importants projets en cours de réalisation, Jacques aurait pu faire l'économie d'une campagne électorale. Son écharpe n'était pas menacée. Malgré cela, il joua le jeu.

D'abord par politesse envers ses administrés – amis ou adversaires – et aussi pour faire un peu la nique à Peyrafaure; pas trop, juste ce qu'il fallait pour que tout le monde soit satisfait. Car même en étant certain de sa victoire, les électeurs n'auraient pas compris qu'il laisse carte blanche et terrain libre à un concurrent aussi virulent que Peyrafaure.

Celui-ci menait sa campagne comme un forcené, multipliait les réunions, les entrevues, les palabres et autres conciliabules. Il ne manquait ni de courage ni d'audace ni de cette mauvaise foi éhontée qui n'est pas pour déplaire à certains électeurs qui y voient le summum de l'habileté politique. Peyrafaure ne les décevait pas.

La preuve, après avoir réclamé divers aménagements sportifs pour les jeunes, dont un tennis, il proclamait maintenant que tout cela allait coûter une fortune, que Jacques avait la folie des grandeurs, que la commune, déjà percluse de dettes, allait être ruinée pour les cinquante ans à venir et que les impôts dépasseraient l'imaginable! Chiffres en main, il annonçait une augmentation fiscale insoutenable, jamais vue!

Jacques ne prenait pas la peine de démentir car ses visites dans tous les foyers, même les plus éloignés du bourg, le confortaient, lui prouvaient qu'il avait eu raison de transformer le château et que la majorité des électeurs était ravie à l'idée d'y voir bientôt une troupe de gamins en vacances. De même, et il en était heureux et étonné, les gens étaient flattés de savoir que le bourg allait s'ouvrir vers l'extérieur, accueillir des visiteurs, revivre grâce à l'exposition de photos. Enfin, tout le monde avait maintenant hâte de revoir l'auberge ouverte.

C'était décidé; le beau-frère de Lacombe, sa femme et ses six enfants – quatre étaient déjà inscrits à l'école – s'installeraient à Saint-Libéral avant l'été. Toujours d'après Lacombe, et c'était une grande nouvelle, non seulement son beau-frère était tout disposé à ouvrir une table d'hôtes, mais sa sœur, après étude de marché, envisageait de tenir une petite épicerie, avec dépôt de pain!

Mais, là encore, Peyrafaure trouvait moyen de clabauder, lorsque Lacombe était absent. Sans oser mettre dans la balance la couleur des prochains arrivants, il insinuait qu'on ne savait trop à qui on allait avoir affaire... Parce que, dans le fond, qui pouvait se porter garant d'un individu qui avait fait une partie de sa carrière militaire dans les guerres coloniales et qui triplait maintenant ses fins de mois grâce aux allocations?

Peyrafaure n'aurait jamais tenu ces propos trois mois plus tôt, lorsque Lacombe faisait équipe avec lui au sein de la municipalité. Avec Martin, Castellac, Delmas et lui-même, ils formaient l'opposition. Mais, sans doute parce que ce renégat de Lacombe voulait que sa sœur et son beau-frère démarrent sur de bonnes bases avec le maire, il avait retourné sa veste et s'était rangé dans le camp de Jacques, Delpeyroux, Delmond, Coste, Duverger et Brousse, de la majorité, quoi!

Et une majorité qui allait être réélue dès le premier tour! Honneur auquel Peyrafaure n'était pas du tout certain d'avoir droit. Aussi était-il hargneux et vindicatif, mais aucunement dangereux pour Jacques et son équipe.

De toute façon, Jacques ne lui en voulait même pas de ses outrances. Il n'oubliait pas que Peyrafaure était de ceux qui étaient accourus lorsqu'il gisait, paralysé à côté de son tracteur. Ce geste méritait bien qu'on fasse un peu la sourde oreille, le temps d'une campagne électorale.

De plus, il savait que tout retomberait comme un soufflé au lendemain du deuxième tour. Dès que serait avalé le vin d'honneur fêtant tous les élus, le conseil municipal retrouverait ses habitudes, sa monotonie, parfois ses coups de tabac et toujours les grandes envolées de Peyrafaure. C'était très bien ainsi.

L'état de Louise se dégrada brutalement à l'avant-veille du premier tour des municipales. Pourtant, comme Pierre-Édouard, elle avait passé un hiver sans grand problème. Il est vrai que le temps avait été clément, la température douce. A tel point que Pierre-Édouard avait pu sortir presque tous les jours avec Berthe pour faire sa petite promenade dans le bourg ; pas loin, jusqu'à la place de l'église ; et parfois même, lorsqu'il était très courageux, jusque chez Mauricette, à côté de l'école.

En revanche, Louise ne sortait plus, ne bougeait plus. Tôt levée, c'est-à-dire peu après Mathilde qui avait à cœur d'être la première debout pour ranimer le feu, elle buvait le bol de lait qui représentait maintenant son principal repas de la journée. Cela fait, elle s'installait dans le cantou, et les quelques mots qu'elle échangeait avec Mathilde ou Pierre-Édouard, lui aussi matinal, s'espaçaient, devenaient vite un peu décousus, arrivant avec un trop grand décalage dans la conversation.

Aussi, sans avoir l'air d'en souffrir, s'enfonçait-elle dans un mutisme et un éloignement de plus en plus opaques, mais souriants, séraphiques presque. Elle semblait en sortir lorsque Berthe s'installait à ses côtés pour passer l'après-midi. Elle prenait alors un certain plaisir aux bavardages de sa sœur, qui commentait le journal, le programme télé, les potins du bourg, donnait des nouvelles de la famille. Et c'était aussi Berthe qui veillait à ce qu'elle se nourrisse un peu ; car elle ne passait même plus à table et se contentait de picorer quelques fragments de biscuits qu'elle trempait dans un demi-verre de lait sucré d'une cuillerée de miel.

La nuit venue, elle quittait sans bruit le coin du feu, prévenait son entourage d'un discret : « Il est tard, je vais au lit » et disparaissait dans sa chambre jusqu'au lendemain matin.

Aussi, en ce vendredi 11 mars, Mathilde s'inquiéta de ne point la voir debout à son heure habituelle. Avec appréhension elle entra dans sa chambre, alluma et comprit.

Figée dans son lit, la moitié du visage déformée par un vilain rictus, Louise paraissait morte. Mais Mathilde, pour émue qu'elle fût, se retint de pousser la moindre exclamation, pour éviter tout choc brutal à Pierre-

Édouard. C'est en se penchant vers sa belle-sœur qu'elle découvrit que Louise vivait toujours. Frappée d'hémiplégie, elle avait tout le côté droit glacé, inerte. Mais son regard vivait, comprenait tout, appelait à l'aide.

Sans hésiter, Mathilde passa dans la chambre à côté, celle de Berthe. Celle-ci se levait toujours beaucoup plus tard, ayant conservé ses habitudes parisiennes qui la laissaient debout souvent jusqu'à minuit. Malgré cela, elle s'éveilla dès que Mathilde poussa la porte. Aussitôt lucide, comprenant qu'un fait grave motivait l'irruption de sa belle-sœur, elle lança :

– C'est Pierre-Édouard ?

– Non, Louise.

– Elle est... ?

– Non, paralysée.

– Manquait plus que ça, fit Berthe en se levant et en enfilant sa robe de chambre. Tu as appelé Martel ?

– Pas encore.

– Fais-le tout de suite, dis-lui que c'est urgent ! Pierre-Édouard le sait ?

– Non.

– Je m'en occupe. Il ne faudrait pas en plus qu'il nous fasse des siennes.

Grâce à une de ces lettres, peu fréquentes mais très détaillées, que lui envoyait sa mère, Dominique apprit en même temps l'accident de santé de sa tante et la nouvelle alerte cardiaque de son grand-père.

Sa tante, heureusement soignée à temps, semblait provisoirement tirée d'affaire. Mais sa paralysie, malgré une évolution encourageante, donnait beaucoup de travail à son entourage. A tel point que Félix était descendu à Saint-Libéral pour épauler un peu ses tantes.

Quant à Pierre-Édouard, quoique épuisé et en dépit des ordres du médecin, il exigeait qu'on l'aide à se lever tous les matins, à s'habiller, à se raser. Ensuite, il s'installait dans le cantou, avalait son bol de chicorée au lait et attendait qu'on vienne lui faire la lecture du journal. Cela l'amenait jusqu'à l'heure du repas. Il le prenait au coin du feu, puis rejoignait sa chambre et faisait sa sieste.

Après celle-ci, lorsque le temps le permettait, il demandait encore à Félix de l'accompagner prendre l'air. Pas loin, quelques pas devant la porte, exceptionnellement dans le jardin. Puis il rentrait, se faisait allumer la télévision ou la radio et patientait ainsi jusqu'à l'heure du souper. C'est seulement après celui-ci qu'il acceptait de rejoindre son lit.

« Mais tout cela est bien fatigant pour tout le monde... », expliquait la lettre.

Cette même lettre qui annonçait aussi que son père avait été brillamment réélu à la tête de la mairie. Que le château avait été inauguré en grande pompe par toutes les personnalités invitées; et que, pour les proches vacances de Pâques, les gens de l'entreprise Lierson et Meulen allaient s'y réunir en séminaire.

Enfin, en conclusion, l'annonce que son père était en train d'élever son dernier lot de porcs. Qu'il avait enfin trouvé, pour 25 000 francs, un très bon tracteur d'occasion, un 55 CV qui n'avait que 3 500 heures au compteur et pourrait donc en faire deux fois plus sans problème. Grâce à cet engin, il allait pouvoir resemer toutes ses prairies, arracher les vieux pruniers et les pommiers, se remettre partout au travail. Ensuite, prudemment, sans doute commencerait-il à s'orienter vers une production de bovins sélectionnés.

– Enfin! Quand même une bonne nouvelle! soupira Dominique en repliant la lettre.

Ce qu'elle lui avait appris au début l'attristait beaucoup. Certes, il savait depuis longtemps que sa tante Louise n'allait pas très fort, mais de l'imaginer paralysée lui serrait le cœur. Et il était aussi très peiné pour son grand-père. Et inquiet à un point tel qu'il ne pouvait s'empêcher de penser que, peut-être, celui-ci n'attendrait pas leur retour pour rejoindre Léon...

Il est vrai que la lettre de sa mère était arrivée à un mauvais moment et qu'il réagissait mal. Déjà très agacé par une série d'expériences ratées – il n'y était pour rien, mais cela n'atténuait pas sa mauvaise humeur! – il se faisait aussi du souci pour Béatrice. Il la trouvait fatiguée et aurait voulu qu'elle se repose beaucoup plus qu'elle ne le faisait. Au lieu de ça, elle n'avait même pas encore arrêté son travail à la maternité. Elle estimait être mieux placée que lui pour savoir ce qu'elle avait à faire. Il ne lui restait donc plus qu'à remâcher sa colère et à compter les jours qui les séparaient de leur retour en France.

– On voit bien que la pauvre petite n'a plus le temps de s'occuper du jardin, constata Pierre-Édouard en observant les plates-bandes où croissaient les petits pois, les carottes, les oignons blancs et les aulx.

Tout était beau et précoce pourtant, mais pour qui connaissait le jardinage, il était manifeste que les cultures manquaient de soins. Faute de rames, les petits pois commençaient à s'affaisser et l'herbe envahissait les carottes. De plus, le terrain préparé pour recevoir les pommes de terre nouvelles était toujours vide.

– Pauvre petite, soupira Pierre-Édouard, on lui donne trop de travail. Tu devrais t'occuper un peu de ce jardin, juste pour aider Mathilde. Je suis sûr que ça lui fait dépit de voir ça.

– Promis, je vais m'y mettre, acquiesça Félix qui jugea inutile de faire remarquer qu'il avait déjà pris la peine de sarcler entre les rangs d'oignons et d'aulx.

– Faudrait aussi mettre quelques pieds de cha-vignounes, c'est bon comme pommes de terre.

– D'accord. Et dès demain s'il fait beau, je rame les petits pois et tu m'aideras!

– Oh, t'aider! Faudrait encore pouvoir! Mais je te tiendrai compagnie, promit Pierre-Édouard.

– C'est bien ce que je voulais dire. Tu ne veux pas rentrer maintenant? proposa Félix. Je ne voudrais pas que tu prennes froid.

Il avait profité d'un rayon de soleil, entre deux averses, pour accompagner Pierre-Édouard qui tenait beaucoup à voir le potager. Il est vrai qu'il n'avait pu sortir depuis quelques jours car cette semaine de Pâques, sans être froide, était quand même instable et humide.

– Froid? dit Pierre-Édouard, non, il fait bon. Écoute les coucous comme ils s'en donnent, c'est signe de beau temps. Allez, aide-moi à sortir d'ici, on va marcher un peu dans la grand-rue.

– Tu n'es pas trop fatigué au moins?

– Mais non! Et puis il faut bien que toutes ces saloperies de médicaments et de piqûres que Martel me donne servent à quelque chose. Enfin, peux pas trop me plaindre, quand je vois ta mère...

C'est en découvrant, un mois plus tôt, dans quel état avait sombré sa sœur, que Pierre-Édouard avait senti que son cœur n'admettait pas cette nouvelle émotion, ce trop grand choc. Et il s'était brusquement senti faible comme un nouveau-né, avec quelque part dans le haut de la poitrine, cette oppression, cette douleur qui lui coupait le souffle. Par chance, le docteur Martel était là qui soignait Louise...

– Alors, c'est sûr, tu veux faire un tour dans la grand-rue ? Tu t'en sens capable ? insista Félix.

Il jugeait inutile et grotesque de vouloir faire croire au vieillard que tout lui était permis et qu'il n'avait jamais été en aussi bonne santé. Car s'il était vrai que son nouveau traitement avait atténué ses moments d'absence ou de pseudo-délire si impressionnants, il ne lui permettait pas pour autant de rester longtemps debout et de marcher plus de cinquante mètres sans devoir s'arrêter pour reprendre quelques forces.

D'ailleurs, Pierre-Édouard était tout à fait lucide et conscient de son état ; il n'avait aucune illusion quant au peu de temps qu'il lui restait à vivre. Avec lui, les mensonges étaient inutiles. Il avait déjà vu mourir tant et tant de monde que ce n'était pas à lui qu'on pouvait dissimuler quoi que ce soit sur ce sujet. Maintenant, tout ce qu'il espérait, c'était revoir son petit-fils. Jacques, sachant à quel point cela allait lui faire plaisir, lui avait fait part des projets de Dominique qui, un jour, peut-être dans vingt ans, peut-être plus, mais un jour, voulait venir vivre à Coste-Roche, pour y travailler.

Et ça, Pierre-Édouard voulait se l'entendre dire par son petit-fils, pour être sûr. Et puis, si Dieu voulait, mais c'était peut-être trop lui demander et il osait à peine l'envisager tant c'était loin, il aurait aimé savoir que son premier arrière-petit-fils – ou petite-fille – était né.

Cela fait, il pourrait enfin se reposer et attendre que l'heure arrive. Elle serait très vite là. Et personne n'y pouvait rien. Et même la détresse et l'amour qu'il lisait dans les yeux de Mathilde, quand un coup de faiblesse le contraignait à avaler quelques pilules salvatrices, seraient incapables de changer quoi que ce soit. Même ses prières seraient vaines.

Mais en attendant et tant qu'il avait encore un soupçon de force, il voulait profiter du printemps naissant et de cet après-midi d'avril qui fleurait si bon le lilas.

– Allez, aide-moi, redit-il, on va marcher un peu dans la rue. Faut bien que tout le monde sache que le père Vialhe est encore debout !

Ils sortaient du jardin lorsqu'une vieille 2 CV, à la carrosserie trouée par la rouille, freina derrière eux puis s'arrêta à leur hauteur.

– Ah! C'est vous? fit Pierre-Édouard en reconnaissant l'abbé Soliers.

Un mois plus tôt, quoique très pris par toutes ses paroisses, l'abbé Soliers avait tenu à faire une visite chez les Vialhe dès qu'il avait eu connaissance de l'état de Louise et de Pierre-Édouard.

Sa venue avait beaucoup réconforté Mathilde et Yvette, beaucoup moins Berthe qui la jugeait prématurée et à la limite du bon goût. Il est vrai que sa fréquentation des lieux saints n'était guère plus assidue que celle de Pierre-Édouard. Vrai aussi qu'elle était un peu trop indépendante de caractère pour se plier aveuglément à des rituels qu'elle estimait souvent douteux, voire ridicules. Il était donc rare qu'elle aille à l'église plus de trois ou quatre fois l'an.

Cela étant, parce qu'elle était bien élevée, elle n'avait pas fait remarquer à l'abbé que sa visite prêtait à confusion. De mauvais esprits pouvaient y voir en effet, non une simple et amicale forme de politesse, mais la démarche opportuniste d'un dispensateur d'extrême-onction en mal de moribonds.

Mais parce que les seuls viatiques qu'avait apportés l'abbé Soliers étaient une plaque de chocolat au lait et un paquet de biscuits à la cuillère et qu'elle avait nettement vu dans le regard de sa sœur une lueur de contentement, elle s'était tue. Et maintenant, elle était très aimable à chaque nouvelle visite du prêtre.

Il s'astreignait à venir presque toutes les semaines, et Louise paraissait heureuse de le revoir. Toujours pressé, il ne s'attardait que quelques minutes, le temps de noter les progrès faits par la malade et de l'en féliciter. Puis il assurait tout le monde de ses prières, regrimpait dans son épave de 2 CV et cahotait jusqu'au malade suivant, parfois alité au fin fond de quelque lointaine autre paroisse.

– Eh bien, monsieur Vialhe, vous semblez en pleine forme! dit-il en descendant de voiture.

– Pleine forme? Faut pas exagérer, mais enfin, je m'accroche encore un peu...

– Vous avez raison! Voilà, tâchez de rester fier comme ça. Bon, il faut que je passe saluer votre sœur, j'ai encore beaucoup à faire avant la nuit.

– Il fait ce qu'il peut, le pauvre, dit Pierre-Édouard dès que le prêtre fut entré dans la maison.

– Oui, c'est bien ce qu'il fait là, approuva Félix.

– Mais quand même, c'était autre chose du temps de l'abbé Feix ou de l'abbé Verlhac, dit Pierre-Édouard en s'avançant à petits pas dans la grand-rue. Oui, eux, quand ils allaient voir un malade ça leur faisait pas peine d'y passer une heure ou deux.

– Ils avaient le temps...

– Ben, oui. Lui, le pauvre, avec toutes les paroisses qu'on lui a mises sur le dos, il ne peut pas fournir! Mais, quand même, nos vieux curés, c'était mieux. Ils ne regardaient pas leur montre. Eux, ils étaient presque de la famille; lui, c'est juste un visiteur. Ça veut pas dire qu'on l'aime pas, mais c'est juste un visiteur...

Pour bref qu'il fût, le passage de Christian et Josyane à Saint-Libéral apporta beaucoup de joie dans toute la famille Vialhe. D'abord parce que le couple était descendu de Paris pour signer l'acte d'achat de leur future maison de vacances; c'était donc l'assurance qu'on les reverrait souvent. Ensuite parce qu'il était très réconfortant d'entendre le rire de Josyane répondre aux inquiétudes que sa grand-mère se faisait à son sujet.

Mathilde estimait en effet que sa petite-fille vivait sa grossesse avec un détachement et une aisance qui frisaient l'imprudence. Elle n'avait donc de cesse de la mettre en garde et de lui prôner les bienfaits du repos.

– Tu devrais quand même faire attention, ma petite, un accident est vite arrivé! Et vous, Christian, vous n'êtes pas raisonnable! C'est une rude trotte que vous voulez entreprendre là, et ça grimpe! jugea-t-elle de son devoir de leur dire quand elle apprit que le couple partait faire à pied le tour du plateau. Il est vrai que cet après-midi de fin avril, tout ensoleillé et parfumé, était superbe, mais quand même!

– Ecoute, bonne-maman, c'est toi qui oses me dire ça? s'amusa Josyane. A t'entendre, on jurerait que tu n'as jamais travaillé aux champs et aux étables quand tu attendais maman ou mes oncles! Alors notre promenade, à côté!

– Moi, c'était pas pareil! Et puis... C'était pas pareil, voilà tout! redit Mathilde.

– C'est ça, dis tout de suite que je suis une mauviette

– Non, mais je trouve que tu ne prends pas assez soin de toi!

– Je t'adore, bonne-maman! Allez, rassure-toi, tout va très bien, le bébé est bien accroché, tout est normal. Et puis ce n'est pas une maladie! C'est toujours ce que me répète mon gynéco!

– Tu parles de ton médecin, peut-être? Ceux-là, ils ne racontent que des sottises!

– Voilà bien la première parole sensée que tu dis depuis cinq minutes! intervint Pierre-Édouard.

Il avait tenu à s'asseoir sur le pas de la porte. Calé dans un fauteuil de rotin, la tête à l'ombre grâce à l'avant-toit, mais les jambes au soleil, il était bien.

– Ah! Tu vois, plaisanta Josyane, même grand-père me donne raison!

– Bien entendu, du moment qu'il s'agit de me contredire! fit Mathilde en haussant les épaules.

– N'écoute pas ta grand-mère, petite, dit Pierre-Édouard. Quand elle a accouché de ta mère, c'est tout juste si je n'ai pas dû la sortir des étables un quart d'heure avant! Et si je l'avais laissée faire, elle y serait repartie le soir même! acheva-t-il dans un petit rire.

Il toussa un peu, reprit son souffle car même le rire lui était maintenant une fatigue.

– Il ne faut pas croire un mot de ce qu'il raconte, assura Mathilde en se penchant vers lui pour remonter la couverture qui avait glissé de ses épaules.

– Vous l'entendez? fit Pierre-Édouard en prenant Josyane et Christian à témoin, vous l'entendez? Il s'accrocha à la main de Mathilde, la retint entre les siennes. Vous savez, ajouta-t-il, elle m'a toujours dit que j'étais tellement taquin et blagueur que je finirais en enfer! Comme ce pauvre Léon d'ailleurs!

– Arrête, sourit-elle, tu blagues encore!

– Et moi, je lui répondais toujours... Il toussa de nouveau, serra la main de Mathilde et chuchota avec un petit rire : Je répondais : je ne risque rien, il n'y a personne en enfer. C'est bien pour ça que le diable s'y ennuie et qu'il vient nous emmerder sur terre!

– Et en plus, tu parles comme un païen! lança-t-elle sans croire un mot de ce qu'elle venait de dire.

Il lui sourit, lâcha sa main et fit signe à Josyane et à Christian de s'approcher.

– Et ton petit, il est pour quand? demanda-t-il.

– Pour juin, dans un mois et demi.

– C'est encore loin ça, bien loin..., murmura-t-il.

– Mais non, assura Josyane. On viendra te le présenter cet été. Comme ça, avec celui de Béatrice, tu en auras un pour chaque genou. Et Christian fera tout plein de belles photos!

– C'est encore bien loin, tout ça, répéta-t-il. Il toussa un peu, se racla la gorge : Et comment il s'appellera?

– David ou Marianne, dit Josyane qui eut le tact de ne pas lui rappeler qu'elle lui avait fait la même réponse la veille au soir.

– David? David? murmura-t-il. Il réfléchit, fronça les sourcils : On a caché un petit pendant la guerre, oui, il s'appelait David, lui aussi. Et son frère? Son frère...?

– Benjamin, souffla Mathilde.

– C'est ça. Ils étaient bien gentils, tous les deux... Va savoir ce qu'ils sont devenus... Enfin, c'est comme ça...

Il secoua la tête, comme pour chasser quelques mauvais souvenirs, puis lança :

– Alors, c'est bien vrai, vous avez acheté chez Meyjonade, aux Fonts Perdus?

– Pas Meyjonade, intervint Mathilde, je t'ai déjà dit que sa fille avait épousé un Mouly. D'ailleurs, tu le sais bien! C'est le petit-fils de Meyjonade qui a vendu!

– C'est pareil, fit-il avec agacement, pour moi, c'est toujours Meyjonade. Il se tut, médita : Avant-guerre, c'était une belle ferme. Les Meyjonade y tenaient six ou sept vaches, oui, une belle ferme... Et puis c'est un beau coin, les Fonts Perdus. Dans le temps, on y levait toujours au moins deux compagnies de rouges. Et il y avait du lièvre aussi. Alors, c'est à vous maintenant?

– Oui, assura Josyane. On y sera très bien. Tu viendras nous voir dès qu'on aura un peu arrangé. Parce que depuis le temps que ce n'est plus habité, il y a du travail...

– Et les terres? insista-t-il.

– Tu sais bien que Valade et Duverger les ont achetées depuis longtemps! rappela Mathilde.

– Ah, c'est vrai, murmura-t-il après avoir réfléchi, c'est vrai, c'étaient de bonnes terres...

Il resserra la couverture autour de ses épaules, toussa un peu et fit signe à Mathilde :

– Aide-moi à me relever, il fait trop froid maintenant pour rester dehors.

– Tu veux que Christian t'aide? proposa Josyane à sa grand-mère.

– Non, Félix va venir, il est au potager. Allez vous promener, dit-elle, et elle ajouta tout bas : Il fait beau et chaud, profitez-en.

Si Dominique avait encore eu quelques illusions au sujet de ses employeurs de Mondiagri, elles seraient tombées lorsqu'il prit connaissance de la lettre qu'il reçut huit jours avant son départ pour la France. Il n'en crut d'abord pas sa lecture, revérifia la date et jura sans retenue :

— Mais nom de Dieu de nom de Dieu! Ils le font exprès! Je te jure qu'ils le font exprès, ces salauds! lança-t-il à Béatrice.

Elle avait enfin arrêté son travail à la maternité et profitait de son temps libre pour se reposer.

— Que se passe-t-il ? demanda-t-elle sans bouger de sa chaise longue.

— Il se passe que cette bande d'exploiteurs de Mondiagri me les casse! Tu parles d'enfoirés! Ils le savent pourtant à Paris que je prends mes congés la semaine prochaine! Ça fait plus de six mois que je les ai prévenus, ces cons! cria-t-il en brandissant la lettre et en martelant ses mots à grands coups de poing sur la table.

— Que se passe-t-il ? redemanda-t-elle patiemment.

— Je suis coincé ici! Voilà ce qu'il se passe! Et tout ça parce que ces connards de Paris, parce que ce sont de vrais connards, ces gens-là! m'expédient encore deux abrutis! Deux faux culs qui ont pour mission de faire visiter le centre aux responsables tunisiens de l'agro-alimentaire! Et tout ça pour les baiser gentiment dans un deuxième temps! Parce qu'ils ne viennent que pour ça, ces vautours!

— Si tu étais plus calme, tu m'aurais déjà donné les dates de leur visite.

— Les 4 et 5 mai! Et nos congés commencent le 28 avril! Ah, bravo! Je te dis qu'ils le font exprès! C'est la deuxième fois qu'ils me font le coup! Mais cette fois, ils iront se faire foutre! Je démissionne!

— Il n'en est pas question, dit-elle sans élever le ton.

— Tu n'as quand même pas cru que j'allais te laisser partir et accoucher seule pendant que je serais là à essayer de convaincre de pauvres pigeons qu'il n'y a point de salut pour leur bled hors Mondiagri! Tu rêves?

— Pas une seconde. Pour démissionner, il faut en avoir

les moyens! Tu n'as aucun point de chute assuré dans l'immédiat. Et ce n'est pas parce qu'Ali t'assure qu'on te reprendra quand tu voudras en Algérie que ça se fera aussi facilement. Alors ne rêve pas, veux-tu? Je partirai à la date prévue et je t'attendrai pour accoucher, promis! plaisanta-t-elle.

– Non, non, non! Ça ne va pas! Moi, je ne te laisse pas partir seule!

– Bah, je suis deux! dit-elle en se tapotant l'abdomen. Allez, sourit-elle, prends une bière, ça te calmera. Je n'aime pas quand tu t'énerves comme ça! Et le bébé non plus, il en profite pour me bourrer de coups de pied! Et puis, tiens, si ça peut te rassurer, j'avance mon départ et je t'attends à Coste-Roche. Là-bas, je me reposerai encore mieux qu'ici. Mais je parle sérieusement!

– Je te dis que je ne te laisserai pas seule pour accoucher.

– Cesse de rabâcher! Tu sais bien ce que m'a dit la gynéco, et je lui fais confiance, elle est très compétente : le bébé sera là dans les temps, ni plus ni moins! Alors, si tu arrives le 6, ce sera très bien.

– Eh! Arrête avec tes dates infaillibles! Il n'y a que dans les livres que ça marche! N'oublie pas qu'en la matière, vous êtes sur le même régime que les vaches. Et ça, je connais! Ce n'est pas parce qu'une vache porte deux cent soixante-quinze jours que le veau arrive à l'heure juste! Alors, cesse de m'assurer n'importe quoi, tu veux!

– Merci de la comparaison, s'amusa-t-elle. Enfin, j'ai échappé à la chèvre, c'est déjà ça!

– Cent cinquante-cinq jours pour la chèvre! trois mois, trois semaines, trois jours pour la truie! Cent cinquante-cinq jours pour la brebis! Tu en veux encore? Il vit qu'elle riait, haussa les épaules : Bon, se calma-t-il soudain, après tout, c'est peut-être toi qui as raison. Mais tu avoueras que ces gens de Mondiagri sont de rudes salauds!

– Pourquoi s'en priveraient-ils? Ça marche! La preuve, tu ne peux pas faire autrement que de te plier à leurs directives, enfin, pour l'instant...

– Tu fais bien de rajouter « pour l'instant »! Le temps n'est pas loin où ils vont s'apercevoir que les Vialhe ne sont pas des moutons.

Bien que tout le monde se fût donné le mot pour lui dissimuler que Dominique aurait au moins huit jours de retard, Pierre-Édouard devina la vérité. Sans doute Yvette, Berthe, Mathilde ou Jacques eurent une parole de trop; peut-être quelqu'un alla-t-il jusqu'à évoquer Béatrice qui était déjà à Coste-Roche et n'en bougeait pas.

En effet, toute la famille était tombée d'accord pour lui dire qu'il était bien inutile qu'elle aille saluer le vieil homme. Il fallait faire preuve de réalisme et ne pas hésiter à reconnaître que ce n'était pas elle qu'il attendait. Elle avait très bien compris et n'en était nullement vexée.

Mais ce retard joua beaucoup sur le moral du vieillard. Il déclina avec une foudroyante rapidité. Ce fut d'autant plus poignant qu'il resta lucide. Simplement, au lieu d'appeler tôt le matin pour qu'on l'aide à sortir du lit, se mit-il à y somnoler jusqu'en fin de matinée. A ce moment-là, il était manifeste qu'il prenait sur lui pour émerger de sa torpeur et de cette paralysante fatigue qui l'écrasait. Alors, il appelait Félix, ou Mathilde :

– Faut me sortir de là, c'est l'heure, disait-il.

Et déjà, il cherchait à descendre seul du grand lit de bois. Ensuite, quand Félix l'avait rasé, qu'il se sentait propre, il se faisait accompagner jusqu'au coin de l'âtre ou, s'il y avait du soleil, dans son fauteuil de rotin installé devant la fenêtre.

Une fois là, il attendait jusqu'au soir, coupant l'après-midi de longues périodes de somnolence. Il réclamait son lit dès que la nuit s'annonçait, mais demandait chaque soir avant de s'allonger :

– Dominique arrive quand?

– Très bientôt, disait Mathilde qui ne voulait pas s'aventurer à lui donner une date précise.

Mais le 6 mai au soir, en se penchant vers lui pour l'embrasser sur le front, elle put devancer sa question et annoncer :

– Il sera là demain, c'est sûr. Tu entends? Demain!

Il soupira, fit oui de la tête et lui tapota le bras :

– Le bougre, il se sera fait attendre! dit-il enfin. Mais il était soudain moins anxieux. Et sa nuit fut paisible.

Pour choqués qu'ils furent en découvrant l'état de Pierre-Édouard, Dominique et Béatrice surent faire bonne figure quand ils vinrent le saluer, dès le samedi soir.

Mais il y avait trop de monde pour que Pierre-Édouard ait envie de parler et surtout envie d'entendre ce que son petit-fils avait à lui dire. Aussi, malgré l'évident contentement qui brillait dans son regard, ne dit-il pas grand-chose. Simplement, juste avant d'aller au lit, chuchota-t-il à Dominique :

– Viens demain matin, faut qu'on parle.

– Promis. Enfin, sauf si Béatrice a décidé d'accoucher d'ici là!

– Ce serait bien, sourit le vieillard.

Il lui serra le bras et partit vers sa chambre, soutenu par Félix et Mathilde.

– Et surtout, ne vous croyez pas obligés de me mentir! dit celle-ci à Dominique et Béatrice lorsqu'elle revint après l'avoir couché; je sais très bien ce qu'il en est...

– Allons, tu ne peux pas savoir, essaya Dominique.

– Mais si, soupira-t-elle en s'asseyant dans le cantou. Elle poussa quelques brindilles dans les flammes, regarda Béatrice : Alors c'est pour quand?

– A partir de maintenant, d'un jour à l'autre...

– Comme pour lui alors, murmura-t-elle, comme pour lui...

– Comment va tante Louise? demanda Dominique pour tenter de dévier un peu la conversation.

Béatrice et lui, arrivés tard, n'avaient pas voulu aller la déranger dans sa chambre alors qu'elle dormait sans doute déjà.

– Mieux de jour en jour, dit Félix.

– Elle rebouge le bras et la jambe, précisa Berthe, et elle commence même à essayer de parler. Oh, pas beaucoup, mais quand même. De toute façon elle n'a jamais été très bavarde!

– Mais toi, tu t'es installé ici pour toujours? demanda Dominique à Félix.

– Non. Mais je n'allais quand même pas laisser ta tante à la charge de tout le monde et attendre sans rien faire. Mais je repartirai dès qu'elle ira mieux.

Plus tard, alors que Dominique et Béatrice remontaient vers Coste-Roche, Béatrice voulut savoir.

– Dis, ne le prends pas comme un reproche, mais comme une question : c'est la mode chez vous de ne pas envoyer les malades à l'hôpital?

– Les malades, si, quand on ne peut vraiment pas faire autrement. Les vieillards, non, jamais. Et je crois que c'est très bien ainsi.

– Je n'ai pas dit que c'était mal. Je me renseigne, c'est tout. Avec vous, les Vialhe, on en découvre tous les jours!

– Alors c'est bien vrai ce que m'a dit ton père, tu reviendras pour t'occuper des terres? C'est sûr? insista Pierre-Édouard.

– Oui. Mais je ne peux pas dire quand, expliqua Dominique.

– Ça ne fait rien, le principal, c'est que tu reviennes! Et puis tu verras, ça passe si vite le temps, si vite... Alors tu reviendras un jour? C'est bien, sourit le vieil homme en resserrant sa couverture autour de lui.

Malgré un temps douteux, il avait quand même exigé d'aller prendre l'air sur le pas de la porte. Pas longtemps, juste quelques minutes, pour être seul avec son petit-fils et entendre ce qu'il voulait savoir. Et maintenant, il était serein, tranquille.

– Dis, tu l'as toujours au moins? demanda-t-il soudain.

– Quoi?

– Le napoléon que je t'ai donné je ne sais plus quand...

– Ah! Celui de 20 francs que tu m'as donné pour mon bac? Bien sûr que je l'ai! Pas sur moi, mais je l'ai!

– Très bien. Alors un jour, il faudra le donner à ton petit-fils, dit Pierre-Édouard.

Il fut pris d'une mauvaise quinte de toux qui l'épuisa. Et c'est en haletant qu'il reprit:

– Tu lui diras que tu le tenais de ton grand-père, qui l'avait reçu du sien... Pour mon certificat... Tu lui diras, hein? Et puis, parle-lui aussi un peu de moi... Et de ta grand-mère... N'oublie rien! C'est important de transmettre des souvenirs, important... Et maintenant, aide-moi à rentrer. J'ai froid. Et après, tu diras à ton père de venir me voir.

Jacques descendit le soir même. Comme il faisait encore grand jour il espérait trouver son père debout. Mais Mathilde lui apprit qu'il avait déjà rejoint son lit depuis plus d'une heure.

– Il dort? demanda Jacques.

– Non, il te réclame.

– Je n'ai pas pu venir plus tôt, avec les bêtes...

– Je sais, dit-elle, c'est ce que je lui ai dit, il a compris. Mais va le voir maintenant.

Jacques entra dans la chambre, s'approcha du grand lit.

– Ah, tu es là, fit Pierre-Édouard en ouvrant les yeux, approche. Il attendit que son fils soit près de lui et chuchota : Tu vas appeler le curé. Si, si, j'y tiens! Ça t'étonne, dit-il en ébauchant un sourire. Si, ça t'étonne, je le vois! Mais c'est pas pour moi...

– Je ne comprends pas.

– Mais si! dit Pierre-Édouard avec une mimique agacée. Moi, j'ai rien à lui raconter à ce pauvre curé! On ne s'est jamais dit plus de dix phrases depuis qu'on se connaît! Vais pas commencer aujourd'hui! Mais il faut quand même qu'il vienne me voir. Tu comprends, ça fera tellement plaisir à ta mère... Appelle-le, tout de suite.

– D'accord, je m'en occupe.

– Et surtout, dis bien à ta mère que c'est moi qui le réclame, moi tout seul. Elle sera contente que j'y aie pensé. Va... Ah, oui, faudrait peut-être aussi dire à Guy que... Enfin...

– Ne t'inquiète pas, il téléphone tous les soirs.

– Ah, bon... Alors il saura bien venir quand il faudra... Maintenant, appelle le curé, ça fera plaisir à ta mère.

Pendant les trois jours qui suivirent, Pierre-Édouard resta dans un état stationnaire. Têtu jusqu'au bout, il exigea qu'on continue à l'aider à se lever tous les matins. Ensuite, lentement, pas à pas, il se dirigeait vers le fauteuil de rotin qui l'attendait devant le feu et où il passait toutes ses journées dans une paisible somnolence. Il paraissait déjà loin du monde.

Mais ce fut pourtant lui qui réagit le premier lorsque le téléphone tinta au petit matin du 12 mai. Le jour se levait à peine. Il s'annonçait beau, pur.

– Ça, c'est la petite de Dominique, murmura-t-il. Il tâtonna doucement à côté de lui, posa la main sur l'épaule de Mathilde qui dormait encore, rompue de fatigue.

– C'est la petite de Dominique, redit-il en lui caressant doucement la joue.

Mais déjà, Félix avait répondu. Enfin éveillée,

Mathilde se leva, à la fois inquiète et heureuse, et sortit de la chambre pour aller aux nouvelles. Elle revint aussitôt, joyeuse, rajeunie presque :

– C'est bien Béatrice. Ils l'ont amenée cette nuit à Brive. Elle vient d'entrer en salle d'accouchement. C'est Mauricette qui vient d'appeler, elle croyait qu'on était déjà debout.

– Aide-moi à me lever, dit-il.

– Déjà ?

– Oui.

Elle lui enfila sa robe de chambre, tira les draps, le soutint pour qu'il puisse s'asseoir.

– Appelle Félix, dit-il, je veux aller prendre l'air...

– Tu n'y penses pas ! protesta-t-elle.

– Si ! Il fait beau, j'ai envie de voir le soleil.

Il fallut plus de cinq minutes à Félix pour l'aider à aller jusqu'à la porte. Le premier rayon du levant les accueillit lorsqu'ils apparurent enfin dans l'embrasure.

– C'est un bien beau jour, soupira Pierre-Édouard. Il ferait si bon grimper sur les puys, ça doit bien repousser là-haut...

Il cligna un peu des yeux, puis s'appuya encore plus lourdement sur Félix :

– Mon fauteuil, dit-il.

Il s'y installa en soufflant, repoussa de la main le bol de lait que lui proposait Mathilde et commença à attendre en somnolant.

Il sursauta lorsque le téléphone sonna de nouveau vers dix heures. Un peu hébété, il distingua les visages souriants et joyeux de Mathilde, de Berthe, d'Yvette et de Félix. Et c'est dans un lointain et cotonneux brouillard qu'il entendit Mathilde.

– Il est né ! Il pèse trois kilos deux cent cinquante ! Béatrice va très bien !

Alors il s'éveilla tout à fait, chercha même à se lever.

– Ne bouge pas, dit Mathilde en venant l'embrasser, tu as un arrière-petit-fils. Et il s'appelle Pierre ! Comme toi !

– Pierre ? murmura-t-il en l'étreignant. Pierre, c'est vrai ?

– Oui ! dit-elle en se penchant de nouveau vers lui pour l'embrasser encore. C'est Dominique qui vient de me l'annoncer. Il te fait dire que son fils s'appelle Pierre, Jacques, Édouard Vialhe !

– Ah, c'est bien, c'est très bien ! sourit le vieil homme en lui serrant la main.

Deux jours plus tard, au matin, alors que le soleil entrait à flots par la fenêtre ouverte et qu'un couple de coucous se donnait la réplique dans la pinède du château, Pierre-Édouard annonça à Mathilde qu'il ne se lèverait pas.

Marcillac, 6 mai 1990

TABLE DES MATIÈRES

Achevé d'imprimer en juillet 2000
sur les presses de l'Imprimerie Bussière
à Saint-Amand (Cher)

POCKET - 12, avenue d'Italie - 75627 Paris Cedex 13
Tél. : 01-44-16-05-00

— N° d'imp. 1658. —
Dépôt légal : septembre 1992.

Imprimé en France